02
世界で一番やさしい 建築構造

増補改訂版

江尻憲泰＝著

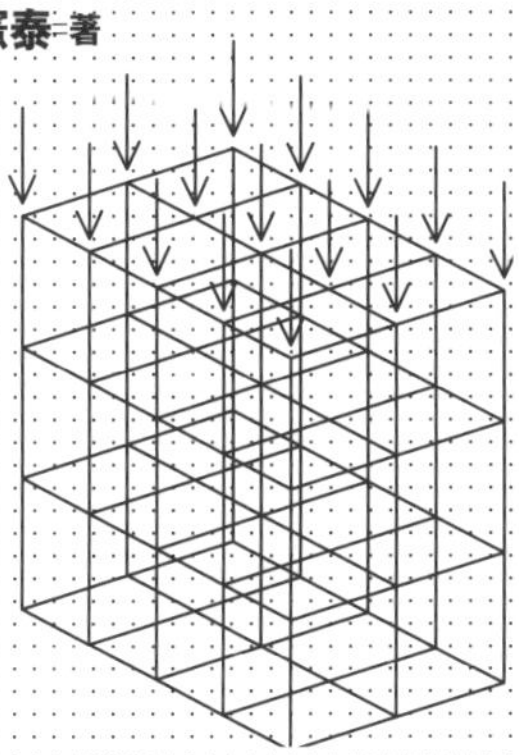

第1章　荷重と力

第2章　構造の材料

第3章　建築構造の仕組み

第4章　構造部材の設計

第5章 地震に負けない構造

第6章　構造設計の実務

第7章　構造の法規

第1章

荷重と力

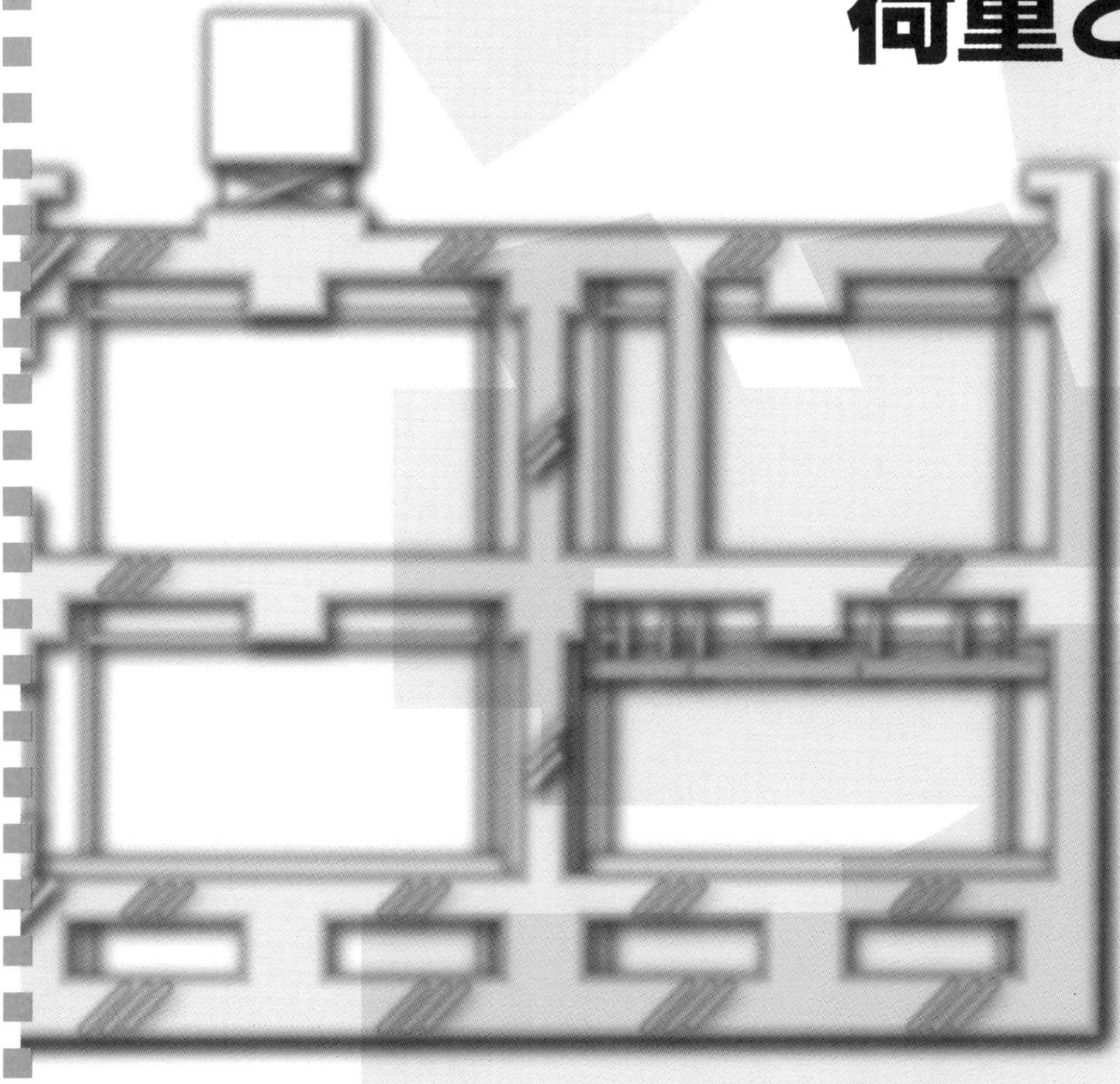

建物に作用する力

001

POINT

建物に作用する代表的な荷重は、鉛直方向の固定荷重、積載荷重、積雪荷重、水平方向の地震力、風圧力の５つ

鉛直荷重と水平力

建物にはあらゆる方向からさまざまな力が加わる。建物の構造計算では、これらの力を正しく評価することが重要になる。建物に作用する加力方向で分類すると、基本的には垂直方向にかかる鉛直荷重と水平方向にかかる水平力の2つに分けられる。

鉛直荷重は、建物の躯体や仕上材などの自重である固定荷重、建物のなかの人や家具の重量である積載荷重、屋根に積もった雪による積雪荷重に分けられる。積雪荷重の目安は、一般的な区域では1cm当たり20N《ニュートン》／㎡として計算する。ただし特定行政庁が指定した区域では、特定行政庁が定めた数値で構造計算を行わなければならない。

一方、水平力には、風の力による風圧力と地震による地震力がある。地震大国である日本では、風圧力より地震力のほうが問題にされることが多い。しかし、建物の高さや構造種別・形式によっては、地震力よりも風圧力に対する構造設計が重要になる場合がある。

固定荷重や積載荷重のように、建物に常に作用する力を長期荷重という。一方、風や地震のように建物に短期間だけ作用する荷重を短期荷重という。積雪荷重は、長い間雪が積もることが想定される多雪区域では長期荷重、それ以外では短期荷重として扱う。

そのほかの外力

このほかにも建物にかかる力には、建物周囲の地盤や地下水によって基礎にかかる土圧や水圧がある。

また、部材が寒暖によって膨張・収縮することで発生する温度応力、人が室内で飛び跳ねたときなどに発生する衝撃荷重、工場などでは、クレーンなどの設備機器が移動するたびに起こる振動による繰返荷重も考慮して構造設計しなければならない。

鉛直荷重

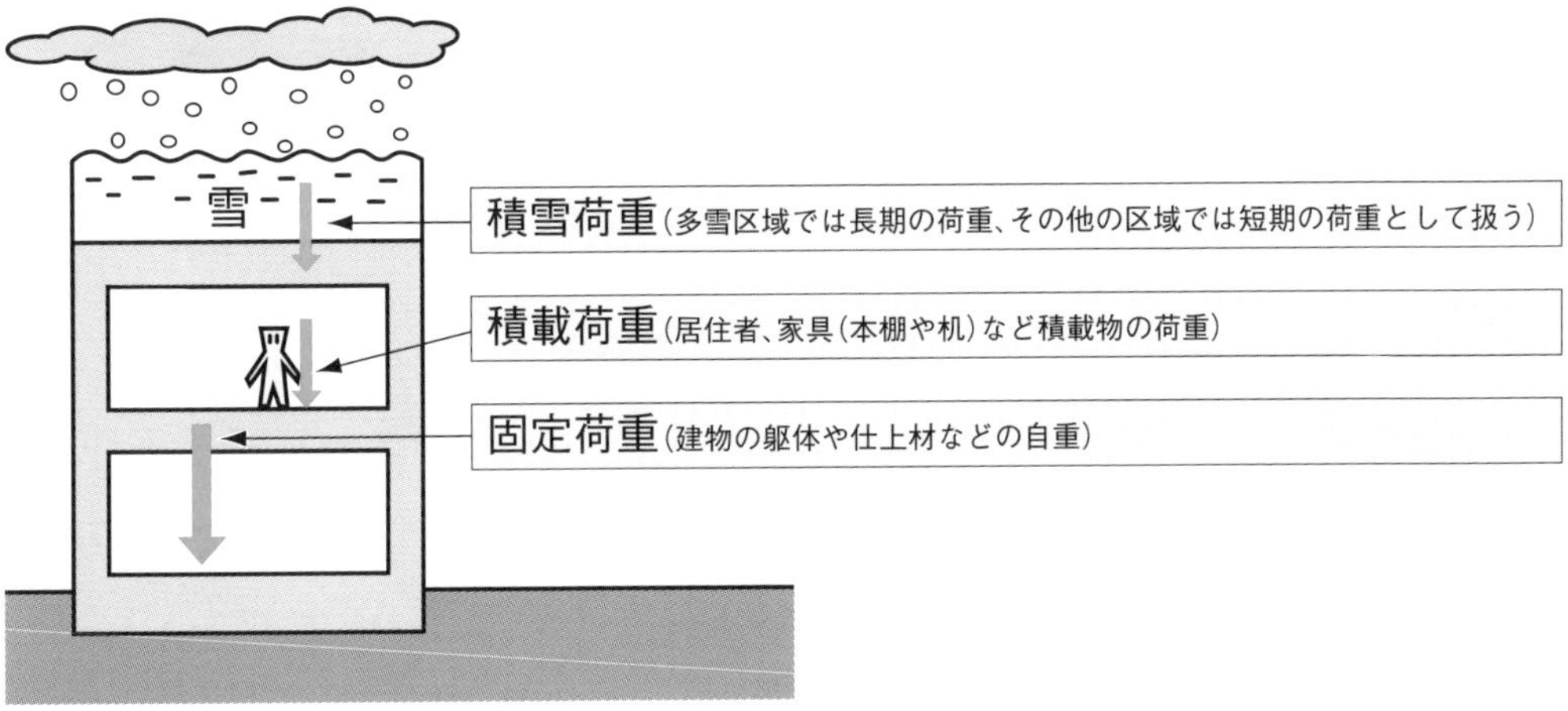

水平力

①地震力

②風圧力

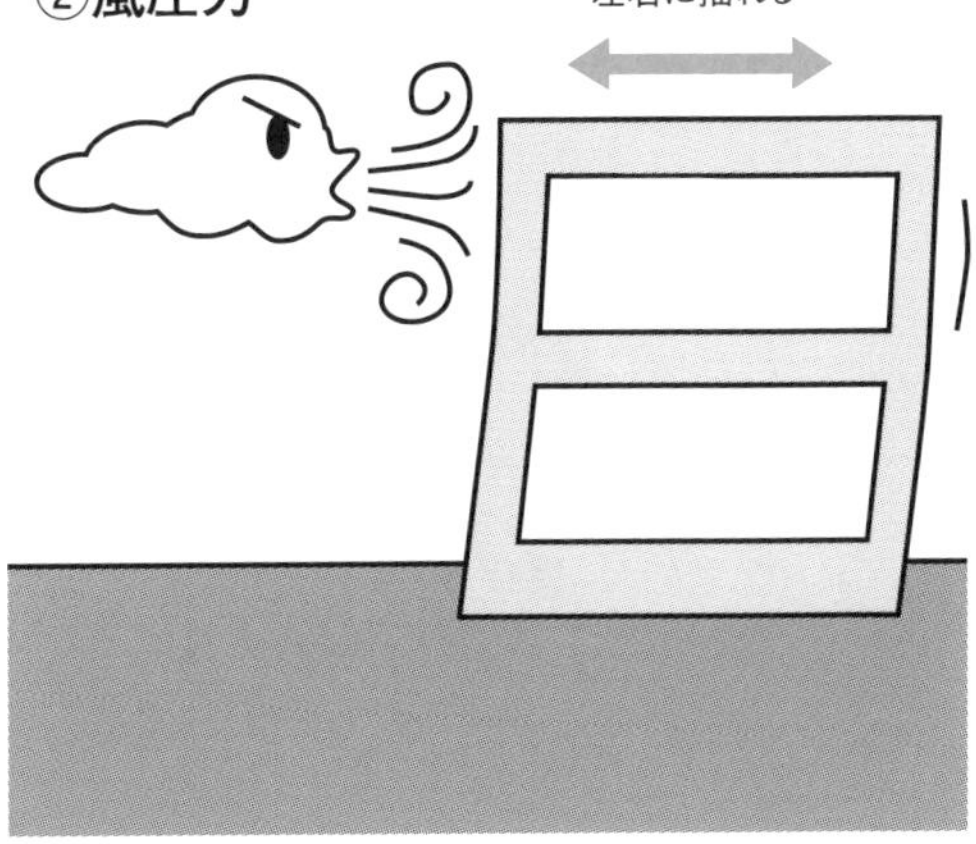

そのほかの外力

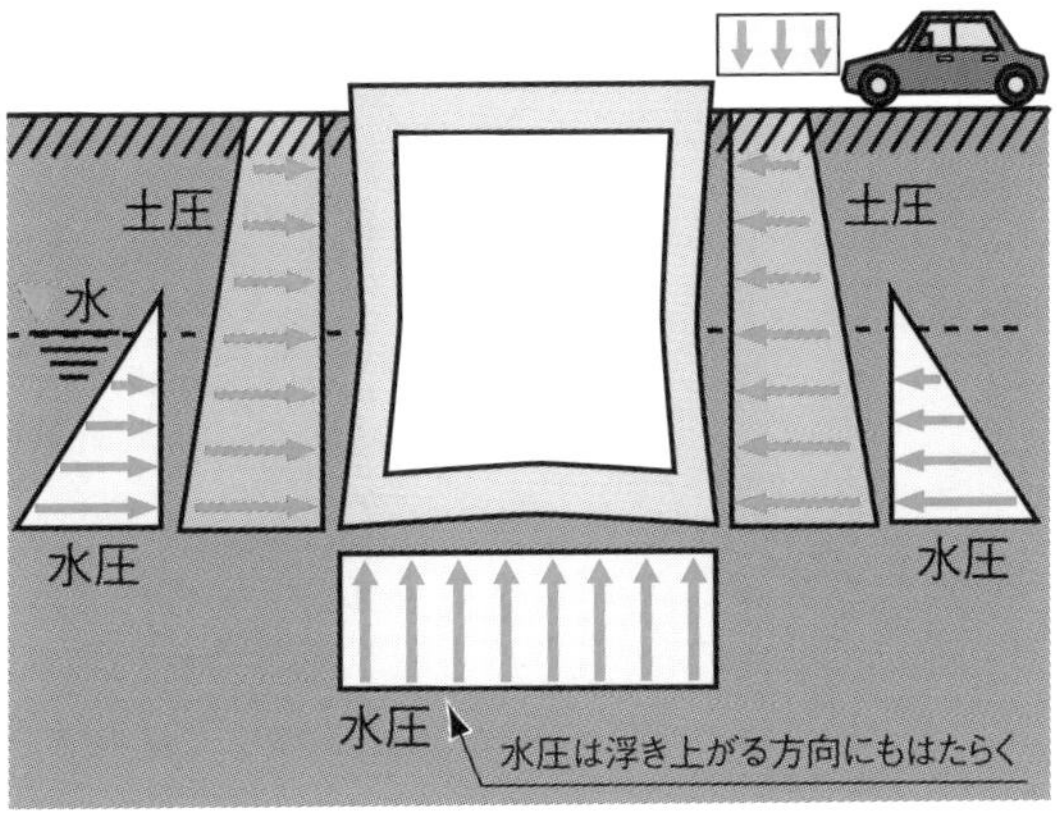

建物には、このほかにも、地盤や地下水によって基礎にかかる土圧・水圧、日射などの熱による温度応力、物がぶつかったときに生じる衝撃荷重、設備機器の移動による繰返荷重などが作用する

固定荷重と積載荷重

002

POINT ＞＞＞＞＞＞＞＞＞＞＞＞＞＞＞＞＞＞＞＞＞＞＞＞＞＞＞＞

固定荷重は実際に使う部材の荷重を拾う。積載荷重は構造計算の対象によって用いる数値が建築基準法に定められている

固定荷重とは

固定荷重は、建物の構造設計をするうえで最初に把握しなければならない荷重である。力の方向が常に動かないため、死荷重（Dead Load：DL）とも呼ばれる。

固定荷重には、柱、梁、床などの構造躯体や、外壁や床、天井などの仕上材などの荷重が含まれる。設備の荷重は、通常、積載荷重に含めるが、特に重い設備を設置するときは固定荷重として扱う場合もある。このほか、配管や耐火被覆材の荷重なども固定荷重に含まれる。

固定荷重を算出をするには、部材や仕上材の単位当たりの重量に注目する。主な構造材料では、木が8kN／㎥、鉄鋼が78kN／㎥、コンクリートが23～24kN／㎥（軽量コンクリートならば17～21kN／㎥）となる。建築基準法施行令84条には、建物の部分、種別と単位面積当たりの荷重が規定されている。ただし、実情に合わせた構造計算をするためには、メーカーのカタログなどを参考にして実際に使う部材の荷重で計算することが望ましい。

積載荷重とは

積載荷重とは、建物のなかの人や家具、物品などの荷重のことである。力の大きさや荷重の位置が一定でないため活荷重（Live Load：LL）ともいう。

積載荷重は建物の用途や居室の種類、構造計算の対象ごとに令85条に計算用の数値が定められている。床の計算用、柱・大梁・基礎の計算用、地震力の計算用の3つがあり、床用＞柱・大梁・基礎用＞地震用の順番に値が小さくなる。

ただし、ピアノや本棚など、特に荷重の大きいものを設置する場合、建物の局部に集中的に荷重がかかるため、別途、構造計算する必要がある。

固定荷重

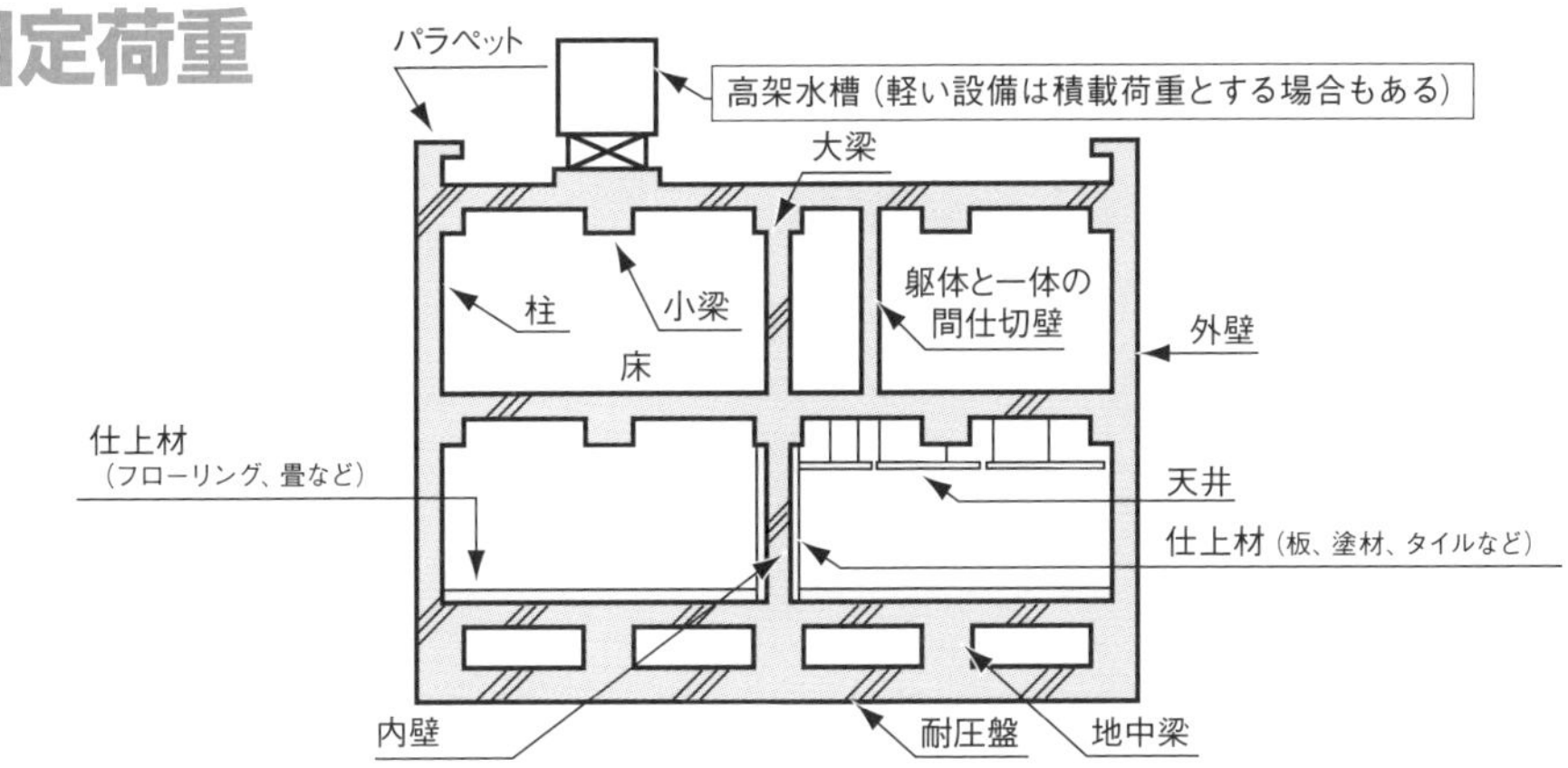

積載荷重

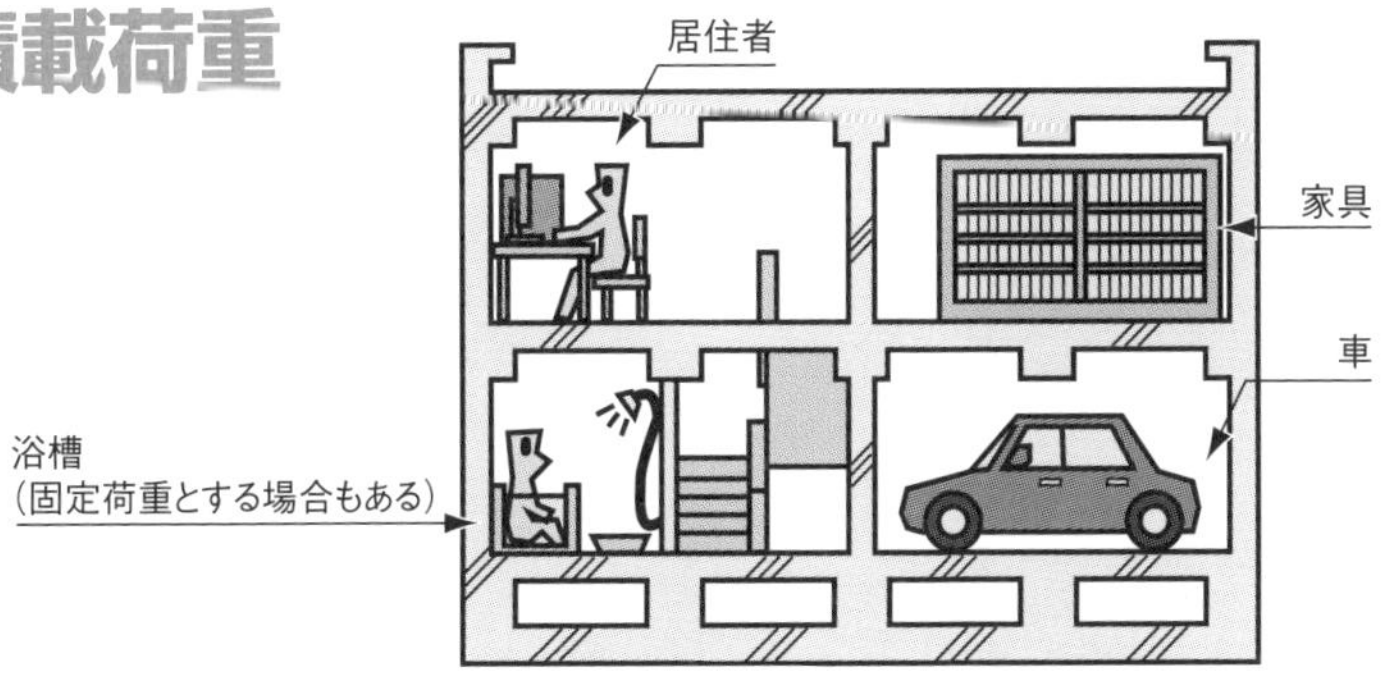

構造計算用の積載荷重（令85条）

室の種類 ＼ 構造計算の対象			(い) 床の構造計算をする場合（N／m²）	(ろ) 大梁、柱または基礎の構造計算をする場合（N／m²）	(は) 地震力を計算する場合（N／m²）
(1)	住宅の居室、住宅以外の建築物における寝室または病室		1,800	1,300	600
(2)	事務室		2,900	1,800	800
(3)	教室		2,300	2,100	1,100
(4)	百貨店または店舗の売り場		2,900	2,400	1,300
(5)	劇場、映画館、演芸場、観覧場、公会堂、集会場、その他これらに類する用途に供する建築物の客席または集会室	固定席の場合	2,900	2,600	1,600
		その他の場合	3,500	3,200	2,100
(6)	自動車車庫および自動車通路		5,400	3,900	2,000
(7)	廊下、玄関または階段		(3)から(5)までに揚げる室に連絡するものにあっては、(5)の「その他の場合」の数値による		
(8)	屋上広場またはバルコニー		(1)の数値による。ただし、学校または百貨店の用途に供する建物にあっては、(4)の数値による		

風圧力

003

POINT >>>>>>>>>>>>>>>>>>>>>>>>>>>>>>>

風圧力は建物が高くなるほど強くなる。風の強い地域では、地震力よりも風圧力に注意して設計する必要がある

速度圧と風圧力

建物に風が当たると、建物を押したり（圧縮力）、引張ったり（引張り力）する力が発生する。この力を風圧力と呼ぶ。風圧力の大きさには、速度圧が深く関係している。

速度圧とは建物の面に生じる荷重のことである。速度圧は、空気の密度などを考慮して定められた係数0.6と、建築物の屋根の高さや周辺環境に応じて算出される数値（E）、そしてその地方での過去の台風の被害の程度などに応じて国土交通大臣が定めた基準風速（V_0）の2乗との積で求められる。

一般に速度圧は、建物が高くなるほど大きくなる傾向にある。また、建物の近くに風を有効に遮るほかの建築物や防風林などがある場合は、風速は小さくなるため、速度圧を1／2まで減らして構造計算することが認められている。

風圧力と風荷重

風圧力は、国土交通大臣が定めた風力係数（Cf）に、速度圧（q）を乗じて算出する。風力係数は、建物の形状や風を受ける面（見付面《みつけめん》または受圧《じゅあつ》面《めん》）の方向によって値が異なる。形状や風や受ける面ごとの風力係数の算出方法は、平成12年建設省告示1454号に規定されている。

11頁図中の方法で算出した風圧力（W）に見付面積（受圧面積）を乗じると風荷重（P）が求まる。風荷重は各階ごとに計算する。見付面積は上下階の階高の1／2の位置を足した値となる。

実際の建物が風を受けると、風は見付面に沿って流れる。そのため、建物の隅部には、ほかの部分よりも大きな力が作用することになる。仕上材の風荷重算出方法は告示に規定されており、それを用いて隅部の仕上材の耐力を検討する必要がある。

速度圧の計算式

$$q=0.6\times E\times V_0^2$$

$$E=E_r^2\times G_f$$

q ：速度圧（N／m²）
E ：周辺の状況に応じて国土交通大臣が定めた方法により算出した係数
V_0：基準風速（m／s）各地域ごとに建築基準法で定められている
Er ：平均風速の高さ方向の分布を表す係数
Gf ：突風などの影響を考慮した係数（ガスト影響係数）

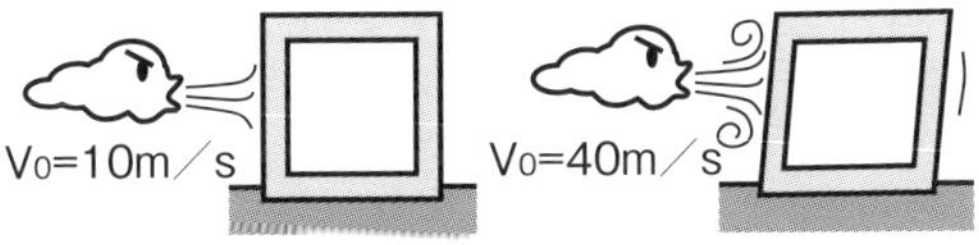

風荷重は、自動車が建物に衝突するのと同じ。スピードが速いほど大きな荷重となる

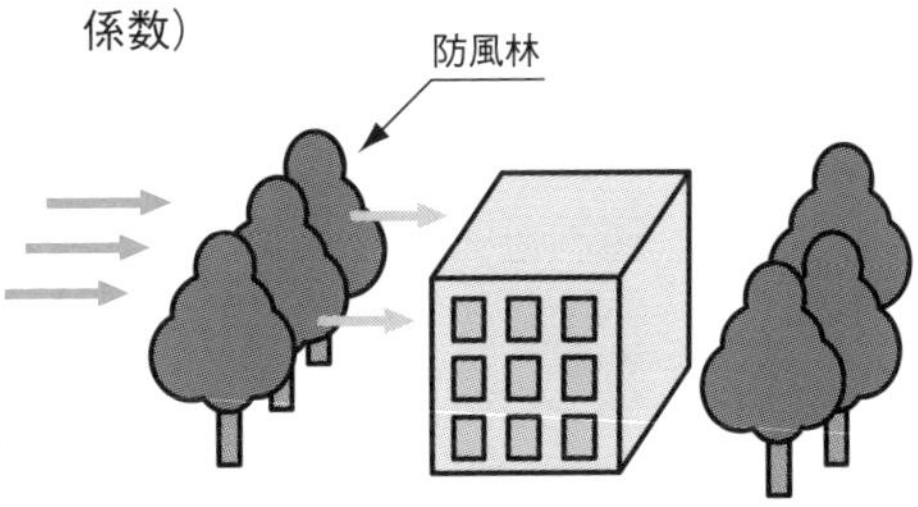

風に対する障害物があると風圧は小さくなる

風圧力と風荷重の計算式

$$W=C_f\times q$$

P ：風荷重（N）
W：風圧力（N／m²）
Cf：風力係数
q ：速度圧（N／m²）

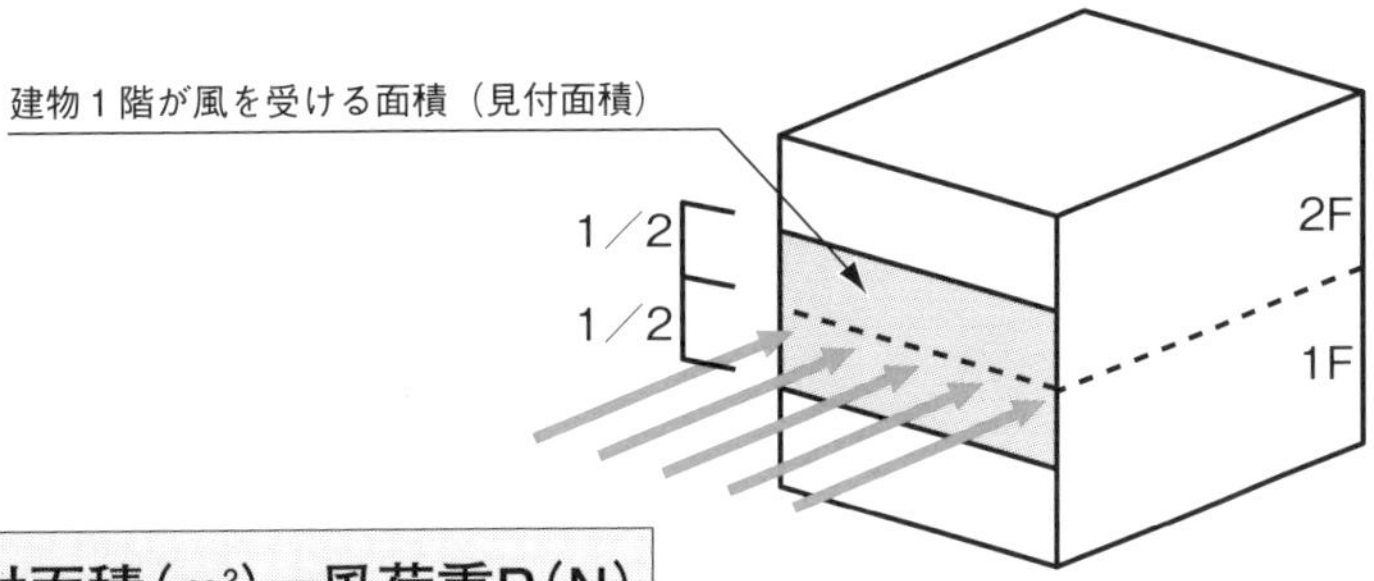

風圧力W（N／m²）×見付面積（m²）＝風荷重P（N）

※ 木造の場合の見付面積は床面から1.35m以下の部分を除いた壁面積を採用

建物隅部の風荷重

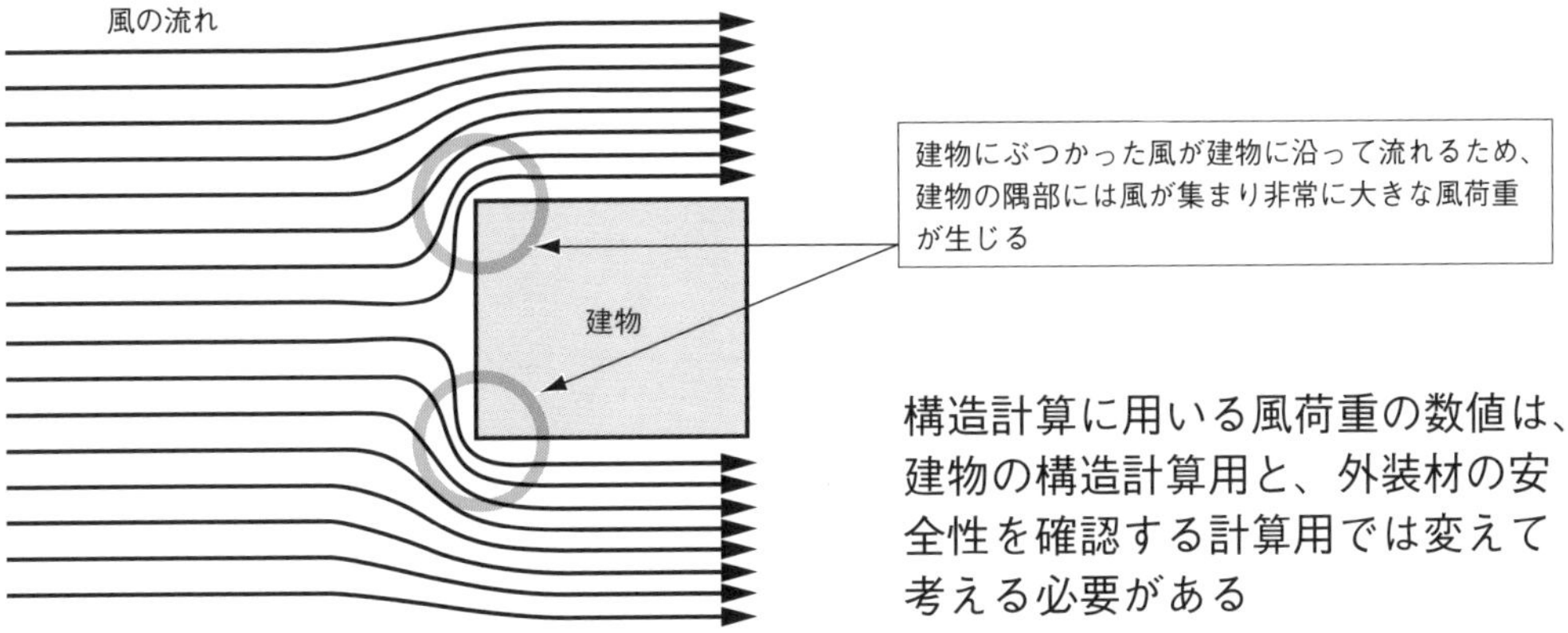

構造計算に用いる風荷重の数値は、建物の構造計算用と、外装材の安全性を確認する計算用では変えて考える必要がある

地震力

004

POINT >>>>>>>>>>>>>>>>>>>>>>>>>>>>>

地震力は、建物の重量に比例して大きくなる。同じ重さの建物でも、地盤の硬さによって、建物の揺れ方が異なる

地震力と地震層せん断係数

建物が地震の揺れを受けると、建物は地震層せん断力（Qi）という水平力（地震力）を受ける。地震層せん断力は、地震層せん断力係数（Ci）と建築物の重量を掛けて算出する。つまり地震力は、建物の重量に比例して大きくなる。

地震層せん断力係数は、地域係数（Z）、振動特性係数（Rt）、地震層せん断力係数の高さ方向の分布係数（Ai）、標準せん断力係数（C₀）を掛けて求める。

地域係数は、過去の地震記録をもとに定められた低減係数で、建築基準法では0.7～1.0の範囲で地域別に値が決められている。

振動特性係数は、建物の固有の揺れ方（固有周期）と地盤の硬さに応じて定められた低減係数である。地盤の硬さは3種類に分かれており、同じ固有周期の建物ならば、軟らかい地盤ほど揺れが大きくなる。

地震層せん断力係数の高さ方向の分布係数（Ai分布）は、建物の高さ方向での揺れの違いを求める係数である。高い階ほど揺れが大きくなるので、係数も大きくなる。標準せん断力係数は、重力加速度に対する建物に生じる速度の割合で、建築基準法施行令88条で数値が定められている。

地震力算出の注意点

構造計算では、各階で地震力に対する安全性を確認する。したがって、地震力の算出に用いる建物の重量は、地震力を求める任意の階以上の重量（固定荷重と積載荷重）としなければならない。

また、これまで述べた地震力の算出式は、地上部のもので、地下部の地震力については別途、構造計算する必要がある。このほか、建物の屋上に設けられた煙突や水槽なども構造計算の方法が異なるので注意が必要だ。

地震層せん断力の計算式

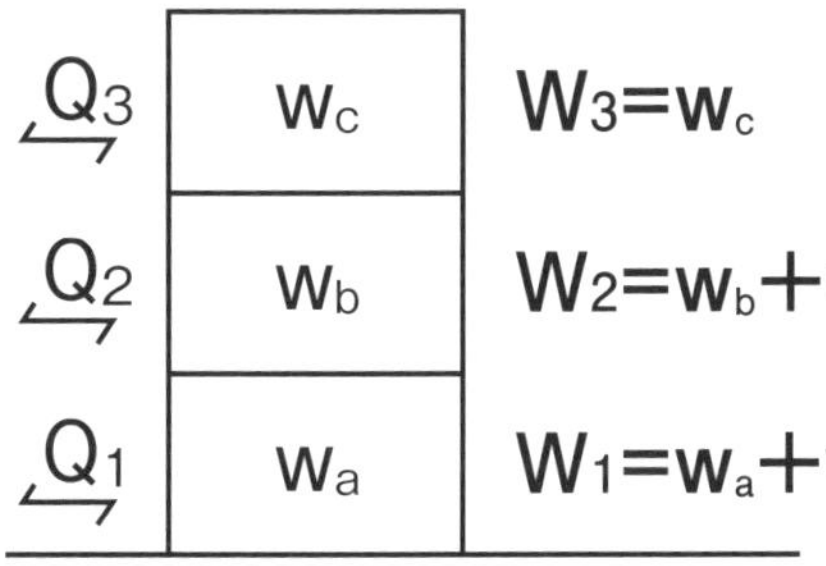

$W_3 = w_c$

$W_2 = w_b + w_c$

$W_1 = w_a + w_b + w_c$

$$Q_i = C_i \times W_i$$

$$C_i = Z \times R_t \times A_i \times C_o$$

Q_i：i階に作用する地震層せん断力
C_i：i階の層せん断力係数
W_i：i階の地震力を求めるときの重量
Z：地域係数（0.7～1.0）
R_t：振動特性係数
A_i：地震層せん弾力係数の高さ方向への分布
C_o：標準せん断力係数（1次設計時C_0=0.2）

振動特性係数（R_t）の特徴

地盤の硬軟	硬い ←→ 軟らかい	
	小 ——→ 大	
建物の高さ	高い ←→ 低い	
	小 ——→ 大	
構造種別	S	RC
	小	大

振動特性係数は、地盤の性状や建物の高さと構造形式などで決まる建物の固有周期で変わる

地震層せん断力係数の高さ方向の分布図（A_i）

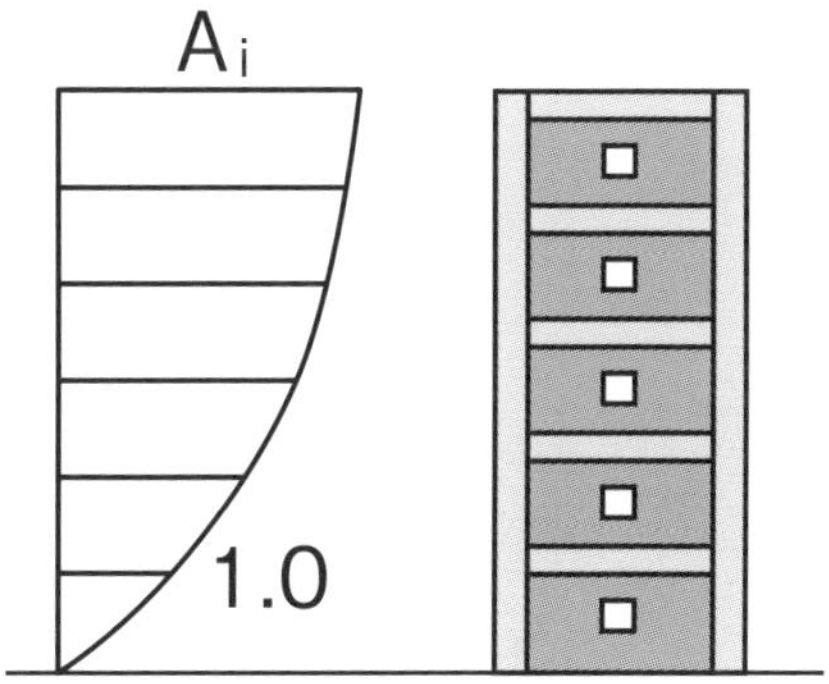

A_iの値は上階に行くほど大きくなる

地階の地震力

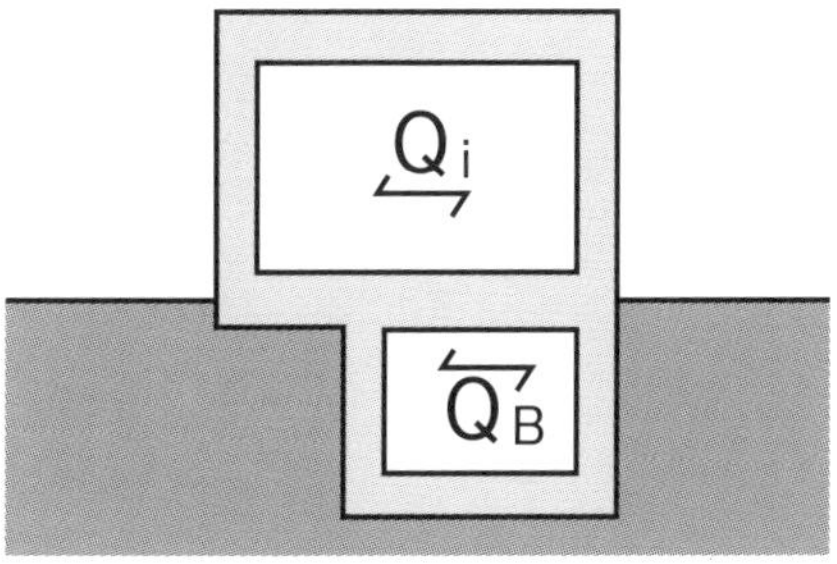

$$Q_B = Q_i + k \times W_B$$

k：地下の水平震度
深さ20mくらいまでは深くなるほど小さくなる。地下1階ならば、k=0.1として計算する
W_B：地下階の重量

屋上の塔屋などの地震力

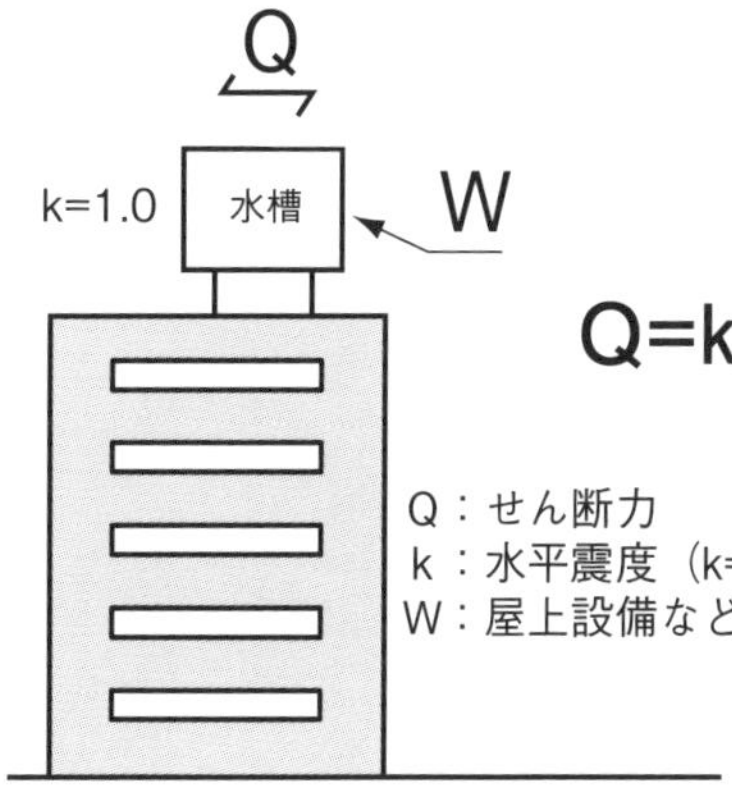

$$Q = k \times W$$

Q：せん断力
k：水平震度（k=1.0で計算）
W：屋上設備などの重量

荷重の組み合わせ

005

POINT >>>>>>>>>>>>>>>>>>>>>>>>>>>>>>>

建物にかかる複数の荷重を合わせて構造計算する。積雪荷重は一般区域と多雪区域で取り扱いが異なるので注意する

長期と短期の組み合わせ

建物にはさまざま荷重が加わるため、建物の構造計算では、複数の荷重を組み合わせて検討する。

荷重の種類や継続時間によって組み合わせはさまざまである。固定荷重（G）や積載荷重（P）は、建物に対して常に鉛直方向に作用している。したがって、長期にわたって建物にかかる荷重は、これらを組み合わせたものになる（G＋P）。

一方、地震時や暴風時は、長期荷重のほかにも、地震力による荷重（地震荷重：K）や風圧力による荷重（風荷重：W）が短期間に建物に作用する。そのため、地震時はG＋P＋K、暴風時はG＋P＋Wのように荷重を組み合わせて構造計算しなければならない。

なお、地震時と暴風時が重なる確率は低いため、風荷重と地震荷重を組み合わせる必要はない。

区域で変わる積載荷重の扱い

年間を通してあまり雪の降らない一般区域では、最大積雪深から算出した荷重（積雪荷重：S）を、地震荷重や風荷重と同様に、建物の鉛直方向に作用する短期荷重として扱う。

一方、多雪区域では、何カ月もの間、積雪が見込まれるため、短期荷重だけではなく長期荷重としても積雪荷重を考慮しなければならない。長期荷重に見込む場合は、積雪荷重に0.7を掛けた値とする。

また、長期にわたる積雪が見込まれるため、多雪区域では、積雪荷重と風荷重や地震荷重が同時に建物に生じる可能性がある。したがって、地震時や暴風時に対する構造計算では、地震荷重や風荷重に積雪荷重を組み合わせて検討する必要がある。この場合は、積雪荷重に0・35を掛けた値を短期荷重として見込む。

荷重の組み合わせ

	長期	短期
一般区域	G＋P	G＋P＋K G＋P＋W G＋P＋S
多雪区域	G＋P G＋P＋0.7S	G＋P＋K G＋P＋W G＋P＋S G＋P＋K＋0.35S G＋P＋W＋0.35S

G：固定荷重　P：積載荷重　K：地震力による荷重　W：風圧力による荷重
S：積雪による荷重

積雪の取り扱い方

一般区域

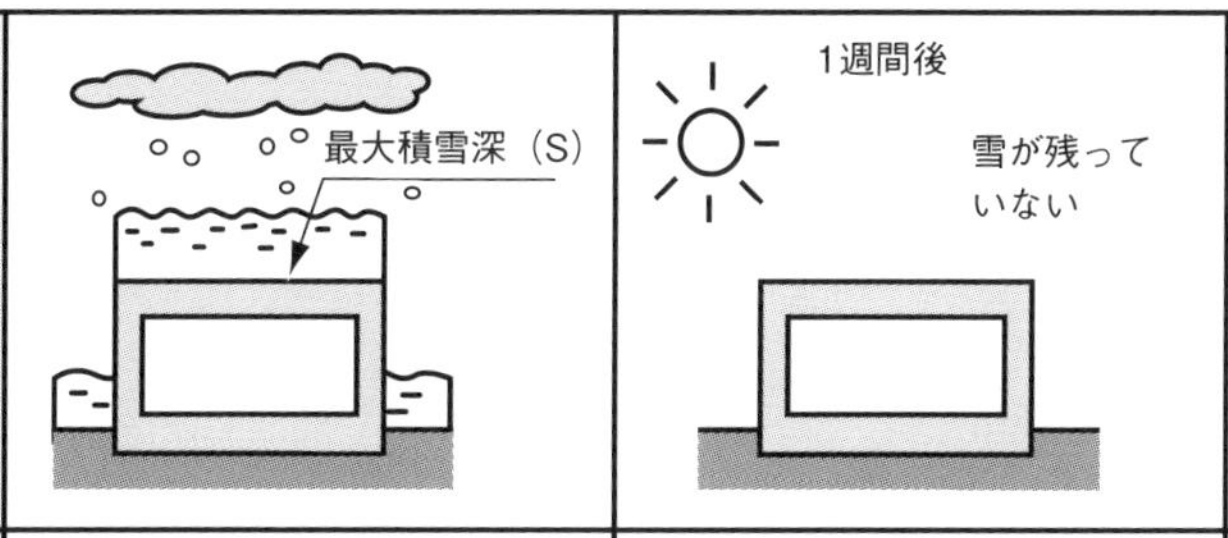

積雪しても、すぐに雪が溶けてしまうため、積雪荷重は短期の荷重として扱う

多雪区域

積雪した雪はすぐには溶けない。そのため、積雪荷重は、長期の荷重として扱う。ただし、最大積雪深に0.7を掛けて計算する。また、積雪時に地震が起こる可能性はあまり高くないので、地震力の計算の際は、最大積雪深に0.35を掛けた積雪過重で計算する

積雪荷重（N／m^2）＝積雪の単位重量※（深さ1㎝当たり、N／m^2）×垂直積雪量（㎝）×屋根形状係数

※　積雪の単位重量：一般区域20N／m^2、多雪区域30N／m^2

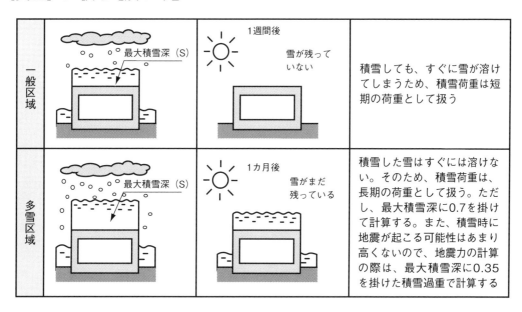

応力（軸力・曲げ・せん断）

006

POINT >>>>>>>>>>>>>>>>>>>>>>>>>>>>>>

部材が力を受けたとき部材内部に生じる力を応力という。応力には、軸力、曲げ、せん断の３種類がある

応力の種類

部材に荷重（外力）が加わると、外力につり合う力が部材内部に生じる。この力を応力と呼ぶ。外力の作用の仕方によって、応力は「軸力（N）」「曲げモーメント（M）」「せん断力（Q）」の3つに分類することができる。

軸力は、材の軸方向に作用する力のことで、引張り力と圧縮力の2つがある。引張り力は材を引き伸ばそうとしたときに、圧縮力は材を押しつぶそうとしたときに、それぞれ部材内部に生じる。軸力は部材断面に均等に作用する。

曲げモーメントは、部材を曲げようとする力のことである。曲げモーメントは、部材断面で均等に生じず、凹状に変形している側では圧縮力が、凸状に変形している側では引張り力が生じている。圧縮力と引張り力の境界は中立軸と呼ぶ。

軸力や曲げモーメントと比較して、理解しづらいのがせん断力である。せん断力は、材を軸方向と直交方向にずらす（切断する）際に発生する力である。せん断力を利用した身近なものにハサミがある。ハサミは2枚の刃で紙を上下にずらして切断するが、このとき紙に生じている力がせん断力である。せん断力が生じると、部材は平行四辺形に変形する。また、軸力は独立しているがせん断力と曲げモーメントは密接に関係している。

応力も組み合わせる

軸力、曲げモーメント、せん断力はそれぞれ単独で発生するわけではない。たとえば、梁に荷重がかかった場合、梁とそれを支える柱には、曲げ応力と軸力が同時に発生する。このように、部材の構造安全性を確認する場合は、軸力、曲げモーメント、せん断力を複合的に考慮して構造計算する必要がある。

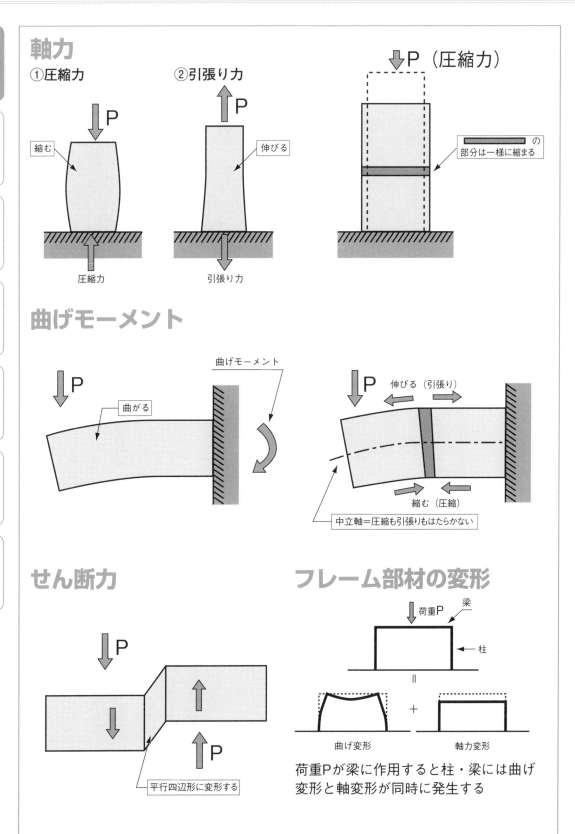

軸力

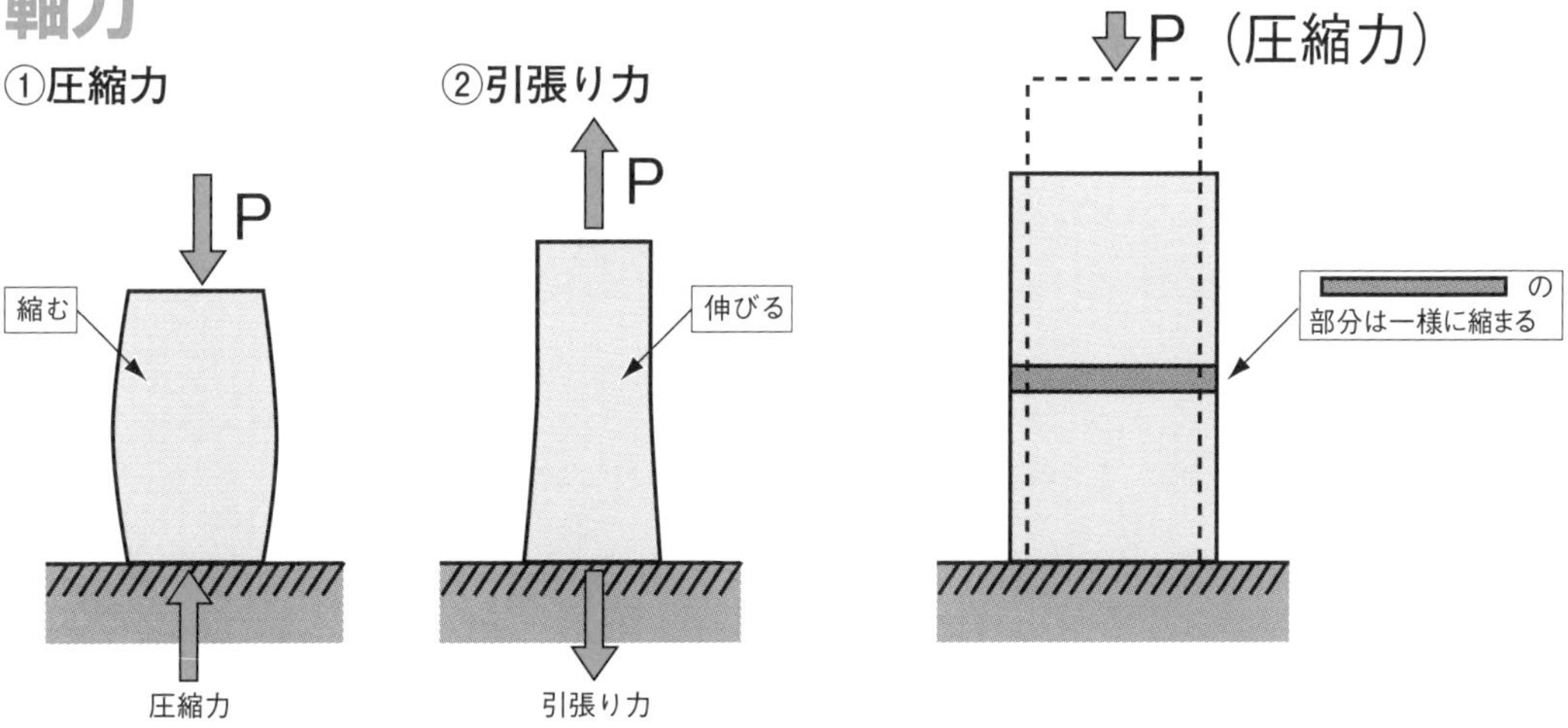

曲げモーメント

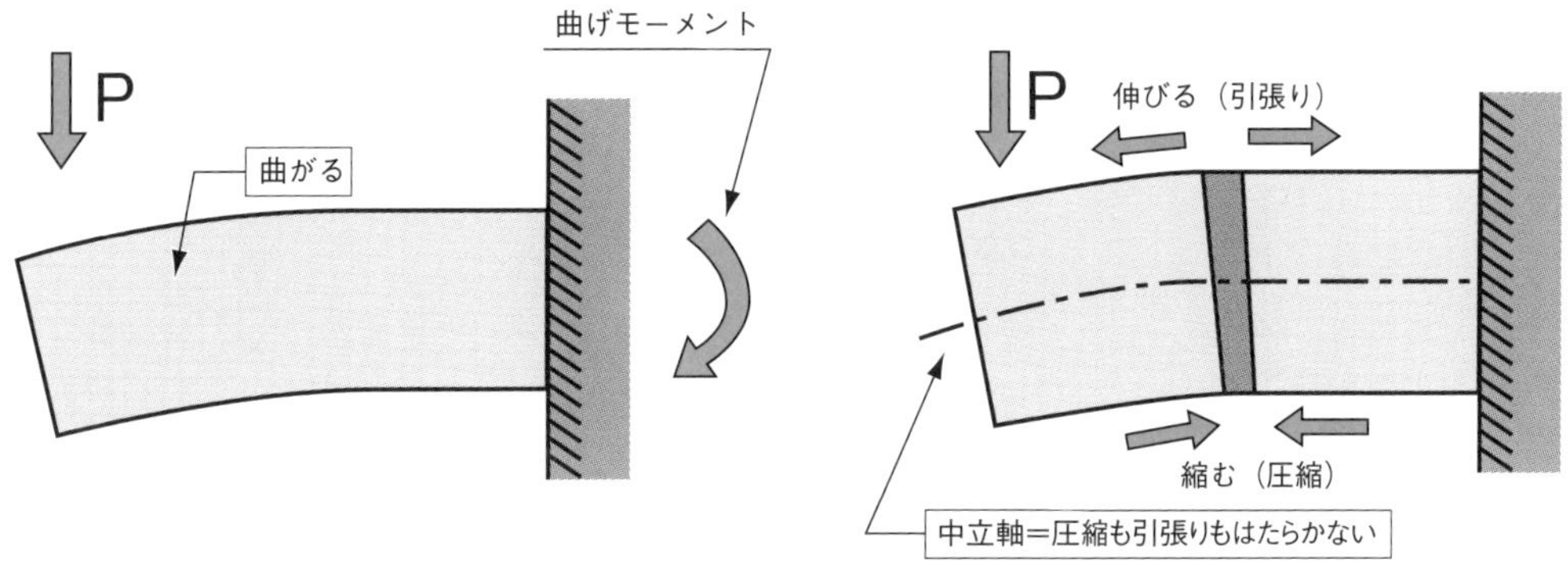

せん断力

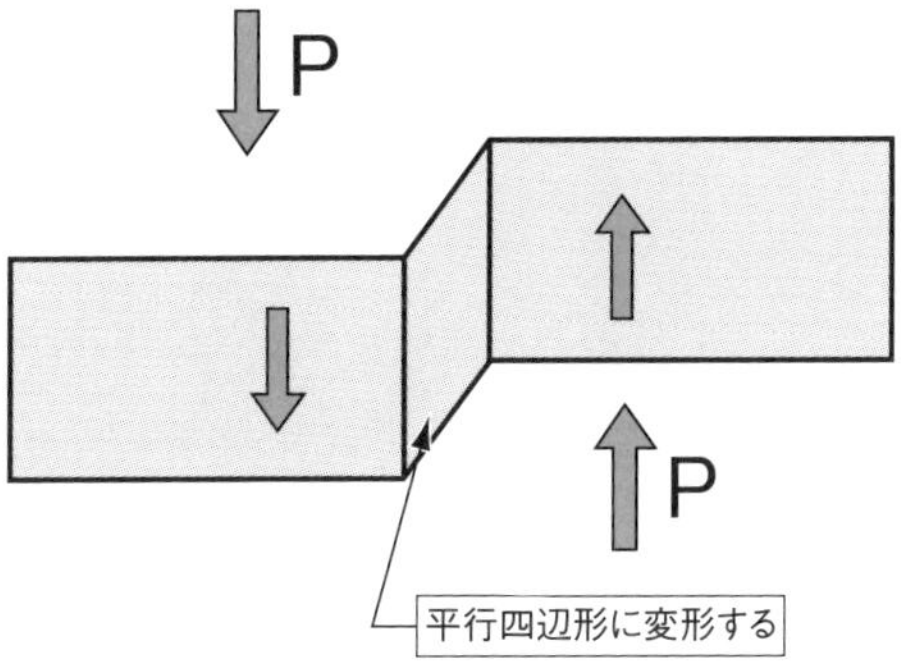

フレーム部材の変形

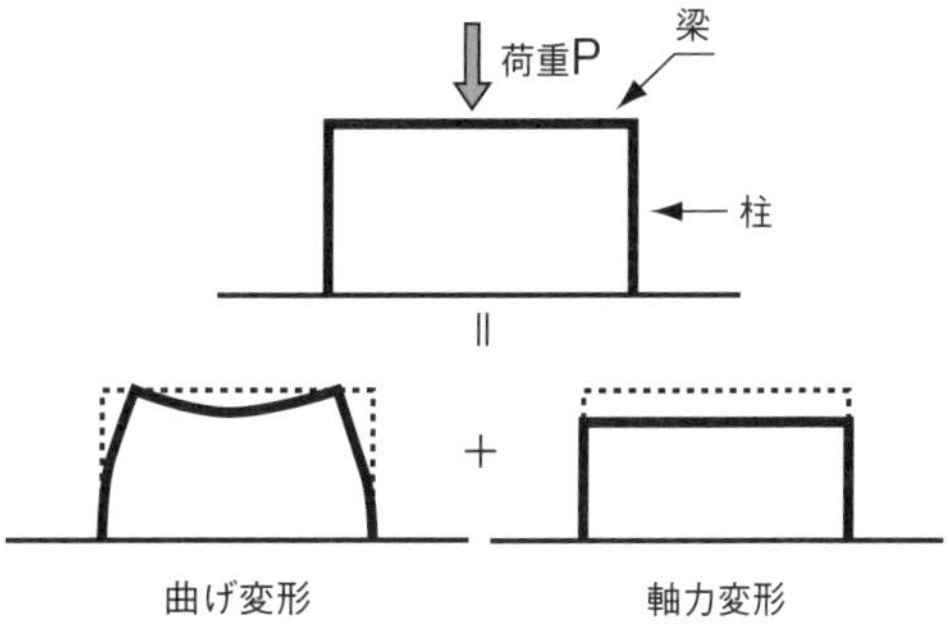

荷重Pが梁に作用すると柱・梁には曲げ変形と軸変形が同時に発生する

力の合成

007

POINT >>>>>>>>>>>>>>>>>>>>>>>>>>>>>>>>>>

同一線上の力の合成は、力の量の和（差）。方向が異なる力は、それぞれを１辺とする平行四辺形の対角線が合力になる

ベクトルとは

構造計算で力を扱う場合は、大きさ（量）だけでなく、作用する方向についても検討しなければならない。この力の方向と大きさのことをベクトルという。

部材にはさまざまなベクトルをもつ力が作用している。構造計算では、それらを合成・分解しながら部材の安全性を確認する。

ベクトルは矢印を使って表す。矢印の長さで力の大きさを、矢印の向きで力の作用する方向を示す。

力を合成する

力のベクトルによって、力を合成することが可能である。

複数のベクトルが同一線上にある場合、力の量の和（あるいは差）が合成した力（合力）となる。

たとえば、木を押す大人の後ろから、子どもが同じ方向に力を加えたとする。大人が木を押す大きな力と、子どもが大人を押す小さな力は、ベクトルが同一線上にあるため、結果、２つの力を足し合わせた量が、木に流れる力の総量となる。一方、子どもと大人が互いに１本の木の端を持ち、引き合う場合、木に流れる力は子どもの力と大人の力の差になる。

複数のベクトルが同一線上にない場合、力が２つのときは、それぞれのベクトルを１辺としてつくられる平行四辺形の対角線の長さが合成した力の量を、向きがベクトルになる（平行四辺形の法則）。

２つ以上の力を合成する場合は、まず、任意の２つのベクトルを辺にもつ平行四辺形をつくり対角線を求める。次に、その対角線と残りのベクトルを辺にした平行四辺形をつくり対角線を求める。これを繰り返し最終的に残った対角線の長さが合成した力の量、方向がベクトルとなる。

ベクトルとは

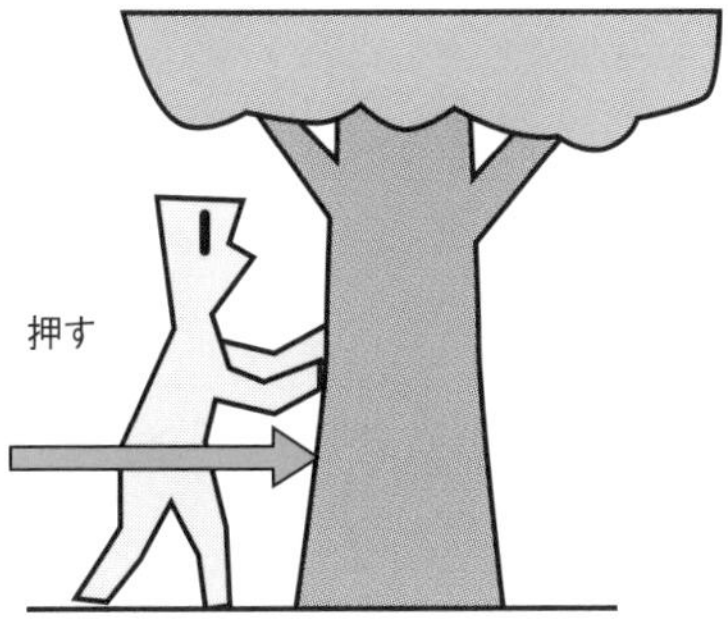

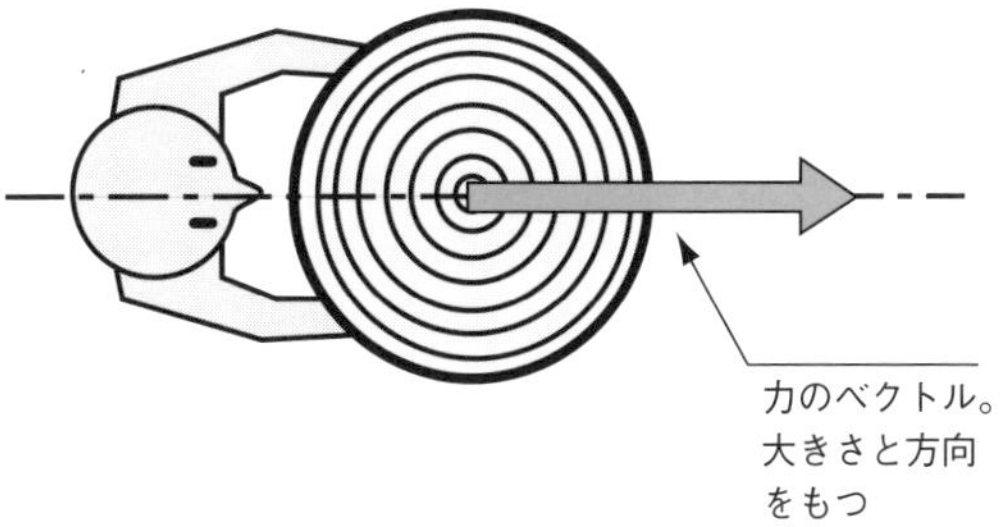

力の合成

①同一方向に作用する２つの力の合成

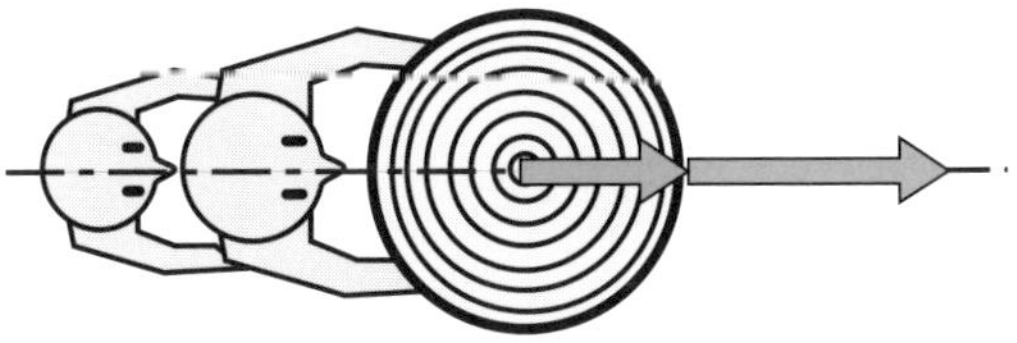

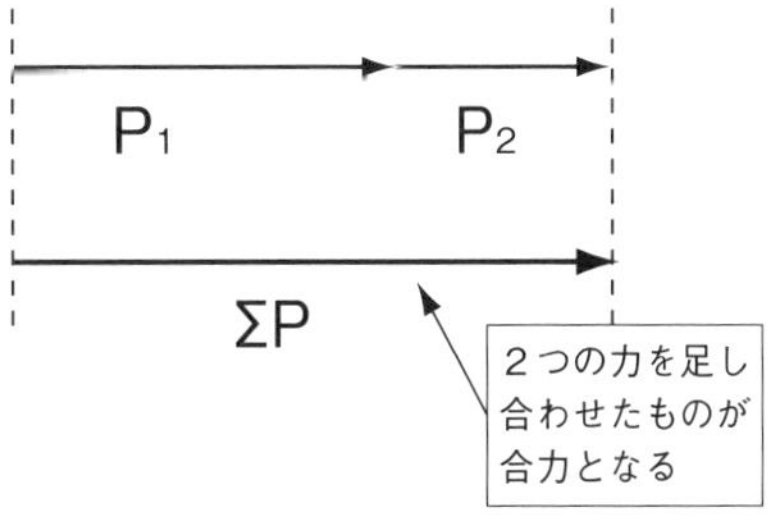

②一点に作用する２つの力の合成

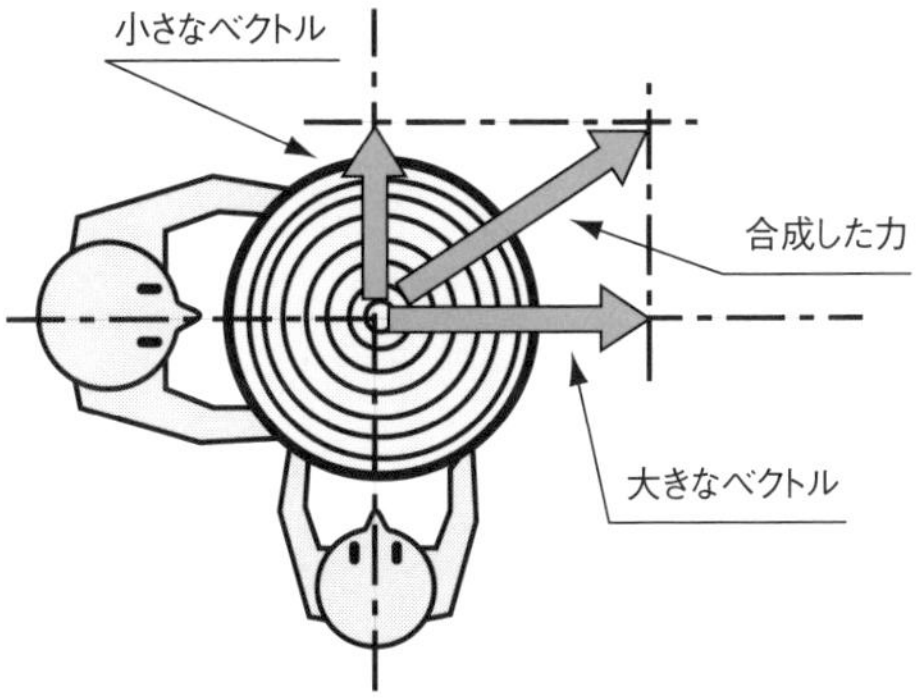

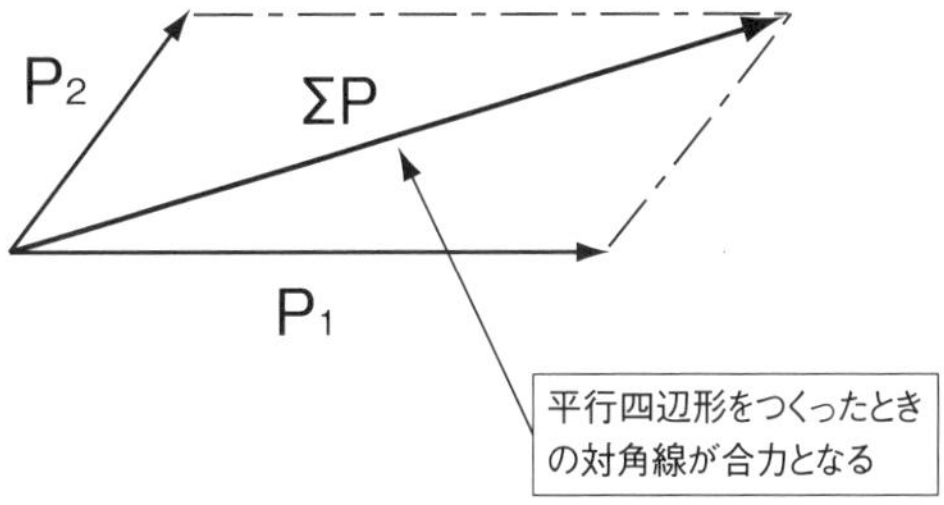

③一点に作用する３つ以上の力の合成

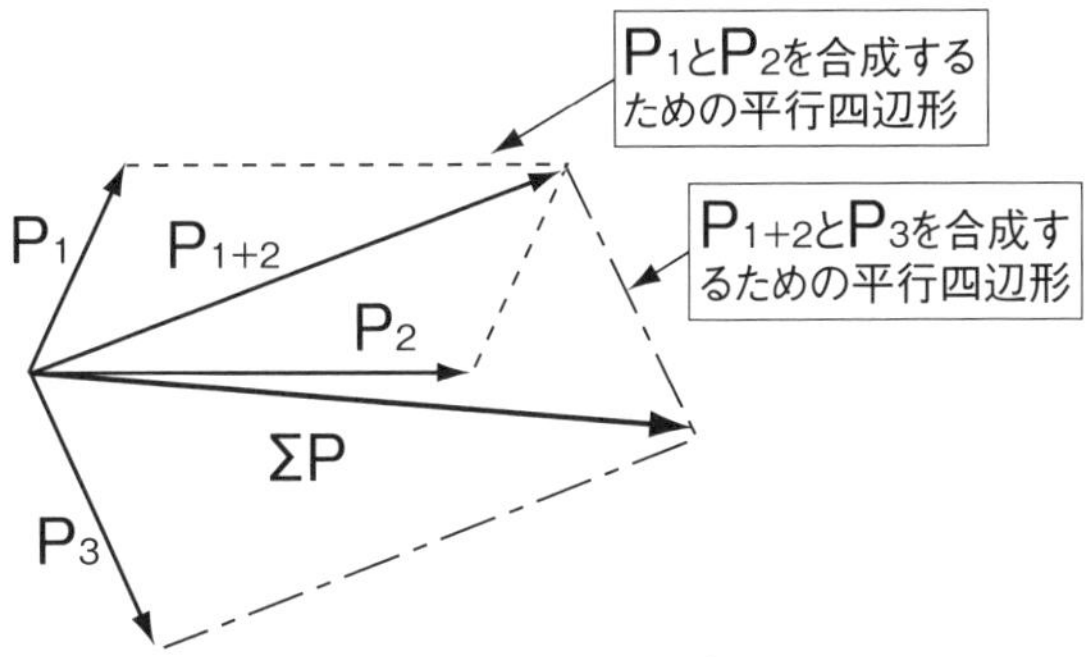

上記を繰り返すことで複数の力を
合成できる

④平行方向の力の合成

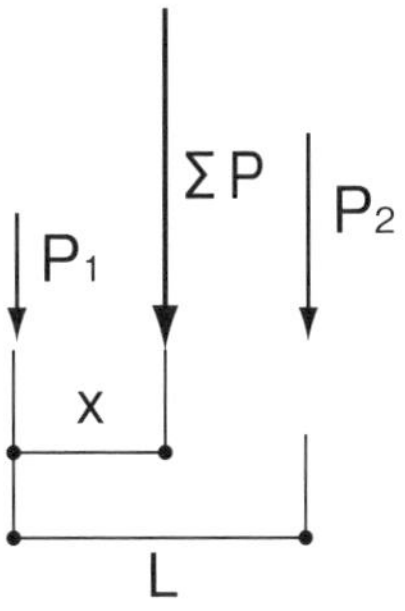

$$\Sigma P = P_1 + P_2$$

$$x = \frac{P_2 \times L}{P_1 + P_2}$$

力の分解

008

POINT >>>>>>>>>>>>>>>>>>>>>>>>>>>>>>

力の合成の手順を逆にすると、力は分解できる。構造計算では、部材にはたらく力を合成・分解し応力を求める

分解は合成の逆

力は合成できるように、任意の方向に分解して考えることもできる。建物の部位や荷重の種類によっては、力を分解して構造計算する必要がある。

力を分解する場合は、基本的には、力の合成の逆を行えばよい。分解したい力のベクトルを対角線とした平行四辺形をつくれば、平行四辺形の交差する2辺が分解された力のベクトルとなる。理論上、任意の対角線に対して平行四辺形は無数につくることができるため、分解するベクトルの組み合わせも無数に考えることができる。

ただし、現実の建物のほとんどは、水平・垂直の部材を基本として構成されている。そのため、平行四辺形の対角線を斜辺とした直角三角形になることが多く、三角関数（sinθ, cosθ, tanθ）で残りの2辺の長さを簡単に求めることができる。

構造計算は力の合成と分解

構造計算は、建物に流れる力を正しく評価することから始まる。建物を構成する部材は縦方向の柱、横方向の梁、斜め方向の筋かいなど、さまざまな方向をもっている。また、地震力や風圧力など、建物に作用する外力も加力方向が必ずしも定まっていない。

したがって構造計算では、部材の方向に応じた力の合成・分解が欠かせない。たとえば、耐風梁《たいふうばり》などは、水平方向から風荷重を受けると同時に建物上階から伝わる鉛直方向の荷重も支えているため、これらを合成して構造計算をしなければならない。

また、木造の登り梁などは、部材の方向が鉛直方向でないため、作用する力を分解して考えなければならない。登《のぼ》り梁《ばり》が受ける鉛直方向の荷重は、材に直交方向の等分布荷重と、材軸方向の軸力に分解して応力計算をする。

力の分解

分解例1

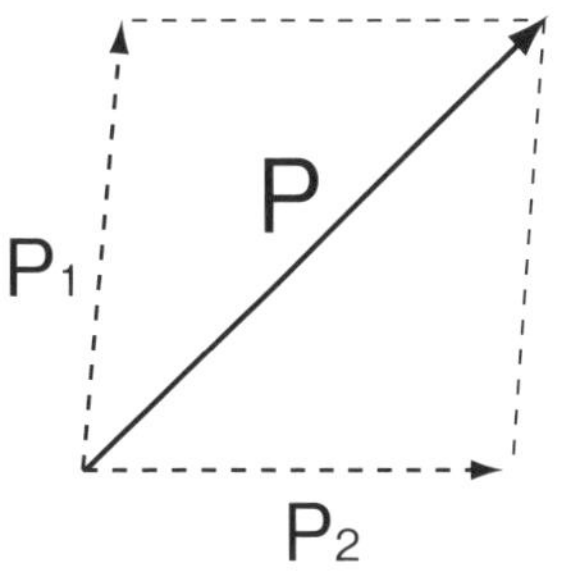

分解例2

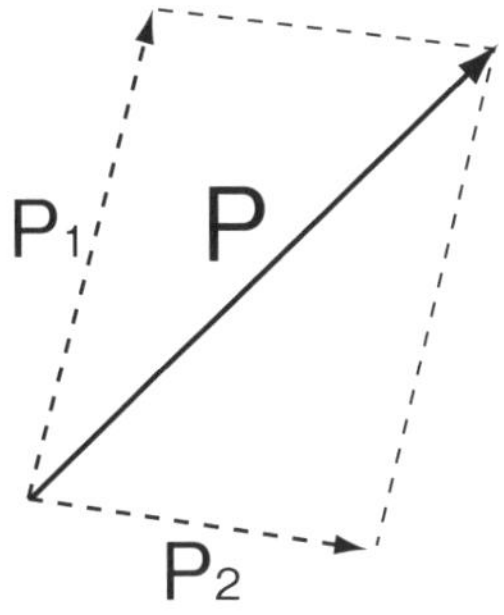

任意の平行四辺形をつくり任意の力のベクトルに分解できる。左図では同じ力Pに対して、2つの分解例を示した

三角関数の基本

$c^2=a^2+b^2$

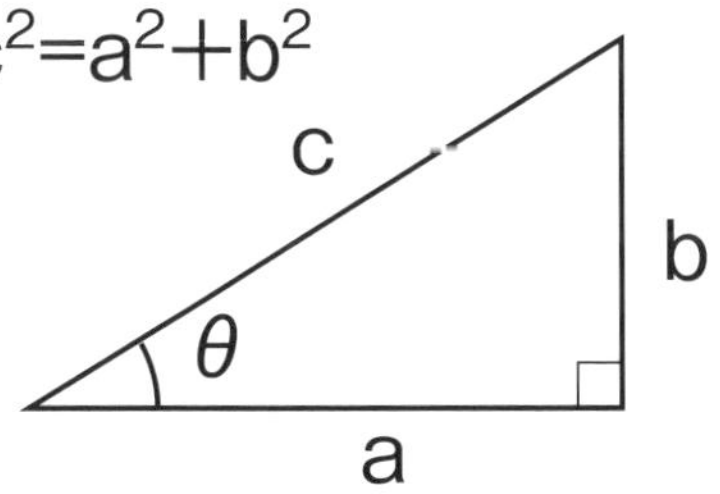

$$\sin\theta = \frac{b}{c}$$

$$\cos\theta = \frac{a}{c}$$

$$\tan\theta = \frac{b}{a}$$

θ	$\sin\theta$	$\cos\theta$	$\tan\theta$
30°	$\frac{1}{2}=0.500$	$\frac{\sqrt{3}}{2}=0.866$	$\frac{1}{\sqrt{3}}=0.577$
45°	$\frac{1}{\sqrt{2}}=0.707$	$\frac{1}{\sqrt{2}}=0.707$	$\frac{1}{1}=1.0$
60°	$\frac{\sqrt{3}}{2}=0.866$	$\frac{1}{2}=0.500$	$\frac{\sqrt{3}}{1}=1.732$

登り梁にかかる荷重の分解

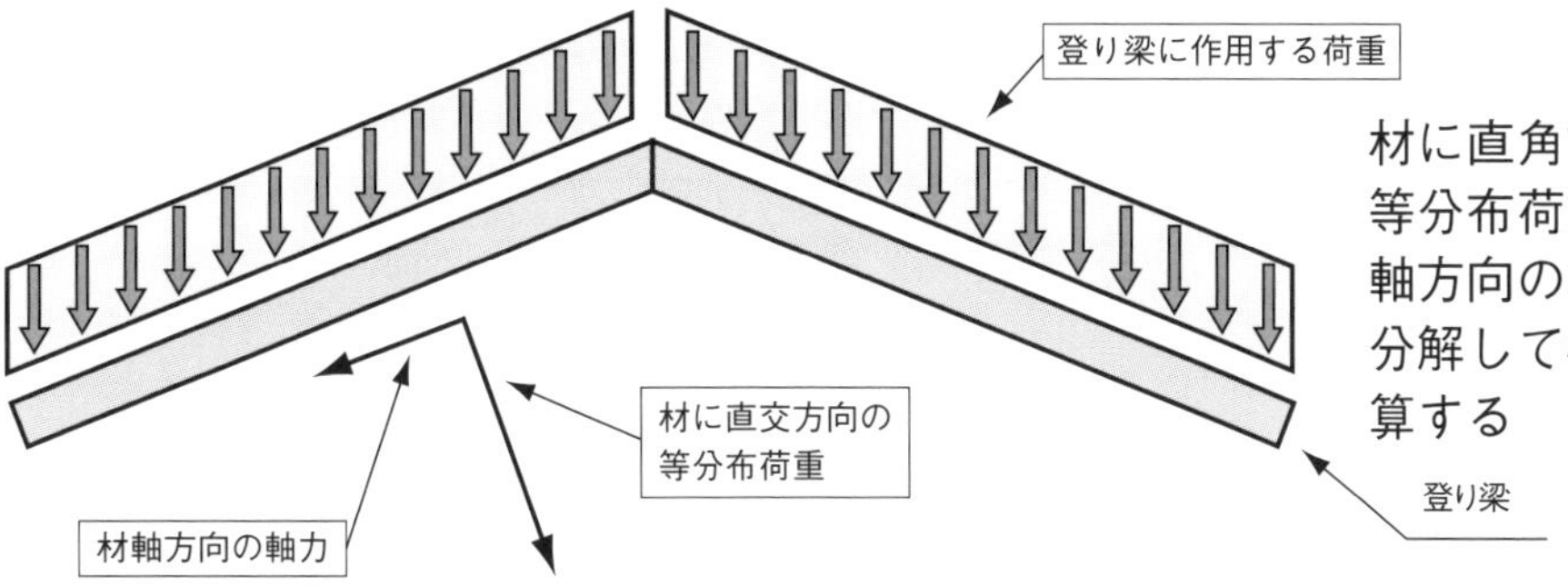

材に直角方向の等分布荷重と材軸方向の軸力に分解して構造計算する

反力とつり合い

009

POINT >>>>>>>>>>>>>>>>>>>>>>>>>>>>>>>>>>

物に力を加えるとそれと反対方向に同じ力の反力が生じる。力がつり合うとは、あらゆる方向の力と反力の和が0になること

支点には反力が生じる

物にある方向から力が加わったとき、その物が動かなければ加力方向と逆方向に同じだけの力が発生している。この力を反力という。作用する方向によって、鉛直反力（V）、水平反力（H）、回転反力（Rθ）の3種類に分けられる。

反力は支点に発生するが、支点の種類（回転移動端・回転端・固定端）によって発生する反力が異なる。回転移動端（ピン・ローラー支点）の場合は、ある方向には自由にスライドできるが、鉛直方向が拘束されているため、鉛直反力が生じる。回転端(ピン支点)の場合、端部の回転が自由であるため回転反力は発生しないが、水平・鉛直方向は拘束されているのでそれぞれ反力が生じる。固定端は、垂直・水平・回転のいずれも動かないので、すべての方向に反力が生じることになる。

力のつり合いと反力

建物が安定するためには、作用させた力と反力が必ずつり合っていなければならない。構造計算では、つり合いの方程式を用いてこのことを確認する。

つり合いの方程式は、すべての方向（垂直・水平・回転方向）に対して、作用する力と反力を足し合わせると0になることを確認する計算式である。

直線的に作用する力の場合、力の合成・分解の項で解説したように、作用させた力を垂直・水平方向に合成・分解して求めた力と同じだけの反力が、支点の各方向に生じていると考える。

回転方向の力（曲げモーメント）に対して発生する各支点の反力は、曲げモーメントを支点間距離で割って算出した力となる。

なお、曲げモーメントが作用する位置が変わっても、両支点に生じる支点反力の値は変わらない。

支点の反力

①回転移動端

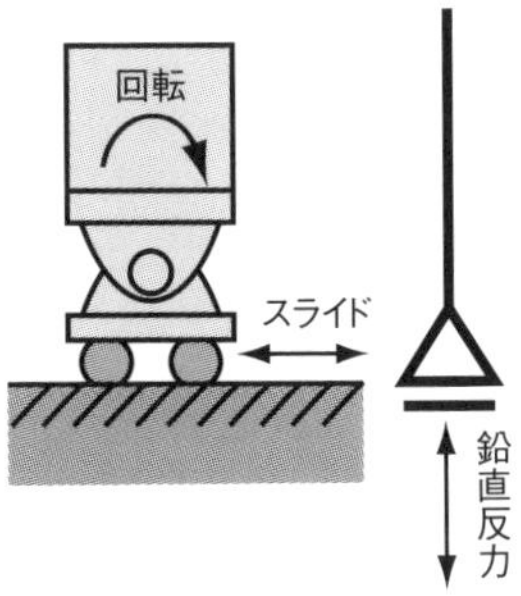

②回転端

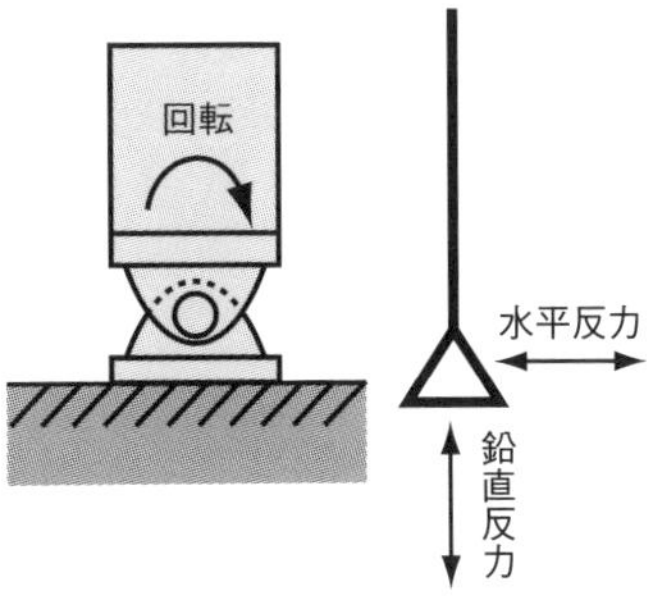

③固定端

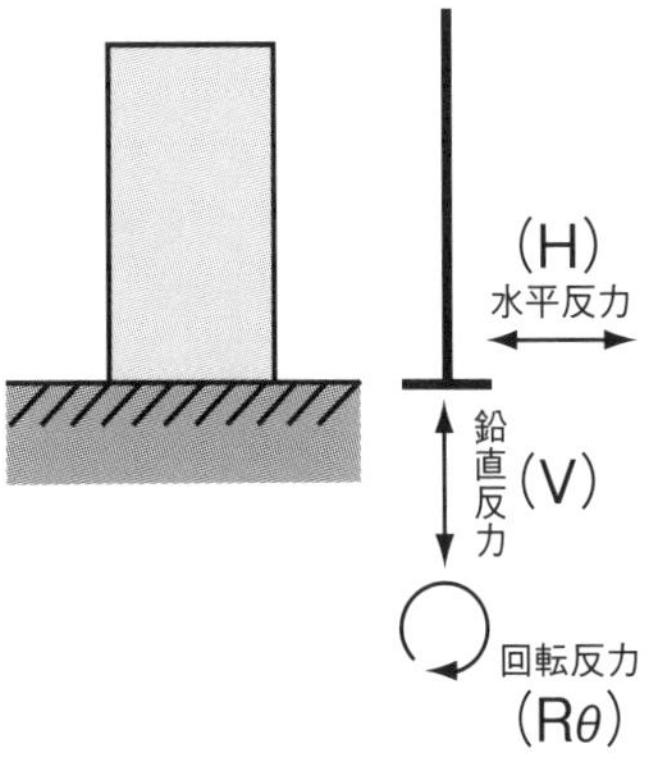

単純梁の例

①鉛直方向の力に対する反力

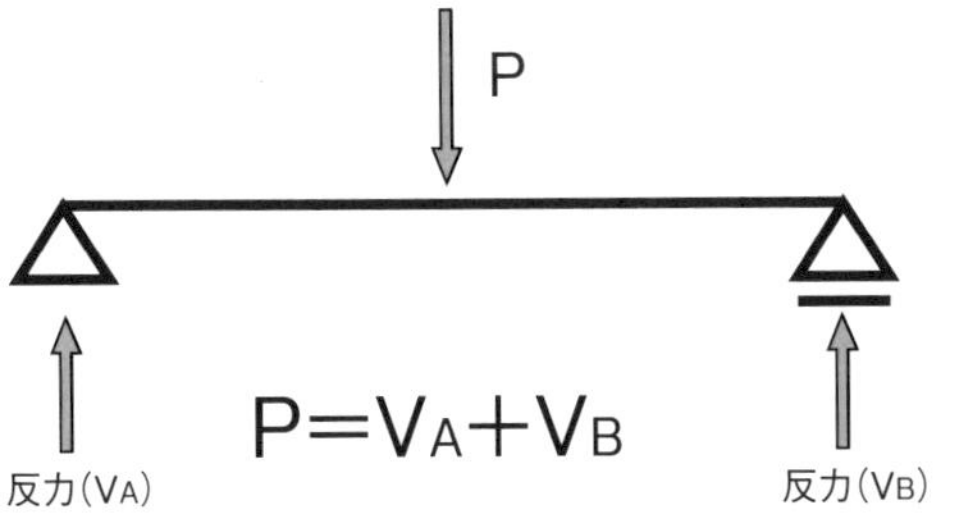

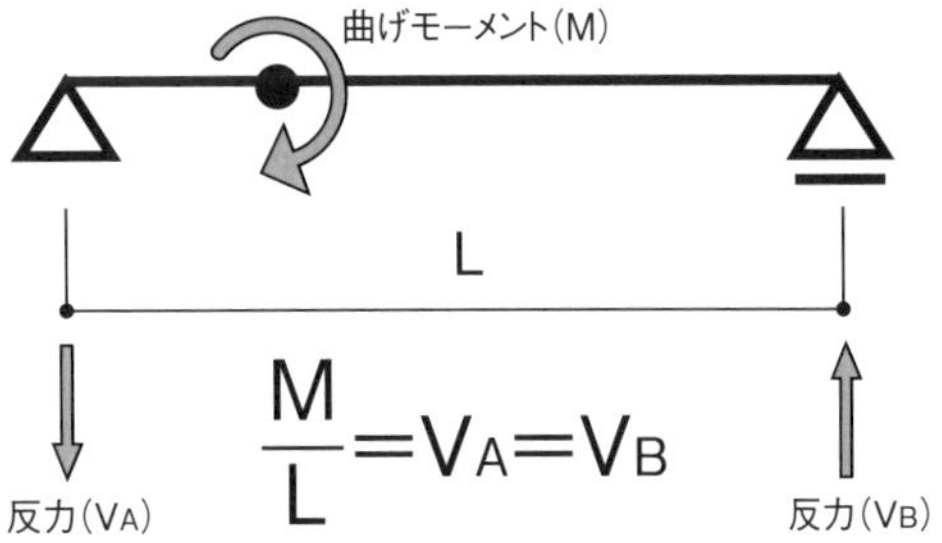

②斜め方向の力に対する反力

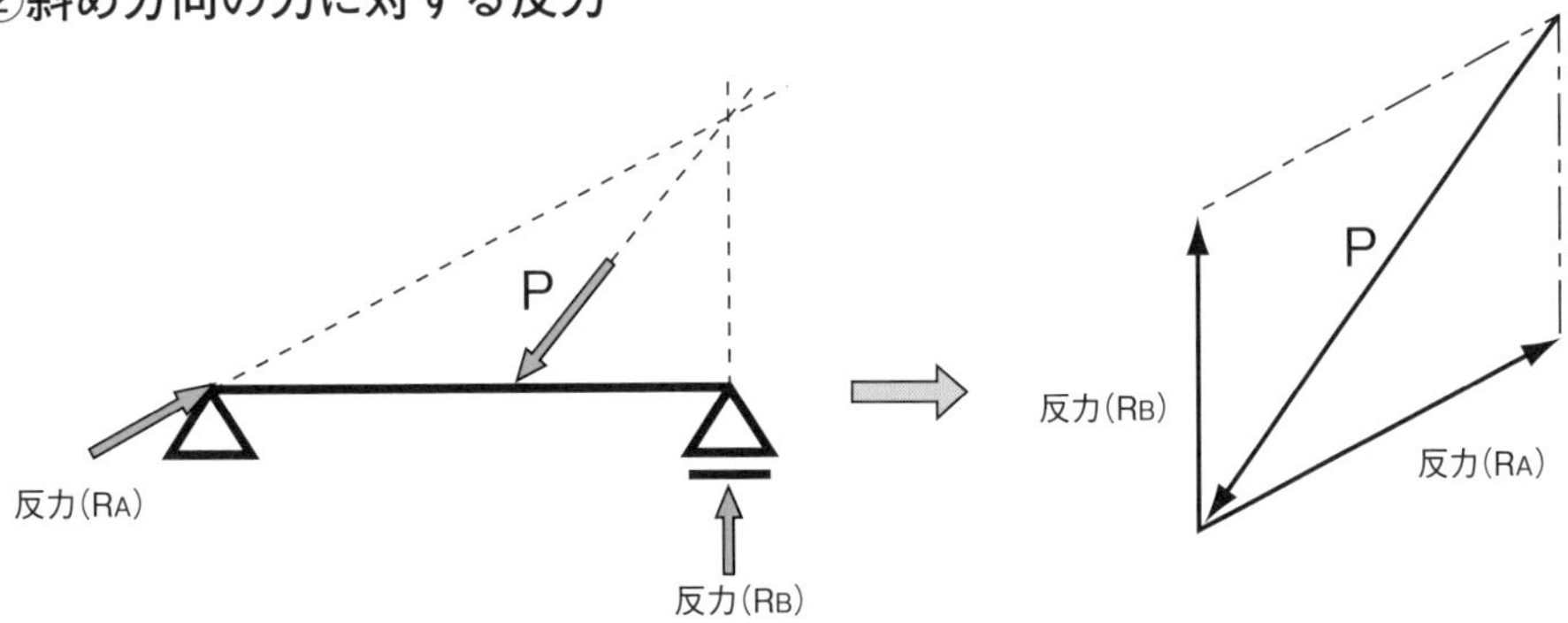

力のつり合い式

$\Sigma X=0$
$\Sigma Y=0$
$(\Sigma Z=0)$
― すべての方向(X、Y、Z)の合力が0になる
※Zは立体で考えた時

$\Sigma M=0$ ― 任意の点に対する力のモーメント(M)の合計が0になる

静定・不静定・不安定

010

POINT >>>>>>>>>>>>>>>>>>>>>>>>>>>>>>>>>>>

荷重と反力のつり合いの関係で、建物の構造は静定・不静定・不安定に分かれる。最も安定してるのが不静定

安定と不安定

部材にかかる荷重と反力がつり合うと、建物は動かずに安定を保っている。一方、荷重と反力がつり合わないと、建物は倒壊する。構造力学上、前者の状況を安定、後者を不安定という。

安定は、さらに静定と不静定の2つに分けることができる。

静定とは、1カ所の支点（接合部）が壊れると構造全体が壊れる（不安定になる）状況をいう。

一方、不静定とは、1カ所の支点（接合部）が壊れても構造全体が壊れない（不安定にならない）状況をいう。つまり、静定構造よりも不静定構造のほうが、安定していることになる。

不静定次数で変わる安全性

不静定の構造で、接合部を壊していったとき、最終的に構造が不安定になるまでに要する接合部の数（次数）を不静定次数と呼ぶ。不静定次数は、部材数、反力数、剛節接合部数、節点数から求めることができる。

不静定次数が高いほど、構造上の安定した建物といえる。逆に、たとえ構造計算上、建物全体の強度（耐力）が同じだとしても、不静定次数が違うと、実際の構造の安全性は異なることになる。たとえば、鉄骨ラーメン構造と鉄骨ブレース構造では、構造計算上同じ耐力をもつように設計しても、後者のほうが不静定次数が低いため安全性が低いと考えることができる。

建物の構造の安全性を許容応力度計算〔204頁参照〕で確認する場合、部材がすべて壊れないことが条件になるので、建物が安定か不安定かはさほど考えなくてもよい。一方、部材の接合部を計算上1つずつ壊しながら構造の安全性の限界を確かめる保有水平耐力計算〔206頁参照〕をする場合、安定・不安定は大切な概念である。

安定・不安定の判別式

$m = n + s + r - 2k \geqq 0$…安定
$m = n + s + r - 2k < 0$…不安定

m：不静定次数
n：反力数
s：部材数
r：剛節接合部数
k：接点数

反力数の考え方

	ローラー支点	ピン支点	固定端
支点の種類			
反力の合計	反力数1	反力数2	反力数3

剛接部の考え方

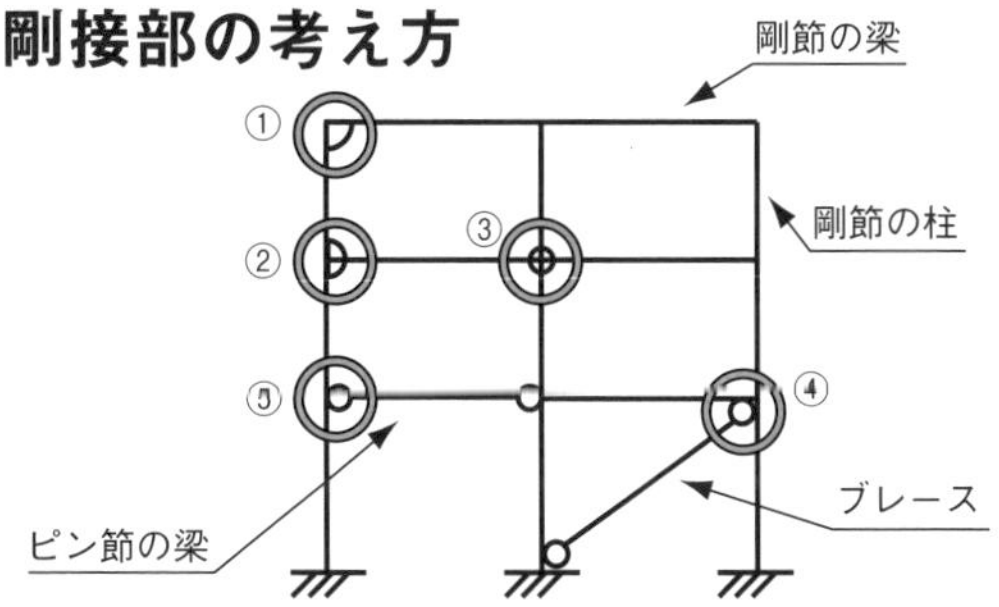

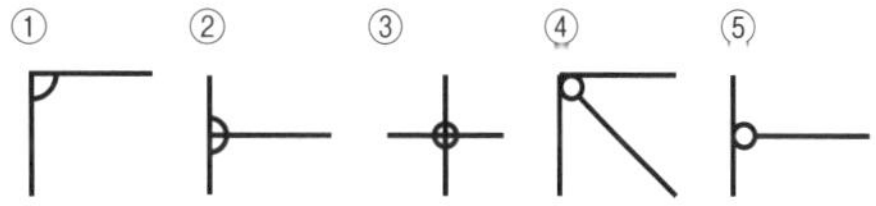

安定・不安定の判別例

①不静定

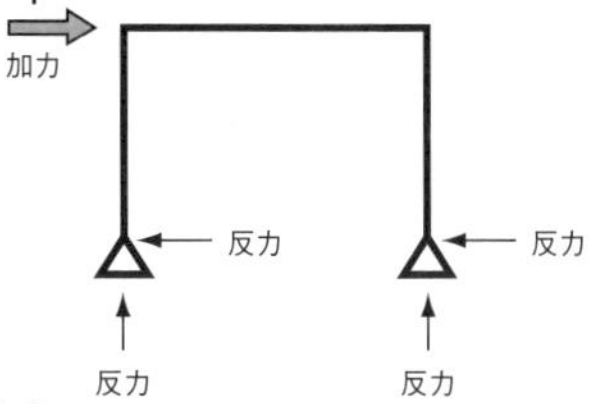

n＝4
s＝3
r＝2
k＝4

$m=4+3+2-2\times 4=1>0$

②静定

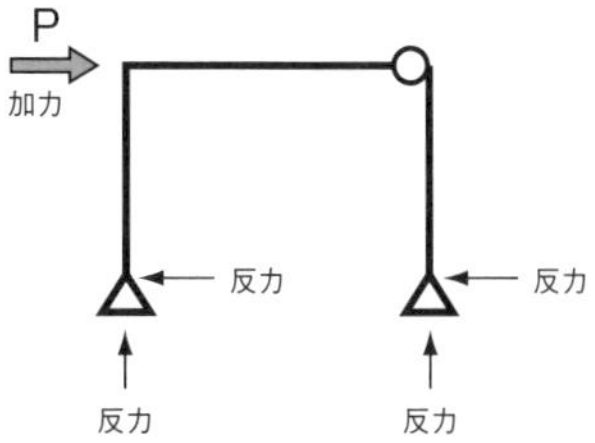

n＝4
s＝3
r＝1
k＝4

$m=4+3+1-2\times 4=0$

③不安定

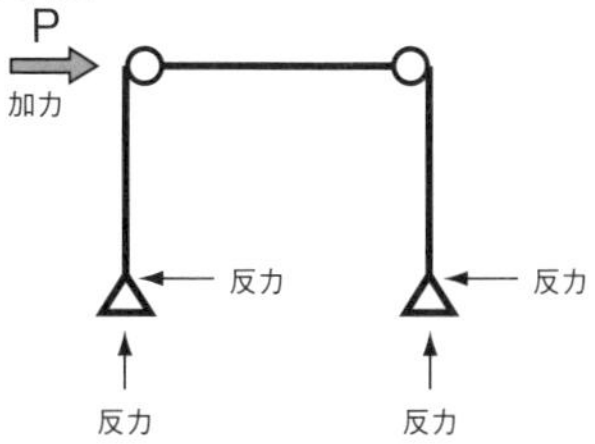

n＝4
s＝3
r＝0
k＝4

$m=4+3+0-2\times 4=-1<0$

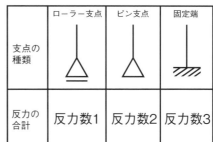

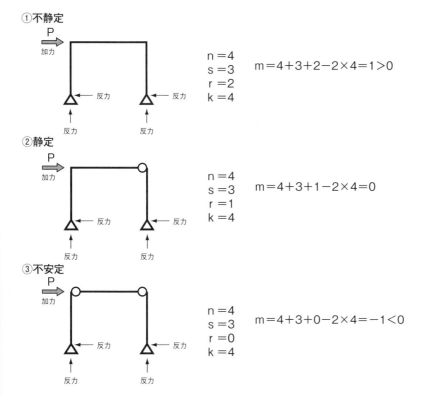

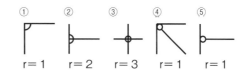

応力図の描き方

011

POINT >>>>>>>>>>>>>>>>>>>>>>>>>>>>>>>>>>

構造計算の際には応力図で応力を視覚化する。最も重要な曲げモーメントの応力図は描き方や形状を必ず覚えておく

応力分布を視覚化する

建物に発生するさまざまな応力を正しく把握するために、構造計算の際には応力分布を図式化する。これを応力図という。

応力図には「曲げモーメント」「せん断力」「軸力」の3種類がある。応力図の描き方は、人によってさまざまである。以下では、3種類の応力図の慣用的な描き方について解説する。

①曲げモーメントの応力図

最も重要な応力図は、曲げモーメントの応力図である。せん断力による破壊は危険なので、建物の最終的な耐力が曲げモーメントで決まるように設計することが多い。また、部材にはたらく曲げモーメントの分布を把握することで、応力があまり大きくない位置に接合部を設計することができる。

曲げモーメント図は、一般的には、引張り力がはたらく側が凸状になるように描く。

たとえば、両端が固定された梁に等分布荷重がかかる場合、梁の端部では梁の上端に、中央部では下端にそれぞれ引張り力が生じる。

②せん断力の応力図

せん断力の応力図は、部材にかかるせん断力を上下に振り分け、一方を部材上部に、もう一方を部材下部に突出するように描く。

たとえば、単純梁に集中荷重がかかる場合、荷重がかかる点を中心に上下に等分にせん断力を描く。

③軸力の応力図

軸力の応力図は、部材に沿って応力を描く。応力は、部材の左右（軸力は、主に柱に生じる。梁に軸力が生じる場合は上下）のいずれの方向に描いてもよい。引張りと圧縮のどちらの応力を描いてもよいが、圧縮側には－（マイナス）の記号を、引張り側には＋（プラス）の記号を付けると分かりやすい。

曲げモーメントの応力図

①単純梁等分布荷重　　②単純梁集中荷重

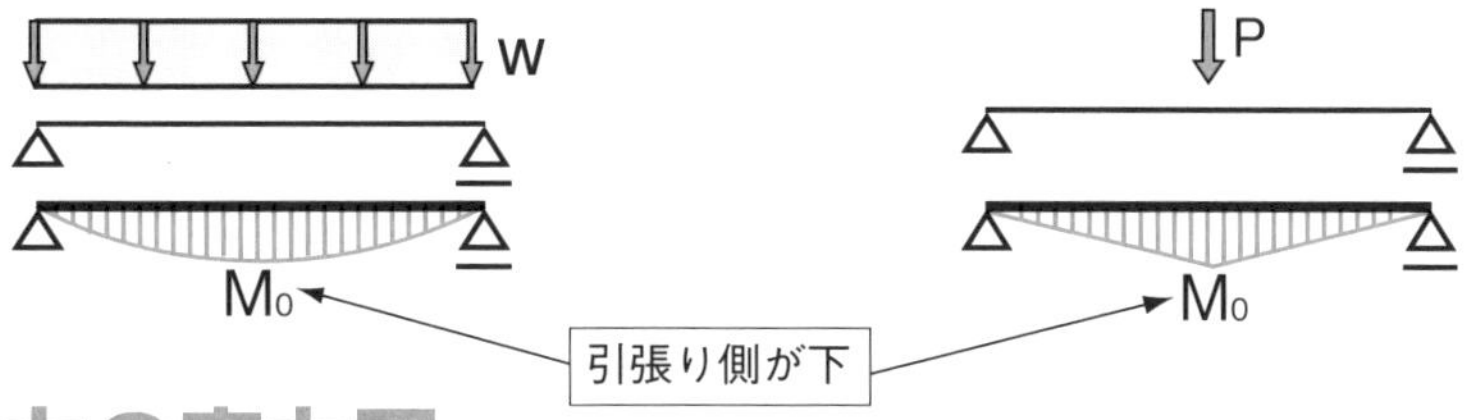

せん断力の応力図

①単純梁等分布荷重　　②単純梁集中荷重

軸力の応力図

鉛直方向等分布荷重

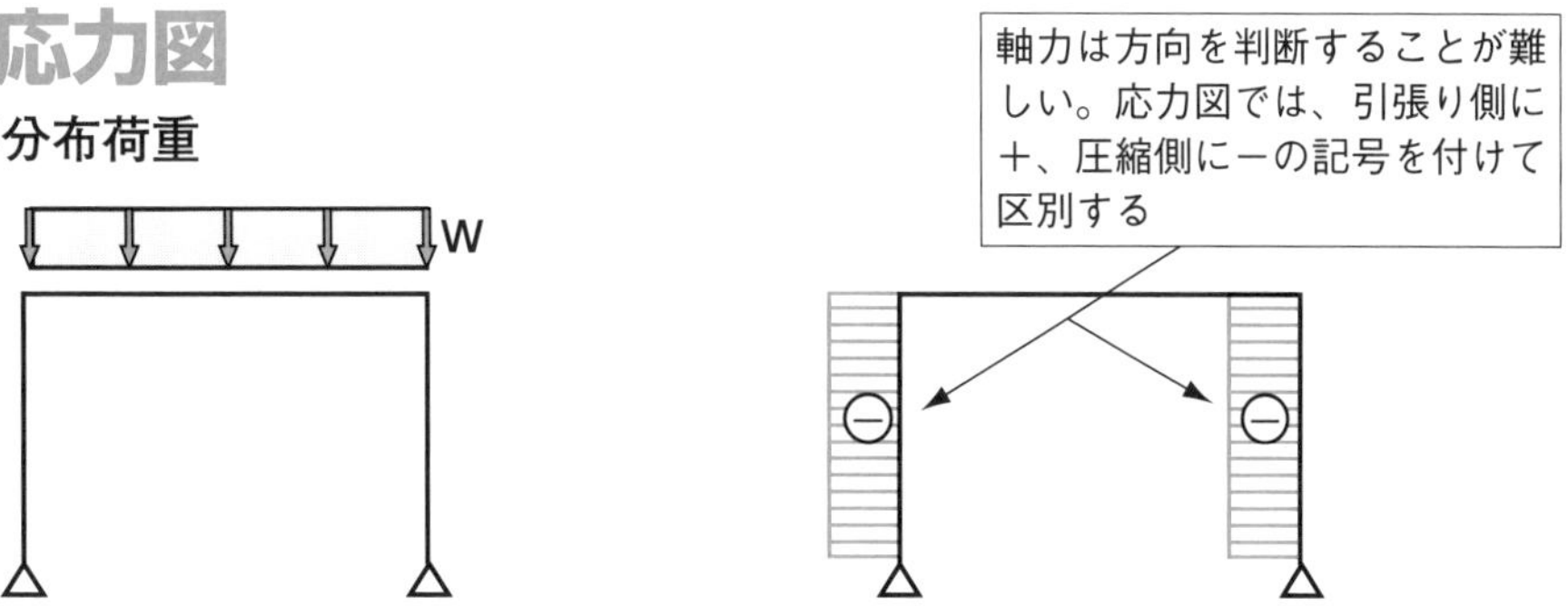

ラーメン架構の応力図例（曲げモーメント）

①等分布荷重　　②集中荷重

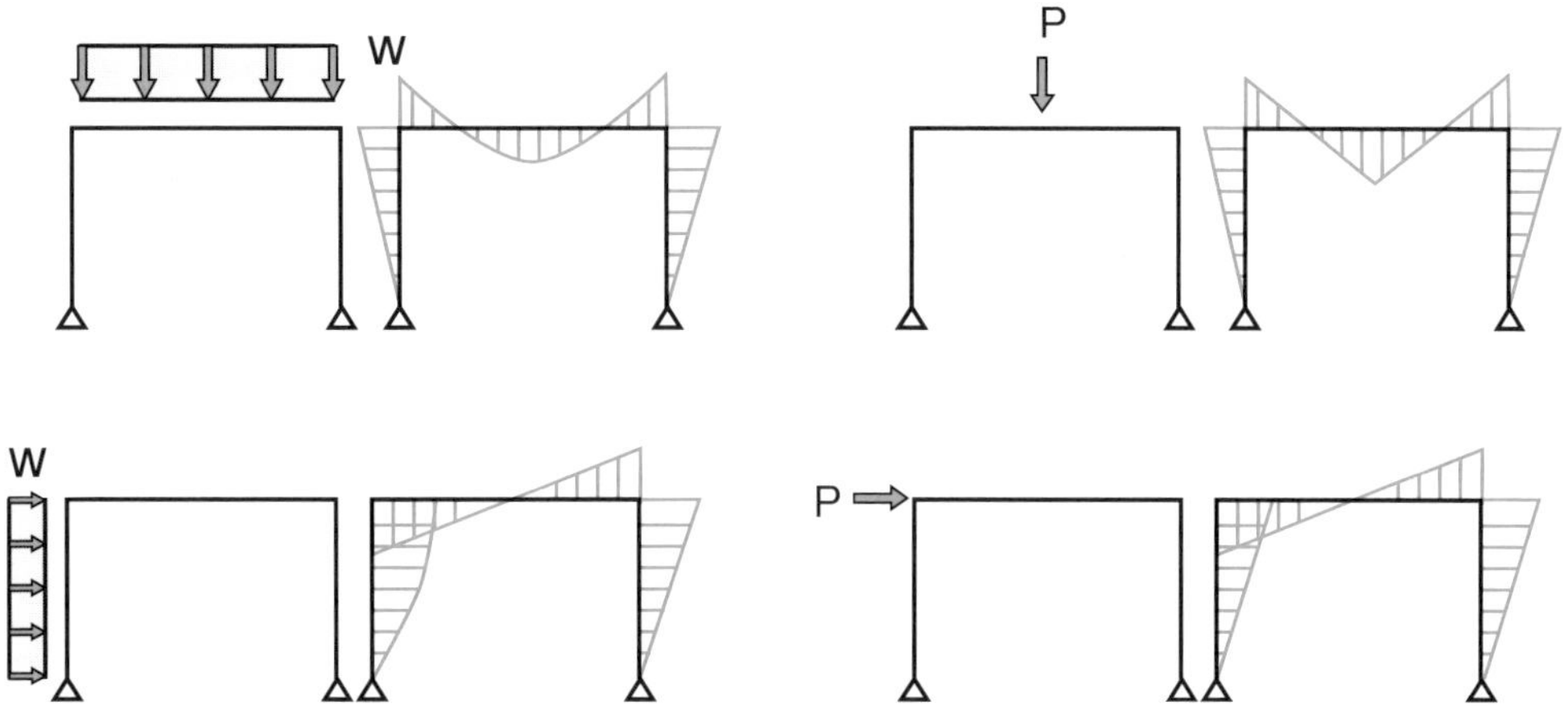

部材の変形

012

POINT >>>>>>>>>>>>>>>>>>>>>>>>>>>>>>

部材の性質によって、変形の仕方が異なる。構造部材の選択の際には、部材の壊れ方も考慮しなければならない

部材の変形性状

部材の変形の進み方は一様ではない。たとえば、鋼材に力を加えると、はじめは応力度とひずみ度が比例関係になる。グラフの直線で表される部分で、この範囲を弾性域と呼ぶ。弾性域では、部材に力を加えると変形するが、力を取り除くと元の形に戻る。

さらに力を加えると、ある段階で応力度が一度落ちる。この点を降伏点という。降伏点を過ぎると部材の力を取り除いても元の形に戻らない。降伏点以降の範囲を塑性域と呼ぶ。塑性域では、応力度とひずみ度の関係を示すグラフ（応力度—ひずみ度曲線）が緩やかな曲線を描く。部材は大きく変形し、最終的には破断して変形が止まる（部材が壊れる）。

グラフの線とグラフ横軸で囲まれた面積が、材料が吸収できるエネルギー量である。塑性域が長い材料ほどエネルギーの吸収量が大きくなる。

木材と鉄筋コンクリートの変形

木材の場合、材に力が加わると、応力度・ひずみ度ともにほぼ比例関係で大きくなり、応力度に対してひずみ度が増大することなく破断する。これは木材がほとんど靭性をもたないためであり、塑性域に至らずに材が破断してしまう破壊形式を脆性《ぜいせい》破壊《はかい》と呼ぶ。

一方、鉄筋コンクリートの場合、力を加えた当初は、応力度とひずみ度が比例関係で大きくなる。やがて、コンクリートにひびが入ると、鉄筋が応力を負担するようになるため、応力度とひずみ度の傾斜はやや緩やかになる。さらに力が加わり、鉄筋が破断するまで応力度—ひずみ度曲線はほぼ横ばいになる。

コンクリートに靭性はないが、鉄筋は靭性に富む材のため、このような変形性状となる。

部材の変形

鋼材

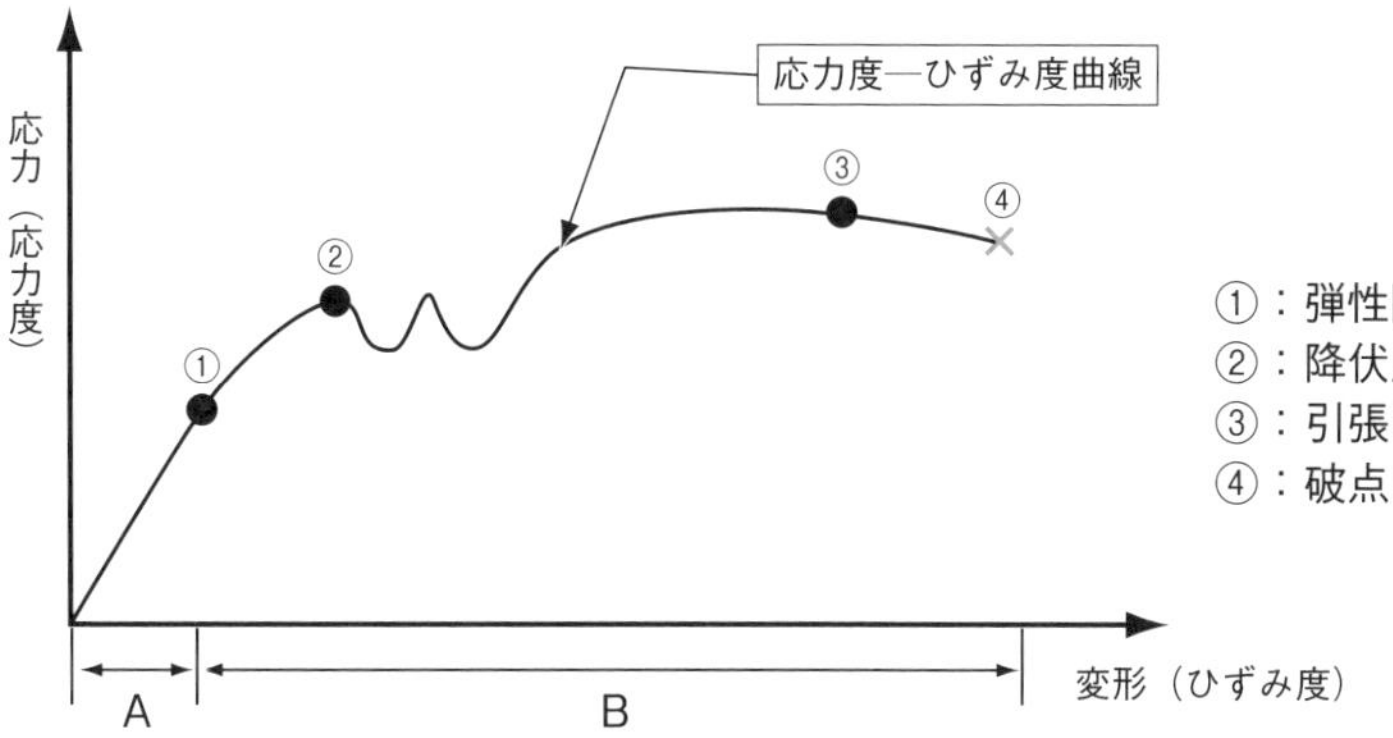

①：弾性限　　A：弾性域
②：降伏点　　B：塑性域
③：引張り強さ
④：破点

木材

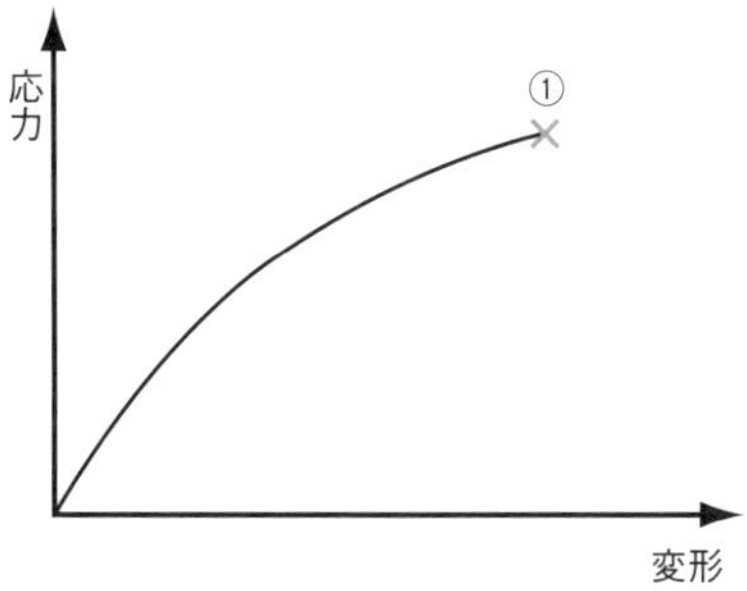

①：破壊点

鉄筋コンクリート

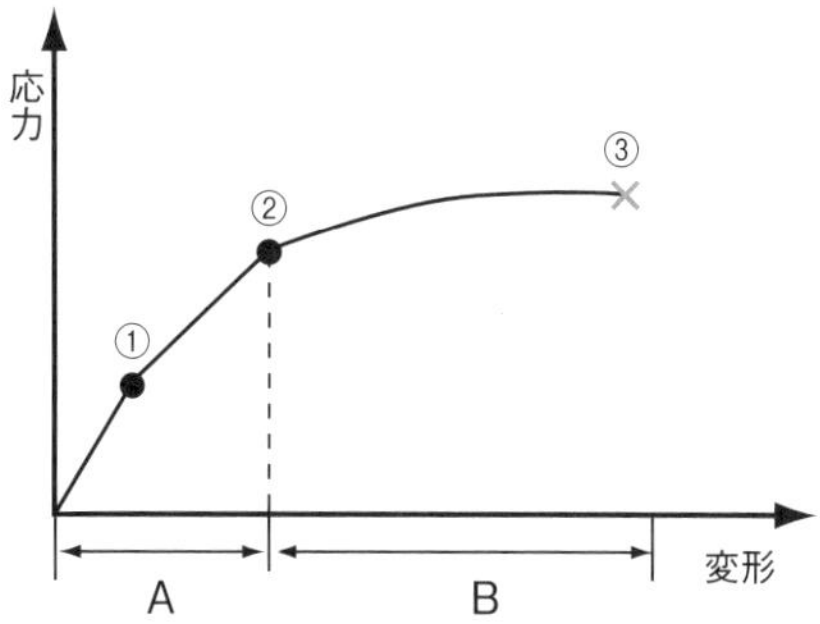

①：コンクリートのひび割れ点　　A：弾性域
②：鉄筋の降伏点　　B：塑性域
③：鉄筋の破断点

応力-変形のグラフの読み方

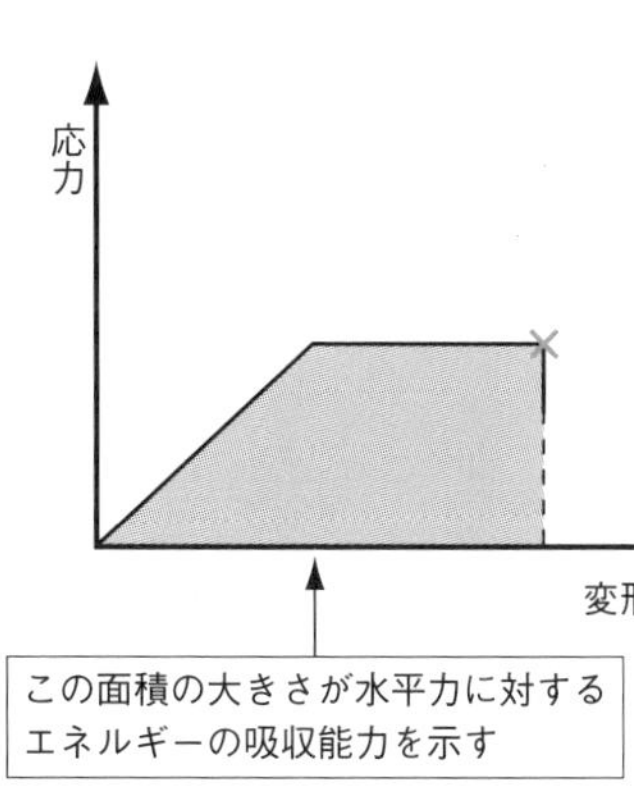

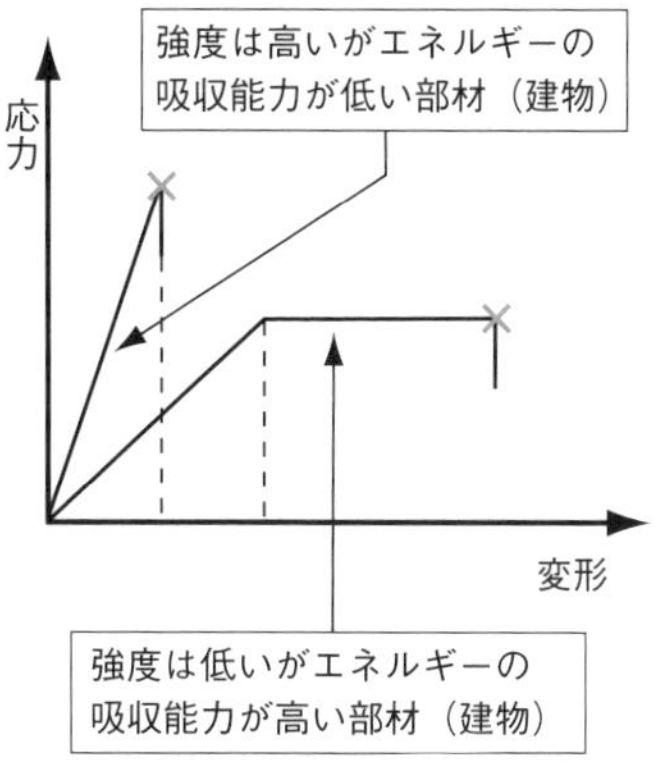

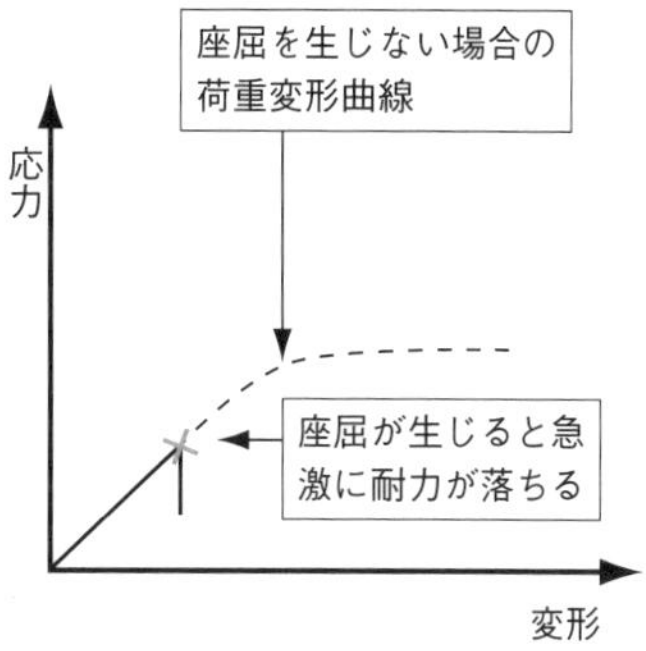

断面の性質

013

POINT >>>>>>>>>>>>>>>>>>>>>>>>>>>>>>>>>>

断面積、断面2次モーメント、断面係数、断面2次半径は構造計算の基礎となる数値。鉄骨造では幅厚比も把握する

断面の性質を数値化する

部材に発生した応力計算や断面の安全性の確認のために、断面の性質を数値化する必要がある。建物の構造計算をする際に、最低限押さえておくべき断面の性質は、断面積、断面2次モーメント、断面係数、断面2次半径、幅厚比、の5つである。

①断面積（A）

断面積は、軸力やせん断力を求めるのに必要な性質である。形鋼などの断面積を求める場合、計算対象となる応力で断面部分を決めなければならない。たとえばH形鋼のせん断応力を計算する場合、せん断力に有効な部分はウエッブになるため、断面積にフランジ部分は含まない。

②断面2次モーメント（I）

断面2次モーメントは、曲げ剛性を求めるのに必要な性質で、値が大きいほど部材の曲げ性能は高くなる。

部材が複雑な断面形状をもつ場合は、計算しやすいかたちに分けて断面2次モーメントを算出し、それらを足し引きして算出する。

③断面係数（Z）

断面係数は、断面最外縁の応力度を算出するときに用いる性質である。最外縁の応力度は、鉄骨造の断面計算やコンクリートのひび割れを計算するときなどに必要となる。

④断面2次半径（i）

断面2次半径は、座屈に関係する性能を表す。断面2次半径は、細長比（λ）を算出するために用いる。細長比は、柱などの圧縮部材の安全性を確認する指標である。

⑤幅厚比

幅厚比は、局部的な座屈が起きないかを確認する指標で、値が大きいほど座屈しやすくなる。H形鋼のフランジ部分の座屈性能を確認するときなどに用いる。

断面の算定式

基本の公式

①断面積A　$A = B \times H$

②断面係数Z　$Z = \frac{1}{6} B \times H^2$

③断面2次モーメントI

$$I = \frac{1}{12} B \times H^3$$

④断面2次半径i

$$i = \sqrt{\frac{I}{A}}$$

⑤幅厚比　$\frac{b}{t}$

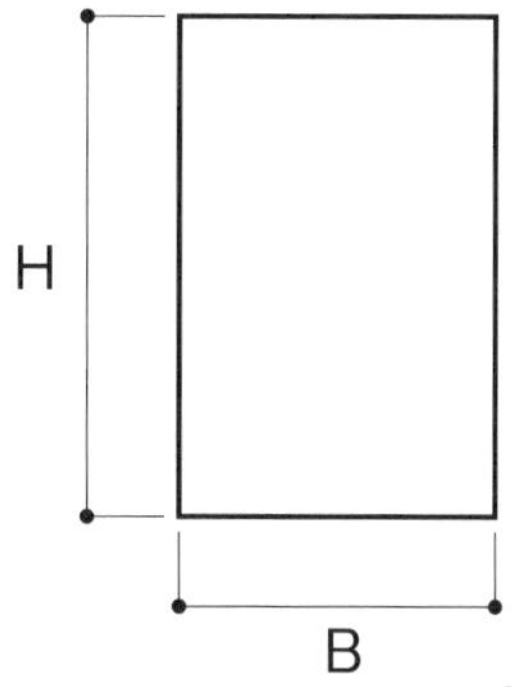

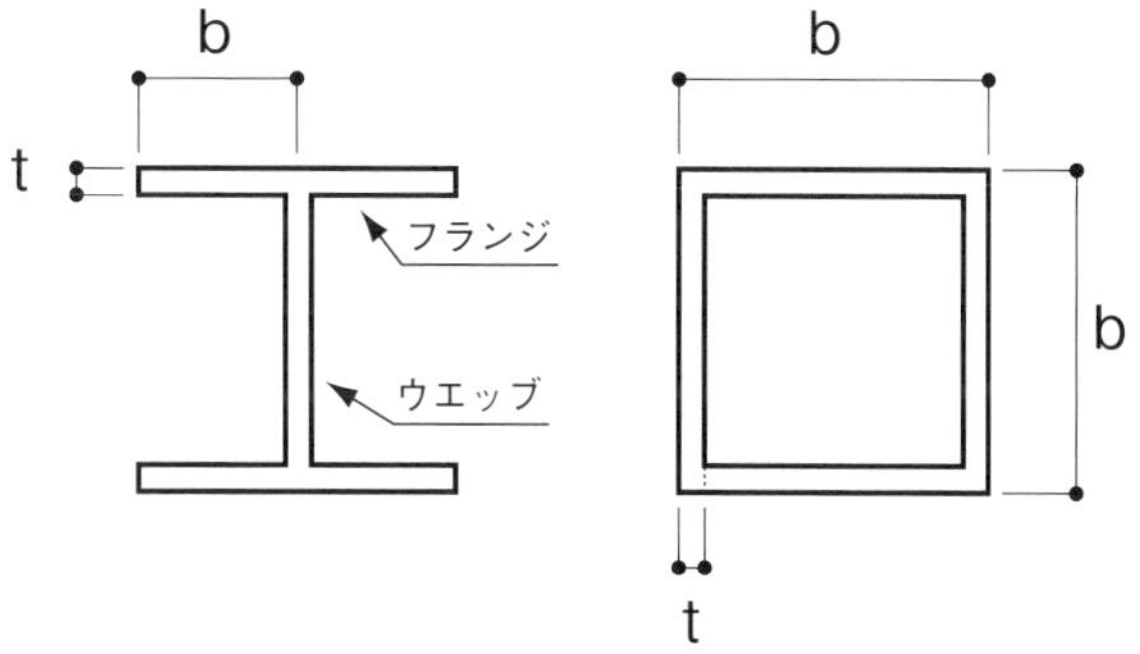

特殊な形状の考え方

円形の場合

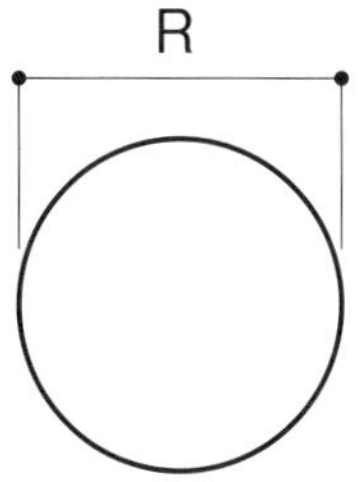

①断面積

$$A = \pi \frac{R^2}{4}$$

②断面係数

$$Z = \pi \frac{R^3}{32}$$

③断面2次モーメント

$$I = \pi \frac{R^4}{64}$$

H形の場合

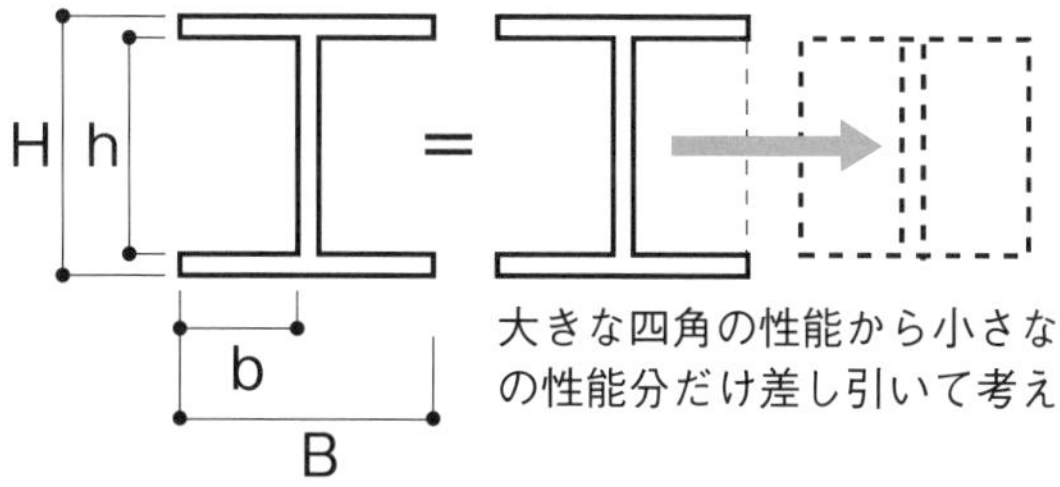

大きな四角の性能から小さな四角の性能分だけ差し引いて考える

①断面積

$$A = B \times H - b \times h$$

②断面係数

$$Z = \frac{1}{6} B \times H^2 - \frac{1}{6} b \times h^2$$

③断面2次モーメント

$$I = \frac{1}{12} B \times H^3 - \frac{1}{12} b \times h^3$$

column 01

新しい構造形式をつくる

ラーメン構造やトラス構造など、構造形式を表す名称はたくさんある。ただしこれらは便宜的に付けられているだけで、厳密にはさまざまな構造的な特性が合わさって１つの形式と考えられているのである。したがって、基本的な構造形式をマスターしたら、今度はあまり構造形式にとらわれずに構造の成り立ちを考えることが重要である。

写真の事例は､傘を積み重ねてつくった構造である。傘の骨をトラス（ドーム）状に組んで形をつくっている。傘の細い骨では、自重による圧縮力で座屈するが、傘の膜にテンションを生じさせることで細い傘の骨の座屈が防止されている。これはトラス構造と膜構造を併用した構造形式といえよう。

傘でつくったドーム

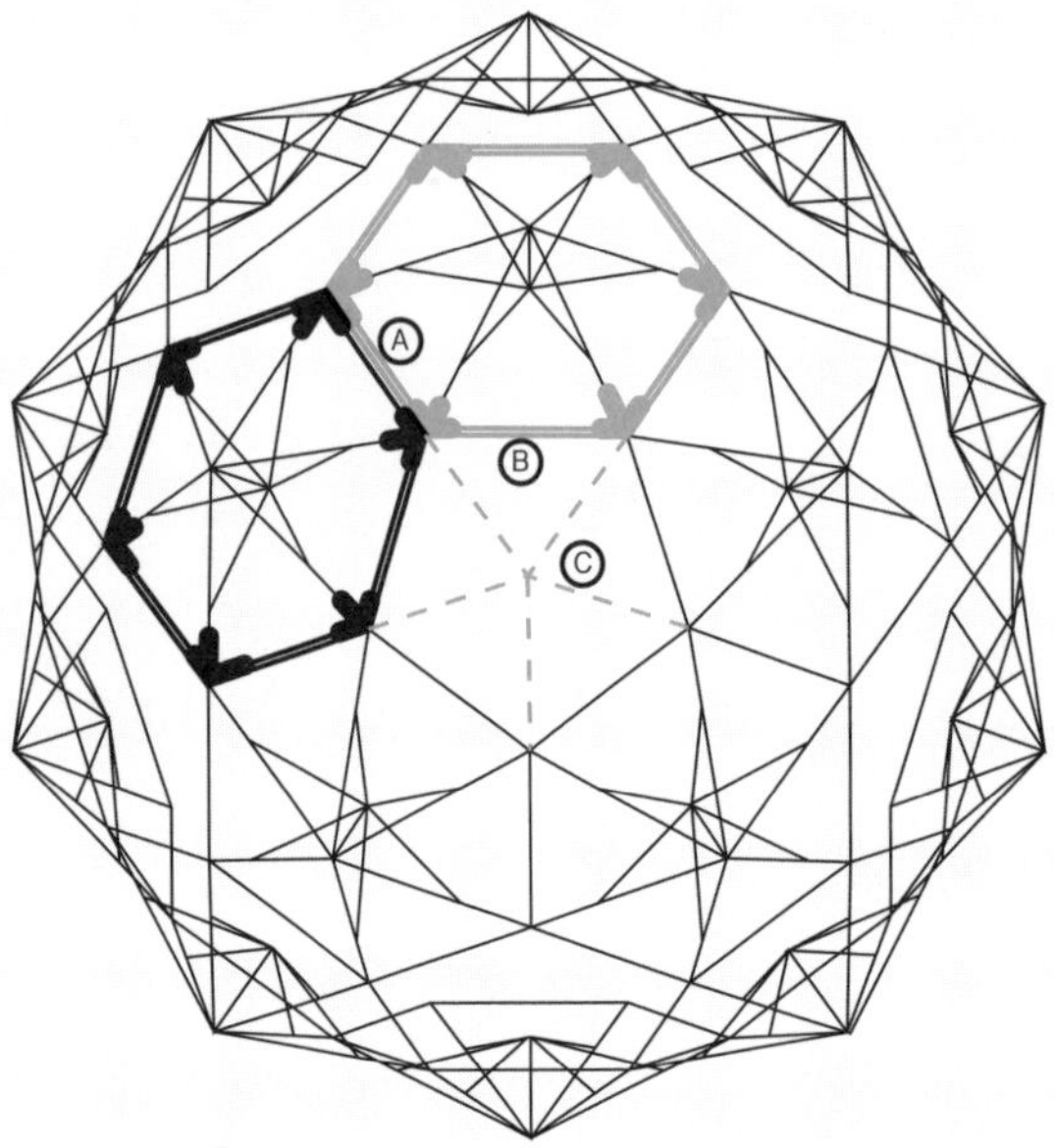

応力解析時のイメージ図

全景。傘の布が張っている部分と緩んでいる部分が分かる

内観。細い骨でトラスのドームがつくられているのが分かる

第2章

構造の材料

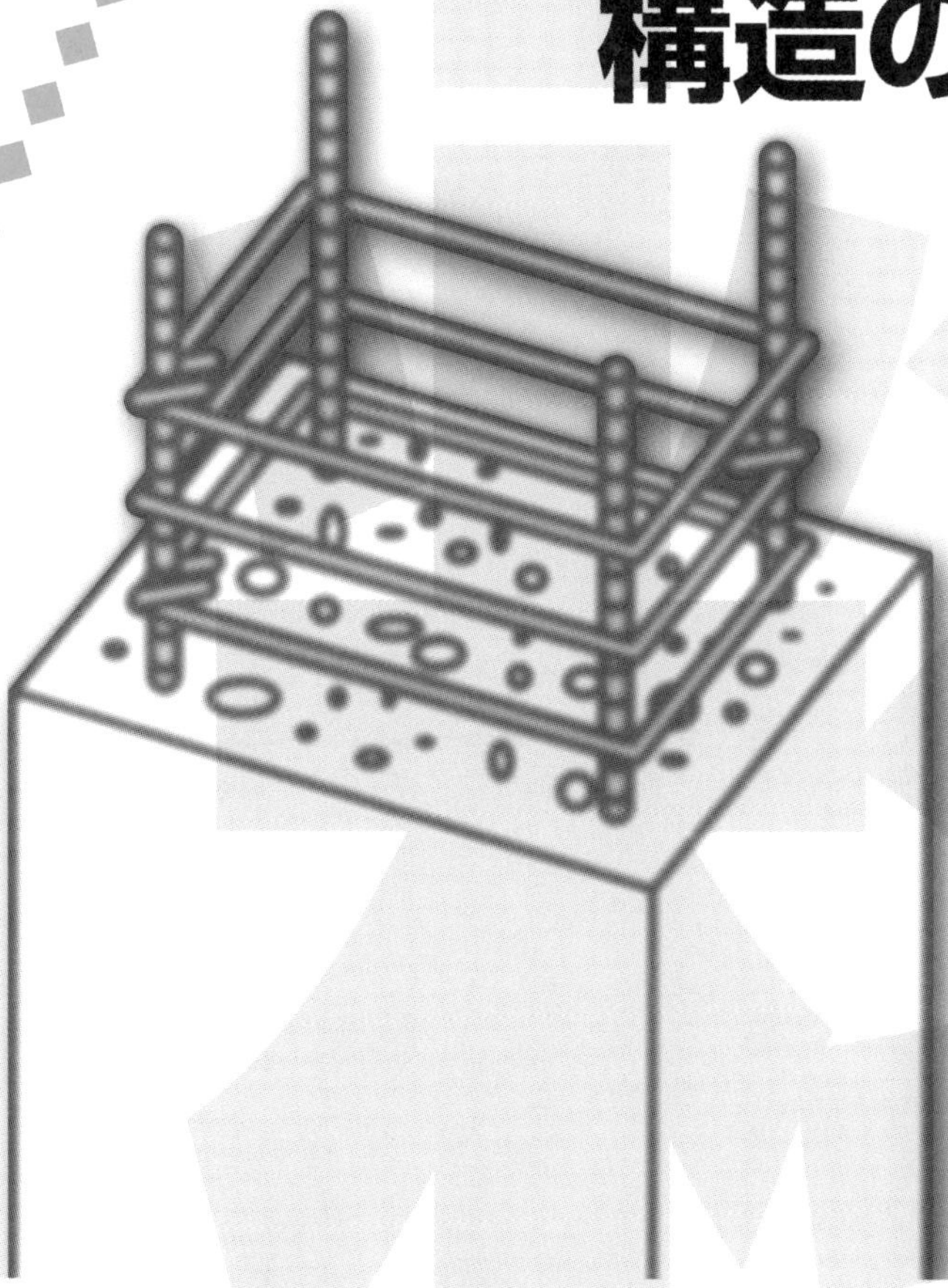

構造材料

014

POINT >>>>>>>>>>>>>>>>>>>>>>>>>>>>>>>>>>>

代表的な建築構造材は、木材、鉄鋼、コンクリート。構造材の選択は、安全性だけでなく居住性なども考慮して選択する

代表的な構造材料

建築の主要な構造材料は、木材、鋼、コンクリートの3つである。これらの材料ならばなんでも使用してよいわけではない。木材はJAS（日本農林規格）の、鉄鋼とコンクリートはJIS（日本工業規格）の規格品を用いて設計するよう、建築基準法に定められている。

鋼やコンクリートのほかに建築材料として使えるJIS規格品に、ステンレスやアルミなどがある。JISやJASの規格外のものでも、大臣認定を取得すれば構造材料として使用することができる。なお、木材はJASの規格品以外にも、無等級材と呼ばれる材が建築基準法で規定されており、構造材として使用することができる。

構造材料の検討

建築の構造計算で用いられる許容応《きょようおう》力度《りょくど》計算とは、材料の許容応力度が材に生じる応力度以上であることを確かめる手法である〔204頁参照〕。そのため、使用する材料の許容応力度を把握することが重要になる。

材料の許容応力度の算出方法は建築基準法施行令で規定されている。圧縮、引張り、曲げ、せん断の4つの材料強度（基準強度）に建築基準法で定められた係数を乗じて、許容応力度を求める。なお、係数は長期用と短期用の2つがある。

強度以外にも、構造材料にはさまざまな性質がある。構造材の選択は、建物の安全性だけでなく、居住性などにも影響を与える。構造材料がもつ性質を考慮しながら、設計プランや居住スタイルなどに合った構造材を選ぶ必要がある。検討すべき項目には、①比強度（単位重量当たりの強度）、②熱伝導率、③蓄熱性、④透湿性、⑤遮音性、⑥耐火性、⑦意匠性、などがある。

代表的な構造材料

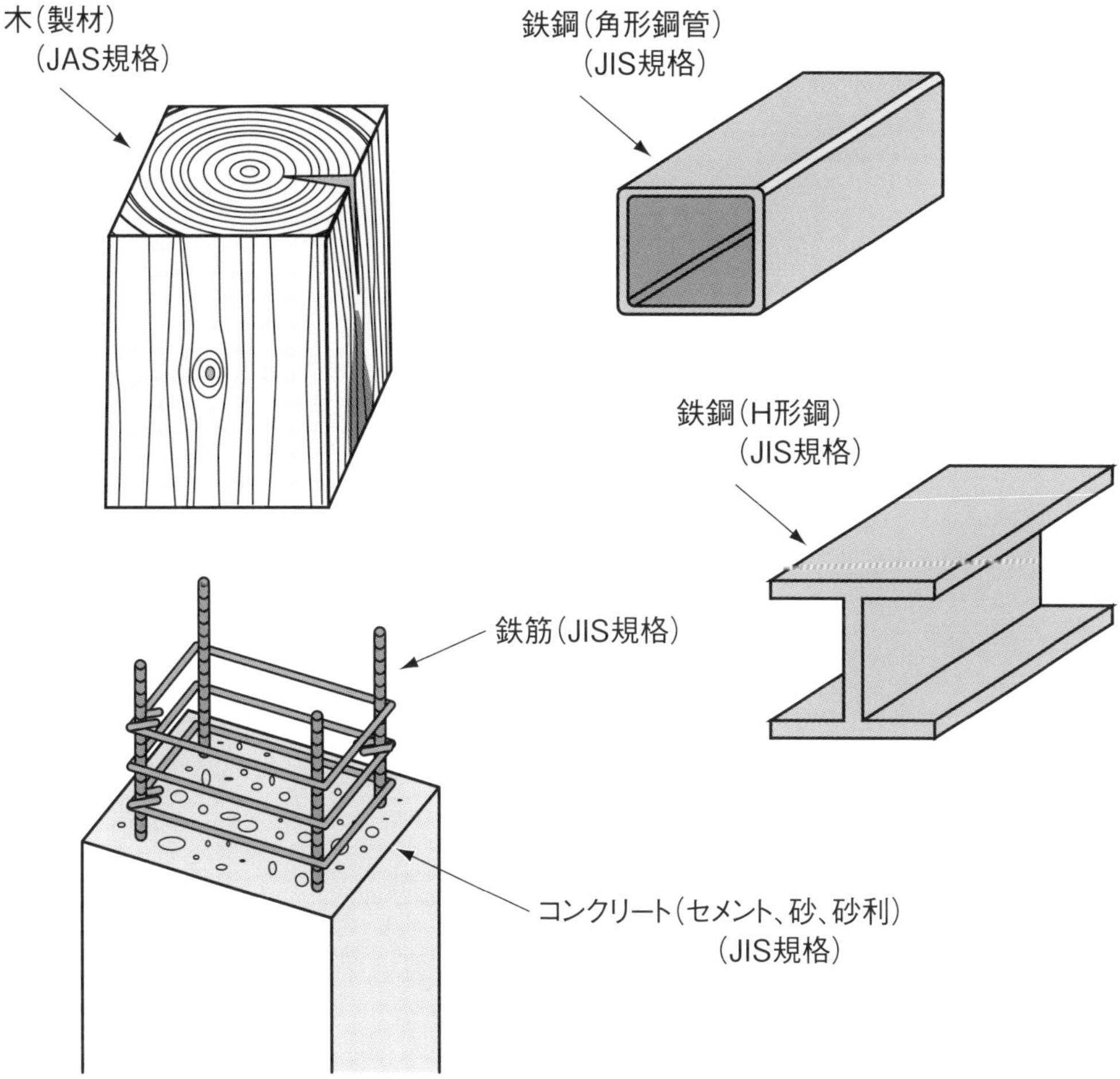

構造材料として考慮すべき性能

性　能	内　容
強　度	外力に対する強さ（機械的性質）
比強度	強度を比重で除した値。比強度が大きいほど軽くて強い材料
熱伝導率	熱の伝わりやすさ（鋼材は熱を伝えやすい）
蓄熱性	熱をためる性能（コンクリートは熱を長い間ためる）
透湿性	湿気を透過・放出させる性能（木材は湿気を調整する）
遮音性	音を遮断する性能
耐火性	火（火災）に対する抵抗能力

木材

015

POINT >>>>>>>>>>>>>>>>>>>>>>>>>>>>>

木材の材料強度区分は、目視等級区分、機械式等級区分、無等級の３つ。無等級材は余裕をもたせた構造設計が必要

木材の性質

構造材料という観点から木材の性質に注目すると、材の方向で性質が変わる点がまず重要である。木材は繊維方向の強度が高く、半径方向や接線方向の強度が低いという性質をもつが、これを異方性《いほうせい》という。木造住宅で梁に対して柱材のほうが断面が小さくなるのはこの性質のためである。

また、木材は、同じ樹種でも材によって強度や特性にばらつきがある。木は成長過程でねじれや節、割れなどが生じるため、工業製品のように均質な部材にならない。

木材に含まれる水分の割合の比（含水率）によって強度が異なるのも重要な特徴だ。同じ樹種であれば含水率が低いほど強度が高くなる。

構造材に木材を使用する場合、含水率を12～15％程度になるまで乾燥させておくことが望ましい。

木材の材料強度

構造用製材は、目視等級区分・機械式等級区分・無等級の３つの区分があり、それぞれ基準強度（圧縮・引張り・曲げ・せん断）が定められている。

①目視等級区分

日本農林規格（ＪＡＳ）の強度等級区分の１つで、節の位置や径を目で確認しながら材料の強度を測定する。梁など曲げ部材に用いる甲種と柱などの圧縮材に用いる乙種があり、さらにそれぞれが１・２・３級に分かれている。

②機械式等級区分

ＪＡＳの強度区分の１つ。機械でヤング係数を確認して等級を決めている。

③無等級

ＪＡＳ規格以外の材。樹種と強度が建築基準法施行令で定められている。実際に使う材の強度を確認するわけではないので、構造材に無等級材を使う場合は、注意が必要である。

木と木材（製材）の名称

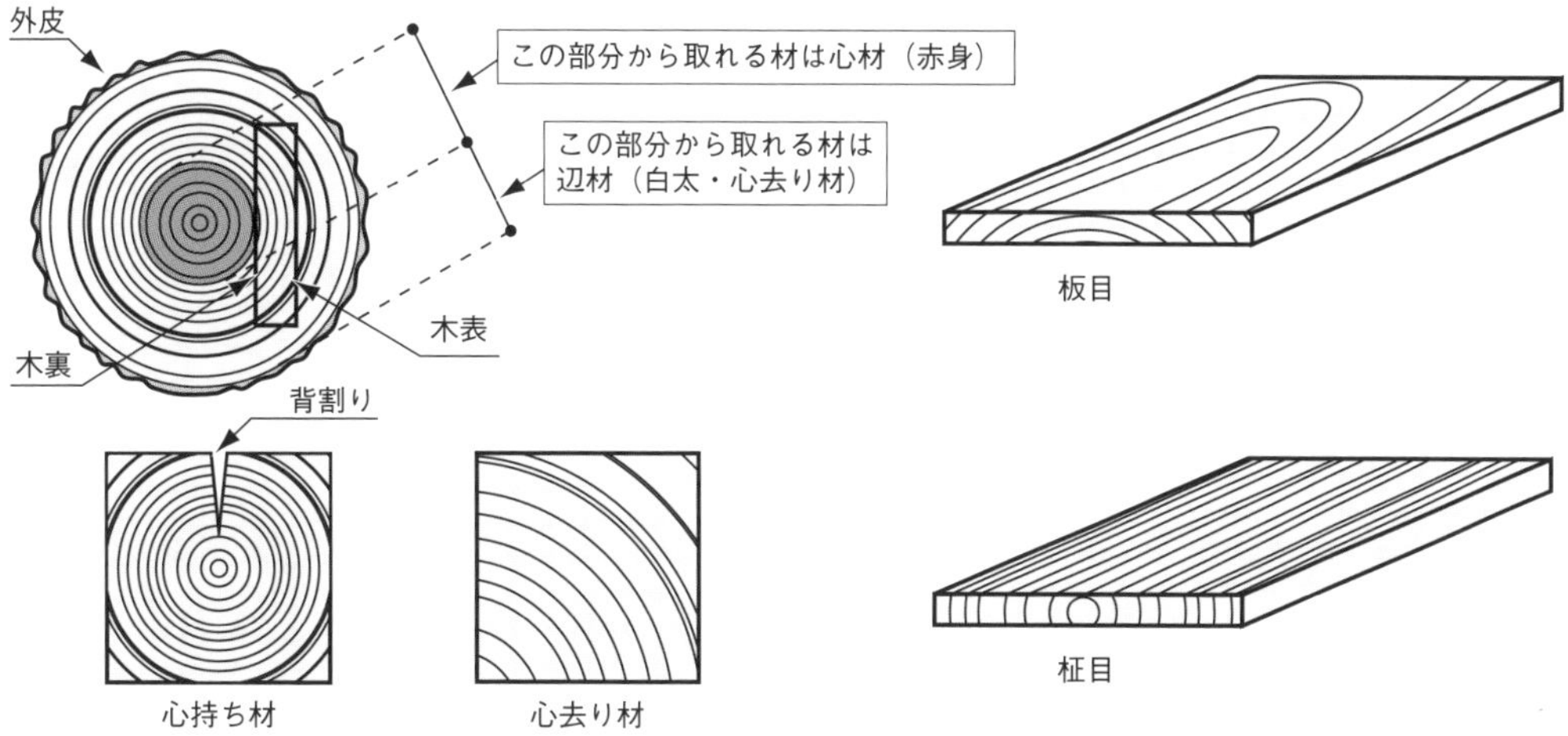

木材の性質

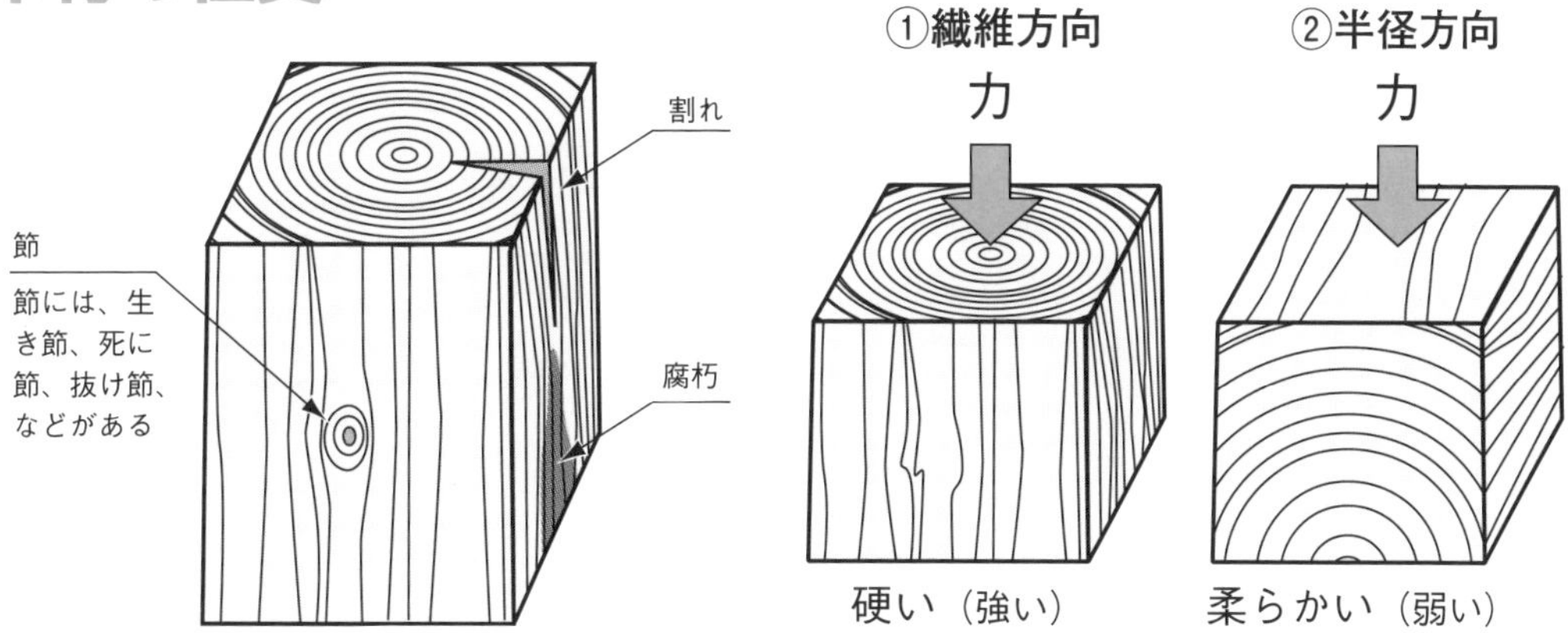

構造用製材の強度

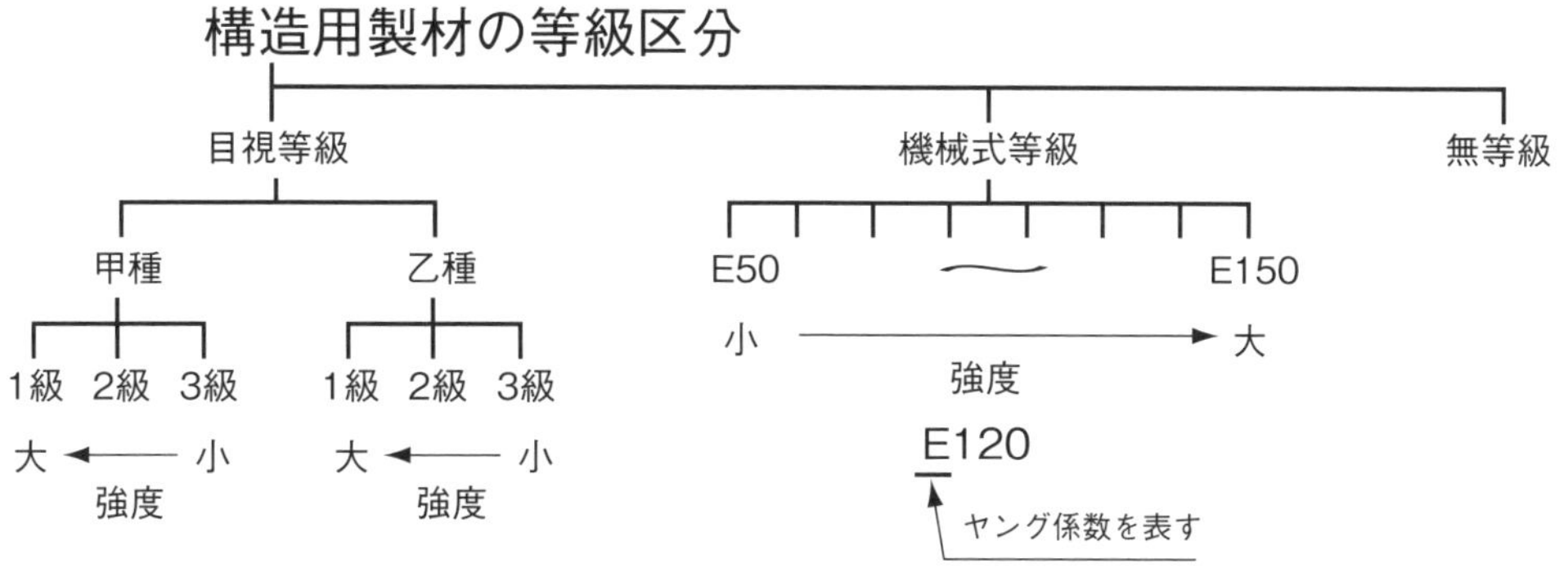

甲種：主に梁などに使用
乙種：主に柱などに使用

機械式等級を採用している構造用製材は実際には少ない

木質材料

016

POINT >>>>>>>>>>>>>>>>>>>>>>>>>>>>>>>

木質材料は、製材の構造的弱点を補ったもの。代表的な構造材は、構造用集成材、構造用合板、単板積層材、構造用パネル

木材の弱点を補う木質材料

木材（製材）の「材によって強度や材質がばらつく」という構造的弱点を補うために、木材を原料に人工的につくった構造材料が「構造用」木質材料である。代表的なものに、CLT・集成材・合板・単板積層材・パネルがある。

①構造用集成材

厚さ5～50㎜程度のひき板（ラミナ）を同一繊維方向に積層した材で、梁や柱などに使用される。使われるひき板の強度によって、異等級構成と同一等級構成の2つに分類できる。

異等級構成は、強度が異なるひき板を積層した集成材である。さらに材の中間部分からひき板の強度が対称関係に積層した対称構成と、非対称に積層した非対称構成の2つに分類される。

同一等級構成は、すべて同じ強度のひき板を積層した材である。

構造用集成材は、材寸が安定しているが、異等級構成材を切断（加工）する場合、切断する方向によっては材の性能が変化してしまうので注意が必要である。

②構造用合板

厚さ5～35㎜の単板（ベニア）で、繊維方向を変えながら薄い板を積層した材。耐力壁などに用いられる。構造用合板は使用する環境や用途によって分類（特類・1類）や強度等級（1級・2級）が決められている。

③単板積層材

厚さ2～6㎜程度の単板を、繊維方向をそろえて積層した材。一般にLVLと呼ばれる。集成材と同様に、梁・柱などに使用される。等級（特級・1級・2級）によって層の数が異なる。

④構造用パネル

木材の小片を接着して板状に成型した材で、床・屋根・壁などで用いられる。OSBやMDF（Midium Density Fiberboard）などがある。

構造用集成材

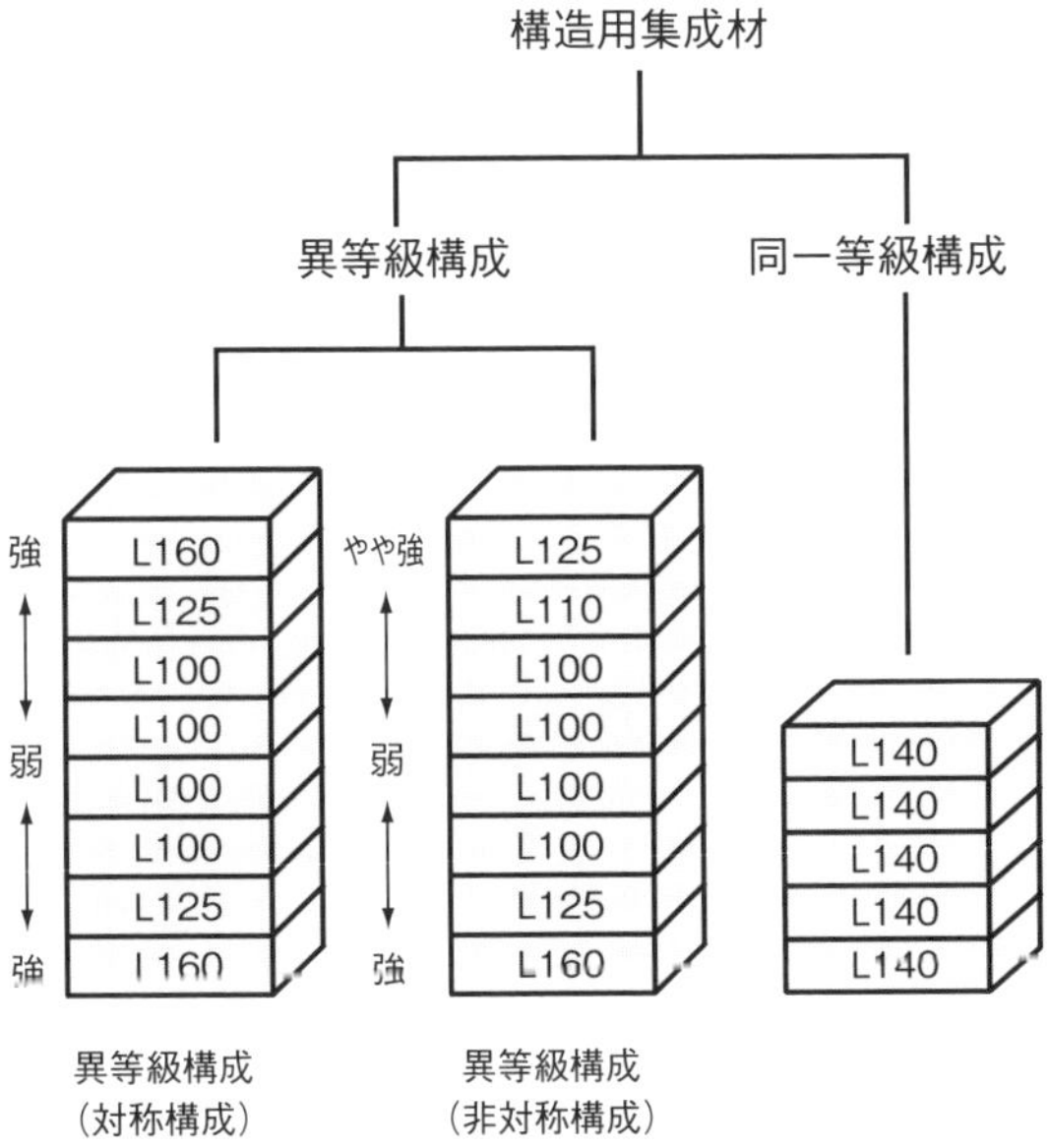

構造用合版

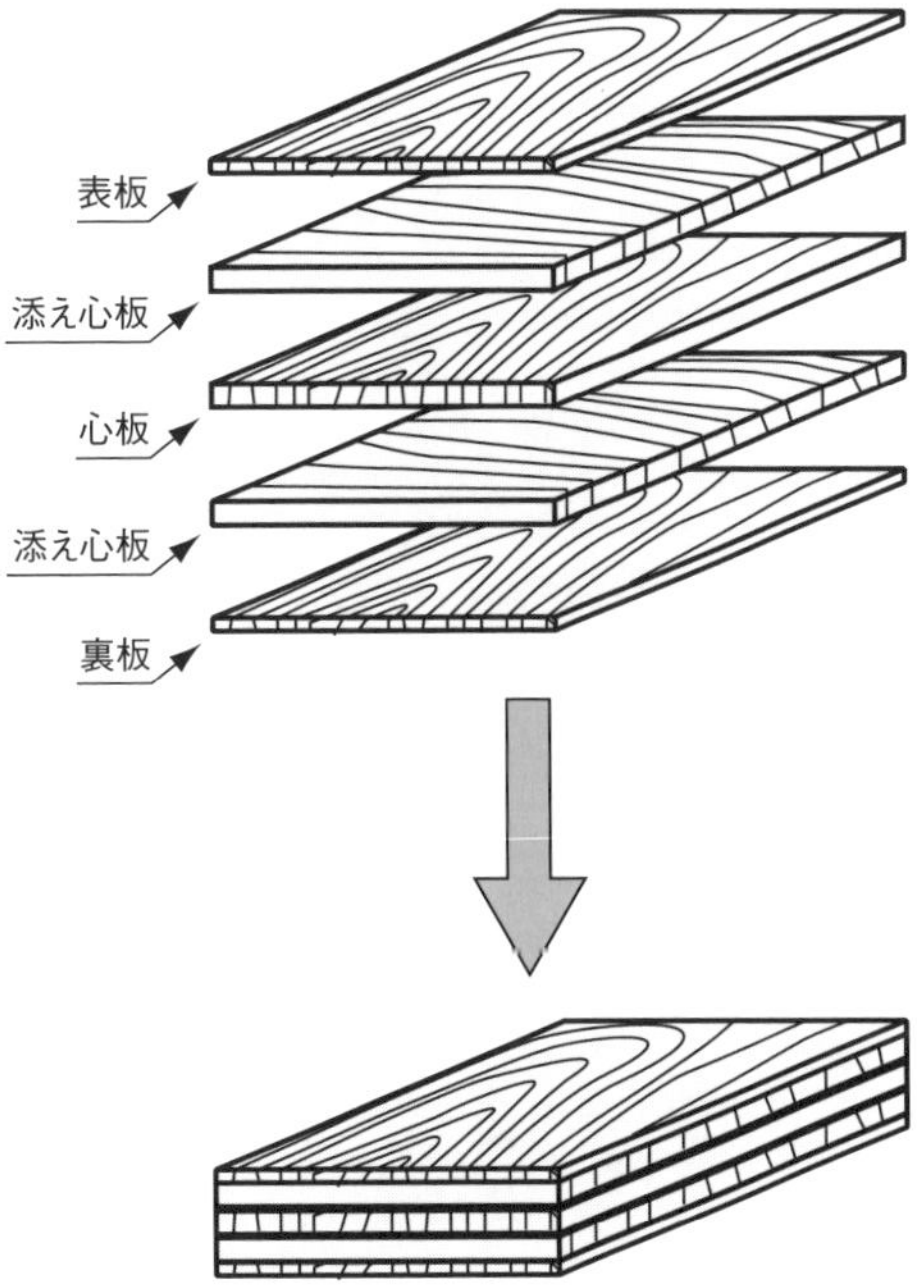

単板積層材(LVL)

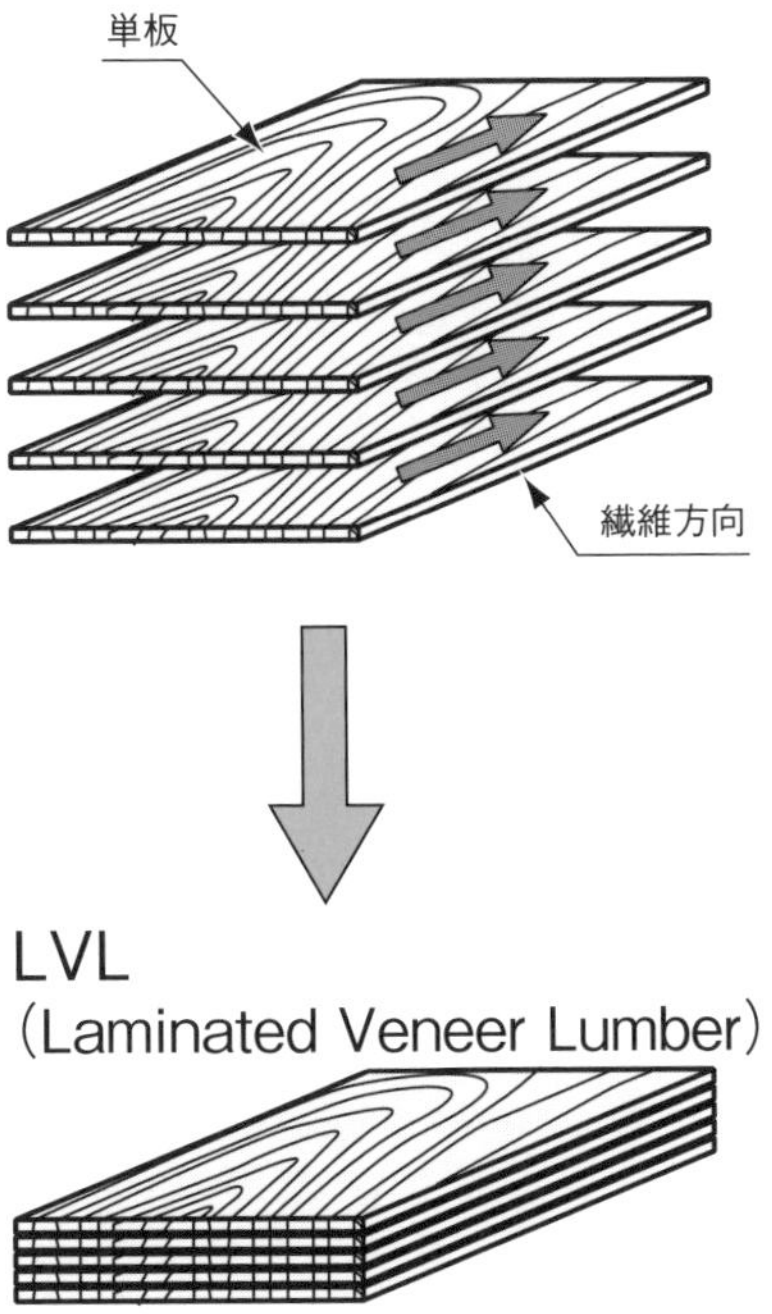

構造用パネル(OSB)

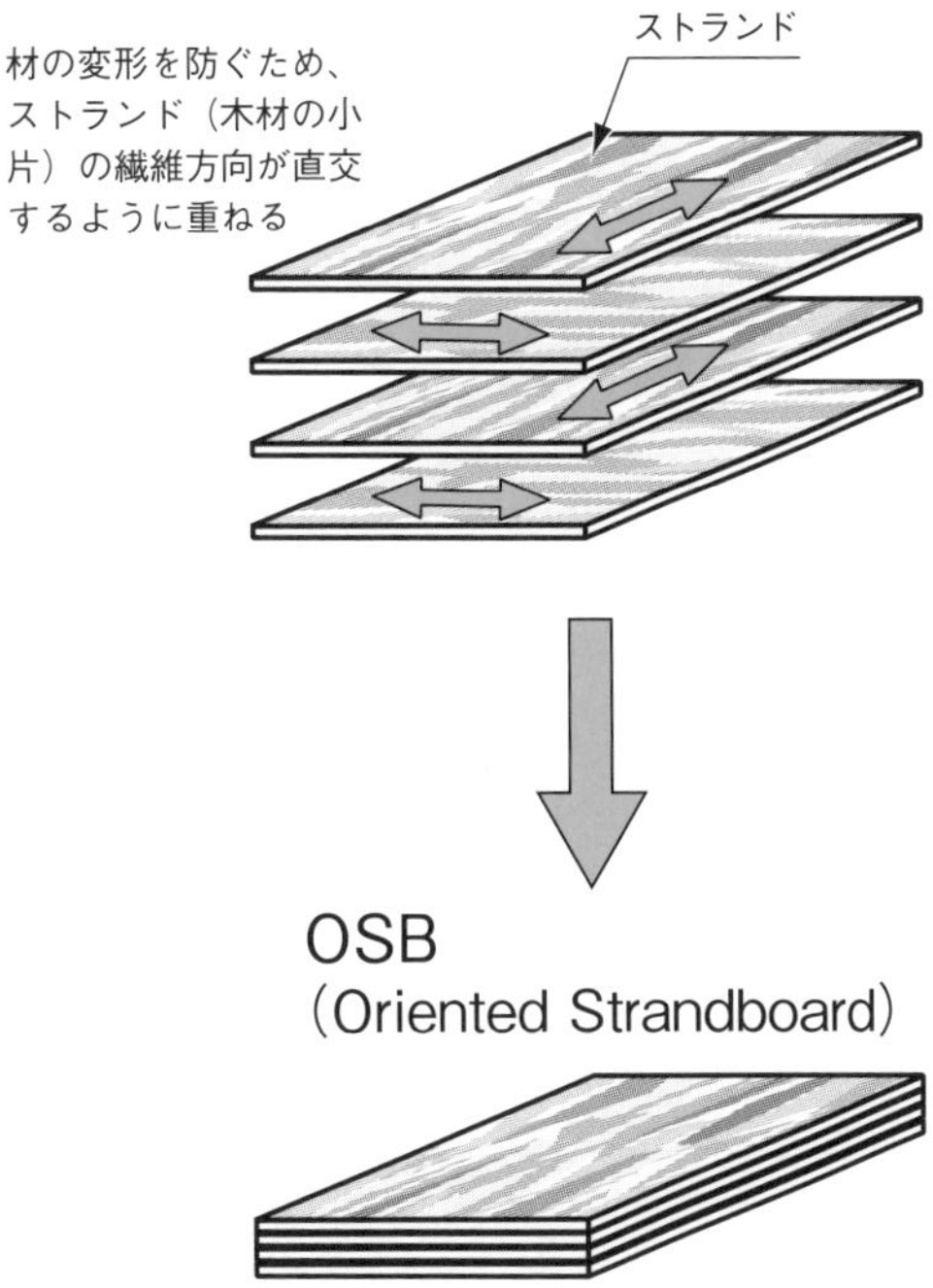

鋼材

017

POINT >>>>>>>>>>>>>>>>>>>>>>>>>>>>>>>>>>

鉄鋼は比重が小さい割りには強度が高い材料である。反面、熱や錆に弱いため、耐火被覆や防錆処理が欠かせない

鉄鋼の特徴

鋼材は、コンクリートや木材と比べ強度が高い。また、引張り力に強く、靭性に富みねばるため、変形時に多くのエネルギーを吸収できる〔29頁参照〕。

一方、鋼材は熱を受けると膨張する性質をもつ。膨張する比率（線形膨張率）はコンクリートとほぼ同じである。さらに長時間、熱にさらされると強度や剛性が著しく低下するため、耐火被覆などの処理が必要である。また、鋼材は錆びやすいので、構造材に使用する場合は、防錆処理が欠かせない。

構造材料として使用される鋼材は、通常、ＪＩＳ規格材を使う。建築の構造材料で用いる主な規格材には建築構造用圧延鋼材（ＳＮ材）、一般構造用圧延鋼材（ＳＳ材）、溶接構造用圧延鋼材（ＳＭ材）、建築構造用炭素鋼管（ＳＴＫＮ材）、一般構造用炭素鋼管（ＳＴＫ材）などがある。

材の種類は、ＳＳ400などのように、アルファベットと数字で分類する。アルファベット部分が鋼材の種類、数字部分がその鋼材の引張り強度を示している。なお、引張り強度を上げても、鋼材のヤング係数は変わらない。

建築構造に使用する鋼材の形状には、Ｈ形鋼、Ｉ形鋼、山形鋼、溝形鋼、鋼管、平鋼、棒鋼、鋼板などがある。

工場のグレード

鋼材は、加工しづらい材のため、工場で部材を製作し、建築現場で組み立てるのが基本である。

鉄鋼工場は、製作できる鋼材の種類や建築物によって、５つのグレードに分かれている。設計する建物規模や予算などを考慮しながら、工場を選択する必要がある。工場によって得意・不得意な加工があるため、特殊な形状の建物を設計する場合などは、加工が可能かを事前に確認しておく。

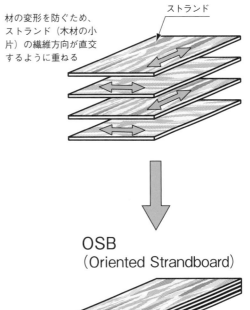

鋼材の種類

鋼材等種別		主な使用範囲
建築構造用圧延鋼材	SN400A	塑性変型性能を期待しない部位、部材に使用。溶接を行う構造耐力上主要な部分には使わない
	SN400B SN490B	一般の構造部位に使用
	SN400C SN490C	溶接加工時を含め、板厚方向に大きな引張応力を受ける部位・部材に使用
建築構造用圧延棒鋼	SNR400A SNR400B SNR490B	アンカーボルト、ターンバックル、ボルトなどに使用
一般構造用圧延鋼材	SS400	簡易的な構造やSN材に規格がない鋼材に使用
溶接構造用圧延鋼材	SM400A SM490A SM490B	SN材の補完材料
建築構造用炭素鋼管	STKN400W STKN400B STKN490	柱、トラス構造、鉄塔、工作物に使用
一般構造用炭素鋼管	STK400 STK490	STKN材の補完材料に使用
一般構造用角形鋼管	STKR400 STKR490	柱に使用されることが多い
一般構造用軽量形鋼	SSC400	仕上材取付用２次部材、工作物に使用

『建築鉄骨設計基準・同解説』（建設大臣官房官庁営繕部・監修）をもとに作成

鋼材の断面形状

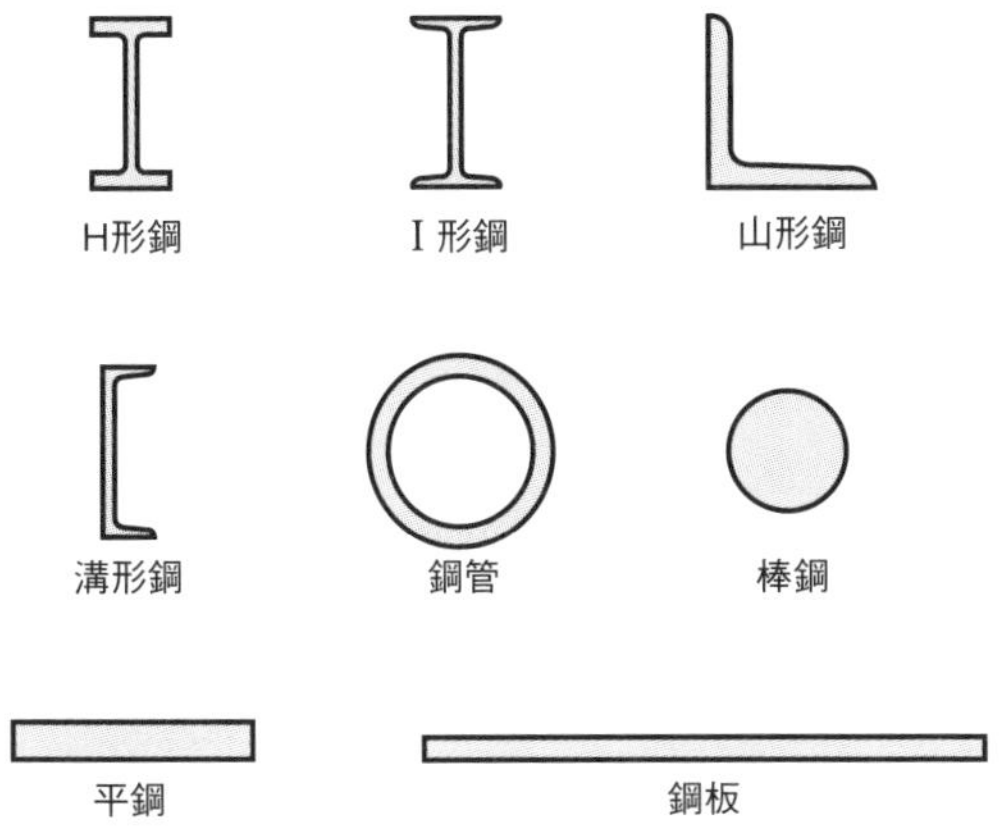

工場のグレード

グレード	鋼種＆板厚
S	作業条件を 自主的に計画
H	400N、490N、520N 60㎜以下
M	400N、490N 40㎜以下
R	400N、490N 25㎜以下
J	400N 16㎜以下

コンクリート(材料構成と特性)

018

POINT >>>>>>>>>>>>>>>>>>>>>>>>>>>>>>>>>>>>

コンクリートの引張り強度は圧縮強度の1/10。鉄筋コンクリートは、コンクリートの変わりに鉄筋が引張り力を負担する

構成材料

コンクリートとは、セメント、砂(細骨材)、砂利(粗骨材)、水で構成される材料である。コンクリートにはさまざまな種類があるが、建築の構造材料には、ポルトランドセメント(普通・早強・中庸熱の3種)、高炉セメント、フライアッシュセメント、シリカセメント、アルミナセメントなどが使用される。

セメントは水と混ざると硬化する性質(水硬性)をもつ。硬化反応の際に、熱が発生するが、これを水和熱という。

セメントの粒の大きさ(粉末度)は、セメントの反応速度に影響する。一般に、セメントの粒子が細かいほど早く固まる。

砂や砂利などの骨材は、コンクリート容積の大半を占めるため、清浄で堅硬なものを選ぶ。近年、良質な骨材が手に入りにくいため、海砂を使用することも多くなっている。鉄筋コンクリートの骨材に海砂を使用する場合、砂に含まれる塩分で鉄筋が錆び、コンクリートにひび割れが起きないよう、十分に除塩したものを使用する。

構造材料としての特性

コンクリートは、圧縮強度が非常に高く、逆に引張り強度が極端に低いという構造的な特徴をもつ。実際にコンクリートの引張り強度は、圧縮強度の約1/10しかない。

引張りに対する構造的な弱点を鉄筋で補ったものが、鉄筋コンクリートである。鉄筋コンクリート造を構造計算する場合は、コンクリートに入れた鉄筋の引張り強度のみを考慮し、コンクリート自体の引張り力は無視する。

このほか、単位当たりの重量が23~24kN/㎥程度で、断面自体も大きくなり重くなるので構造躯体を選択する場合は、地盤条件が重要な要件になる。

コンクリートの構成

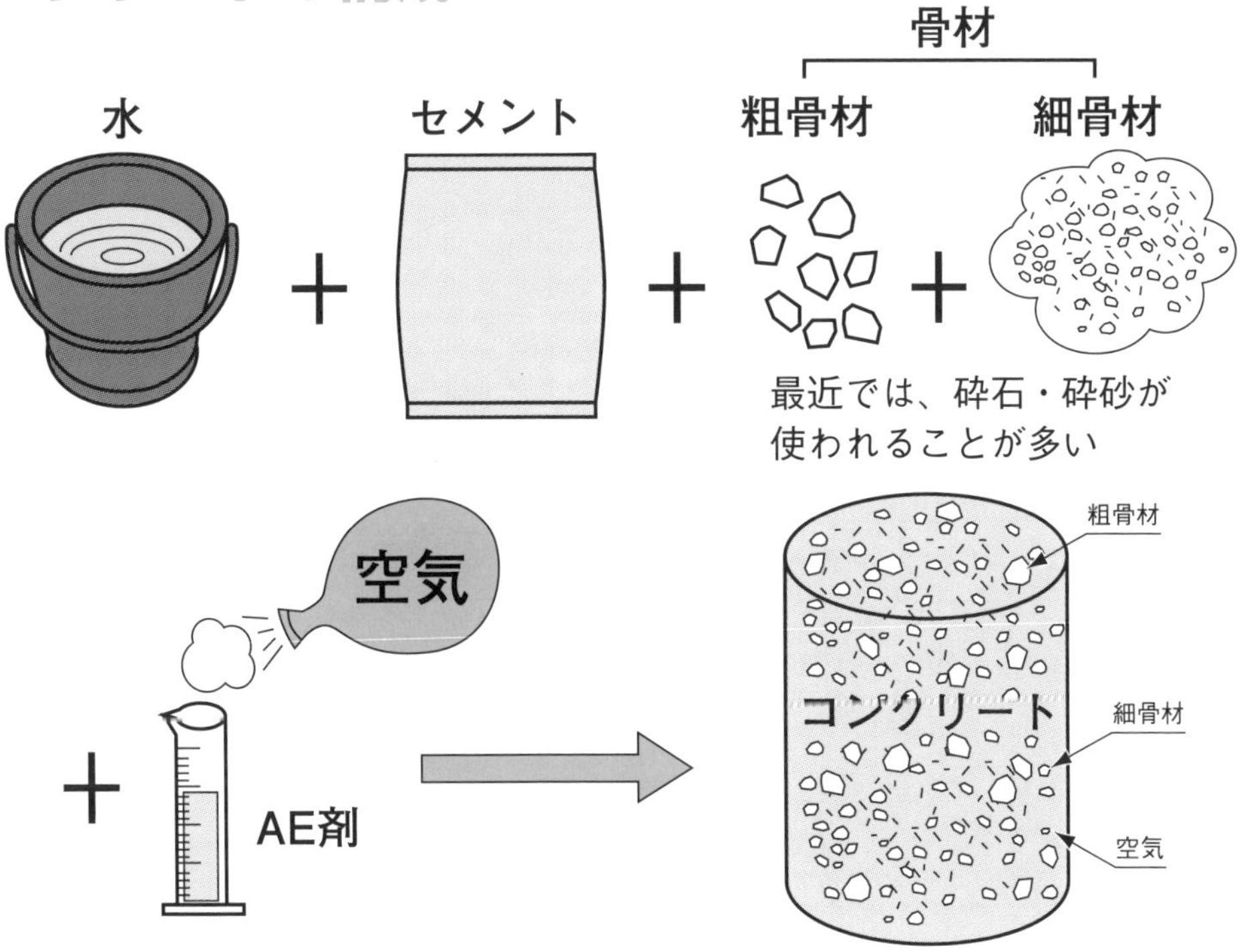

鉄筋コンクリートの構造的特徴

①コンクリート

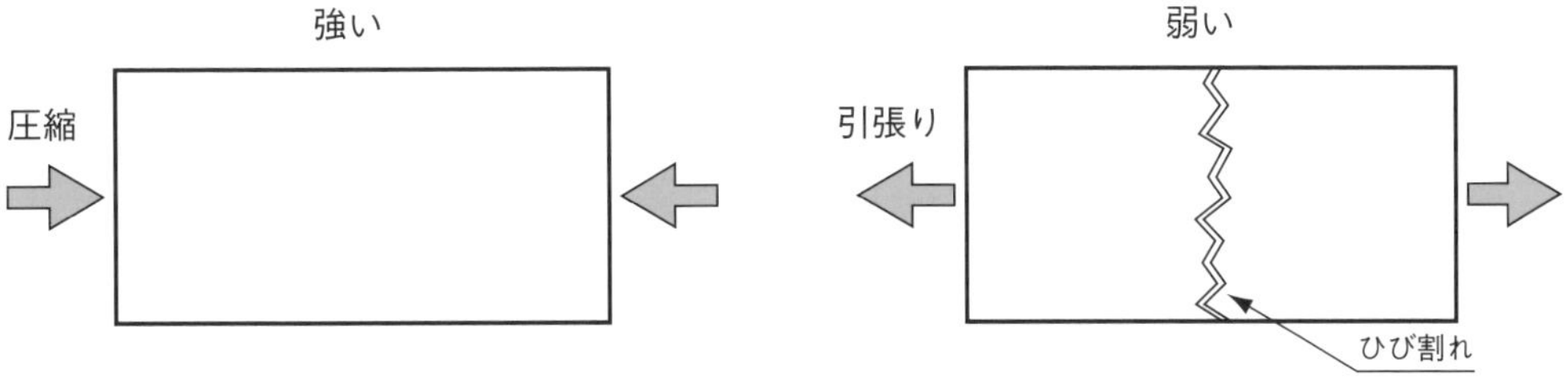

②鉄筋

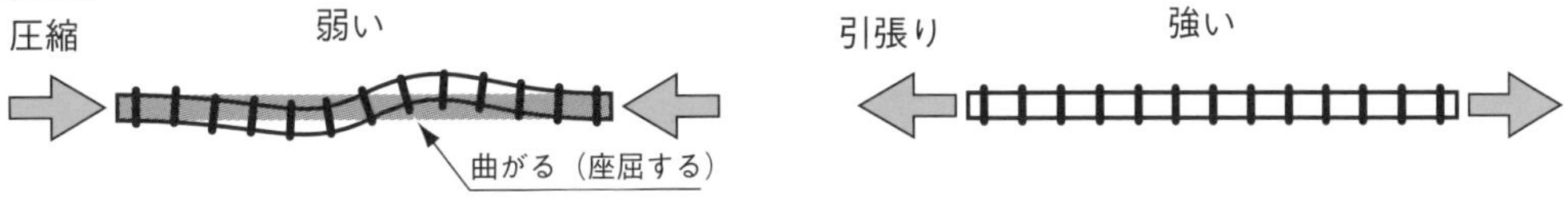

③鉄筋コンクリート

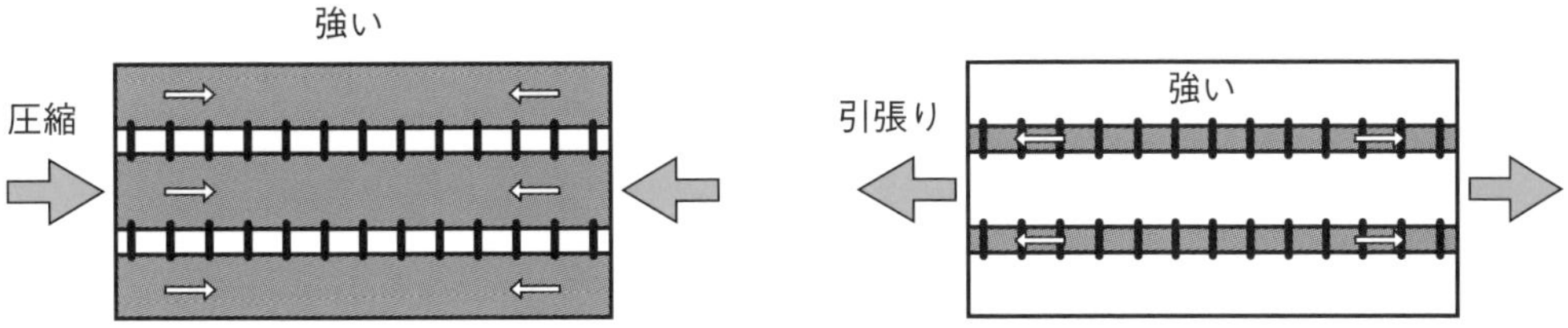

コンクリート（耐久性と品質）

019

POINT >>>>>>>>>>>>>>>>>>>>>>>>>>>>>>

躯体の耐久性を左右するコンクリートの乾燥収縮は、単位水量、単位セメント量、セメント粉末度、混和剤、養生の方法で決まる

乾燥収縮と中性化

水とセメントや骨材などで構成されるコンクリートは、打設から時間が経つと乾燥収縮する。乾燥収縮はひび割れなどの原因になるので、建物の耐久性を考えれば、できるだけ乾燥収縮は抑えたほうがよい。乾燥収縮の度合いを決める要因には、単位水量、単位セメント量、セメントの粉末度、混和剤、養生の方法などである。

また、コンクリートはアルカリ性で、鉄筋コンクリートの場合は、鉄筋の防錆の役割を果たす。しかし、空気中の炭酸ガスの影響で、徐々に中性化していく。コンクリートの中性化が進むと、中の鉄筋が錆びやすくなるため、ひび割れや耐久性に影響が出る。

コンクリートの中性化は避けられないが、セメントの種類や混和剤によっては、中性化の速度を遅くすることは可能である。

品質管理の目安

コンクリートは現場で打設することが多いため、強度（耐久性）や施工性（ワーカビリティ）を確保するためには品質の管理が重要になる。

コンクリートの調合を確認する指標に、単位水量、水セメント比、単位セメント量、空気量、塩化物量がある。単位水量185kg／m^{3}以下、水セメント比65％以下、単位セメント量270kg／m^{3}以上、空気量5％程度、塩化物量0.3kg／m^{3}以下が目安である。

コンクリートの施工性を確認する指標にスランプ値がある。スランプ値がコンクリートの流動性を表し、12～21cmの範囲に納まるようにする。スランプ値が小さいほど流動性が鈍くなる。単位水量が高いほど流動性が上がるが、強度は落ちる。そのため、単位水量を抑えて流動性を向上させるために、AE剤やAE減水剤などを用いる。

生コンクリートの性質

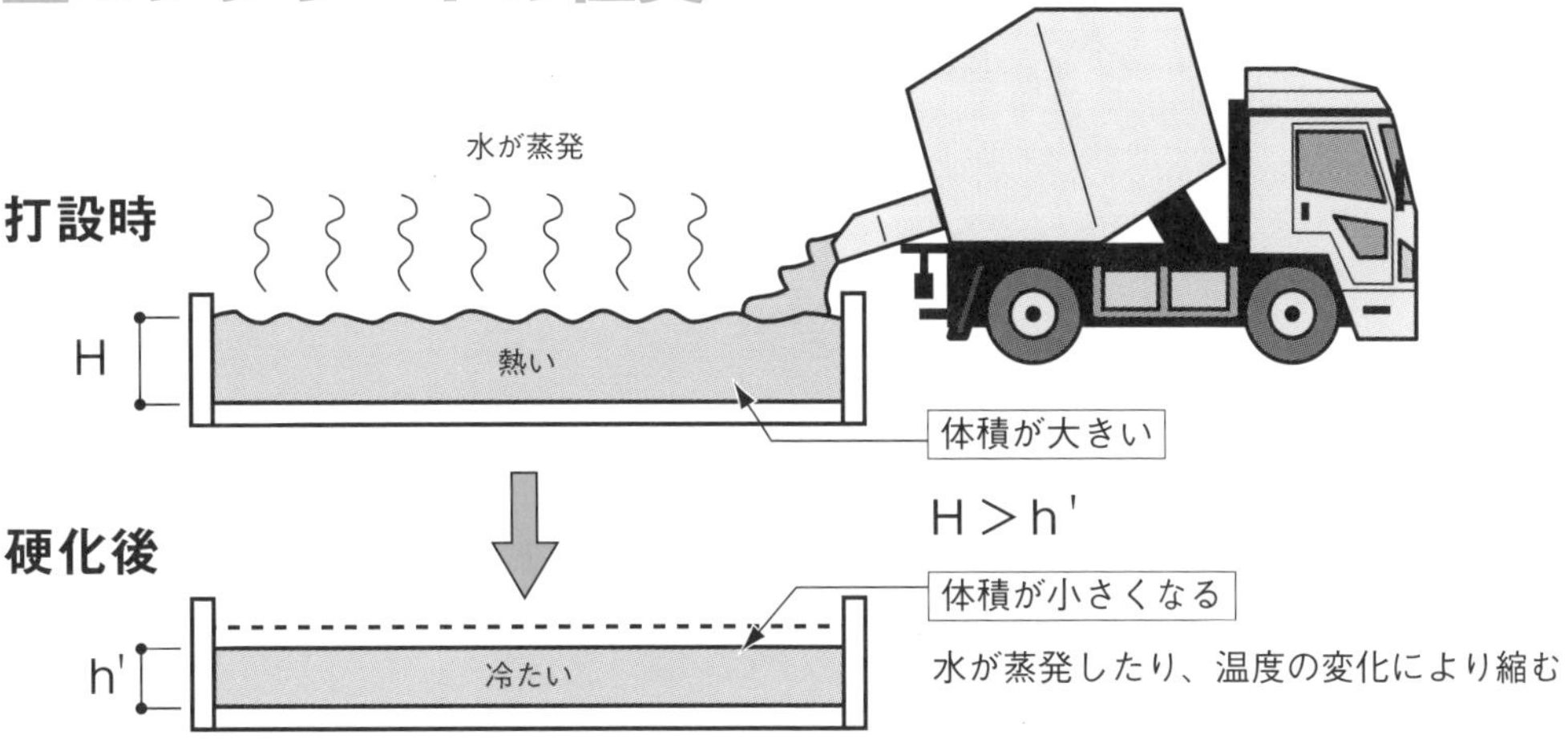

コンクリートの中性化

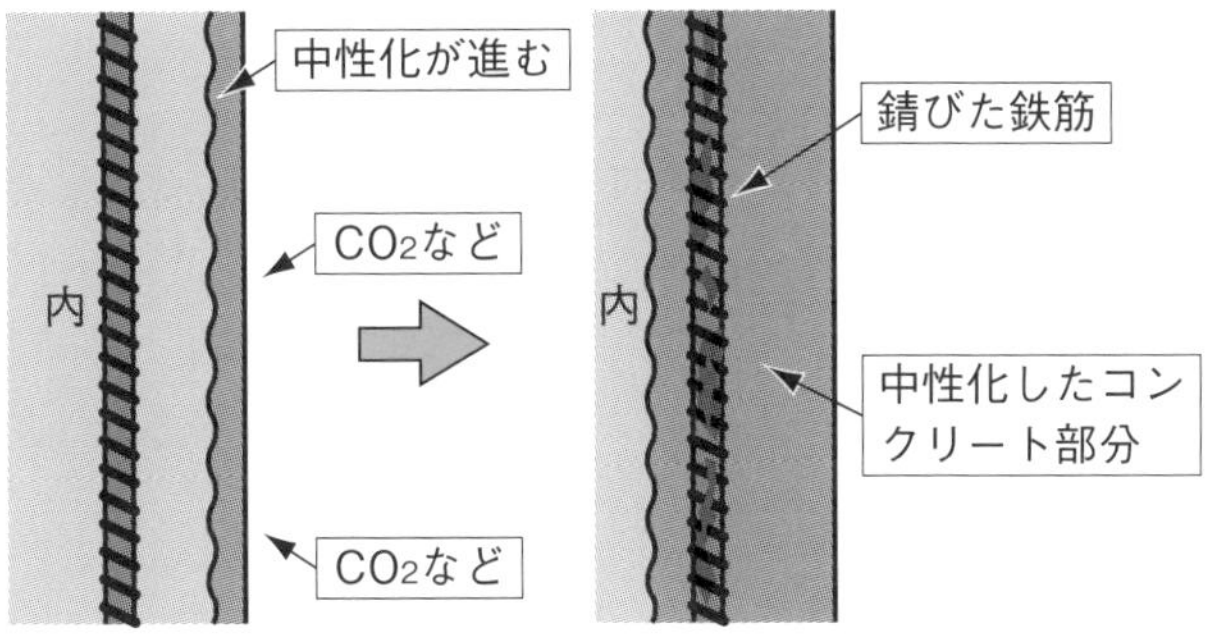

コンクリートがアルカリ性の被膜になり、鉄筋を保護するはたらきをする

コンクリートが中性に変わり、ひび割れが生じると鉄筋が錆びる

コンクリートの性質を確認する指標

検討項目	基準値
単位水量	最大185kg／m3
水セメント比	最大65%
単位セメント量	最小270kg／m3
空気量	4.5%±1.5%
塩化物量	0.30kg／m3 以下
スランプ*	12～21㎝±2.5㎝
粗骨材の最大寸法	砂利 25㎜ 砕石 20㎜

＊一般的な値として

スランプ値の確認

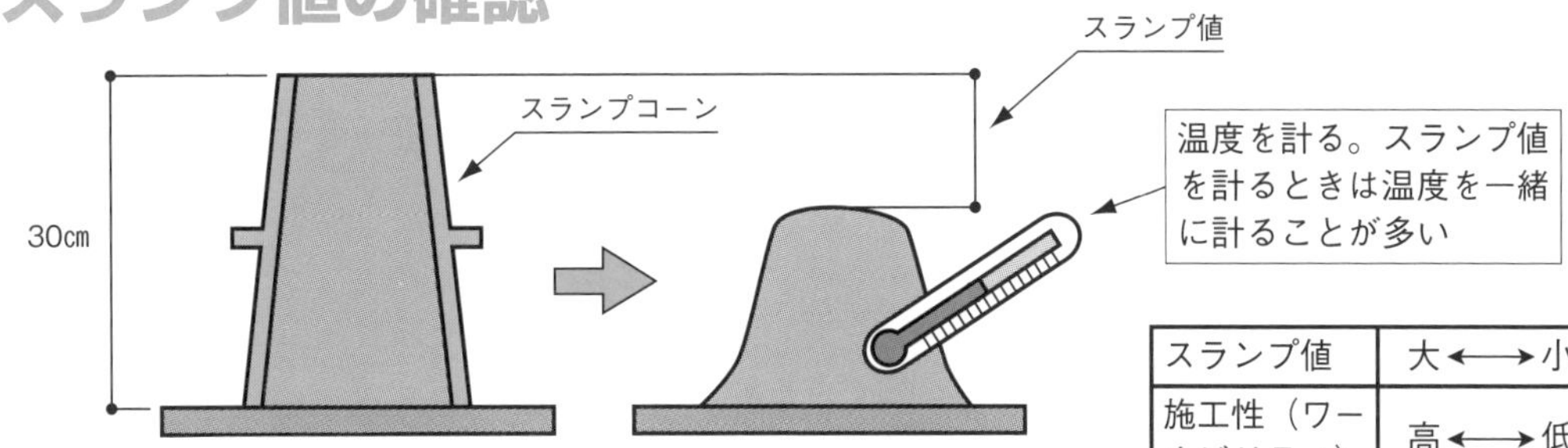

スランプ値	大←→小
施工性（ワーカビリティ）	高←→低

生コンをスランプコーンに入れ垂直に立てる

スランプコーンを外したときの生コンの山の下がり具合を測る

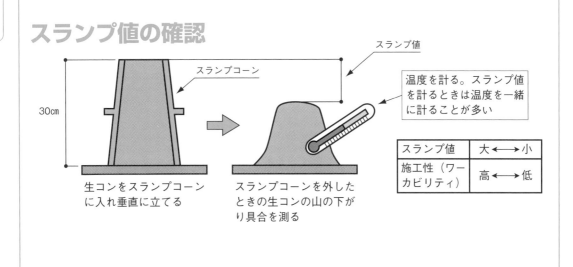

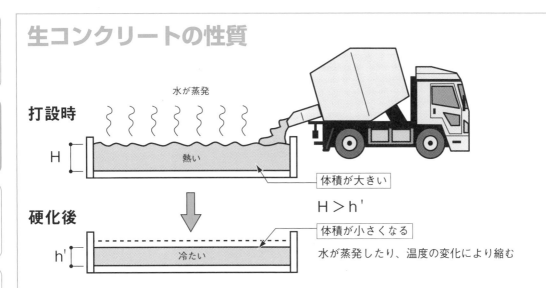

これからの構造材料

020

POINT >>>>>>>>>>>>>>>>>>>>>>>>>>>>>>>

構造体に使用可能な材は建築基準法が規定。新しい構造材料には、アルミ、ステンレス鋼などがある

これからの鋼材・コンクリート

鋼材系の新しい構造材料には、アルミやステンレス鋼がある。アルミは鉄鋼の1／2～1／3程度の強度だが、軽量で加工しやすく施工性が良い。住宅用の建材として使用されている。ステンレス鋼は性質は鋼材に近いが、腐食に強く、耐久性を必要とする構造物に使われる。

この他、強度は低いが変形によるエネルギー吸収力が高い極軟鋼や、非常に強度が高く、溶接性の良いＴＭＣＰ鋼が超高層建築などに普及している。また、チタンは比強度が非常に高く、軽く、耐久性も高い素材で、歴史的建築物の耐震補強に用いられるようになった。

コンクリート系では、コンクリートにガラスファイバーや炭素繊維を混ぜた繊維コンクリートがある。鉄筋なしでコンクリートに引張り性能を付与できるため、薄く、自由な形状を作ることができる。

これから注目される建材

炭素繊維より線はしなやかさと鉄の約10倍の比強度があり、ブレースとして使用することで、耐震壁に代わる補強が簡単に施工できるようになった。

素材としては強度の低いプラスチックも、その軽さと可塑性を生かして、強度と精度の高い構造体が実現されている。さらに3Ｄプリンターの発展により、複雑な接合部も容易に製作できるようになるだろう。

磁石は今後、接合材としての可能性が見込まれる材料である。強力な吸着力と任意に脱着できることが長所であるが、未知の部分も多い。永久磁石の他に、電磁石では強度を制御したり、リニアモーターカーのように浮力を利用したり、従来とは全く異なる概念の接合方法が期待されている。

鉄鋼系の材料

新しい鉄鋼系材料

- **アルミニウム合金**
  平成14年国土交通省告示410号により、建築材料として使用可能になった
- **ステンレス**
  平成12年の建築基準法改正で、構造材として使用可能になった
  （SUS304A、SUS304N2A、SUS316A、SCS13AA-CF）
- **鉄鋼**
  - **極軟鋼**（低降伏点鋼）
    制振構造用鋼材として使われることが多い
  - **TMCP鋼**（熱加工制御鋼）
    従来の材と比較して、厚板の溶接性や強度が向上している。国土交通大臣認定材
- **チタン**

繊維コンクリート

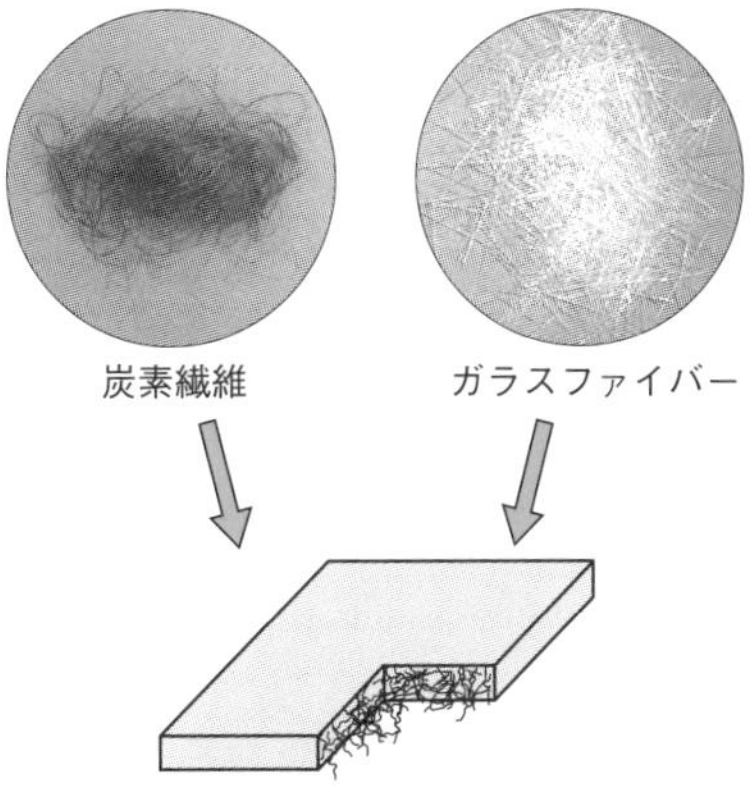

鉄筋の代わりに炭素繊維やガラスファイバーなどを混入し、コンクリートに引張性能をもたせる

チタンシート

実在の古建築の梁にチタンシートを巻いて補強した例。ワイヤーは炭素繊維より線

磁石接合

角材を等間隔に並べた薄いプラスチックシートを３枚磁石で接合し、自立させた面で構成されたパビリオン

炭素繊維より線

炭素繊維より線（白いワイヤー）で天井の強度を確保した改修例

column 02

新しい材料で構造をつくる

技術は日進月歩の発展を遂げており、建築構造にも使えそうな材料も次々と登場している。たとえばFRPは、半永久的に腐朽・腐食することがない高耐久の材料である。すでに土木分野では構造材料として使用されており、将来的には建築の構造材料として使用されることになるかもしれない。

また、紙を蜂の巣状に整形してつくるハニカムペーパーは、軽いうえに強度があるため、高強度の素材の間に挟み込んで使用すると構造材料として利用可能である。写真は屋外に設置するモニュメントの構造体にFRPとハニカムペーパーを使用した部材を採用した事例である。

ハニカムペーパーパネルの折板構造

全景

ハニカムペーパー構造

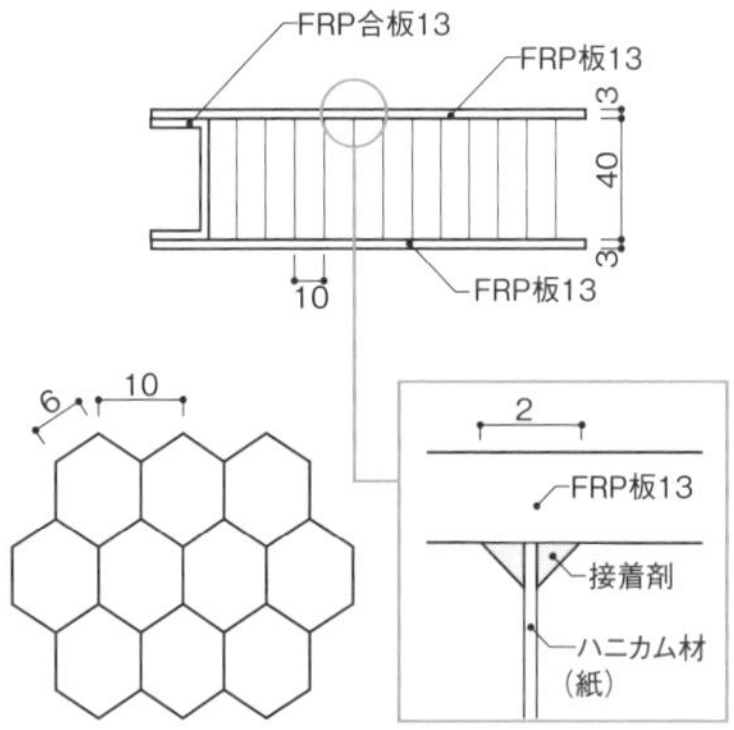

FRPと紙のハニカムパネル。半透明状のパネルになる。FRPの透明度はアクリルには劣るが、比強度がアクリルより優れている

第3章

建築構造の仕組み

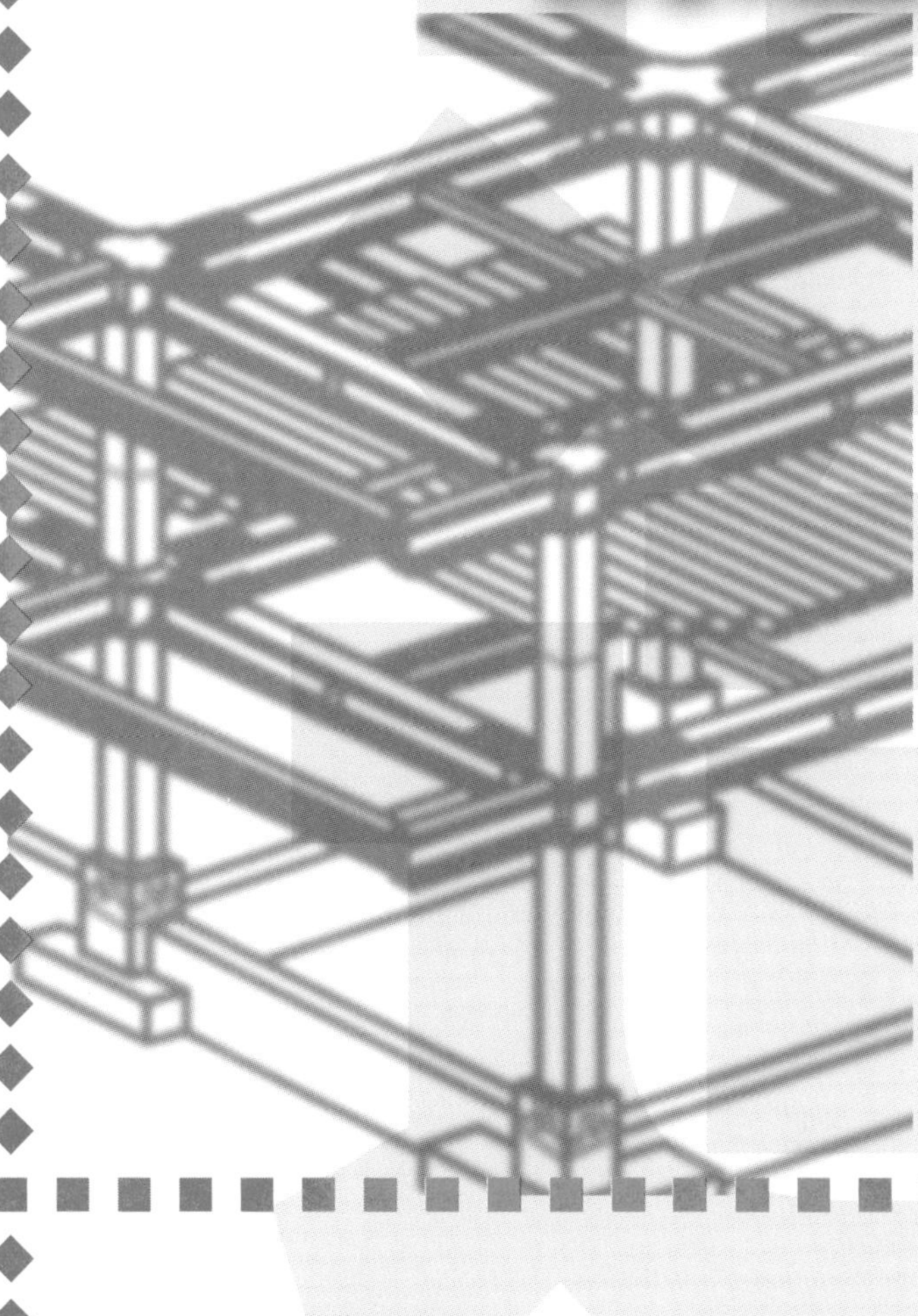

在来軸組構法（木造）

021

POINT >>>>>>>>>>>>>>>>>>>>>>>>>>>>>>>

日本の木造住宅で最もポピュラーな構法。構造設計では、接合部の金物、耐力壁の配置、床の剛性に注意する

在来軸組構法の特徴

在来軸組構法（在来構法ともいう）は、柱などの軸材と梁・桁などの横架材で架構する工法である。

軸組を構成する柱や梁は、鉛直荷重を負担するが、水平力に対してはほとんど抵抗要素にならない。そのため、筋かいなどの耐力壁を設けて水平力に抵抗させるよう設計する。

部材の接合部は仕口《しぐち》・継手《つぎて》という。かつては大工が手仕事で刻んで仕口・継手を加工したが、現在はプレカット工場で機械加工されることがほとんどである。柱―梁、梁―梁、柱―土台・基礎などの構造上主要な接合部は、構造金物で補強することが建築基準法で定められている。

なお、在来軸組構法と同じように、躯体は柱・梁で構成されるが、接合部などに釘や金物をできるだけ使用しないで架構する構法を、伝統構法という。

構造設計上の注意点

①金物の配置

木材同士の接合部は、乾燥収縮やめり込みなどが発生するため、構造的に安定しない。そのため金物の正しい設置が重要になる。金物の耐力や設置位置などは、建築基準法の仕様規定やN値計算法で確認する。

②耐力壁の配置

建物が水平力を受けると耐力壁に力が集中するが、量（壁量）や位置のバランスが悪いと建物がねじれるおそれがある。耐力壁の量は壁量計算、配置は4分割法［98頁参照］で確認する。

③床の剛性の確保

建物が受けた力は、柱や梁、壁だけでなく床にも流れる。床が力を確実に伝達するためには、ある程度の剛性が必要となる。床の剛性は火打材や構造用合板などで確保することが建築基準法で義務付けられている。

在来軸組構法の名称

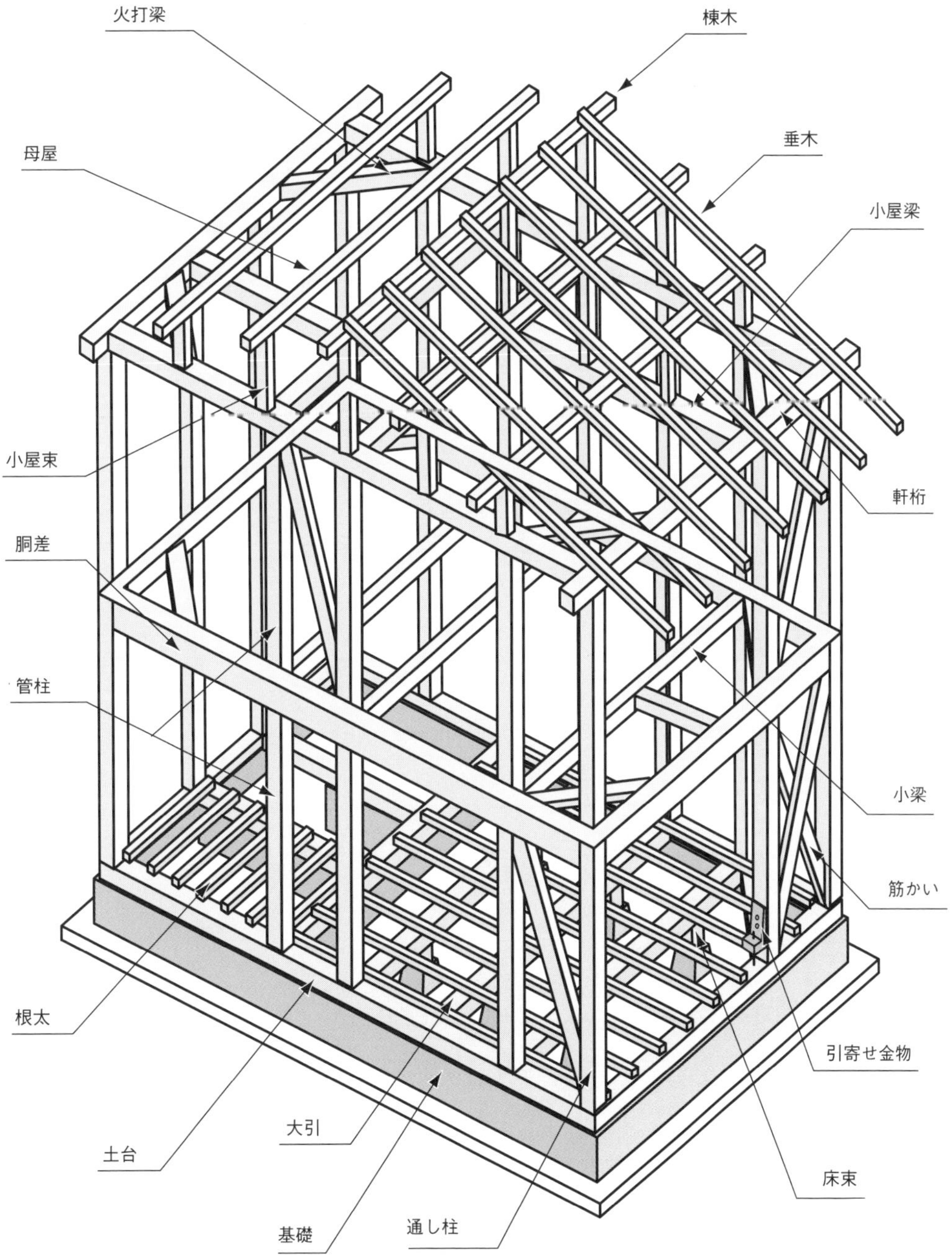
火打梁
棟木
母屋
垂木
小屋梁
小屋束
軒桁
胴差
管柱
小梁
筋かい
根太
引寄せ金物
大引
土台
床束
基礎
通し柱

枠組壁工法(木造)

022

POINT >>>>>>>>>>>>>>>>>>>>>>>>>>>>>>>

別名、ツーバイフォー工法。在来軸組構法と比べて、耐力壁の配置や量、開口部の大きさなどに厳密な規定がある

枠組壁工法の特徴

枠組壁工法は、1974年に北米から伝えられた外来の工法である。数種類の断面の材(ディメンション・ランバー)で軸組を構成する。断面は2×4(ツーバイフォー)、2×6、2×8、2×10などがあるが、かつて2×4材が最も利用されていたため、ツーバイフォー工法とも呼ばれる。

在来軸組構法と同様、柱や横架材が鉛直荷重を、耐力壁が水平力を負担するよう設計する。壁量については、日本に工法が持ち込まれる際に、建築基準法の壁量計算を満たすように仕様が決められている。

接合部は在来軸組構法の仕口・継手のような特殊な加工を必要とせず、基本的に釘と金物で留める仕様である。

このほか、床や壁、屋根など、各部位で使用する部材の寸法と間隔などが細かく規定されている。

厳格な耐力壁の規定

枠組壁工法は、耐力壁が構造上重要な要素であるという設計思想をもつため、在来軸組構法と比べて、耐力壁の仕様がより厳密に規定されている。

たとえば、耐力壁線の考え方などは、在来軸組構法には見られないものである。耐力壁線とは、一定以上の耐力壁が存在する構面のことである。枠組壁工法では、隣り合う耐力壁線の間隔(耐力壁線間距離)を12m以下としなければならない。さらに耐力壁線で囲まれた部分の水平投影面積は40㎡以下でなければならない。このように、在来軸組構法と比べて耐力壁の配置に自由度が少ないが堅固な建物になる。

さらに、耐力壁に開口部を設ける場合、1つの開口部の幅(4m以下)だけでなく、任意の耐力壁線にあけてよい総量(耐力壁線の長さの3/4以下)も定めらている。

枠組壁工法の名称

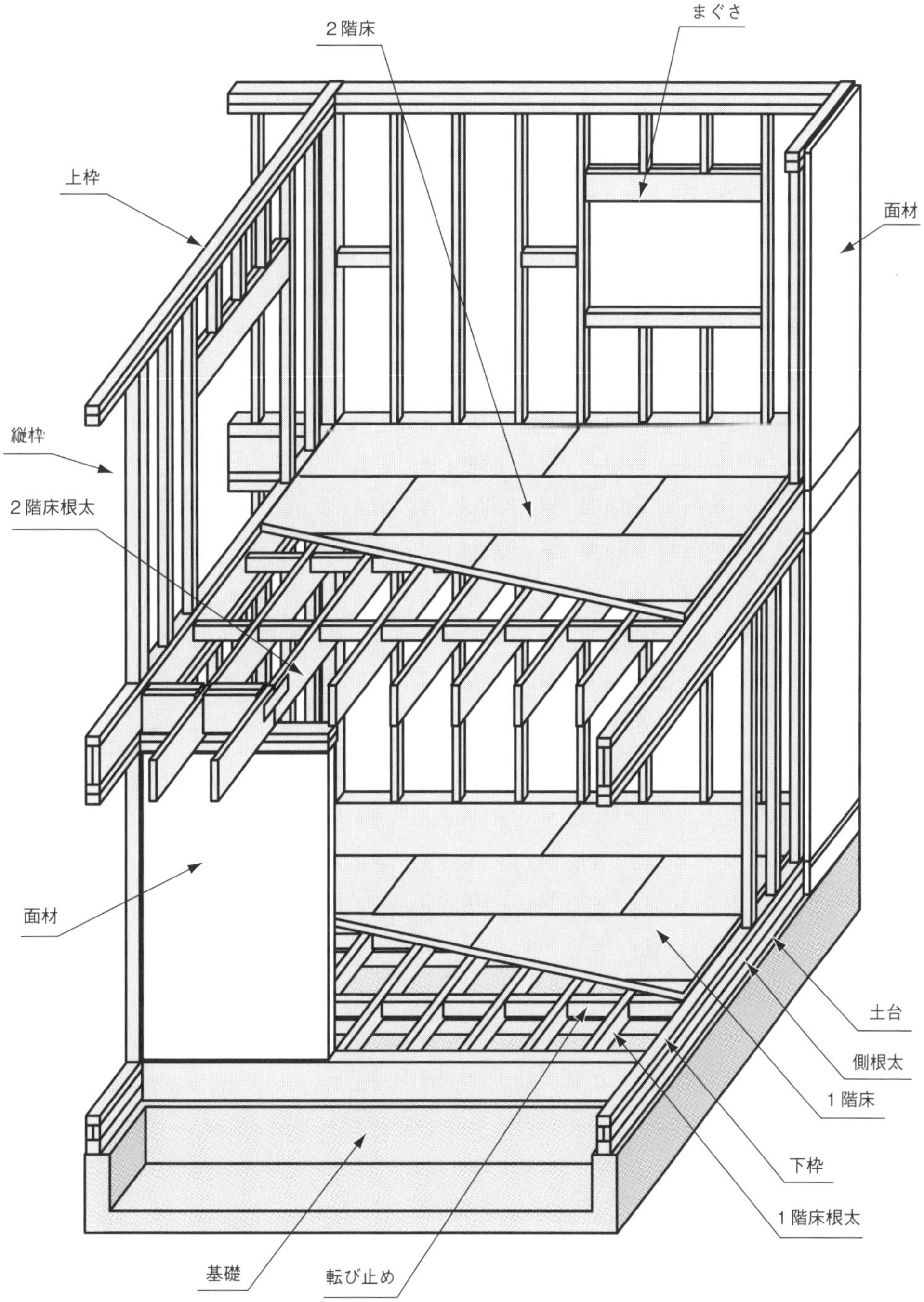

2階床
まぐさ
上枠
面材
縦枠
2階床根太
面材
土台
側根太
1階床
下枠
1階床根太
基礎
転び止め

その他の木造工法

023

POINT >>>>>>>>>>>>>>>>>>>>>>>>>>>>>>>>>>

集成材構造は大断面の建物、木質プレファブ工法は大量生産の住宅、丸太組工法はログハウスなどに用いられる

大断面集成材構造

材の断面の短辺が15cm以上で、かつ断面積が300㎠以上の大断面をもつ構造用集成材を用いて軸組をつくる工法で、大断面木造とも呼ばれる。

山形ラーメンや半球形ドームなどの構造形式を採用することで、木造でも大スパン、大空間をつくることができる。近年では、小学校などの公共施設の設計などに用いられることも多い。

木質プレファブ工法

木質プレファブ工法とは、床や壁、屋根となる枠組み面材を接着した木質接着複合パネルを工場で制作し（プレファブリケーション）、現場で組み立てる工法である。

柱や梁に当たる部材がなくすべてパネルで構成する方式以外に、柱・梁などの軸組と床・壁・屋根などをパネルと併用する方式や、建物を箱状の部分（ユニット）に分けて、現場で組み立てる方式などがある。

一般に、ボルトで接合するため、特殊な技術が必要なく、また短期間での施工可能である。

階数や使用できる材、構造計算の方法などが建築基準法施行令で規定されている。

丸太組工法

丸太組工法とは、丸太や角材を井桁上に積み上げて壁をつくる工法である。校倉造りとも呼ばれる。

壁と壁が交差する部分はノッチと呼ばれる欠込みを入れ、かみ合わせて固定する。地震に配慮し、かみ合わせ部分を軸ボルトと打込み鉄筋やダボで補強するよう規定されている。

丸太組工法で一定規模を超える建物をつくる場合、建築基準法施行令に定められた構造計算方法で構造の安全性を確認しなければならない。

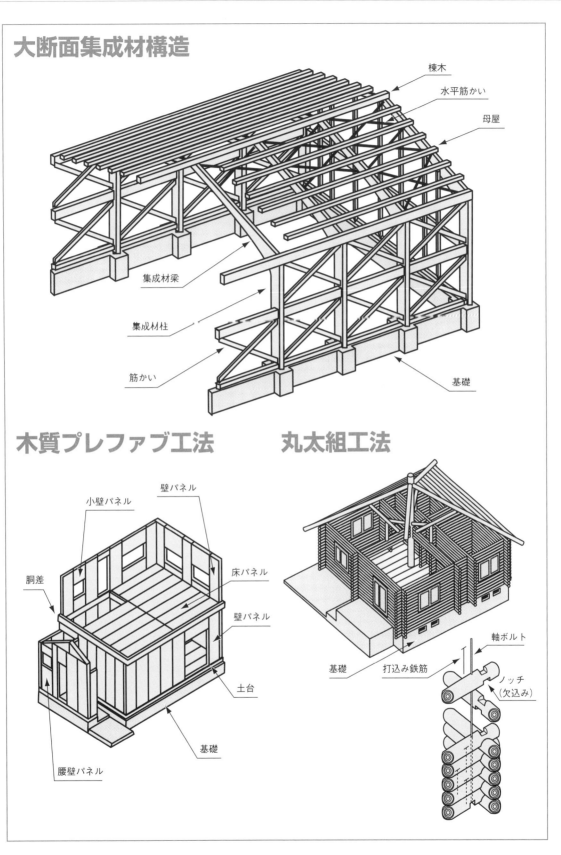

大断面集成材構造

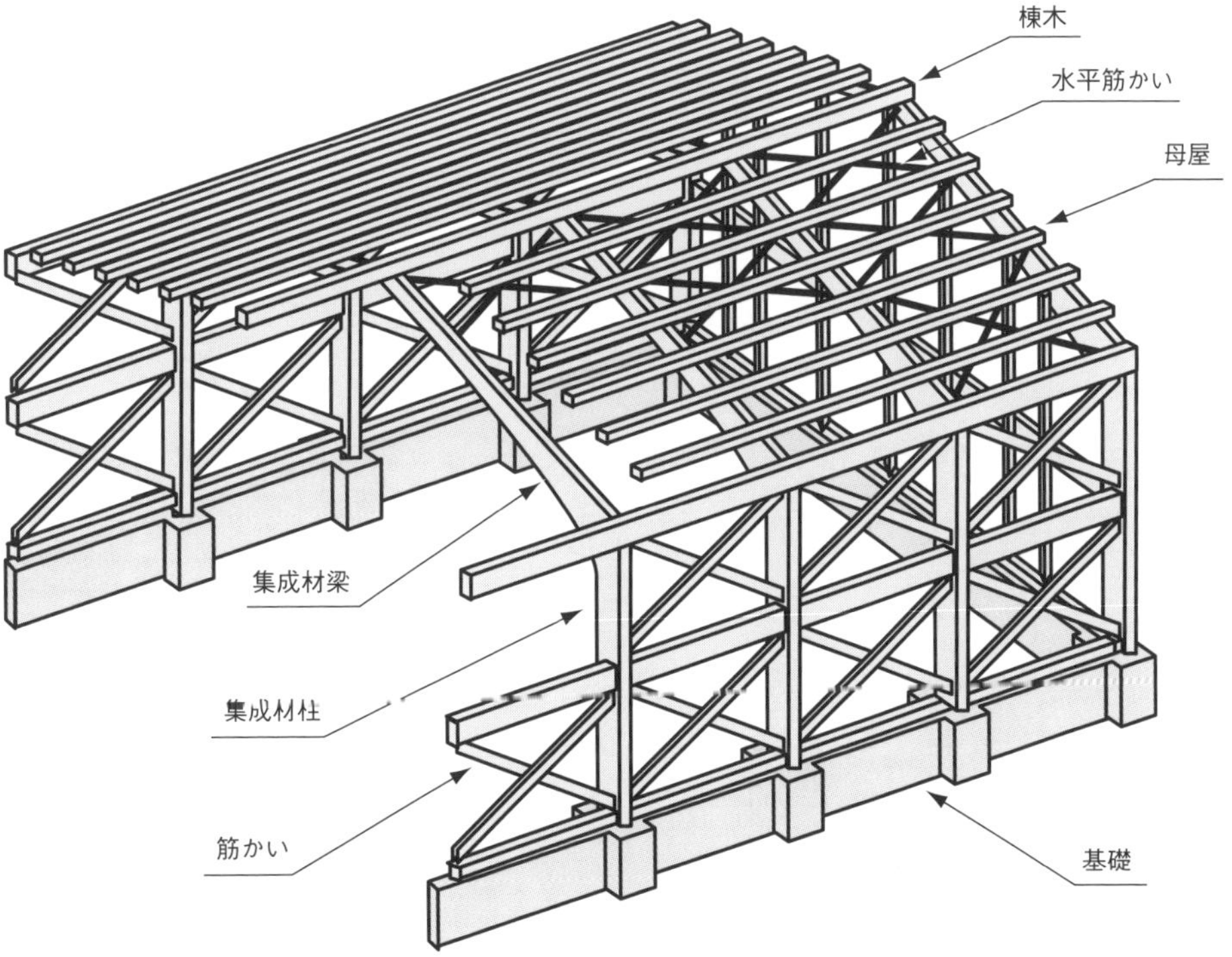

木質プレファブ工法

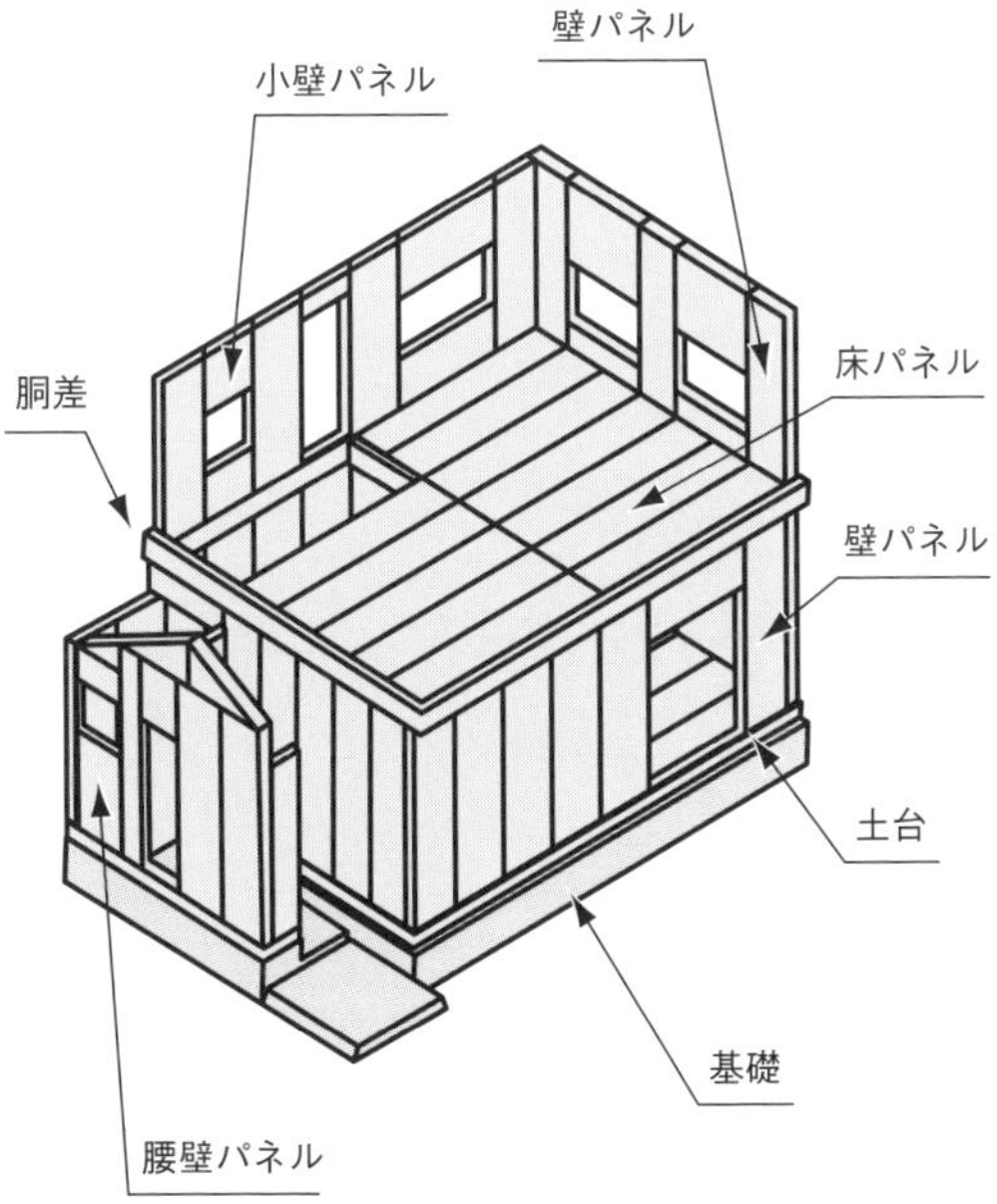

丸太組工法

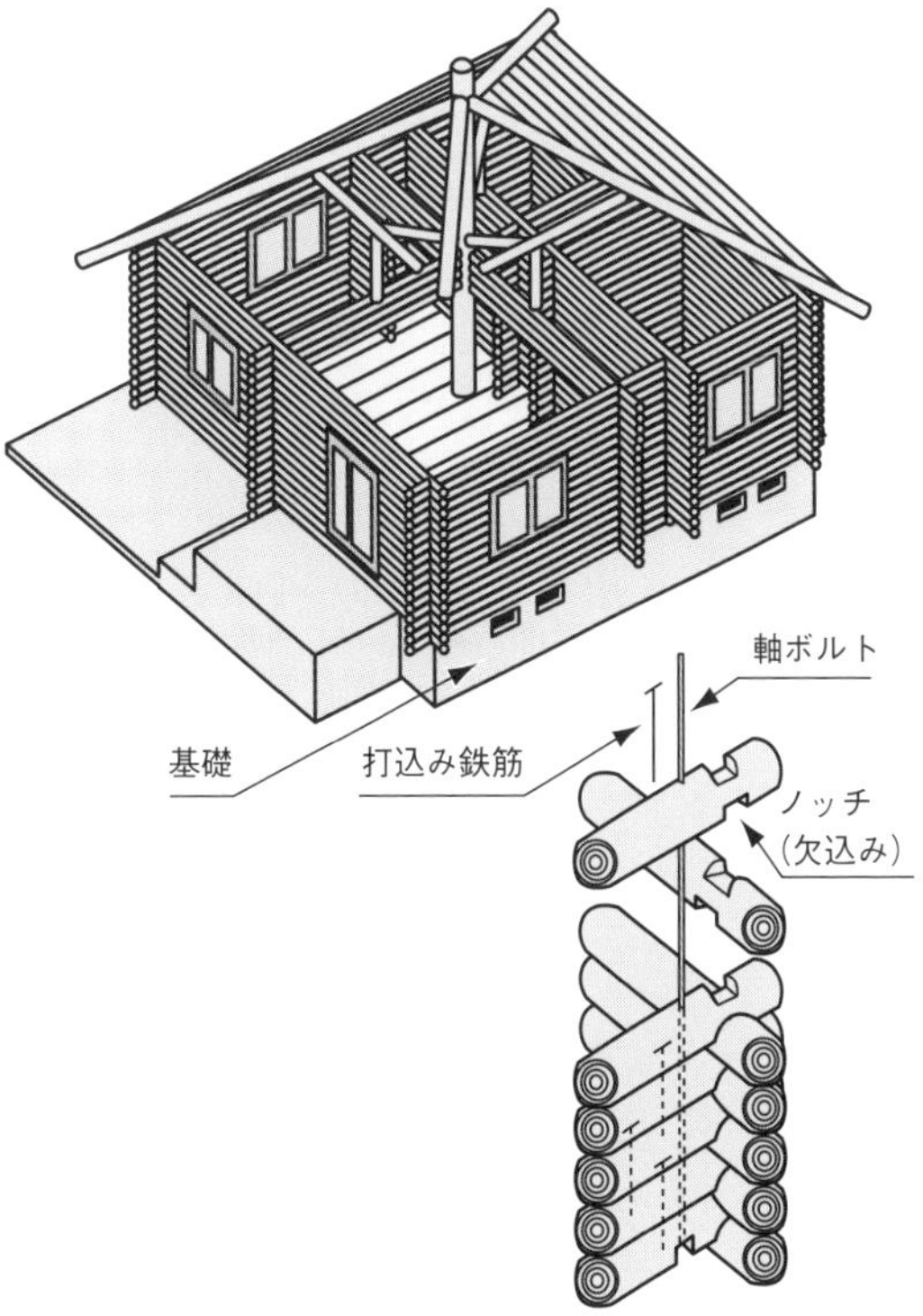

鉄骨造

024

POINT >>>>>>>>>>>>>>>>>>>>>>>>>>>>>>>>>>>>

材料の比強度が高い鉄骨造は大スパンや高層の建物に用いられる。構造設計上は、たわみや座屈に注意する

鉄骨造の特徴

柱・梁などの構造躯体に鉄鋼を用いた建物を鉄骨造という。木造の在来軸組構法と同様に、柱・梁などを接合しながら架構する。材料に比強度（重さ当たりの強度）の高い鉄鋼を用いることで、大スパンをもつ建物や超高層建物などの設計に採用されることが多い。

一般的に用いられる構造形式には、接合部を剛接合とした鉄骨ラーメン構造と、接合部をピン接合にし、ブレースなどで柱梁を固定するブレース構造がある。このほかに、トラス構造や山形ラーメン構造などがある。

構成材料は、H形鋼、鋼管、溝形鋼（リップ溝形鋼、Cチャン）、等辺山形鋼（アングル）、不等辺山形鋼（アングル）などがある。部材の接合方法には、溶接接合、普通ボルト接合、高力ボルト接合、また、ほとんど使われなくなったリベット接合がある。

構造設計上の注意点

鉄骨造の構造設計で注意すべきことは座屈である。座屈とは材に軸力が加わったとき急に材の一部がはらむように変形する現象である。断面が小さく長い柱に大きな圧縮力がかかると座屈するが、梁に大きな曲げ応力が発生しても起こる（横座屈）ことがある。

座屈を防ぐには、材の幅厚比（30頁参照）を小さくする、スチフナーや、梁ならば小梁などの横補構材で補強するなどの対応が必要である。

梁のたわみ量にも規定があり、通常の梁ならばスパンの1／250以下に抑える。ただし片持ち梁はスパンの1／300以下に収めたほうがよい。

高力ボルトなどで部材どうしを接合する場合、ボルト孔が断面欠損となる。引張り材として使用する際には、断面積から欠損分を除いた有効断面積で引張り強度を求めなければならない。

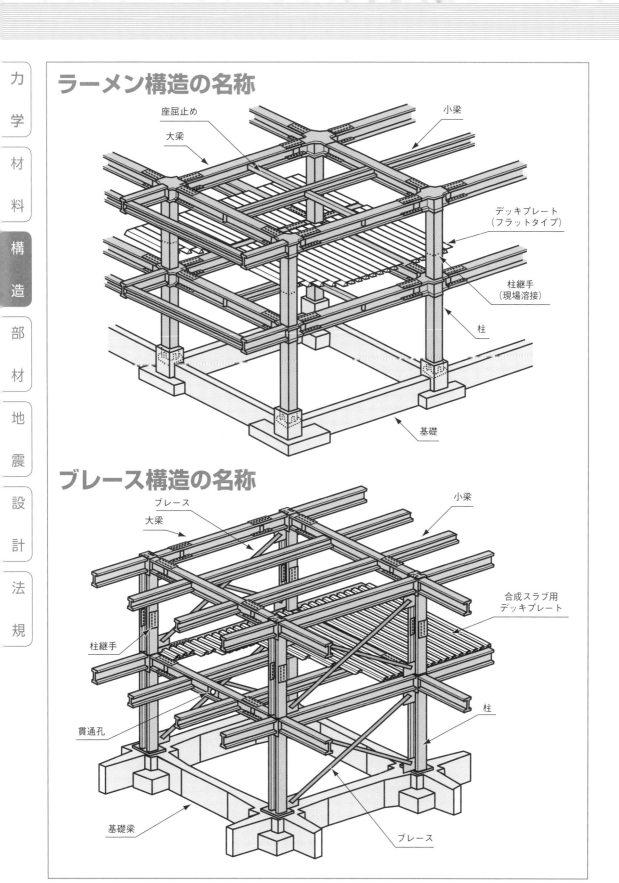

ラーメン構造の名称

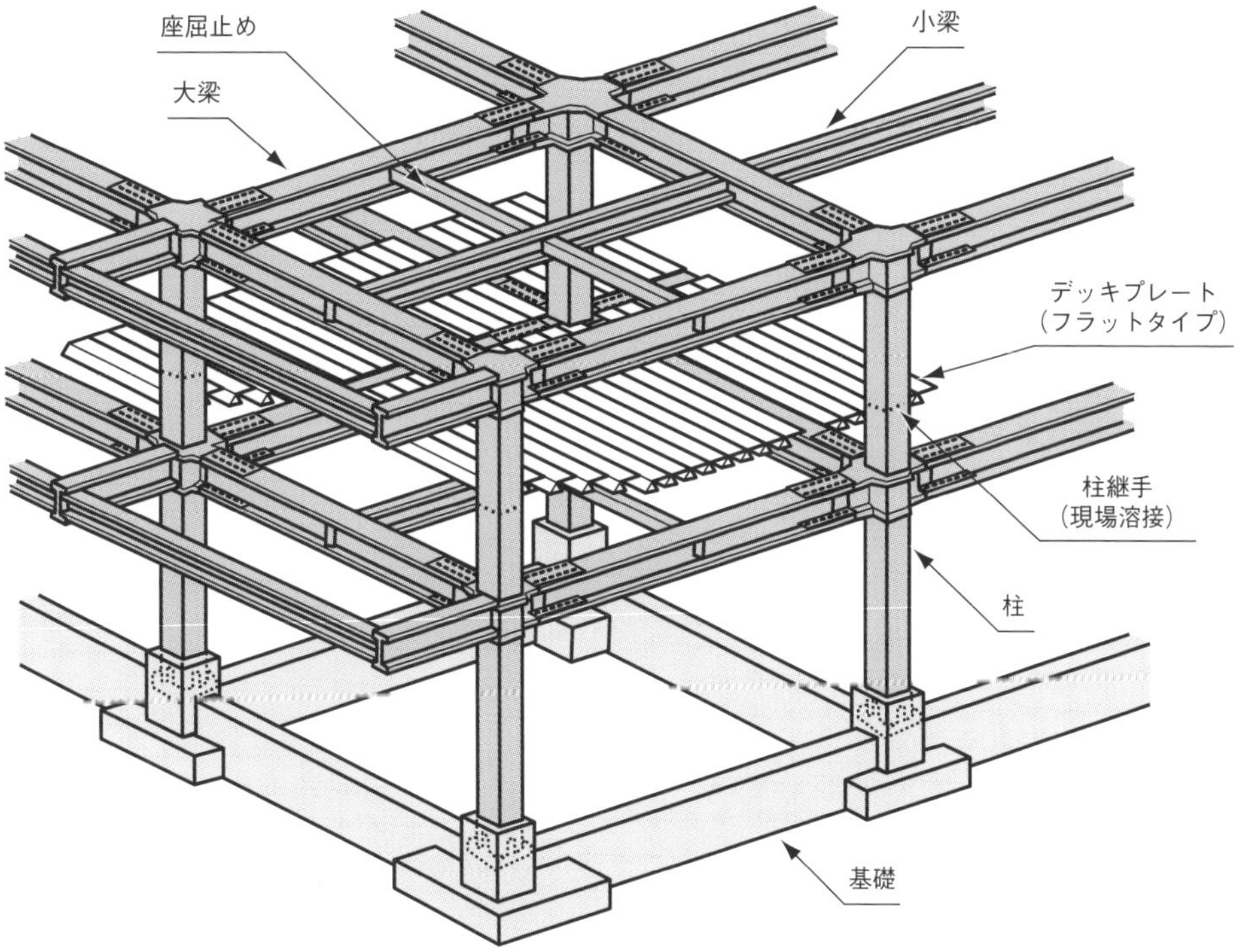

ブレース構造の名称

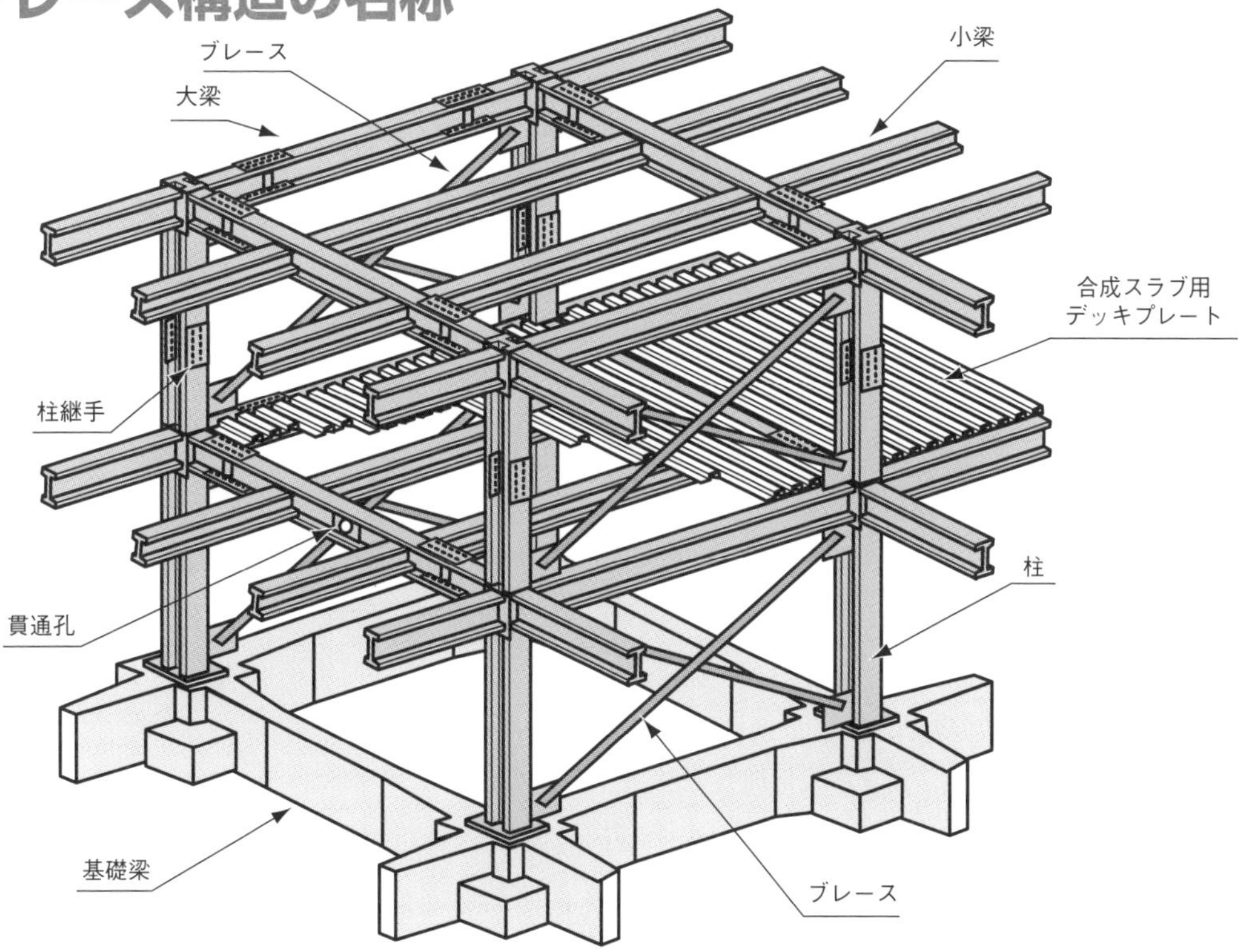

鉄筋コンクリート造

025

POINT >>>>>>>>>>>>>>>>>>>>>>>>>>>>>>>>>>>

鉄筋コンクリート造は比較的自由な形状をつくることができる。柱・梁で強度を確保する純ラーメン構造が一般的である

鉄筋コンクリート造の特徴

柱・梁・床などすべての構造躯体が、鉄筋とコンクリートで一体になった建物を鉄筋コンクリート造という。現場で鉄筋を組み、型枠を立て、コンクリートを打設して躯体をつくり上げるので、木造や鉄骨造と比べて自由な形状をつくることができる。他の材と比べて重力が大きく、遮音性に優れているため、マンション建築などによく用いられている。

構造形式には、柱・梁を剛接合としたラーメン構造が一般的である。ここでいうラーメン構造には、柱や梁だけで強度を確保する純ラーメン構造だけでなく、耐震壁を設ける耐震壁付きラーメン構造も含まれる。このほか、柱・梁を設けず壁のみで躯体を構成する壁式構造や、壁式構造とラーメン構造の長所を併せ持つ壁式ラーメン構造などの構造形式がある。

構造設計上の注意点

コンクリートはほとんど引張り耐力をもたないため、鉄筋が躯体にかかった引張り力を負担することになる。そのため、梁・柱などの部位によって、鉄筋の種類や径、間隔などが細かく規定されている。

一方、コンクリートは、鉄筋と確実に一体化するようにかぶり厚を十分に確保することが重要だ。かぶり厚はコンクリートの中性化の速度や耐火性能にも関係する。

鉄筋コンクリートで躯体をつくる以上、ひびは避けられない問題だ。ひびが入る原因には、乾燥収縮や応力集中、温度変化などさまざまである。

一般にひびは、幅0.2㎜以内ならば構造上は問題ないとされる。それ以上の幅では、ひびから水が入り、中の鉄筋が錆びるおそれがあるので補修が必要になる。

鉄筋コンクリート造（ラーメン構造）の名称

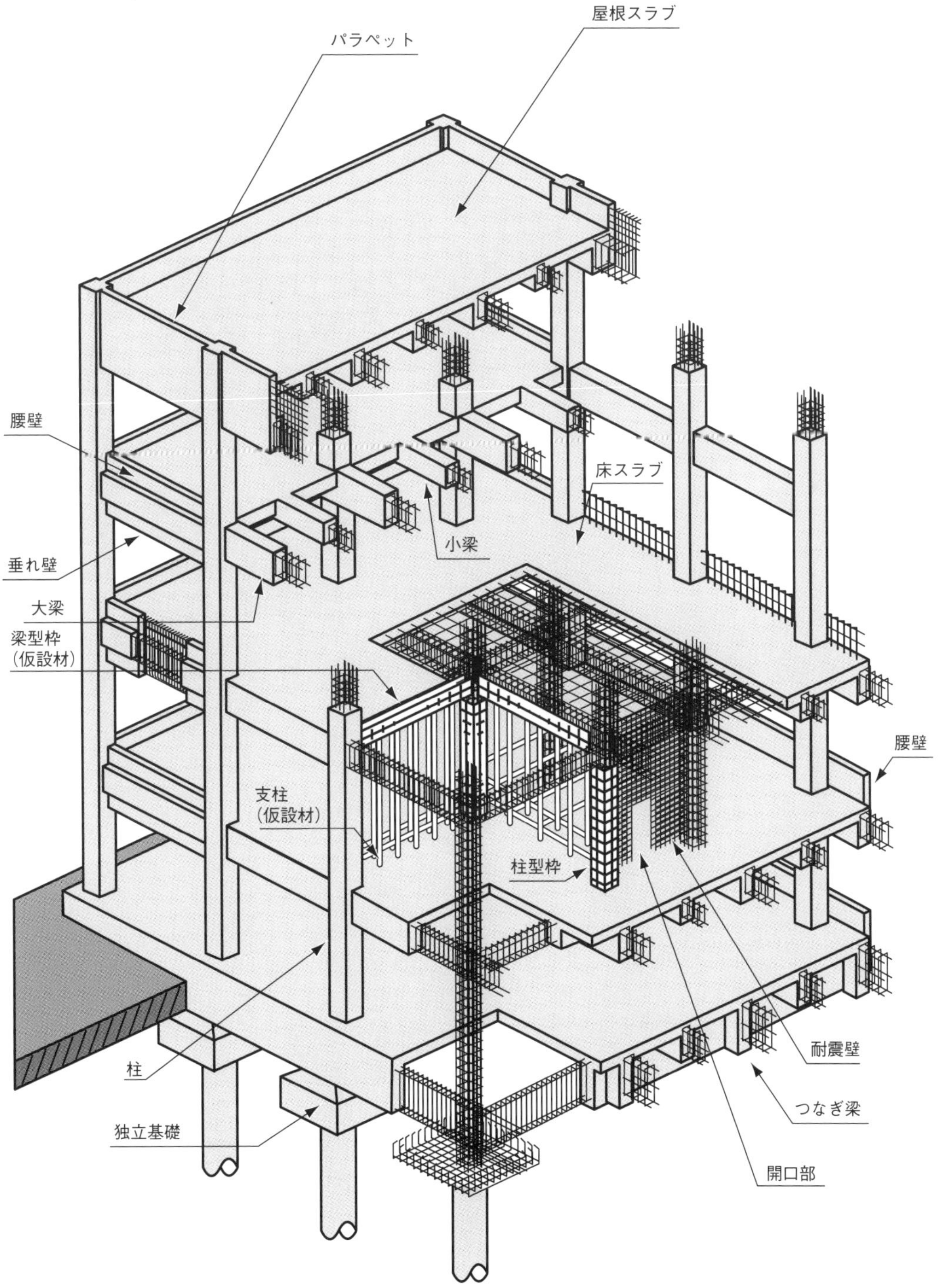

壁式コンクリート造

026

POINT >>>>>>>>>>>>>>>>>>>>>>>>>>>>>>>>>>>

壁が主な構造躯体となる壁式コンクリート造には、壁式鉄筋コンクリート造とコンクリートブロック造などがある

壁式鉄筋コンクリート造

壁式鉄筋コンクリート造は、柱・梁の代わりに壁が主要な構造躯体となる構造形式である。

建築できる規模に規定があり、地上階数5階以下、軒高20m以下、各階の階高3.5m以下に制限されている。壁式鉄筋コンクリート造でこれらの規模を超える場合は、保有水平耐力計算（206頁参照）などで構造の安全性を確認しなければならない。

また、階数によって必要とされる耐震壁の量（壁量）と最小壁厚も決められている。

壁式鉄筋コンクリート造は柱形や梁形がないため、室内の形状が整形になる。ただし、木造の在来軸組構法と同様に、十分な壁量を必要とするため、プランによっては一つ一つの居室を細かく区切らなければならない場合もあり、必ずしも広い空間とはならない。

コンクリートブロック造

レンガなどの組積造に分類される構造形式である。柱がないため壁式構造とみなすこともできる。代表的なものに、補強コンクリートブロック造と型枠コンクリートブロック造がある。

補強コンクリートブロック造は、コンクリートブロックの空洞に補強用の鉄筋を通し、コンクリートを充填して構造壁をつくる。コンクリートブロックは強度により3種類に分かれ、建物の規模で使用できるものが決まる。このほか耐震壁の長さや厚さ、量、配置などに細かい規定がある。

型枠コンクリートブロック造は、薄い板状のコンクリートブロックを型枠にして、そのなかに配筋しコンクリートを打設して構造躯体をつくるものである。建物の階数で、必要壁量、壁厚、充填するコンクリート部分の厚さなどに規定がある。

力
学
材
料
構
造
部
材
地
震
設
計
法
規

壁式コンクリート造の名称

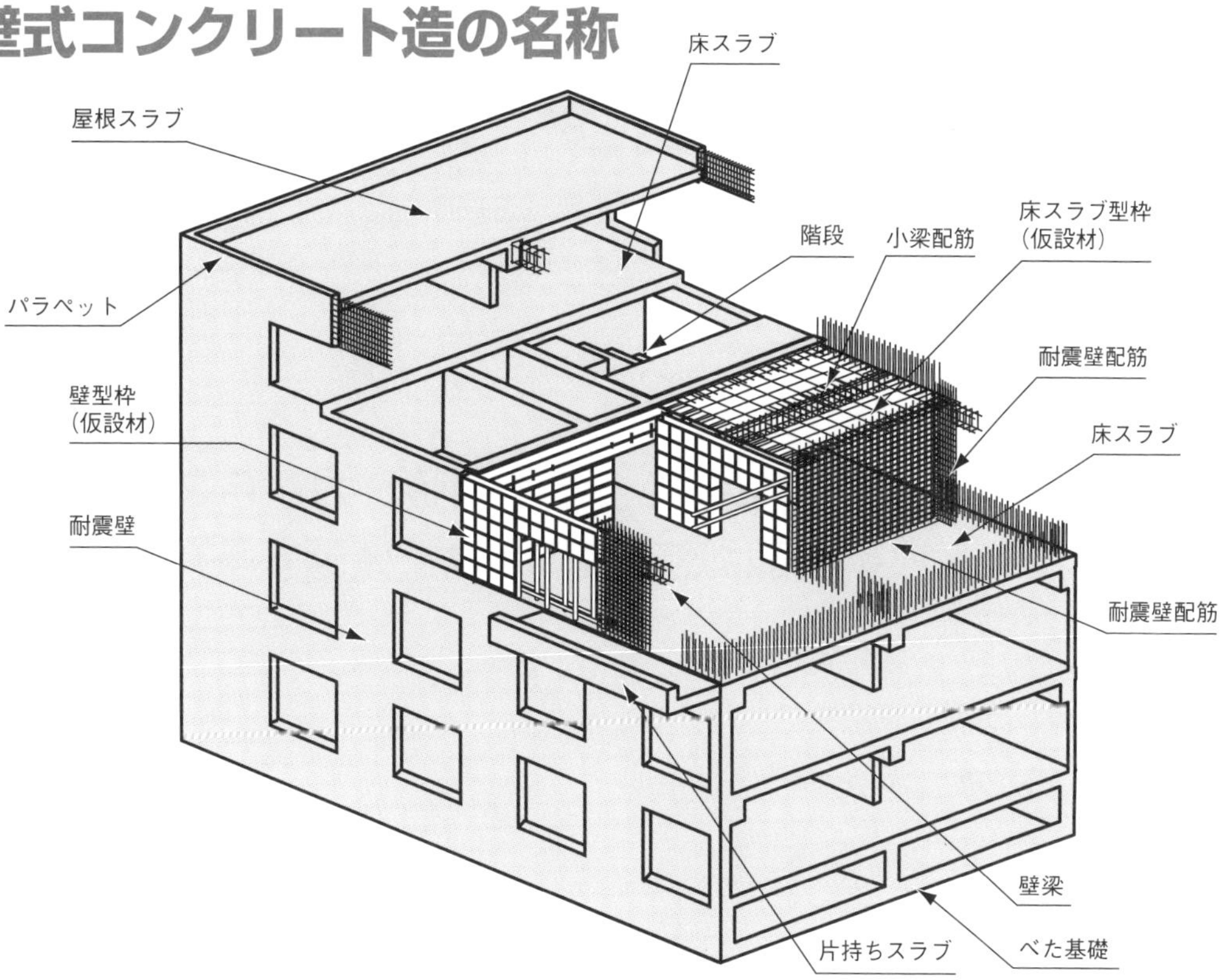

コンクリートブロック造の名称

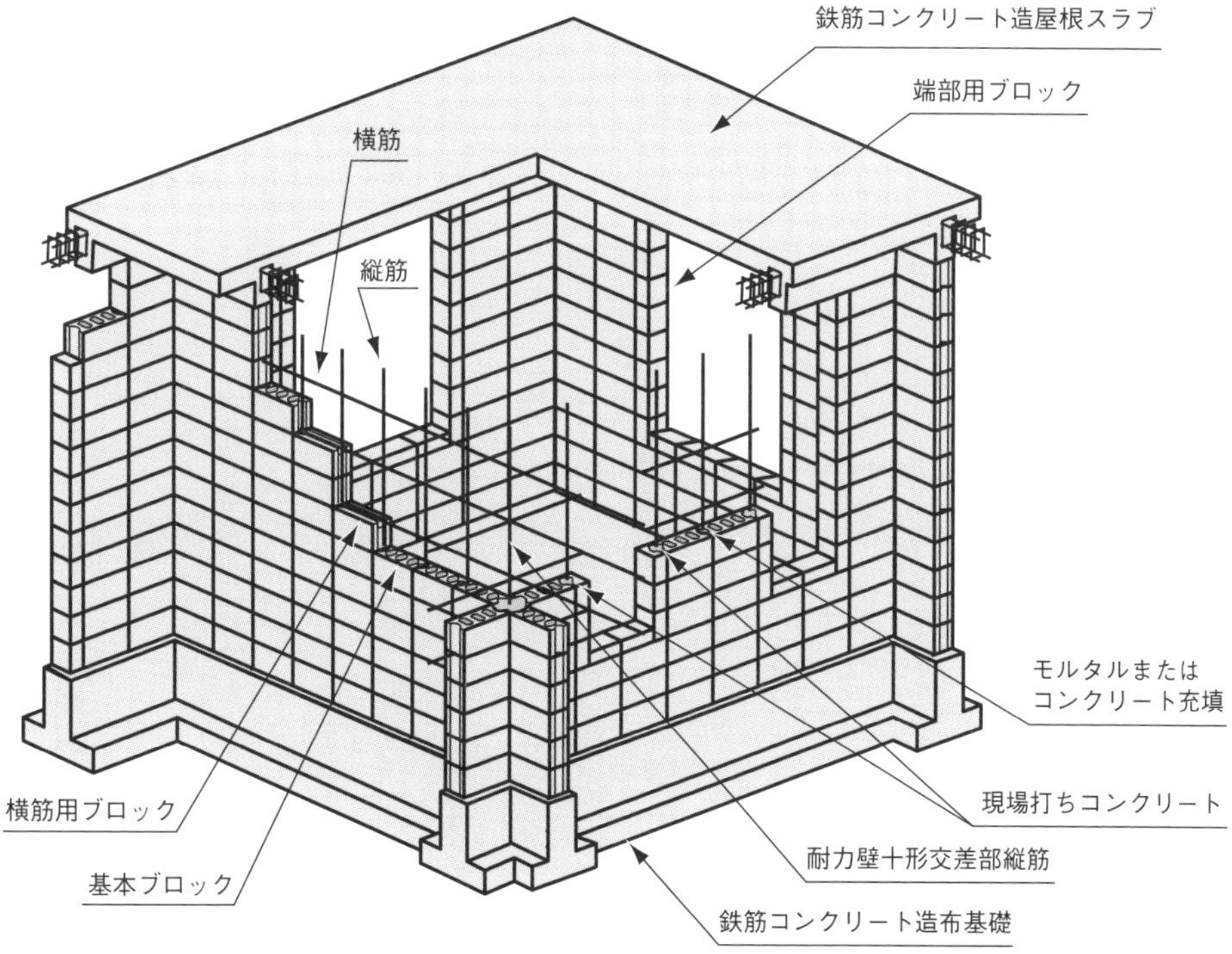

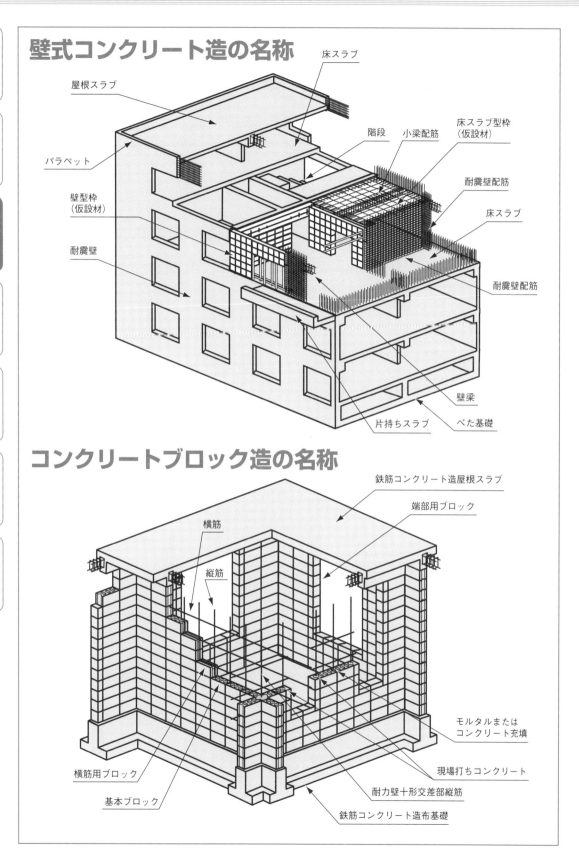

その他のコンクリート造

027

POINT >>>>>>>>>>>>>>>>>>>>>>>>>>>>>>>

PC はケーブルに事前に与えられた引張り力から３種に分かれる。PCa を選択する際は施工環境をよく確認する

プレストレストコンクリート造

柱や梁となる部材に普通鉄筋の２〜４倍の引張り強度がある鋼棒やケーブル（ＰＣ鋼材）を配置し、緊張を与えたものをプレストレストコンクリート（ＰＣ、またはＰＳ）といい、構造形式をプレストレストコンクリート造という。部材にあらかじめ緊張を与えることで、部材に生じる応力を打ち消すことができる。

コンクリートを打設する前にケーブルなどに引張り力を与えるものをプレテンション、打設後にケーブルに緊張を与えるものをポストテンションという。緊張の与え方によって、プレストレストコンクリートは１種・２種・３種に分かれる。最も引張りに強いのが１種である。３種は、引張り力をコンクリート内の鉄筋にも負担させ、ある程度のひび割れ（0.2㎜めやす）を許容するもので、プレストレスト鉄筋コンクリート（ＰＲＣ）とも呼ばれる。

プレストレストコンクリートは引張り力を生じさせないため、大スパンの梁や、ひび割れを起こしたくない個所に利用されることが多い。

プレキャストコンクリート造

床や壁などの部材をあらかじめ工場でつくり、現場で組み立てる構法をプレキャストコンクリート造（PCa）という。部材を工場でつくるため、現場で打設するよりも部材の精度が高い。

部材の接合方法は、部材の鉄筋を溶接してつなぐ方法（ウェットジョイント）と、鋼板を用いて部材どうしをつなぐ方法（ドライジョイント）がある。

プレキャストコンクリート造は、現場で部材を組み立てるだけなので、現場打ちよりも施工期間が短くなる。ただし各部材の重量が大きいため、大型の重機での作業が可能かどうかが構法選択の重要な要因となる。

プレストレストコンクリートの構成

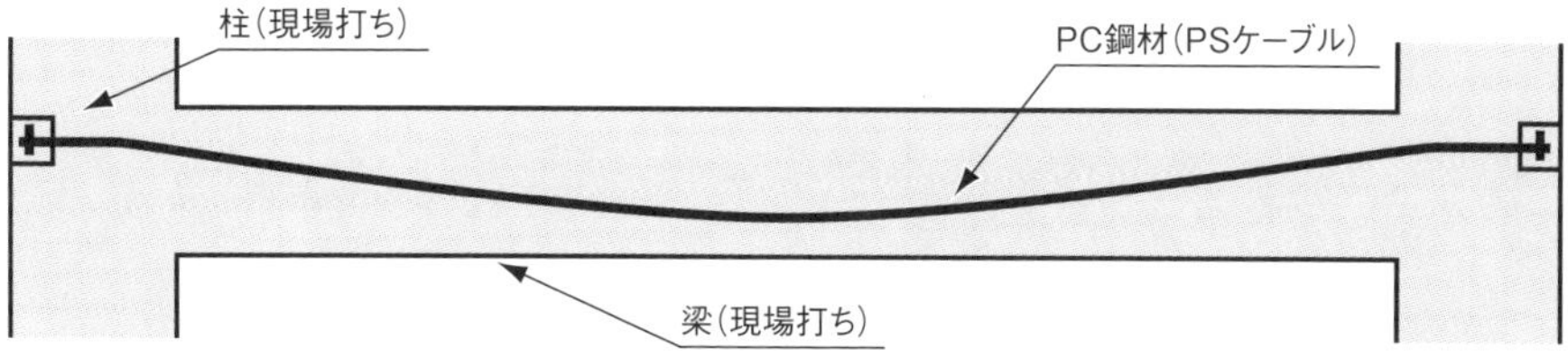

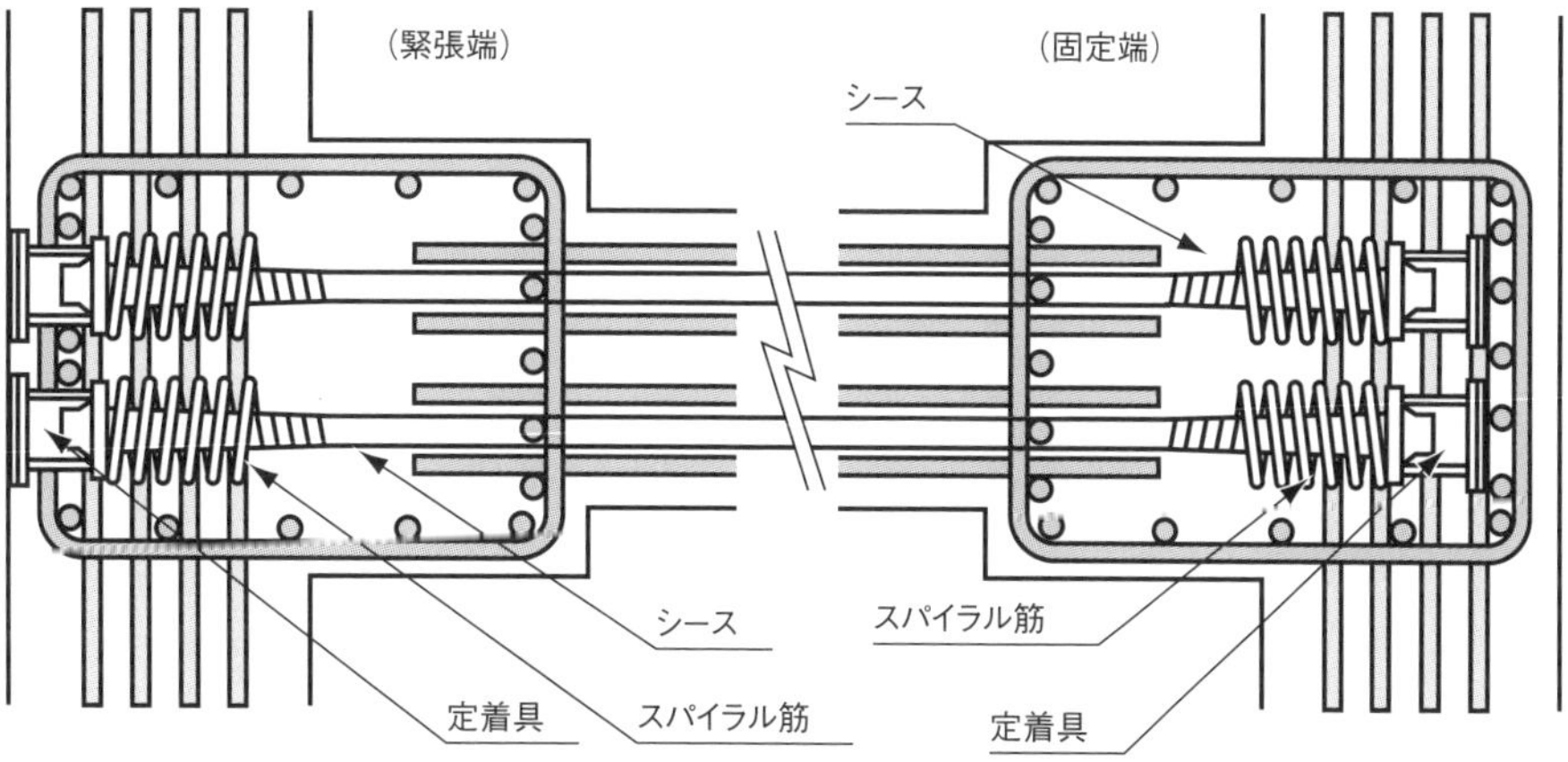

プレキャストコンクリート造の名称

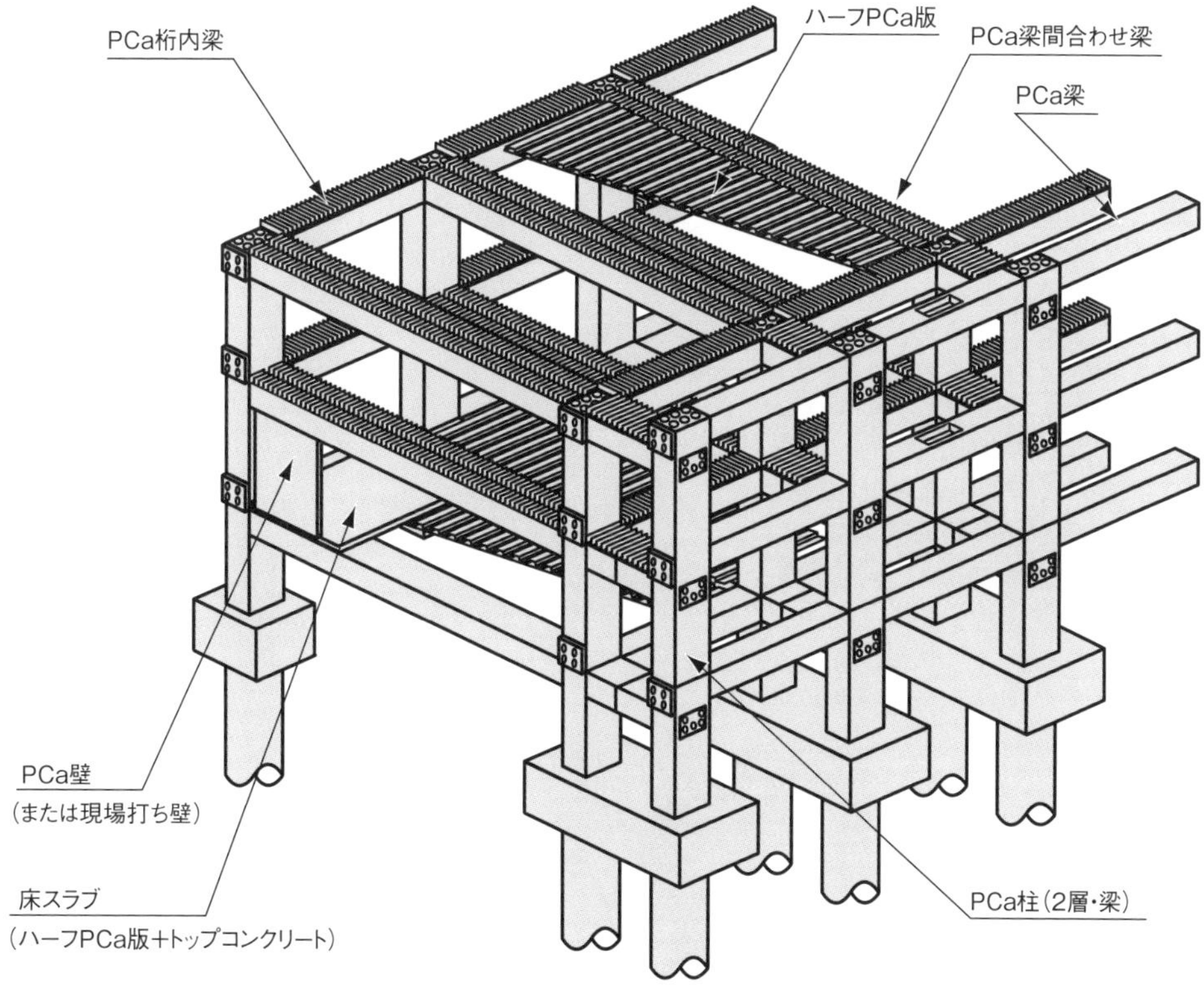

column 03

昔ながらの材料で構造をつくる

石は、紀元前より建築の構造材料として利用されてきた。石を構造躯体に利用する場合、積み上げてつくる組積造とするのが一般的である。

組積する石材は、一定のボリュームのある部材（通常は、直方体）に加工するため、出来上がった建物は重々しいイメージとなる。

ただし組積の方法を少し工夫するだけで、かなり違った印象の構造体にすることができる。写真の事例は、トランプをヒントに考え出した構造形式である。薄い石版で三角形をつくりトラス構造とすることで、軽やかな印象を与えることが可能になった。

石のトランプタワー

全景。薄い石をトラス状に組んでいる

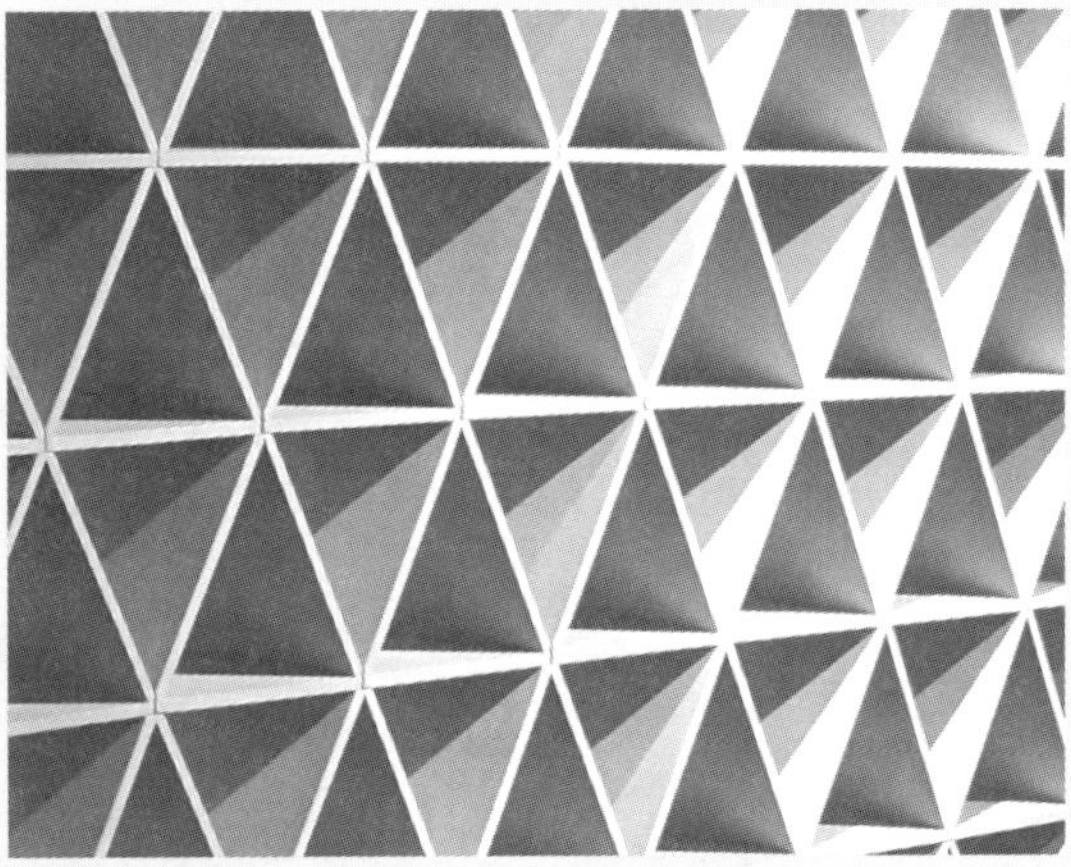

トラスの構成

石材は、通常、直方体にカットされ積み上げられるため重量感があるが、トランプタワーのように三角形に組み合わせると軽快な構造になる。壁の面内はトラスで構成されているので非常に強く、面外へは板幅を確保して自立させている

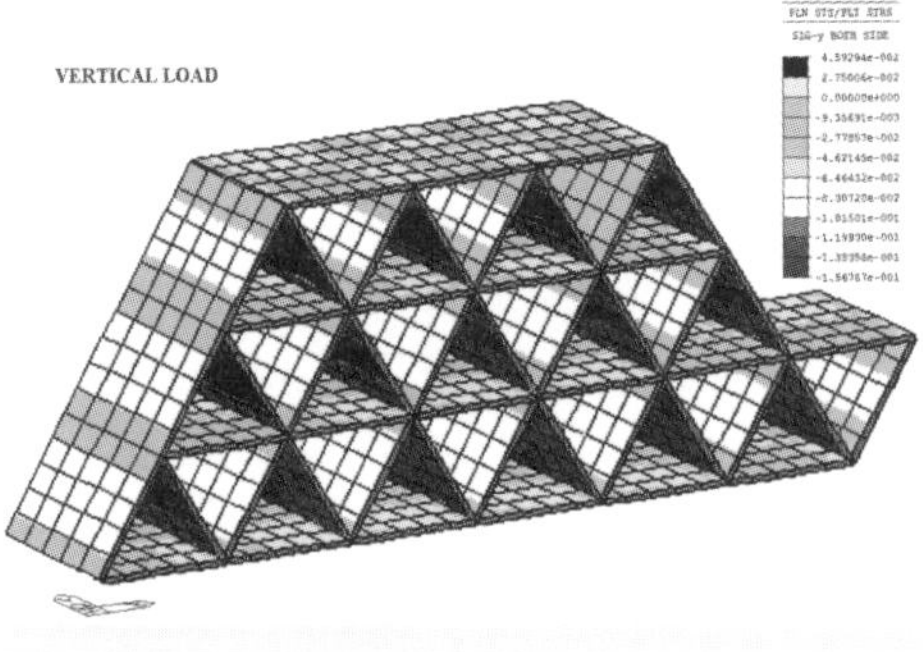

応力解析図

第4章

構造部材の設計

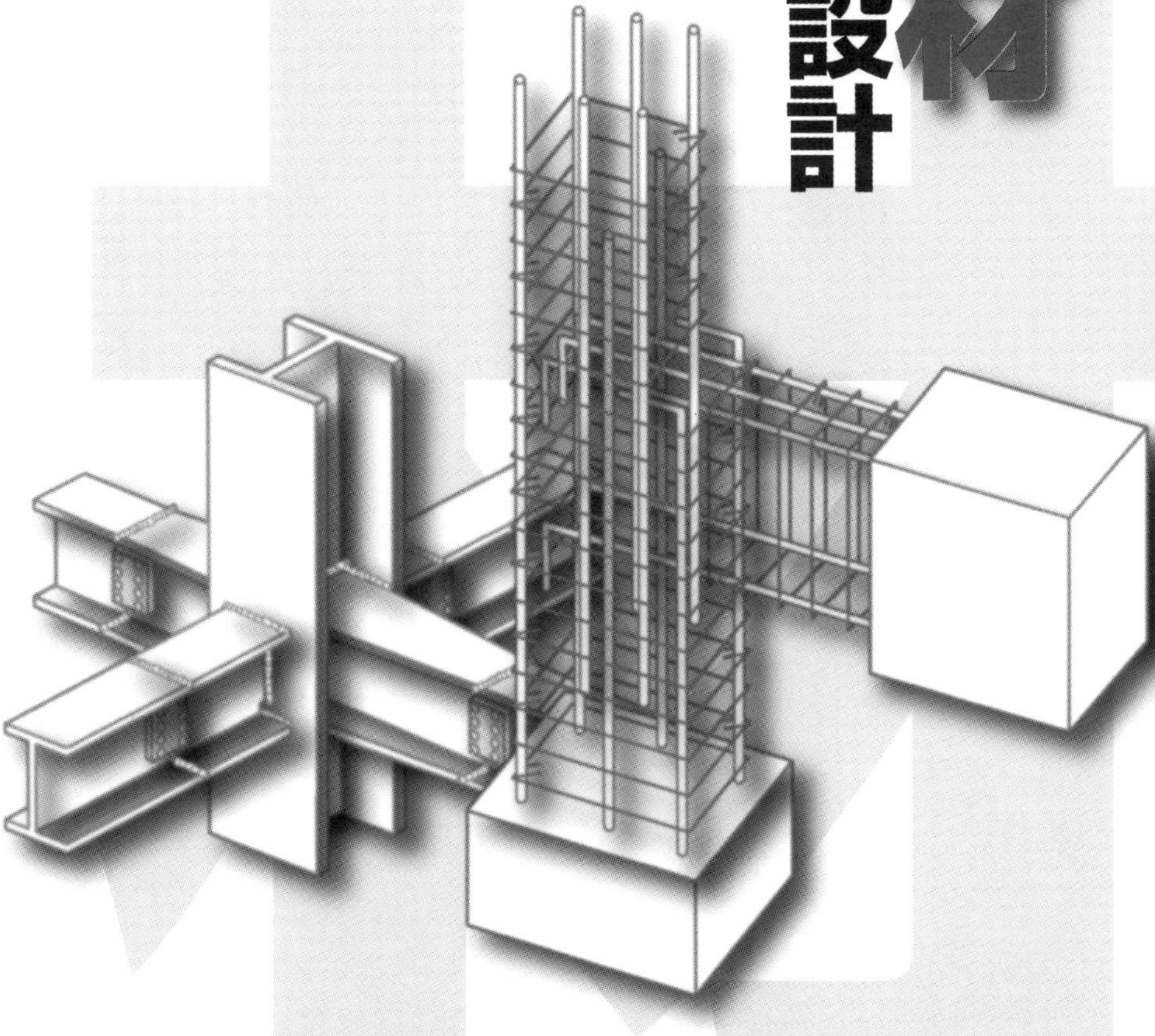

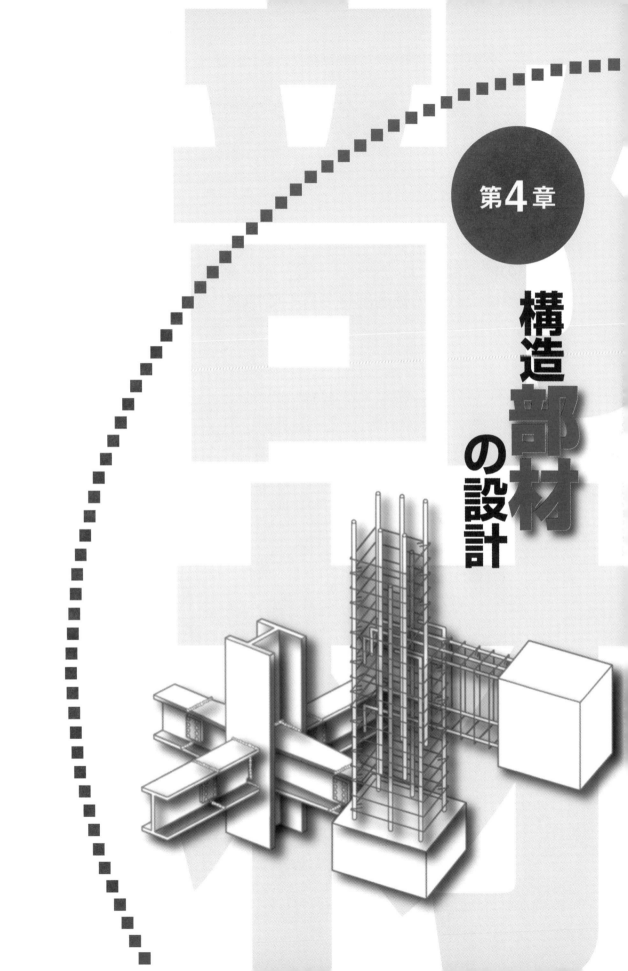

建物を構成する構造

028

POINT >>>>>>>>>>>>>>>>>>>>>>>>>>>>>>>>>>

建築の構造部材は、床・梁・柱・壁・基礎である。建物が受けた荷重はこれらの構造部材を介して地盤へと伝達される

構造部材の構成

建物は、通常、構造材（躯体やフレームと呼ばれる）、仕上材、設備機器の3つの要素から構成される。なかでも構造材は、建物の骨格に該当するものであり、建物を成立させるためには欠かせないものである。

構造材には、床、梁（大梁・小梁）、柱、壁、基礎があり、それぞれ担っている構造上の役割が異なる。

床は、人や物を重力に抵抗して支持する役割を果たしており、建物の構造部材で最も基本的なものである。また、柱や梁、壁が受けた水平力を伝達する役割も担う。

梁（大梁）は、床を支持するために床の周りに配置する横架材である。床の重量や面積が大きいときは大梁に小梁を掛けて床を支える。木造の基礎の上に配された梁は土台ともいう。

柱は、鉛直方向に建てられた部材で、鉛直方向の荷重だけでなく水平力に対して抵抗する部材である。

壁は、主に地震力などの水平力に抵抗する部材である。

基礎は、建物が受けたすべての荷重（鉛直方向・水平方向）を、柱や土台などを通じて支持し、それを地盤や杭へと伝達する役割をもつ。

力の伝達経路

建物が荷重を受けると、力は構造部材を通して地盤へと伝わる。

固定荷重や積載荷重など鉛直方向の荷重の場合、力は床（屋根）→梁→柱（→土台）→基礎→地盤という経路で伝達される。

地震力や風荷重などの水平力もほぼ同じ経路をたどる。ただし、鉛直荷重と違い、水平力は大梁から柱と壁（耐震壁）に伝達され、基礎へ伝えられる。すなわち、床→梁→柱・壁→基礎梁→基礎→地盤という流れである。

構造部材の構成（鉄筋コンクリート造）と力の伝達

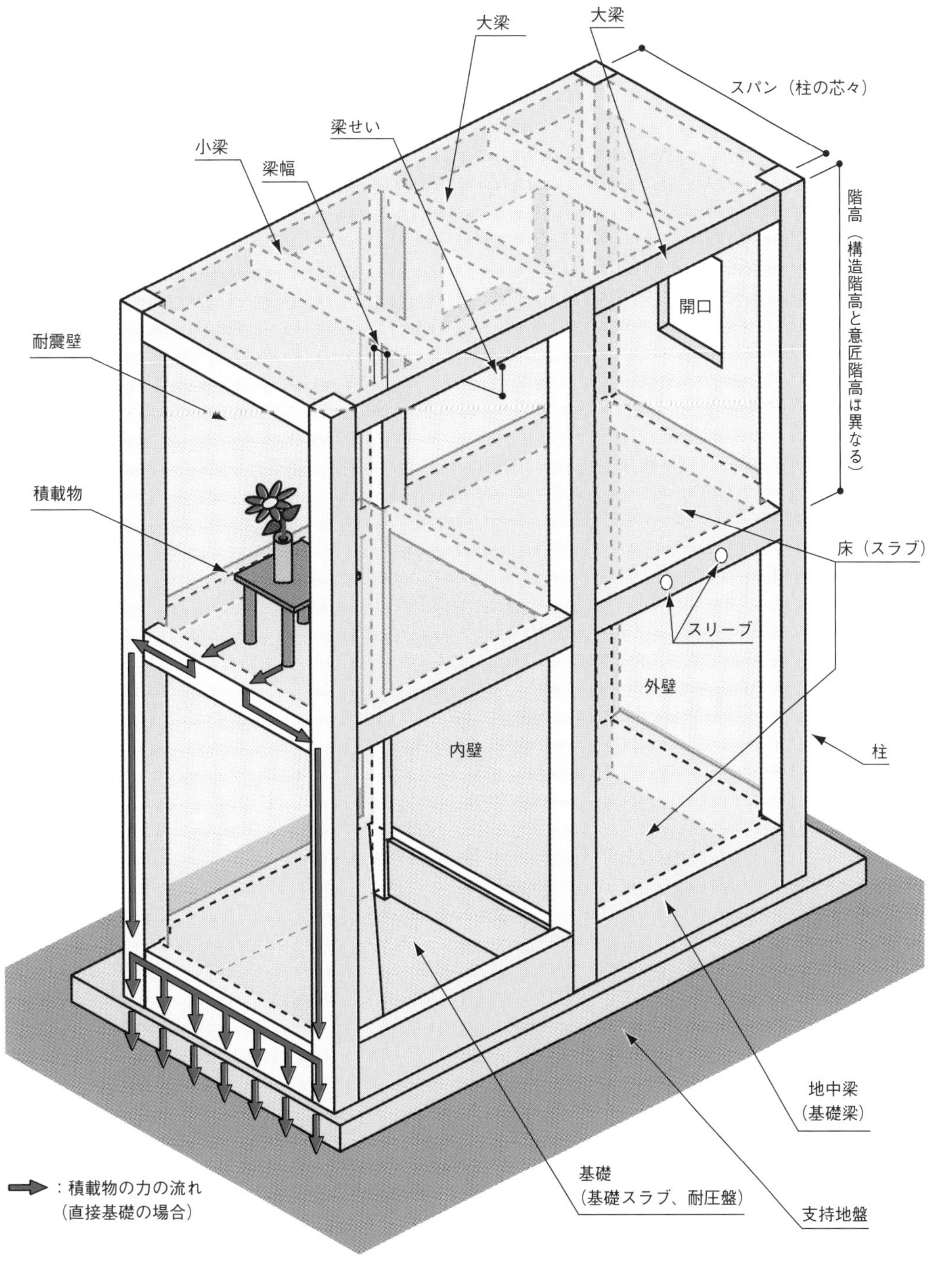

構造計算の数値

029

POINT >>>>>>>>>>>>>>>>>>>>>>>>>>>>>>>

構造計算の基礎となる部材の性質を表す数値は、密度、ヤング係数、許容応力度、ポアソン比の５つである

押さえておきたい数値

構造計算の基本的な流れは、荷重の算出→応力の算出→断面の検討→２次計算（壁量計算・剛性率・偏心率の計算など）である。各計算段階で、さまざまな数値を取り扱う。以下に、各段階で基本となる数値を整理する。

①密度

密度とは、単位体積当たりの質量のことで、部材の重量（荷重）を求めるときに使用する。木材（すぎ材）は８kN／㎥、鉄鋼は78kN／㎥、コンクリートは23kN／㎥（鉄筋コンクリートなら24kN／㎥）くらいになる。

②ヤング係数

ヤング係数とは、材料の変形しにくさを表す数値で、部材の応力や変形を算出するときに必要となる。木材は、樹種によって異なる。よく使われるスギ材の場合、７０００Ｎ／㎟である。鉄鋼は、２１００００Ｎ／㎟である。コンクリートは、強度によって異なるが、一般的には２１０００Ｎ／㎟程度見込んでおけばよい。

③許容応力度

部材に生じる応力の限界点のことで、部材の断面算定の基本となる数値である。許容応力度は、材料の基準強度に建築基準法で定められた係数をかけて算出する。持続的に生じる応力に対する許容応力度と、短い時間で集中的に生じる応力に対する許容応力度の２種類がある。前者を長期許容応力度、後者を短期許容応力度といい、それぞれ算出するための係数が異なる。

④ポアソン比

ポアソン比とは、物質に軸方向へ力を加えたときに生じる、横方向のひずみ（伸縮）と縦方向のひずみ（伸縮）の比である。鉄骨やコンクリートがせん断変形する際の剛性（せん断弾性係数）を算出するのに用いる。鉄鋼で0.3、普通コンクリートで0.2である。

構造計算の数値[※1]

	木材	鋼材	鉄筋コンクリート (コンクリート)
	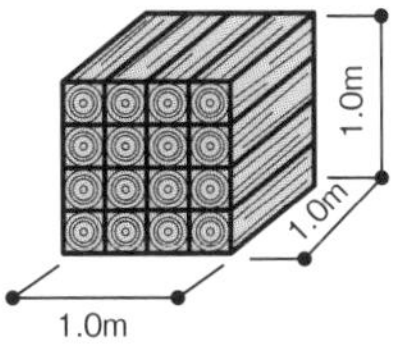	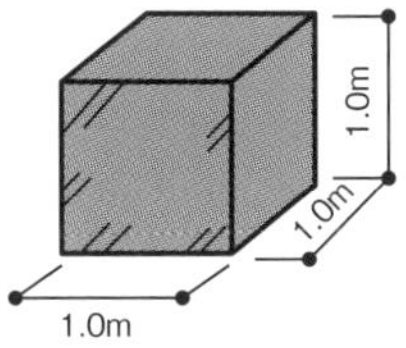	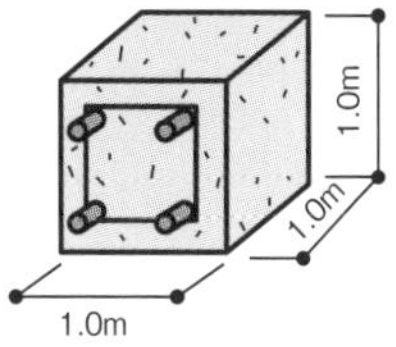
単位重量 (比重)	8.0kN／m^3(0.8)[※2]	78.5kN／m^3(7.85)	24kN／m^3(2.4) (鉄筋コンクリート) 23kN／m^3(2.3) (コンクリート)
ヤング係数	8～14×10^3N／mm^2	2.05×10^5N／mm^2	2.1×10^4N／mm^2 (コンクリート)
ポアソン比	0.40～0.62	0.3	0.2(コンクリート)
線膨張係数	0.5×10^{-5}	1.2×10^{-5}	1.0×10^{-5} (コンクリート)
基準強度 [※3]	FC=17～27N／mm^2 (Fb=22～38N／mm^2)	FC=235～325N／mm^2	FC=16～40N／mm^2
長期 許容応力度	曲げ 8.0～14N／mm^2 引張り 5.0～9.0N／mm^2 圧縮 6.5～10.0N／mm^2	曲げ[※3] 157～217N／mm^2 引張り 157～217N／mm^2 圧縮[※3] 157～217N／mm^2	引張り(異形鉄筋) 196～215N／mm^2 圧縮(コンクリート) 5.3～13.3N／mm^2

※1　数値は一般的に使われている材料の目安値
※2　実務では安全をみて実際の密度より大きな値に設定する
※3　座屈、局部座屈がない場合

架構のモデル化

030

POINT

現実の架構を線材と節点（接点）で表現される抽象的な架構に置き換えて応力を算出することを架構のモデル化という

架構のモデル化のルール

コンピュータの発達により、現在はほとんどがコンピュータを使って構造計算を行っている。

しかし、実際に建物の部材に生じる応力は複雑なため、すべての応力を正確に再現して計算することはできない。そこで、応力計算しやすいよう、現実の架構を抽象的な架構に置き換える作業を行う。これを架構のモデル化という。

架構のモデル化にはいくつか覚えておくべきルールがある。

柱や梁などの軸材は、1本の線として考え、曲げモーメント、せん断力、軸力の各応力を算出する。

柱はすべての応力を算出するが、梁は軸力が相対的に小さいため無視し、曲げモーメントとせん断力のみ算出する場合がある。

柱・梁の線材どうしは、節点（接点）と呼ばれる点をつなぐ。節点は、部材の変位を確認するのにも利用する点なので、必ずしも現実の部材の仕口・継手個所と節点の位置を一致させなくてもよい。

架構のモデル化の注意点

実際の柱・梁は決して1本の線ではない。部材の断面寸法が大きくなる鉄筋コンクリート造の場合、柱・梁を1本の線として計算すると、節点付近の計算上の応力と実際の応力との誤差が大きくなる。そのため、力を加えてもまったく変形しない部分（剛域）を設定して構造計算する。

断面が比較的小さくなる木造や鉄骨造の場合は、計算値と実際の応力の誤差が少ないので、剛域を設けなくてもよい。

柱脚部分は、通常、力を加えても動かない固定された点としてモデル化する。この点を支点という。

架構のモデル

実際の計画建物

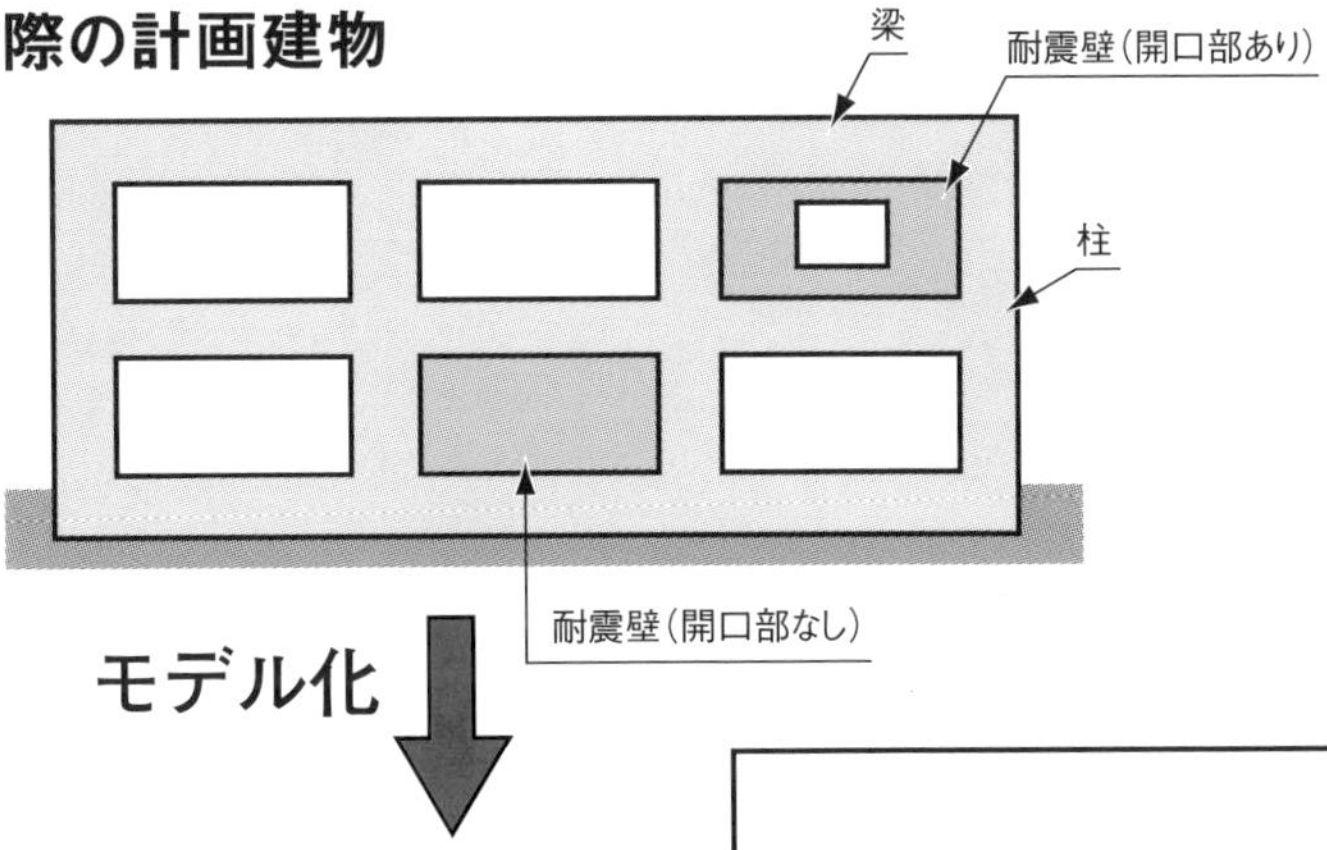

モデル化された建物

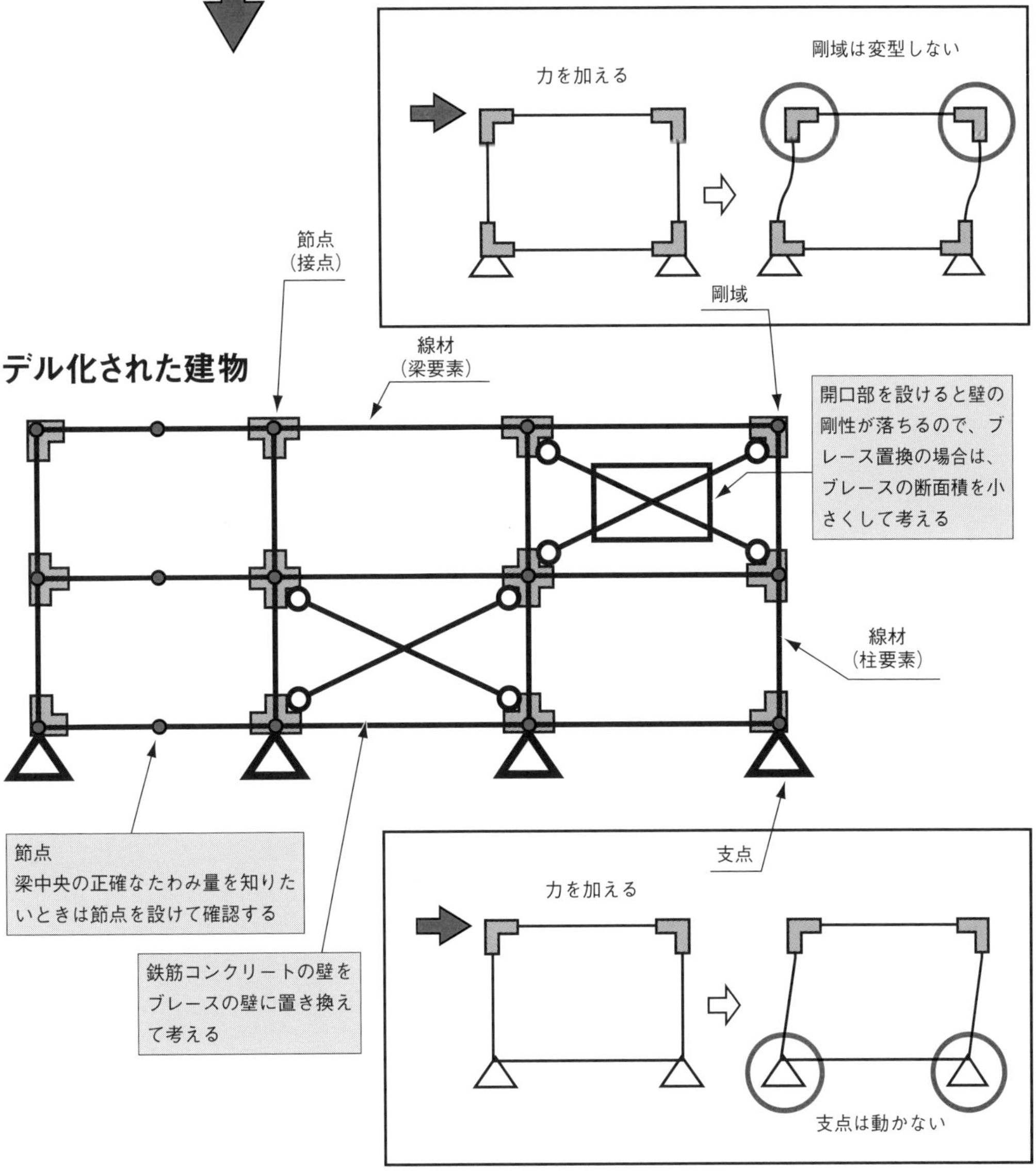

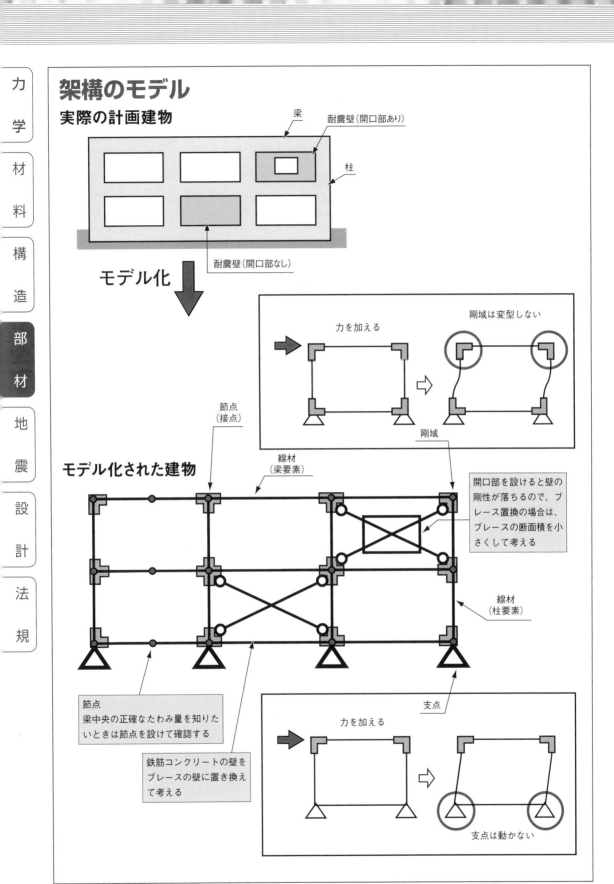

荷重のモデル化

031

POINT >>>>>>>>>>>>>>>>>>>>>>>>>>>>>>>>>>>>

すべての部材にかかる荷重は、等分布荷重や集中荷重などのパターンに分けて評価する。これを荷重のモデル化という

荷重のモデル化とは

建物の構造計算では、積載荷重や固定荷重などの荷重を用いて、建物の局部的な変形や全体の変形を確認したり、応力を算出して部材の断面設計を行う。架構同様に、建物すべての部分に生じている荷重を正確に評価することは、コンピューターによる計算でもできない。そのため構造計算では、荷重を計算しやすい形式に整理して計算する。これを荷重のモデル化という。

モデル化の流れ

荷重のモデル化の方法について、床荷重と地震力の2つを例に見ていくことにする。

①床荷重のモデル化

床荷重は、一般的に、床面にはたらくすべての荷重を均等な分布荷重（等分布荷重）にモデル化する。

床荷重は、周囲の梁の付き方を考慮しながら床面積を三角形や台形に分割し（前者を三角分布、後者を台形分布と呼ぶ）、それぞれの面積が負担する荷重が近くの梁に流れるものとして計算する。

ただし、本棚やピアノなど、非常に重量のある積載物が想定されるときは、モデル化は複雑になる。重量のある積載物を含めて等分布荷重にモデル化するのではなく、積載物と梁の位置関係を考慮しながら、等分布荷重を集中荷重としたり、部分的等分布荷重としてモデル化したりする。

②地震力のモデル化

建物が受けた地震力は、構造計算上は、床面に作用した荷重として扱われる。つまり、地震力は建物の重量に係数を掛けて算出するが、このときの重量は各階の床が負担する重量から計算されるのである。

なお地震力は、床の重心位置への集中荷重としてモデル化する場合が多い。

梁の荷重と負担幅

①梁にかかる荷重

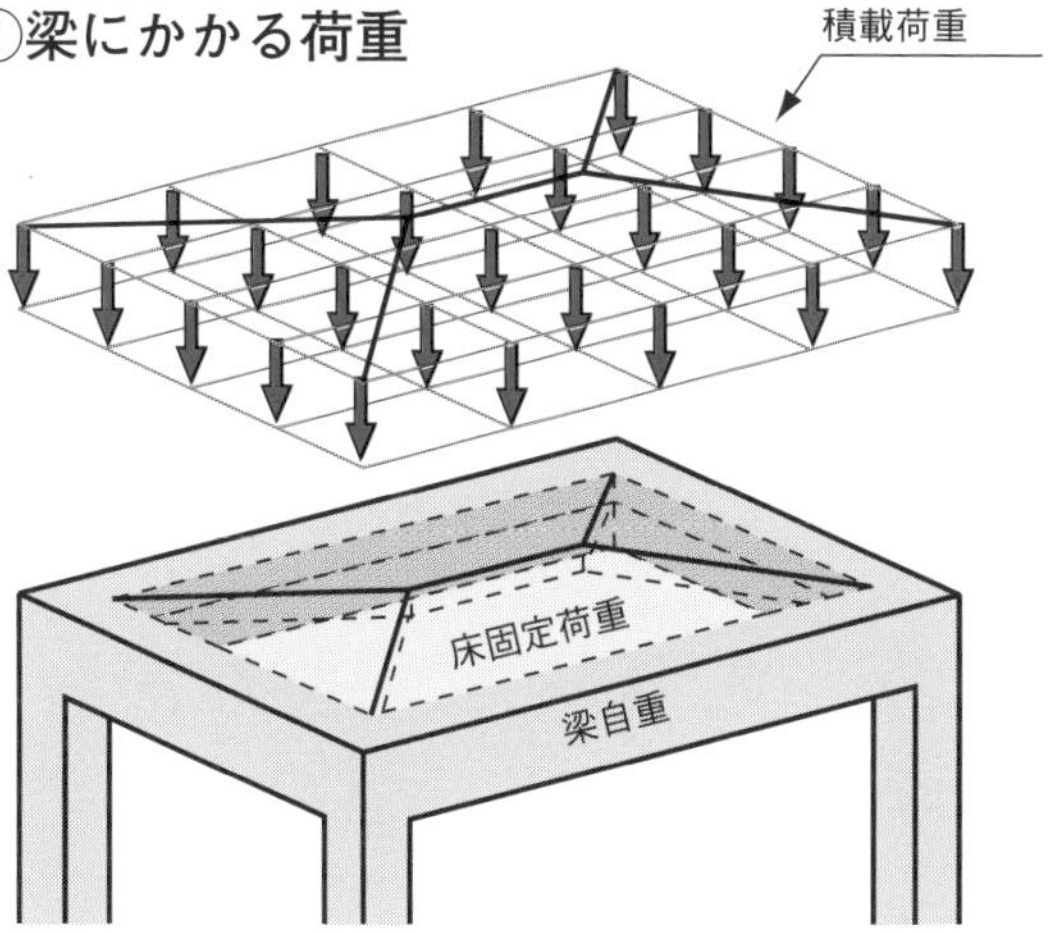

床スラブの固定荷重と梁の自重は等分布荷重として取り扱う。鉄骨造や鉄筋コンクリート造の場合、床スラブの荷重は下図のように分割してそれぞれ直近の梁に載荷される床荷重を算出する。木造の場合は、根太の方向によって荷重の負担幅が異なるので注意が必要である

②負担幅

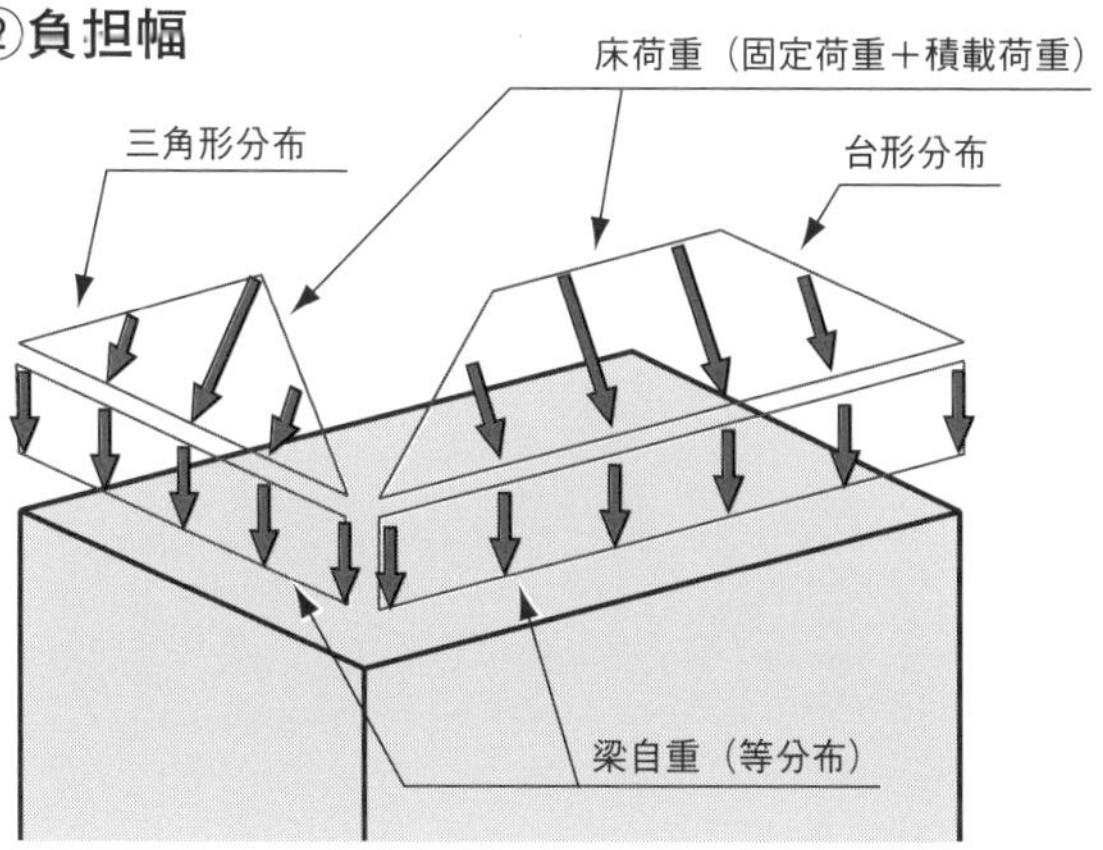

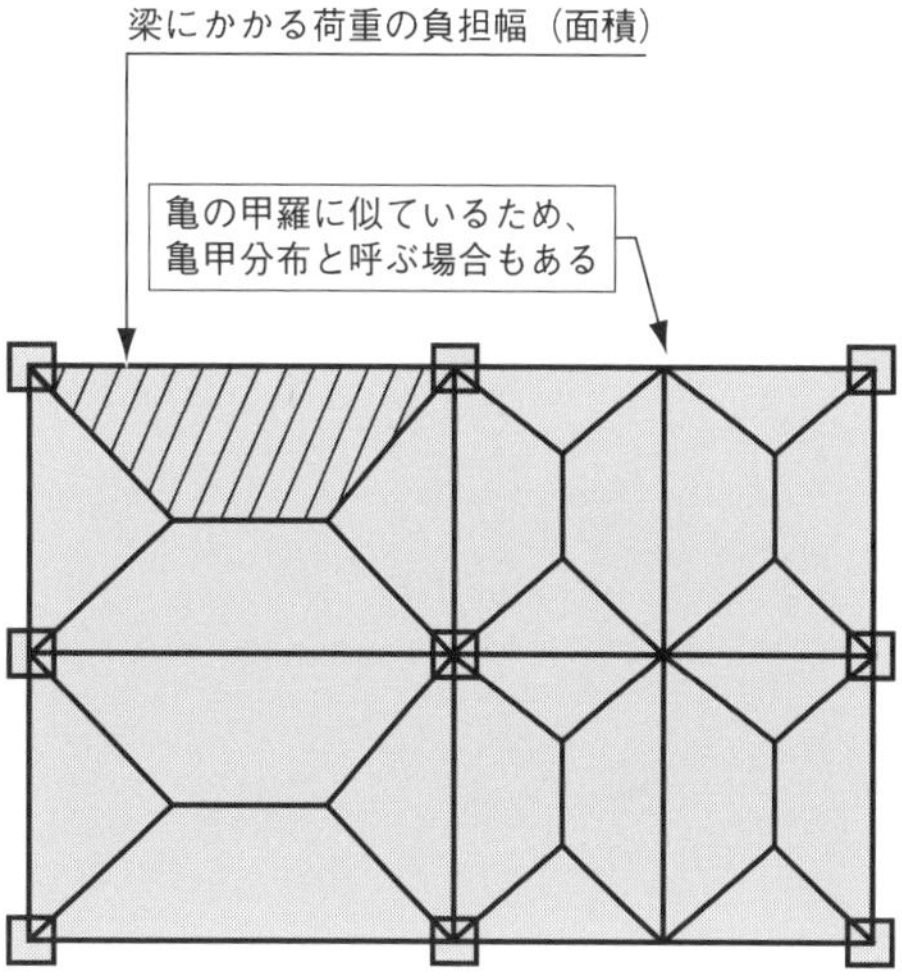

重量のある積載物の荷重の考え方

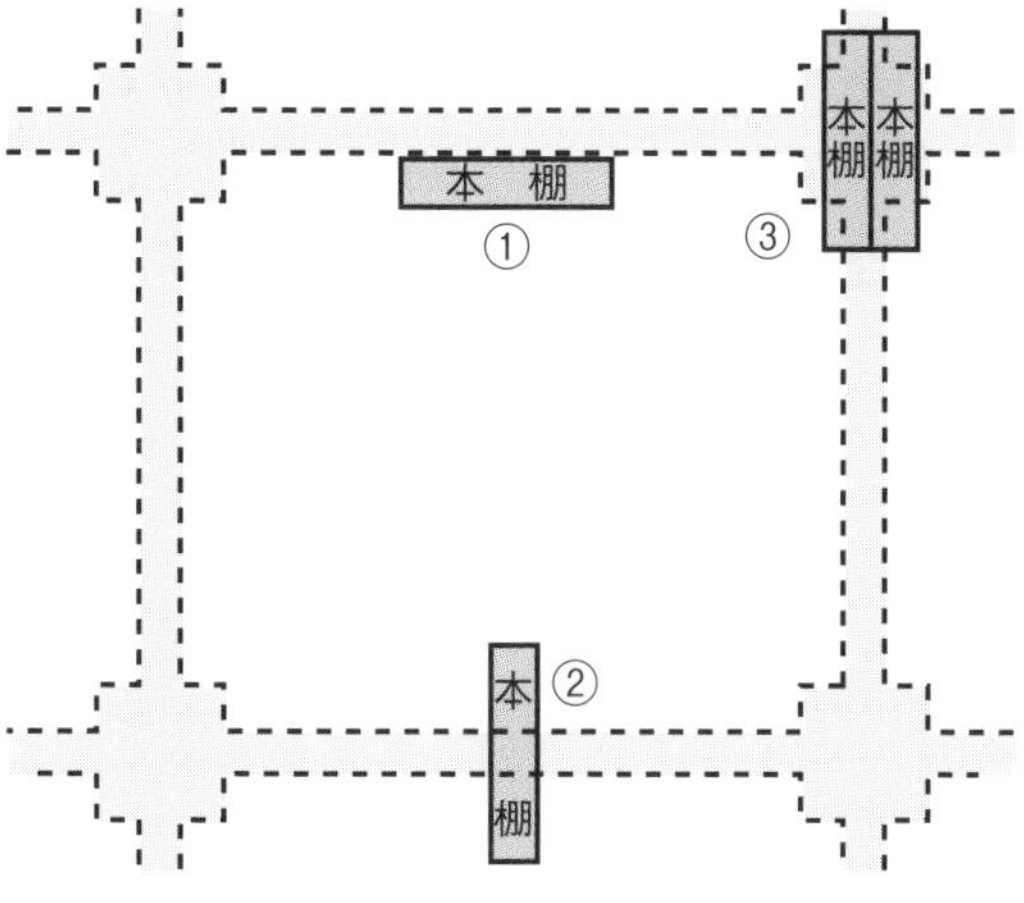

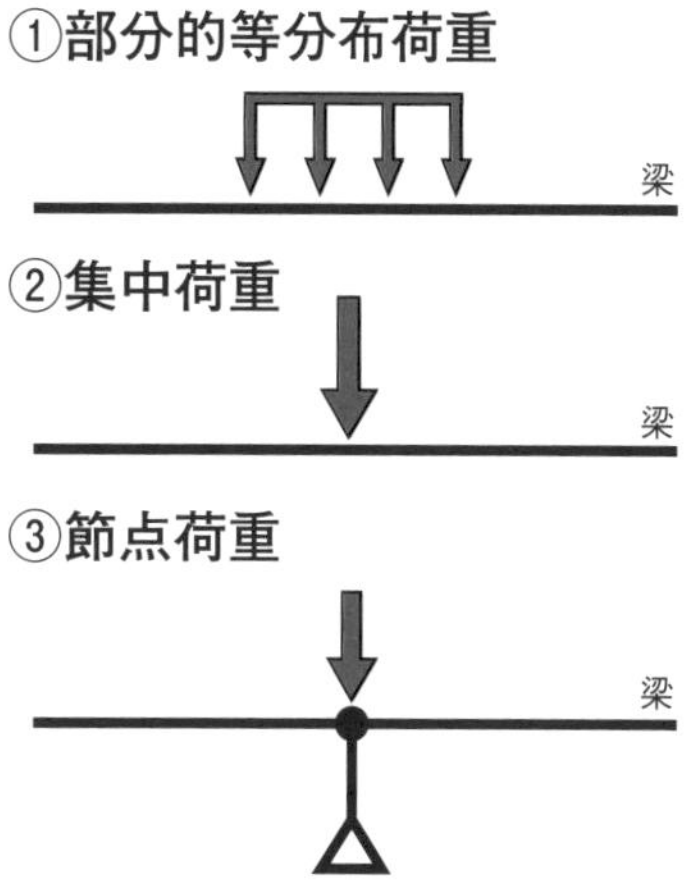

梁の種類・形状

032

POINT >>>>>>>>>>>>>>>>>>>>>>>>>>>>>>>>>>>>

梁は床の支持方法や平面計画上の掛け方などで名称が変わる。構造計算上は単純梁、連続梁、固定梁にモデル化される

梁の名称

梁は床や小屋組を支える横架材だが、構造形式によって名称が異なる。

梁に最も多くの呼び名があるのが木造（在来軸組構法）である〔51頁図参照〕。小屋組を支える横架材で、軒と平行関係（桁行き方向）にあり、垂木が掛かる材を桁といい、桁と直交方向（梁間方向）に掛かる横架材を梁と呼ぶ。また、上下階をつなぐ横架材を胴差と呼ぶ。

一方、鉄骨造や鉄筋コンクリート造の場合、桁行き・梁間のいずれの方向でもすべて梁と呼ばれることが多い。

床の支持方法でも名称が変わる。主に床を支える梁を大梁、大梁の補助的な役割を担う梁を小梁という。床を下から支える梁を純梁、床が梁の下側にくるものを逆梁という。鉄筋コンクリート造のバルコニーで、手摺兼用としている梁などは逆梁であることが多い。

平面計画上の梁の掛け方でもいろいろな呼び方がある。梁を短いピッチで平行に掛けたものをジョイスト梁、十字に交差させて掛けたものを格子梁という。さらに格子梁を斜めにしたものは斜交梁と呼ばれる。

そのほか、鉄骨造などで用いられる床と梁が一体になった合成梁や、鉄骨の梁や木の梁とケーブル材で組み合わせてつくる張弦梁など、特殊な構成の梁もある。

構造計算上の名称

梁の構造計算では､梁の支点（端部）の固定形式によって名称が変わる。1本の梁で複数の支点を連続してもつものを連続梁という。

1本の梁で一方が支持端（ピン）、もう一方が移動端（ローラー）であるものは単純梁という。

1点のみで固定されている梁は片持ち梁という。

床の支持方法による梁の分類

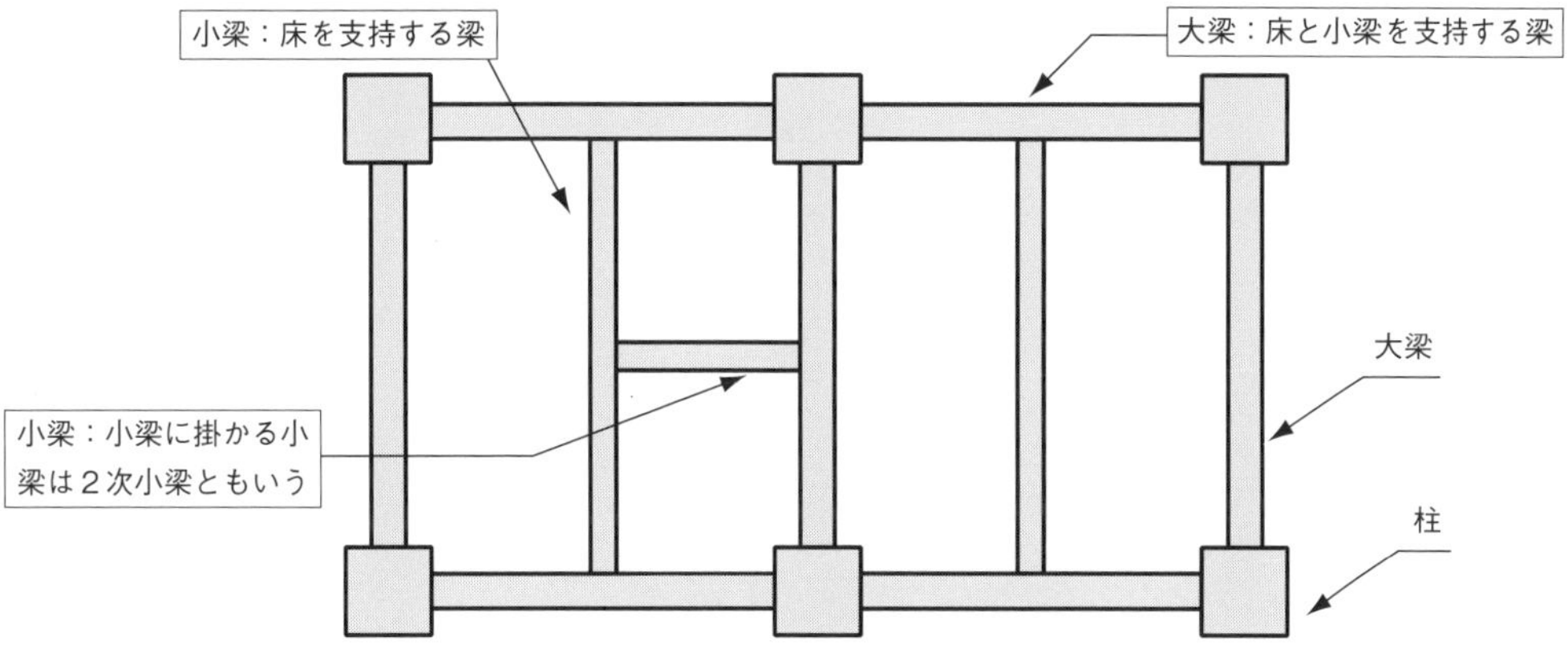

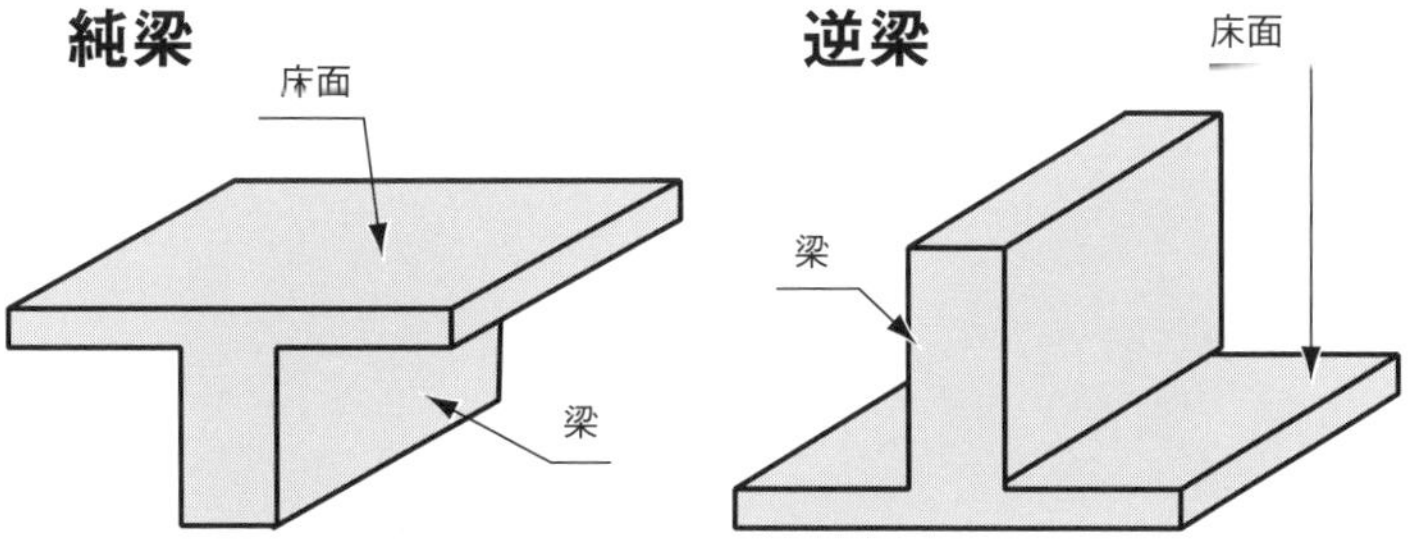

床を下から支える梁を純梁、バルコニーの手摺壁のように床を吊るように支持する梁を逆梁という

架構形式による梁の分類

①ジョイスト梁

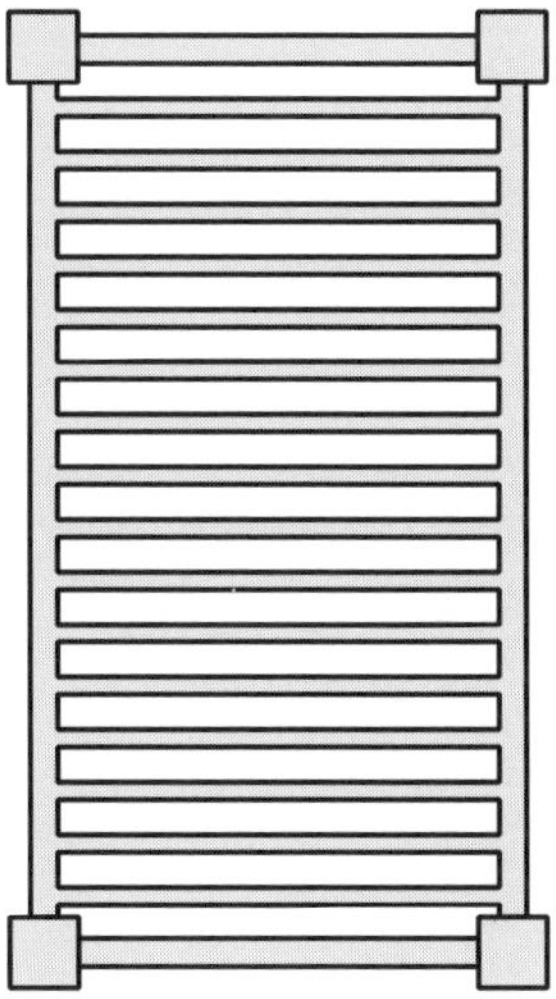

狭いピッチで小梁が平行に掛かる

②格子梁

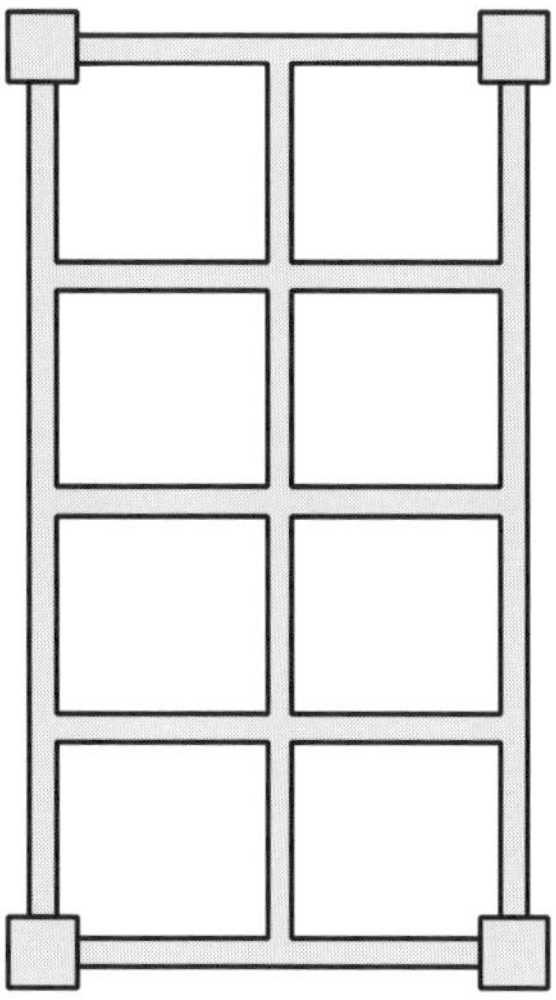

小梁が格子状に掛かる

③斜め格子梁

小梁が大梁に対して斜めに交差するように掛かる

梁に生じる応力

033

POINT >>>>>>>>>>>>>>>>>>>>>>>>>>>>>>>>>

梁に生じる主な応力は、曲げモーメントとせん断応力。梁の固定形式によって応力算出の公式がある

梁の公式

梁の断面を決定する際には、梁が荷重を受けたとき、梁に生じる力（曲げモーメントやせん断応力）がどのくらいかを知る必要がある。

以下に梁の応力を算出する公式を紹介する。梁端部の固定形式によって公式が異なるが、単純梁と両端固定梁の公式を覚えておけば、基本的な梁の応力を算出することができる。

なお、梁の固定形式にはこのほかに連続梁がある。ただし、連続梁は隣り合う梁の剛性により応力が複雑に変わるため、通常はコンピュータで計算するのでここでは省略する。

①単純梁

単純梁は、梁が両端の支点だけで支えられる静的構造で、一方が自由に回転できる支点（ピン接合）、もう一方が水平方向に移動する移動端（ローラー）からなる。端部を固定することが難しい木造の梁を設計する場合に、単純梁の公式を使用する。

②両端固定梁

両端固定梁は、梁の両端部が剛接合になる梁のことである。ただし、現実の柱―梁の接合部を考えると完全な固定状態をつくり出すことは困難で、実際は、ピンと剛の中間くらいの性質をもつと考えられる。非常に剛性の高い柱などに接続された梁などに両端固定梁の公式を用いる。

荷重の考え方

応力を算出する際に、荷重をどのように取り扱うかで公式が変わる。

梁の自重や梁にかかる床の荷重によって生じる応力を算出する場合は、通常、梁に等分布荷重がかかっているものとして応力を計算する。

一方、大梁に小梁が掛かる場合は、小梁から伝達される荷重は集中荷重とみなして、応力を算出する。

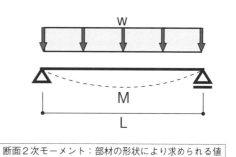

単純梁の公式

①等分布荷重

曲げモーメント —— $M=\frac{1}{8}wL^2$

せん断力 —— $Q=\frac{1}{2}wL$

たわみ —— $\delta=\frac{5}{384}\cdot\frac{wL^4}{EI}$

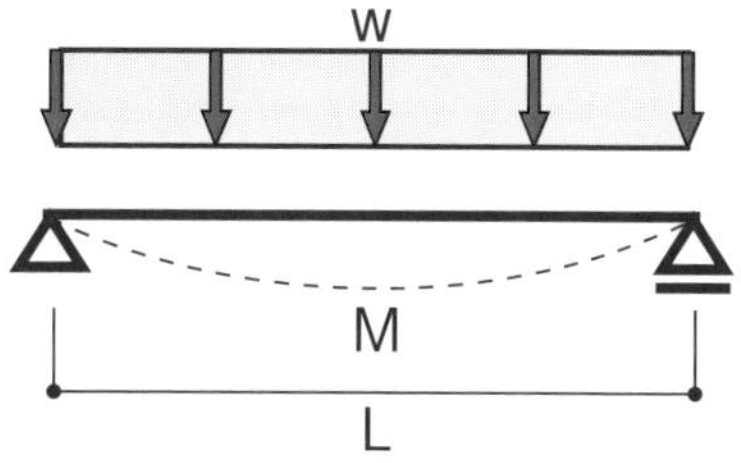

断面２次モーメント：部材の形状により求められる値

ヤング係数：材料の性質により決まる常数

②集中荷重

曲げモーメント —— $M=\frac{1}{4}PL$

せん断力 —— $Q=\frac{1}{2}P$

たわみ —— $\delta=\frac{1}{48}\cdot\frac{PL^3}{EI}$

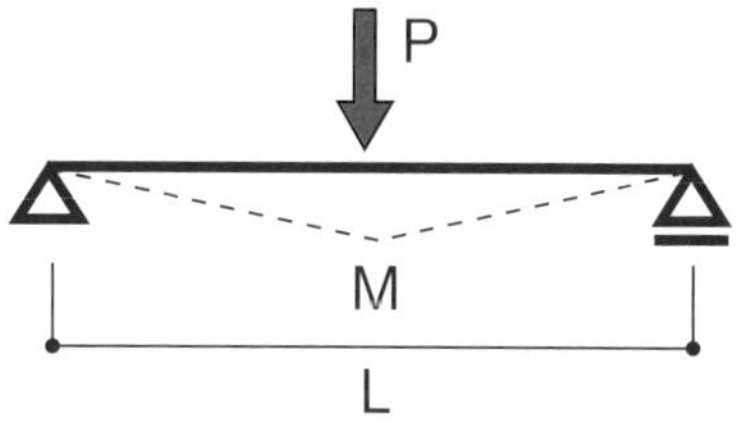

両端固定梁の公式

①等分布荷重

曲げモーメント

中央 —— $M_C=\frac{1}{24}wL^2$

端部 —— $M_E=\frac{1}{12}wL^2$

せん断力 —— $Q=\frac{1}{2}wL$

たわみ —— $\delta=\frac{1}{384}\cdot\frac{wL^4}{EI}$

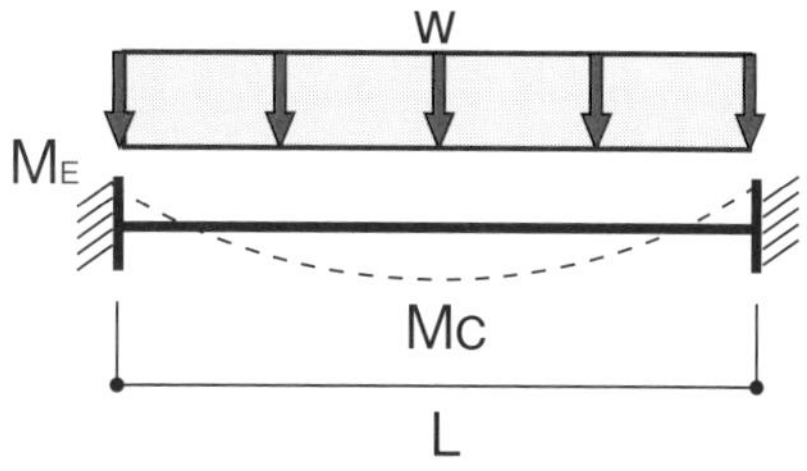

②集中荷重

曲げモーメント

中央 —— $M_C=\frac{1}{8}PL$

端部 —— $M_E=\frac{1}{8}PL$

せん断力 —— $Q=\frac{1}{2}P$

たわみ —— $\delta=\frac{1}{192}\cdot\frac{PL^3}{EI}$

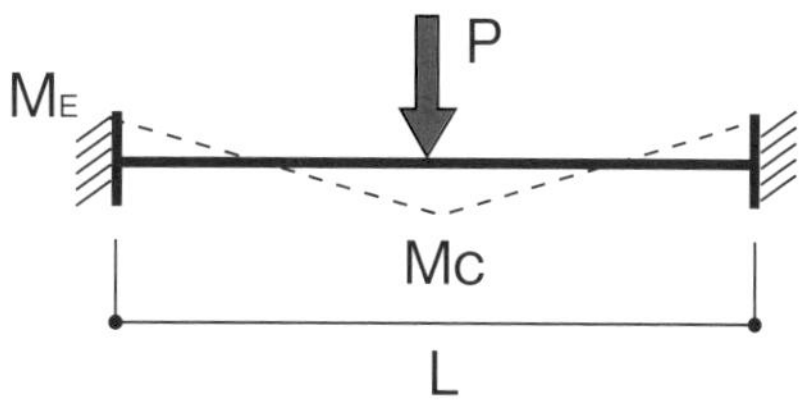

梁の断面計算

034

POINT >>>>>>>>>>>>>>>>>>>>>>>>>>>>>>>>>>>>

梁の断面はたわみと応力で算定する。たわみの許容値はスパンの1／250、応力は許容応力度以下に納める

たわみ量による断面算定

梁の断面は、各団体などが公表しているスパン表などから簡易的に推定することもできる。たとえば、鉄筋コンクリートの場合、梁せいは梁スパンの1／10～1／12程度が目安である。しかし、たわみ量と応力で梁の断面を求めたほうが合理的な場合が多い〔76頁参照〕。

たわみ量で断面を求める場合、基準となるのが変形角である。変形角とは、梁がたわんだときの勾配のことで、梁中央部のたわみ量（たわみ量の最大値）を、梁スパンで割ると変形角が求まる。一般に変形角が1／250程度以下に収まっていれば、その断面は構造上安全だとみなすことができる。

ただし、ほとんどの部材は、時間が経つにつれて、長期の鉛直荷重などによりたわみが進行する。これをクリープ現象と呼ぶ。鉄筋コンクリート造の場合、たわみの増大率は8倍にもなる。したがって、たわみの公式で求めたたわみ量を8倍した値をスパンで割る必要がある。

応力による断面算定

応力で梁の断面を算定する場合、部材に発生する応力度が部材の許容応力度以下に収まっていることを確認する。

鉄筋コンクリートの梁の場合、引張り応力で断面を算定する。鉄筋コンクリートで引張り応力に抵抗する要素は鉄筋である。具体的には、算出した応力を、鉄筋の許容応力度と応力を算出するための距離（有効重心間距離）で割り、必要とされる鉄筋量を算出。その鉄筋量が収まるように梁の断面（幅・せい）を調整する。

鉄骨造や木造の梁の場合、算出した応力を仮定断面の断面係数で割って応力度を求め、それが部材の許容応力度以下になっていることを確認する。

たわみ量による断面の算定

$$\frac{\delta}{L} \leqq \frac{1}{250}$$

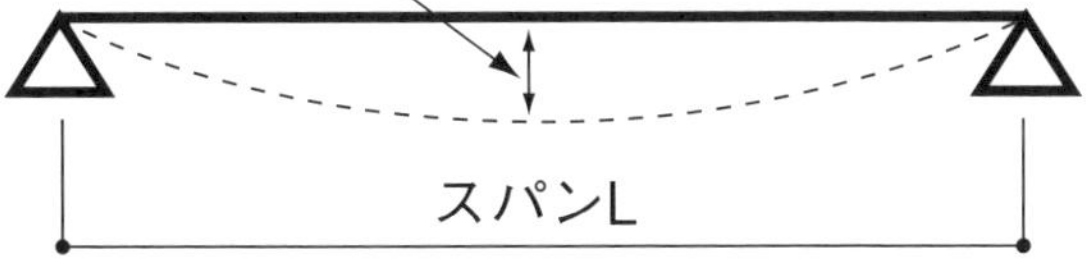

たわみ量を算出する際にはクリープを考慮する計算結果を変形増大係数倍する必要がある

梁の変形増大係数

木材	鋼材	鉄筋コンクリート
2	1	8

応力による断面算定

①鉄筋コンクリートの場合

$$A_{treq} = \frac{M}{f_t \times 0.875d}$$

必要鉄筋量
この値から鉄筋の径と本数を決める

曲げ応力

応力中心間距離

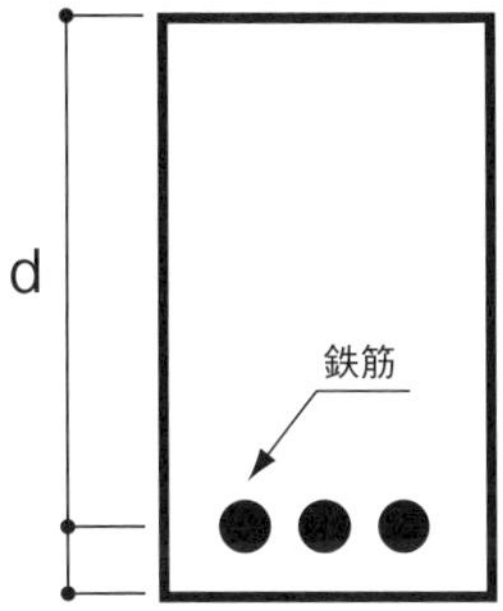

よく使用される鉄筋の種類	引張りの長期許容応力度
D13、D10、SD295A	f_t=196 N／mm² (長期)
D22、D19、D16、SD345	f_t=215 N／mm² (長期)

主な鉄筋の断面積				mm²
D10	D13	D16	D19	D22
71.3	127	199	287	387

②木材や鋼材の場合

$$\sigma_b = \frac{M}{Z} \leqq f_b$$

曲げ応力

曲げ応力度

断面係数

曲げの長期許容応力度
応力は部材に生じる力のことで、応力度は部材の局部に生じる力

材種		曲げの長期許容応力度
鉄鋼	SS400	f_b=160 N／mm² [※]
木材	ベイマツ無等級	f_b=10.3 N／mm²

※　鉄鋼の場合は座屈止めの設け方により、許容応力度の数値が変わる

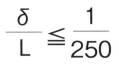

片持ち梁の設計

035

POINT >>>>>>>>>>>>>>>>>>>>>>>>>>>>>>>>>>>

片持ち梁の設計では、木造は片持ち梁の支持方法、鉄筋コンクリート造では配筋、鉄骨造は振動に注意する

木造の片持ち梁

片持ち梁を計画する場合、構造種別によって、設計上の注意点が異なる。

木造で片持ち梁を計画する場合、片持ち部分と躯体の接合部をいかに計画するかが重要になる。通常は、内部から桁の下を通して梁を持ち出すか、片持ち梁と桁の接合部に金物を設ける。このほか、方杖と引寄せ金物を合わせて支持する場合もある。

外部に金物を使うと木材と金物の隙間に雨水が入り腐りやすいが、取り替えや補修が簡単である。逆に内部から梁を持ち出すと、水がたまらず腐りにくいが、腐ると改修が困難である。

鉄筋コンクリート造の片持ち梁

鉄筋コンクリート造で片持ち梁をつくる場合に、構造上、最も注意すべき点は配筋方法である。

鉄筋コンクリート造の片持ち梁に生じる引張り応力は、鉄筋を通じて躯体に伝わる。片持ち梁と建物内の梁に段差がある場合、片持ち梁の鉄筋は柱に鉄筋を定着させるが、その際、片持ち側と反対側の柱主筋の近くまでアンカーを届かせる必要がある。

片持ち梁と内部の大梁が同じ高さにあり連続している場合、片持ち梁に生じる応力は、柱と大梁の剛性に応じて分配されるので、応力に応じてそれぞれのアンカーの本数を決める。

鉄骨造の片持ち梁

鉄骨造の片持ちは、木造や鉄筋コンクリート造に比べると接合が容易で、また大きな片持ちとすることができる。ただし振動しやすいので、できるだけ片持ち梁の剛性を大きくする。

片持ち梁と大梁の間に段差を設ける場合は、ダイヤフラムの納まりが難しくなるので、段差は200㎜以上確保したほうがよい。

木造の片持ち梁・跳出し梁

①室内から梁を持ち出す

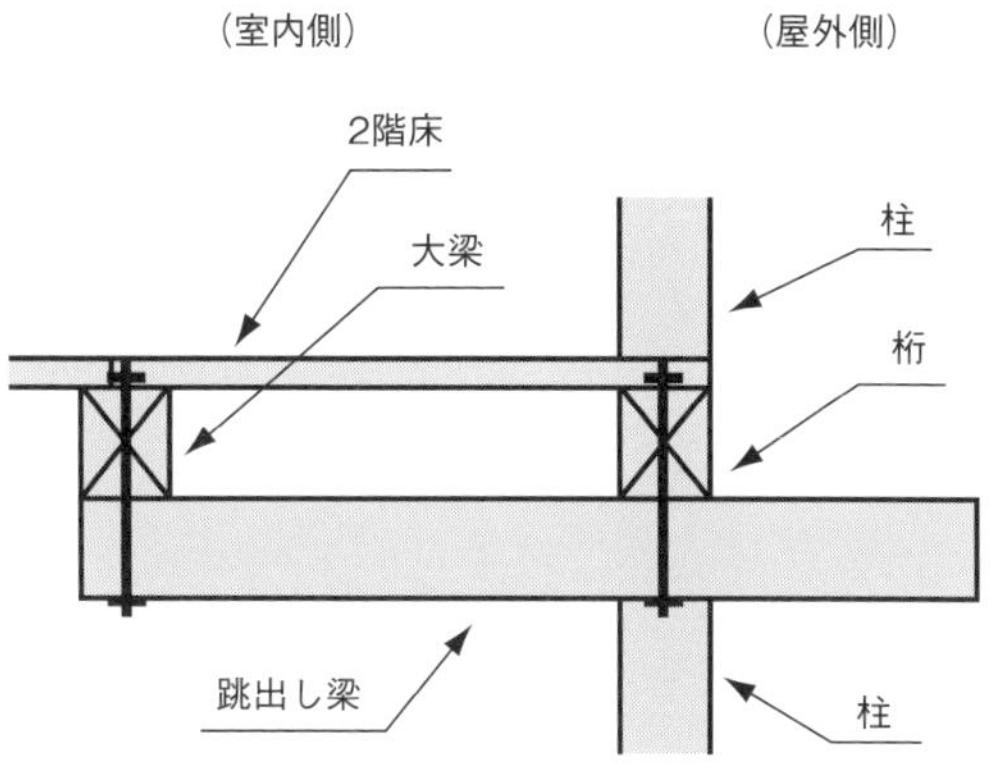

②金物と方杖で片持ち梁を支持する

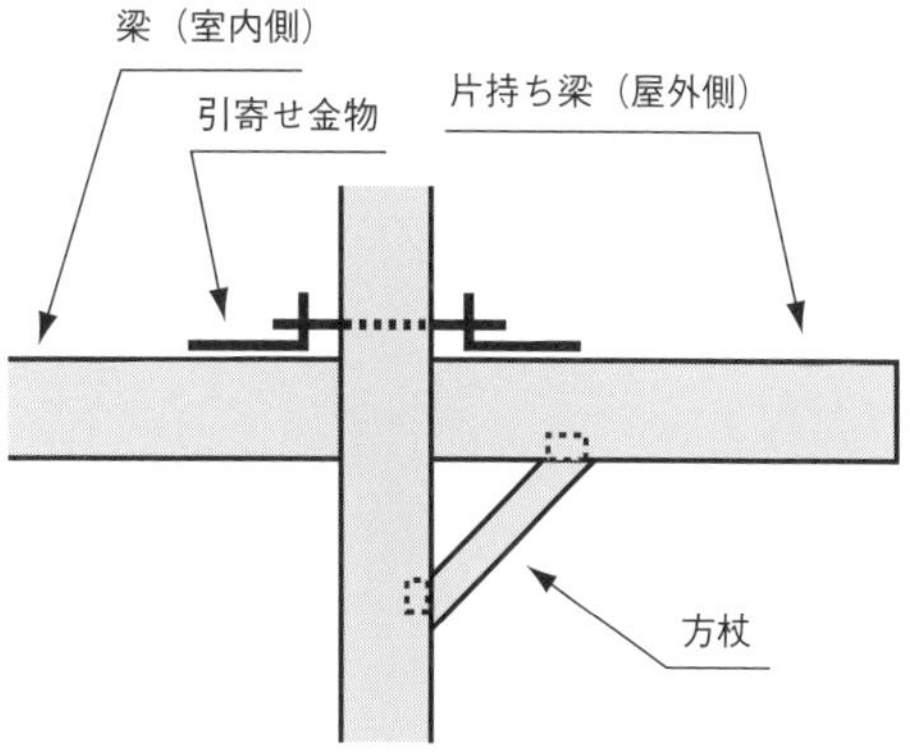

鉄筋コンクリート造の片持ち梁

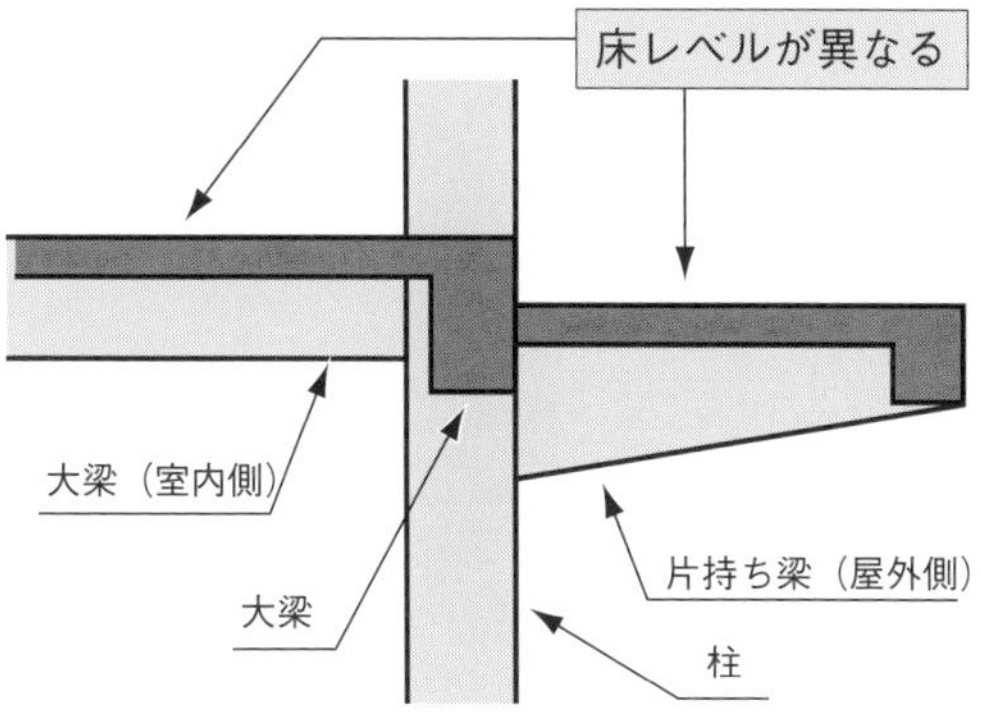

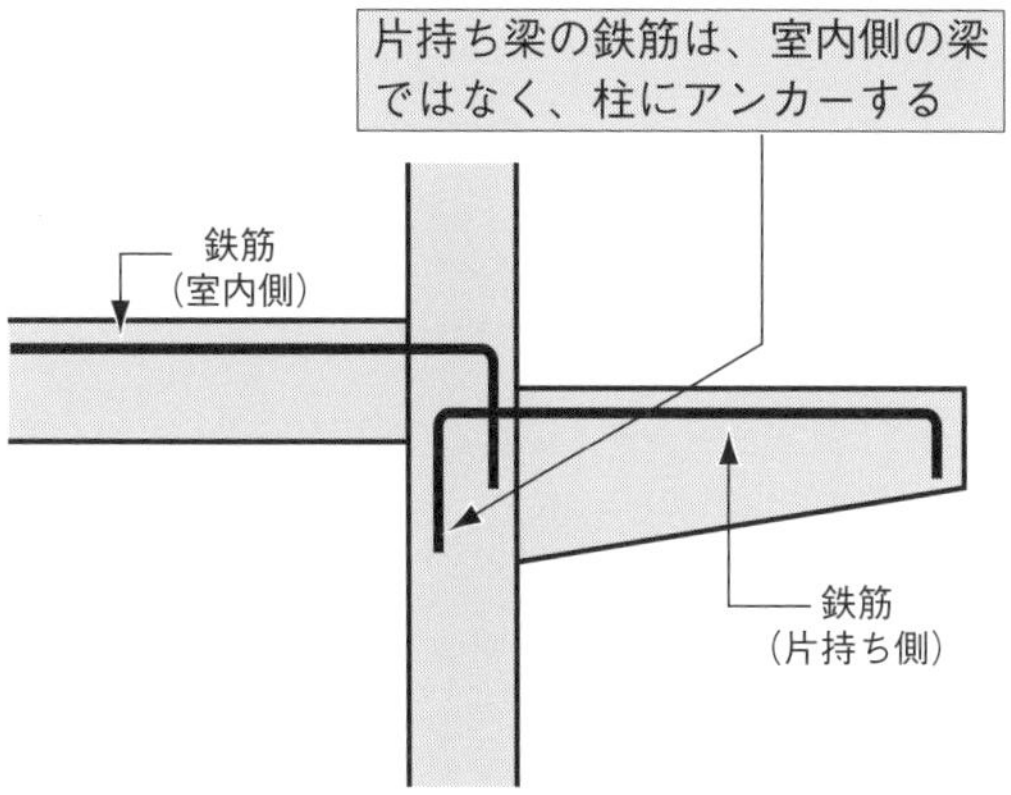

床レベルが室内と屋外で異なる場合は、柱に力を伝達するため、鉄筋を柱にアンカーする

鉄骨造の片持ち梁

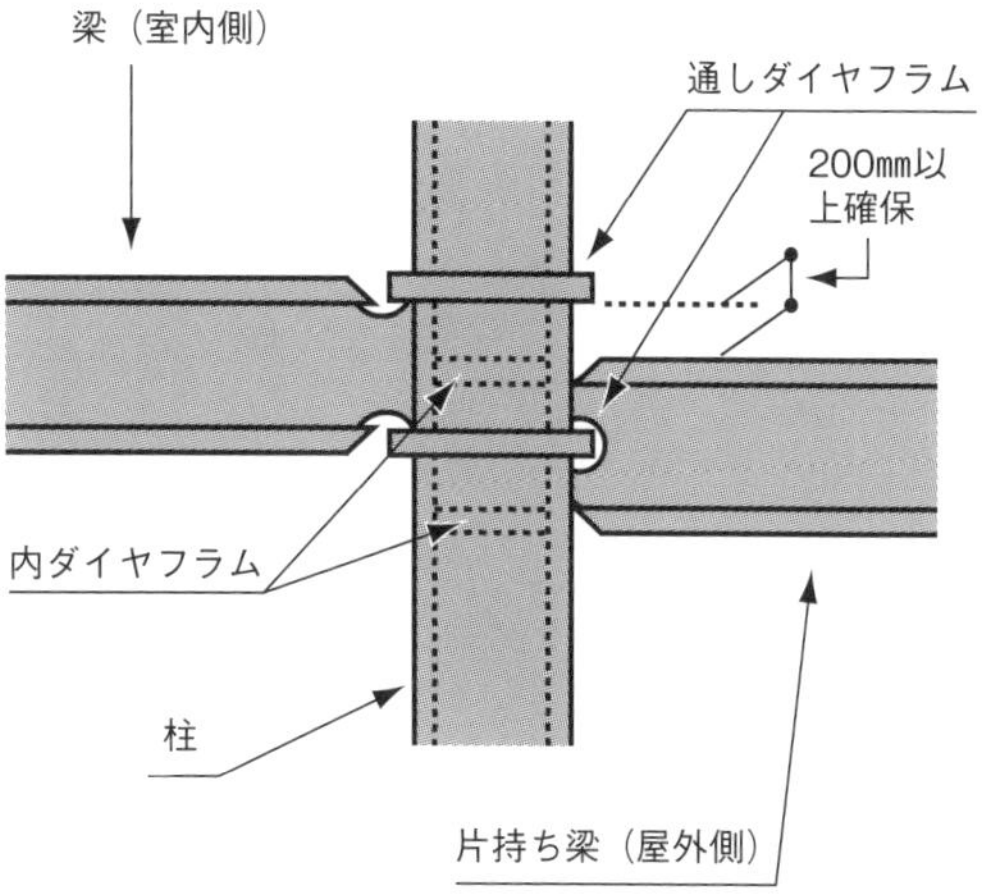

室内と屋外の梁に段差がある場合、段差が小さいとダイヤフラムを柱に取り付けられなくなる。段差は最低でも200mmは確保する

トラス梁の設計

036

POINT >>>>>>>>>>>>>>>>>>>>>>>>>>>>>>>>>>

トラス構造ならば、部材のどの部分でも応力はつり合う。トラスの応力計算法には、切断法と節点法がある

トラスの計算法

軸材を三角形になるように接合してつくる構造をトラス構造という。接合部は節点といい、構造計算上は自由に回転できるピン接合として取り扱う。

トラスを構成する軸材は、曲げモーメントやせん断力が生じず、軸力（引張り・圧縮）のみ伝達する。

一般に、部材は曲げに弱く、軸力に強い傾向がある。つまり、軸力のみを負担するトラスを構造体にすれば、少ない部材で強い構造をつくることができるのである。実際にトラス構造を利用したトラス梁は、体育館や工場など、大きなスパンの屋根を支える構造形式として使われることが多い。

トラス梁を設計する場合、トラスが伝達する軸力の大きさと流れを算出し、軸材の耐力がそれ以上であることを確認する。トラスが伝達する力の解析方法はたくさんあるが、代表的なものが切断法と節点法である。

切断法は、トラスにどの個所でも力がつり合う性質をもつことを利用して示力図で応力を算出する方法である。

節点法は、節点での力のつり合いを考え応力を算出する計算方法である。節点法では、節点の周りにある部材や反力方向を、矢印を使い時計回りで力の流れを示力図に描きながら応力を算出する。トラス全体を1つの示力図で表す方法をクレモナ図法という。

トラス梁の設計の注意点

トラス梁で屋根を架ける場合、仕上材の支持方法を考慮しながら、部材寸法を決める必要がある。また、温度応力による軸材の伸縮が大きいため、大きな屋根を架ける場合は、気温の変化を十分に考慮した設計とする。

トラス梁はスパンが大きくなるので、継手位置や現場への搬入方法の検討も重要である。

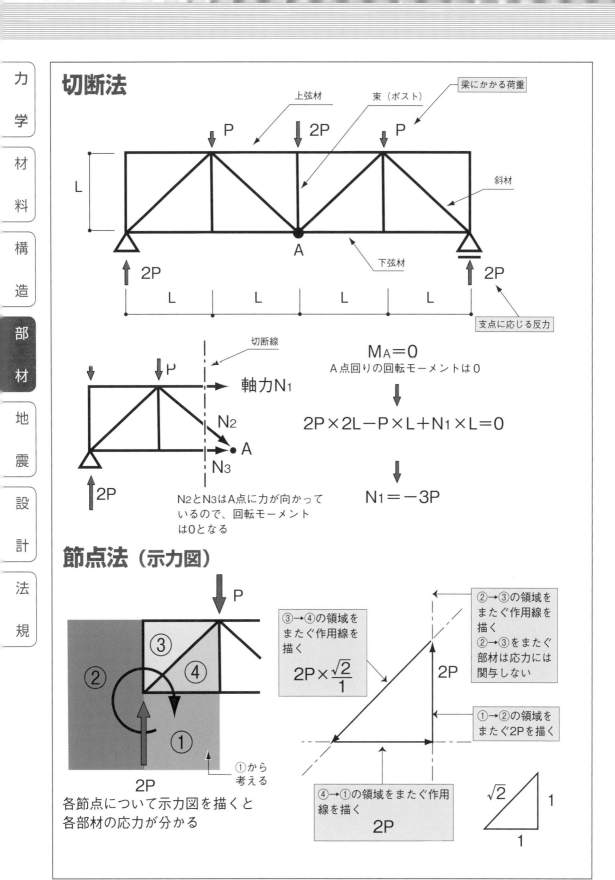

切断法

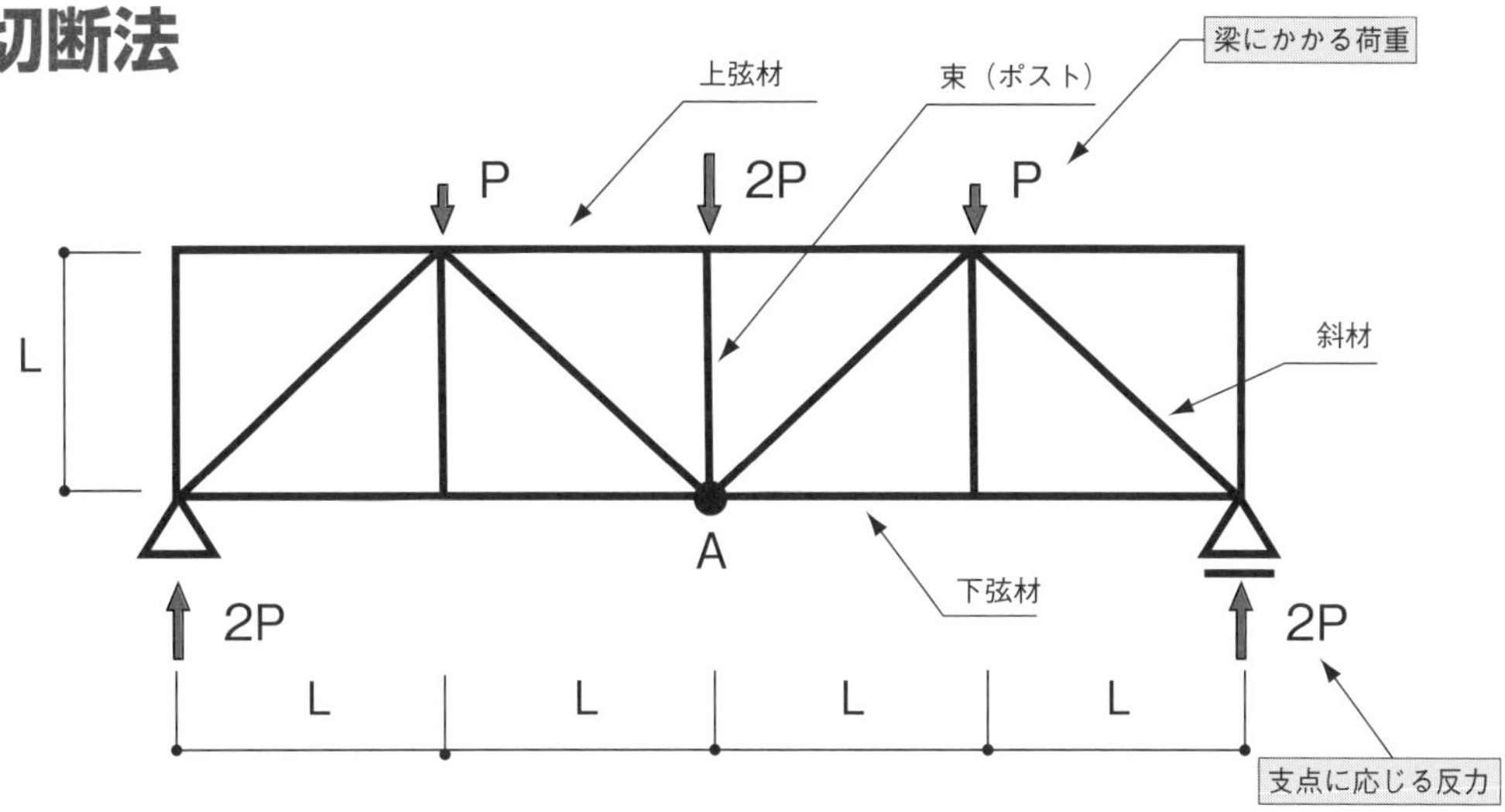

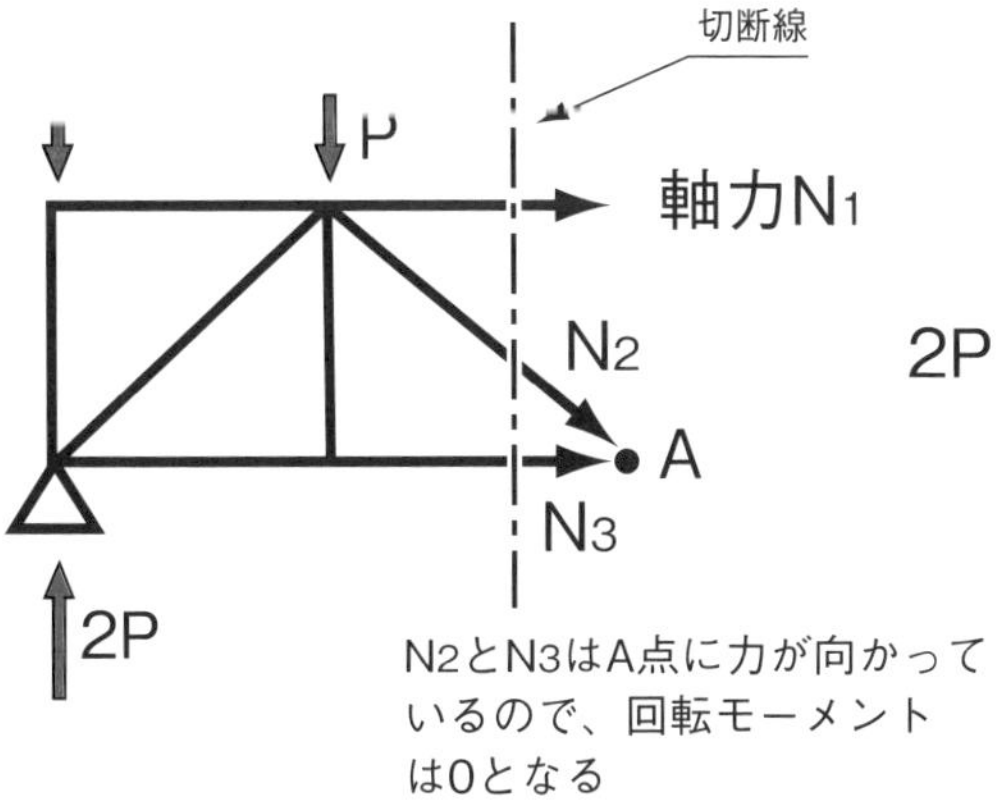

$$M_A=0$$

A点回りの回転モーメントは0

$$2P\times 2L-P\times L+N_1\times L=0$$

$$N_1=-3P$$

節点法（示力図）

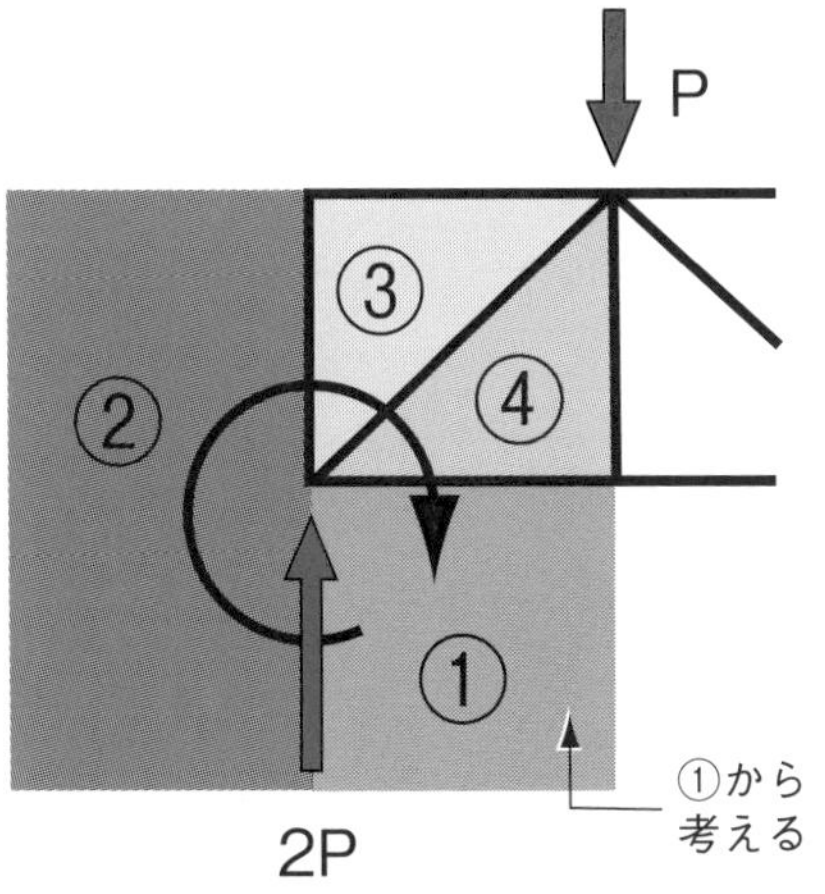

各節点について示力図を描くと各部材の応力が分かる

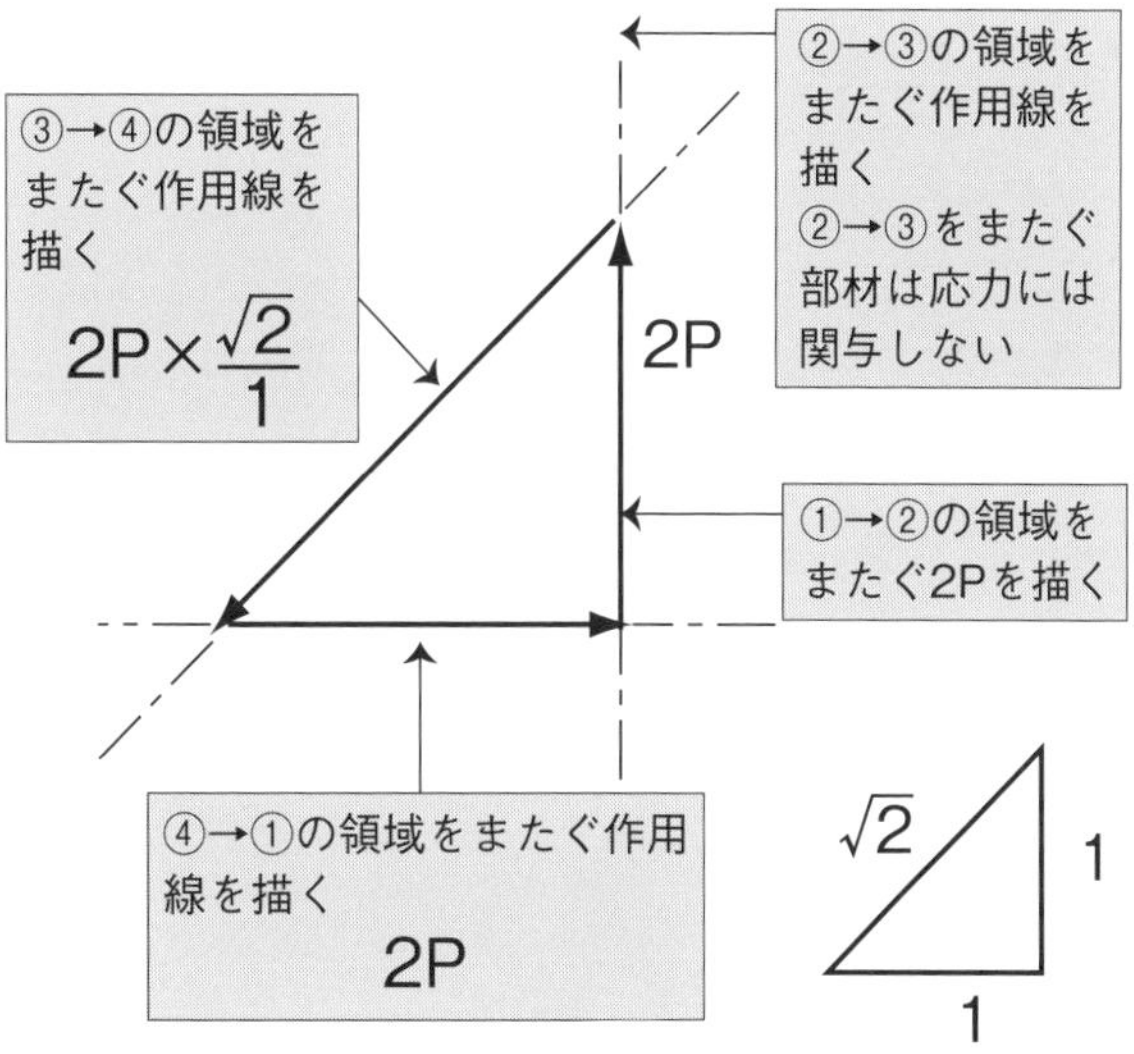

柱の変形

037

POINT >>>>>>>>>>>>>>>>>>>>>>>>>>>>>>>>>>>>>>>

軸力、曲げモーメント、せん断力がかかる柱は複雑な変形をする。軸方向の変形では特に座屈に注意する

曲げ・せん断・軸力による変形

柱は、床や梁など複数の部材の鉛直荷重を支えるため、非常に複雑な変形をする。柱の変形を一度に説明することは難しいので、曲げモーメント、せん断力、軸力に対する変形の特徴に分けて説明する。

まず、曲げモーメントによるラーメンの変形だが、長期の鉛直荷重による変形と、地震や風圧力など短期の水平力による変形では、変形方向が異なる。長期の鉛直荷重による変形の場合、柱は外にはらむように変形するが、短期の水平力の場合は、柱頭・柱脚は直角を保ったまま斜めに変形する。

次にせん断力に対する変形。柱にも、せん断力が生じているため、曲げモーメントの変形に比べると微少ではあるが、ひし形に変形（せん断変形）をしている。特に、柱の長さが短い場合、柱のせん断変形は顕著になる。

最後に軸力に対する変形。軸力（引張力・圧縮力）を受けると、材の方向に伸縮する。

軸方向変形は座屈に注意

柱の変形で特に注意しなければならないのは座屈である。座屈とは、材が圧縮力を受けたときに、材が急にはらむ現象である。一般に柱が長いほど、座屈は起きやすい。座屈には、柱全体が曲がるように変形する場合と、局部的に変形する場合がある。

座屈は建物の倒壊にもつながりかねないため、柱の構造計算では、座屈を考慮する必要がある。たとえば圧縮力については、基準強度に建築基準法で決められた係数だけでなく座屈による低減係数も掛けて許容応力度を算出する。さらに角形鋼管など局部的な座屈を起こすおそれのある部材の場合は、幅厚比（板材の板幅と板厚の比）により安全性を確認する。

柱の変形

①曲げ変形（短期）

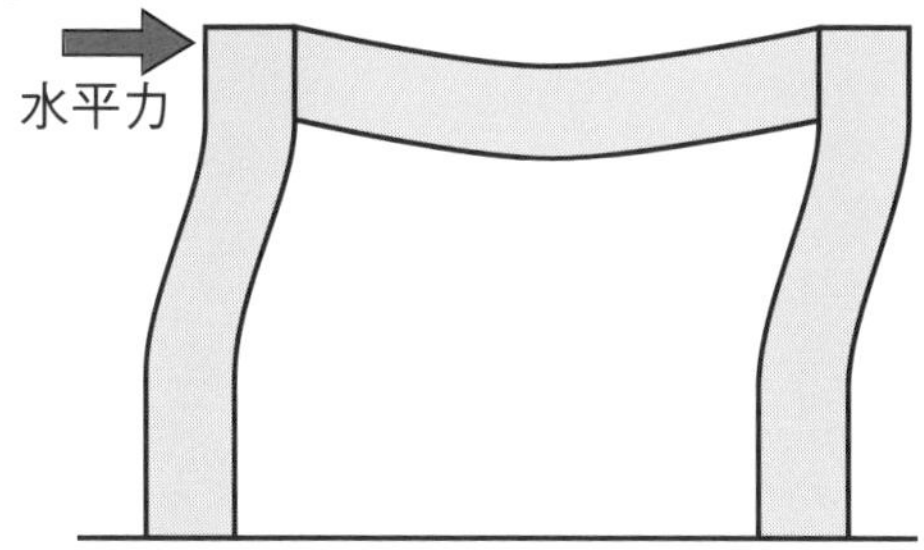

曲げ変形の量は、曲げモーメントと断面2次モーメント、ヤング係数の値で決まる

②せん断変形

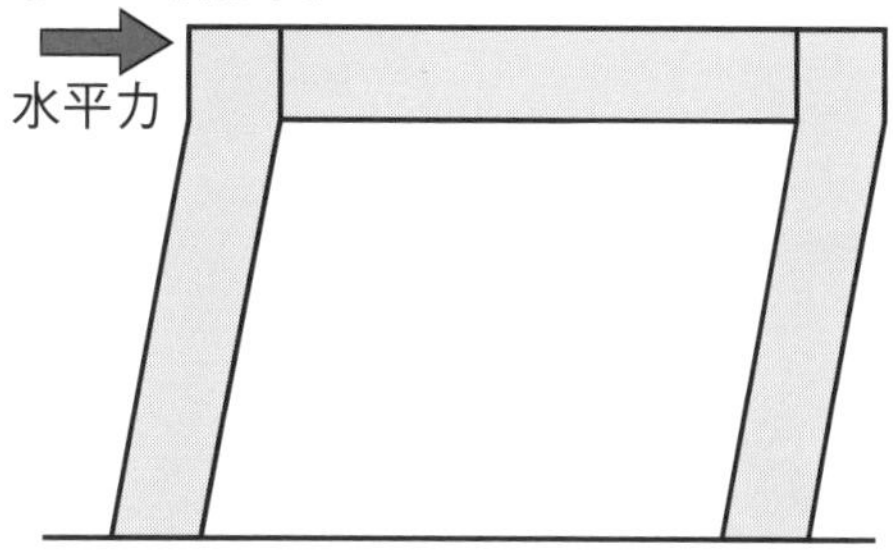

せん断変形の量は、せん断応力と柱の断面積、せん断弾性係数の値で決まる

③軸変形

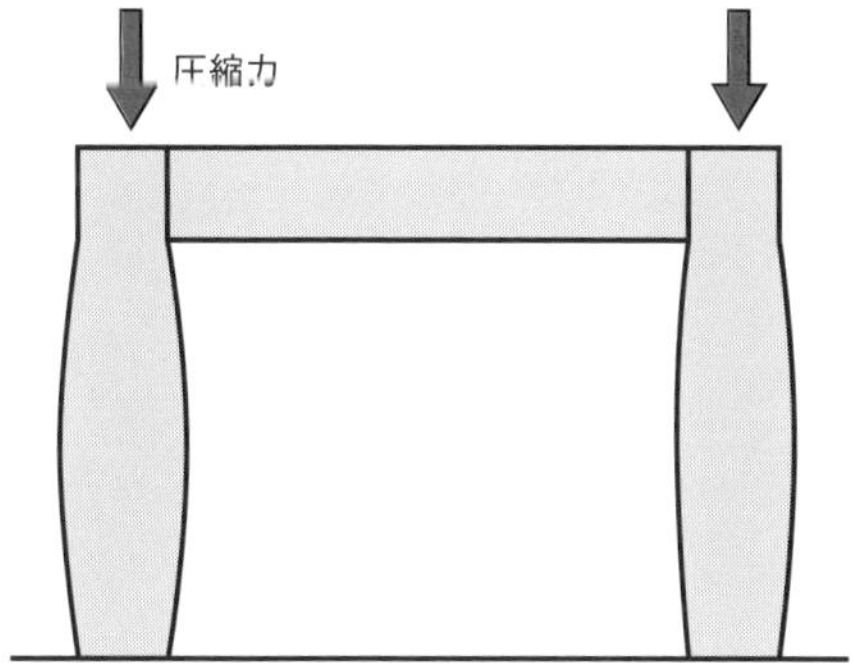

軸変形の量は、軸力と柱の断面積、ヤング係数の値で決まる

④座屈

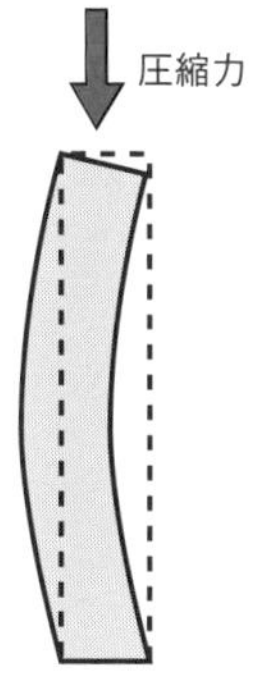

軸力方向の力が一定値を超えると急に横にはらむように変形する

⑤ねじれ

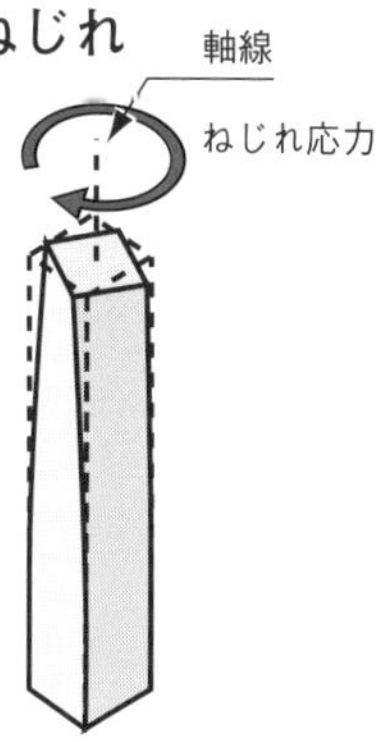

柱の変形を詳細に検討する場合は、ねじれ応力を考慮する

座屈とは

①柱の座屈

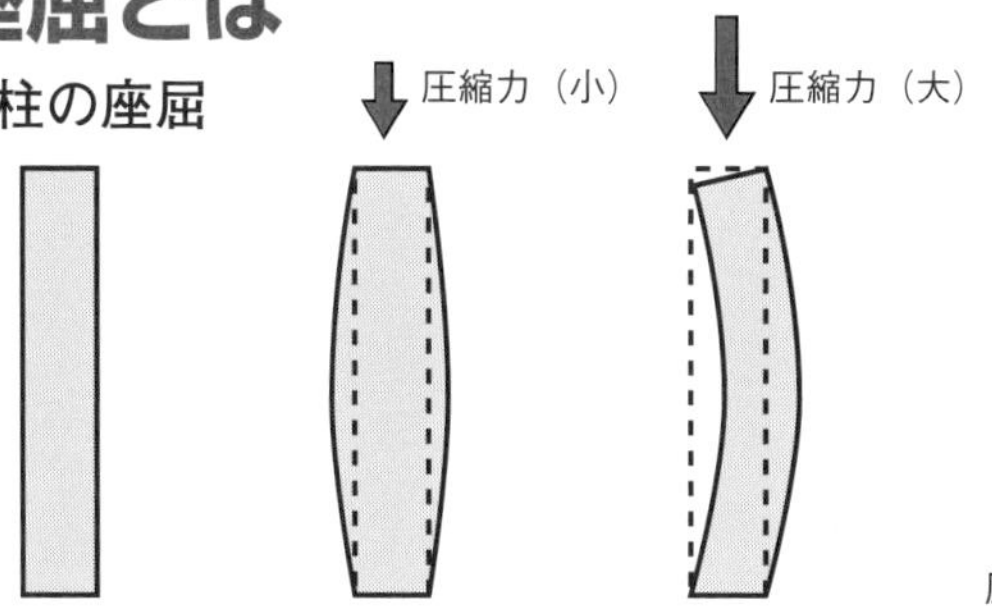

圧縮力が小さいときは柱は左右均等に膨らむが、圧縮力が大きくなると一方向にはらむように変形する

②梁の座屈

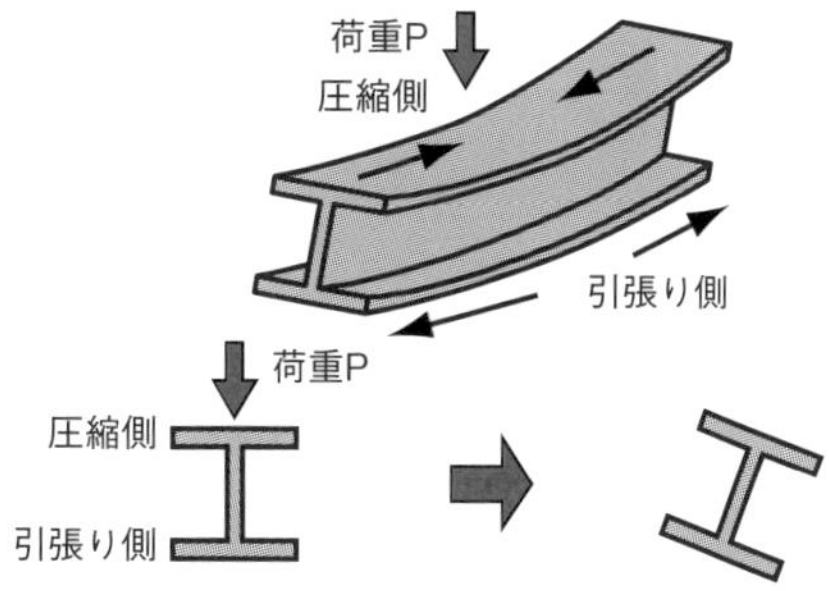

圧縮側に回転するように横に座屈する

柱を細くする

038

POINT >>>>>>>>>>>>>>>>>>>>>>>>>>>>>>>>>>>>>

柱の断面を小さくするためには、負担面積を減らすか、細くしたい柱以外の柱や壁に水平力を負担させる

均等スパンの柱の断面

柱の断面や本数は、柱が負担する荷重の大きさによって決まる。柱と大梁の断面がすべて同じで、均等に配置されていれば、理論上、柱が負担する荷重はすべて同じになる。

柱が負担する荷重は、床荷重の負担面積に比例する。柱が負担する面積が大きくなれば柱断面も大きくなるし、負担面積を小さくすれば柱の断面も小さくなる。つまり、同じ断面の柱を均等に配したプランで、1本の柱の断面を減らすためには、柱の間隔を狭めるか、可能な限り床などの荷重を減らす必要がある。

不規則配置の柱の断面

柱を不規則に配置するプランでは、負担面積のほかに剛性のバランスが柱を細くする要因となる。建物に生じる水平力は同じなので、剛性を調整することで、水平力の負担率を変えることができ、柱断面の調整を行うことができる。

たとえば、建物中央部の柱断面を非常に大きくし、ほかの柱よりも水平力を多く負担できるだけの剛性をもたせれば、建物外周部の柱の断面を小さくしたり、柱の本数を減らすことができる。さらに、中央に耐震壁を集めて、水平力をその部分に負担させれば、外周部の柱は鉛直荷重のみを支えるため、さらに細く、少なくすることも可能だ。

ただし、柱の数を減らす場合は、梁せいとの兼ね合いが重要になる。柱を減らすほど、梁スパンは大きくなるため、1本の梁が負担する床の面積が広くなる。そのため梁断面が大きくなり、細くできた柱の上に大きな梁が載るというアンバランスな建物になることになる。柱の断面や数は、構造計画だけでなく意匠計画にも大きく依存しているのである。

柱の断面を小さくする

柱が均等スパンに並ぶ場合

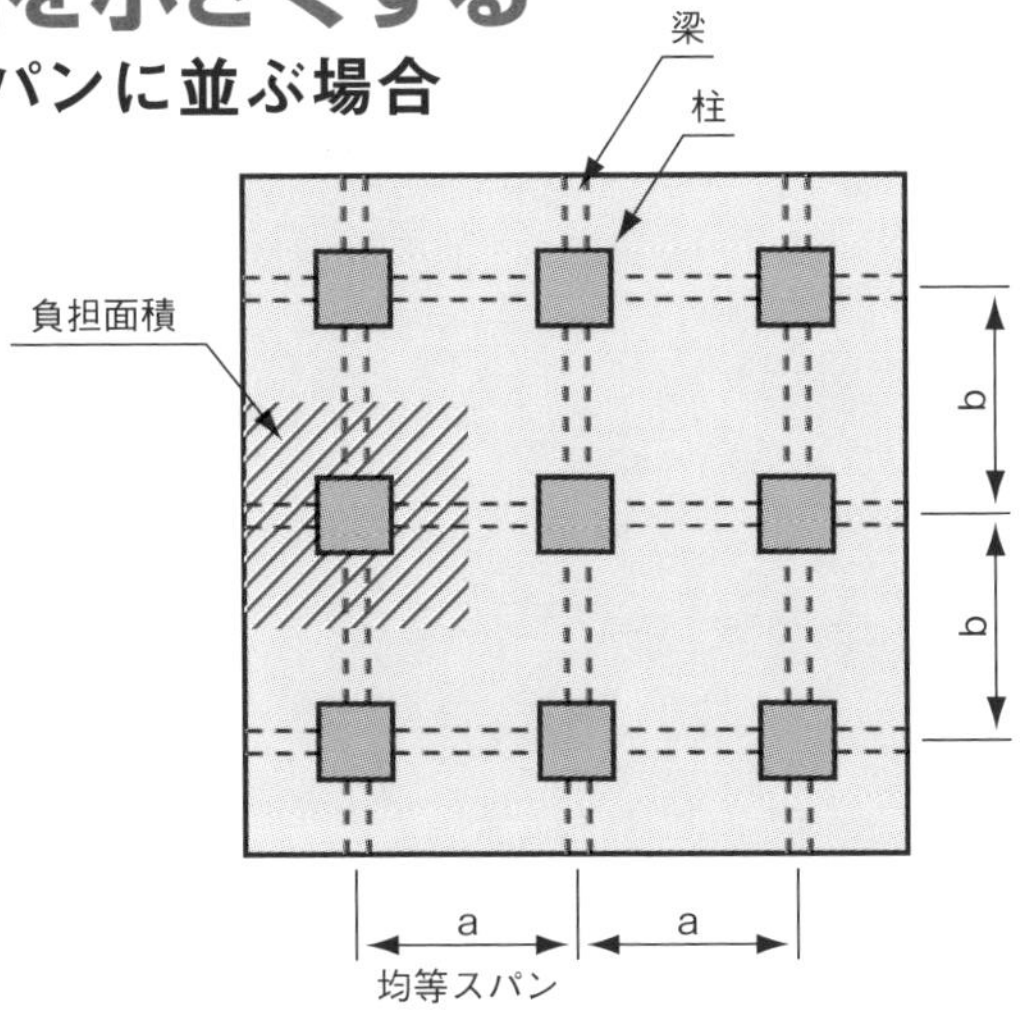

柱の断面を小さくするためには…

①柱の本数を増やしスパンを狭くする

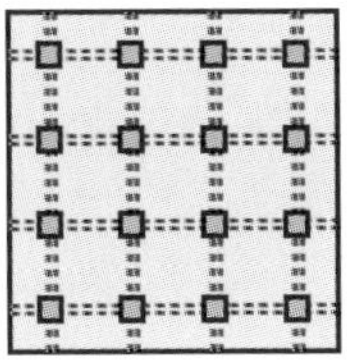

②軽い床にして1本の柱が負担する荷重を減らす

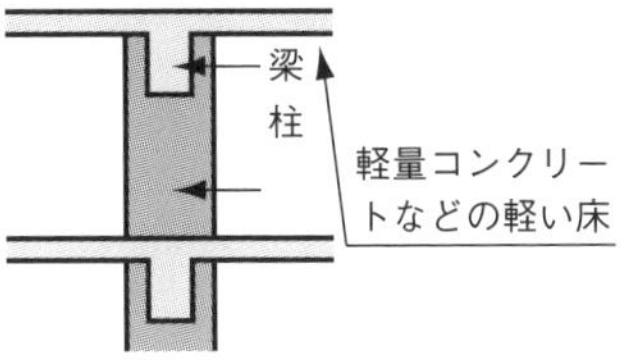

③柱の断面を左右対称に変化させて剛性をそろえる（一部の柱断面のみ小さくなる）

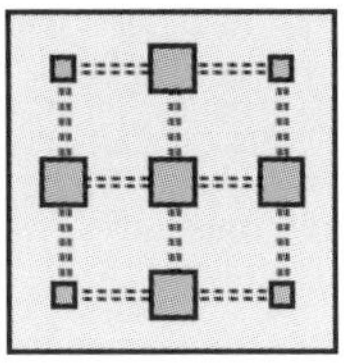

柱が均等スパンに並ばない場合

平面図

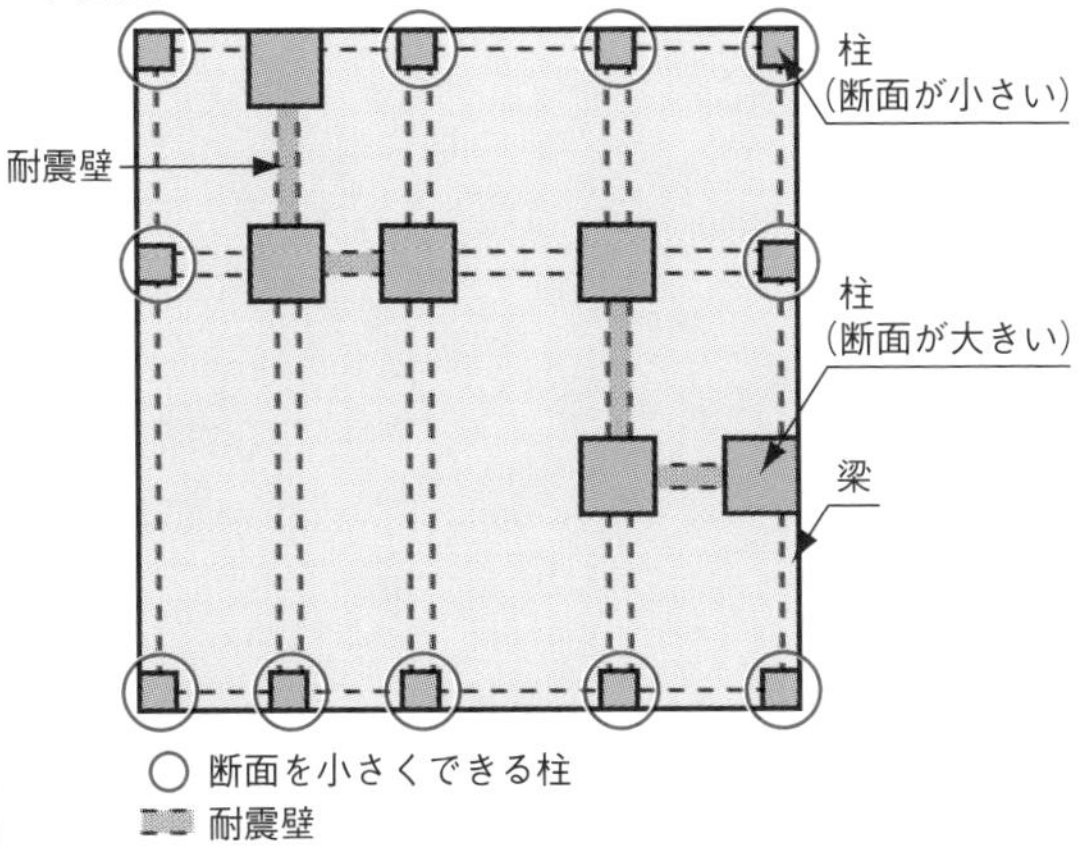

中央部の柱と、耐震壁が取り付く柱の断面を大きくすることで、それ以外の柱が負担する水平力が減り、結果、柱の断面を小さくすることができる

柱の本数と部材のプロポーション

断面図

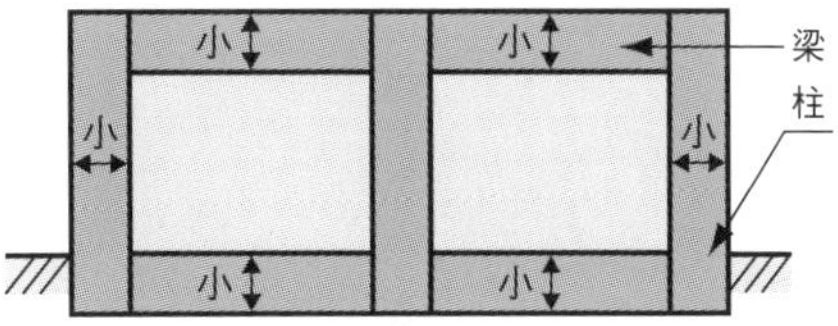

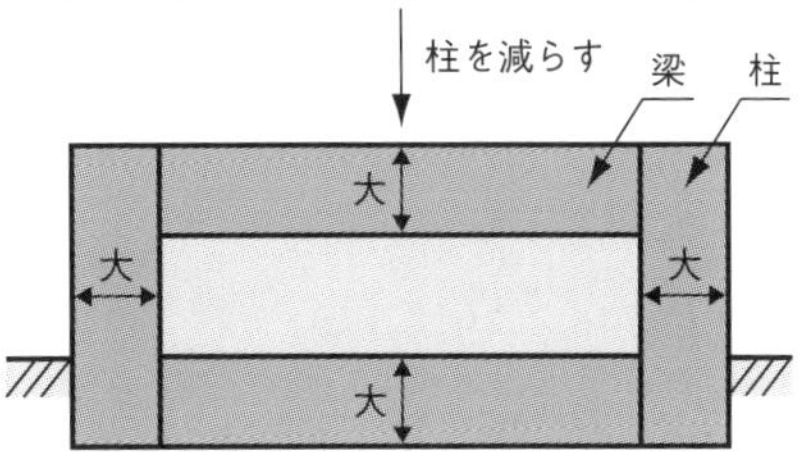

柱の本数を減らすことで、かえって他の柱や梁の断面が大きくなり、全体のプロポーションが悪くなるおそれがある

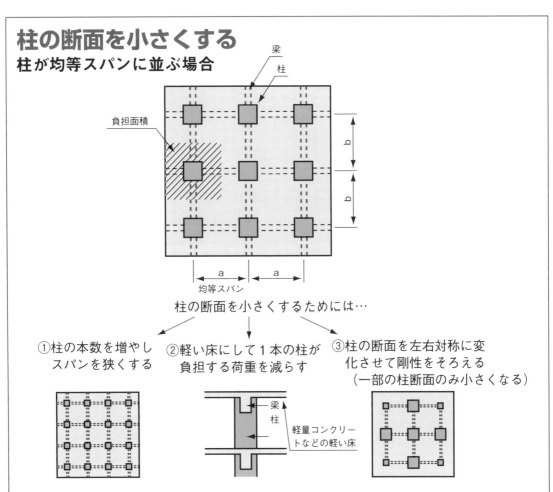

柱脚の設計

039

POINT >>>>>>>>>>>>>>>>>>>>>>>>>>>>>>>>>>>>

強度や採用した構造形式・種別、積載荷重、梁の大きさなどさまざまな要因により柱の本数が決まる

埋込み柱脚と根巻き柱脚

鉄骨造の柱脚には、埋込み柱脚、根巻き柱脚、露出柱脚の3種類がある。

埋込み柱脚は、鉄筋コンクリートの柱・梁の中に柱脚部分を埋め込んだもの。柱に生じた曲げモーメントは、側面に設けたスタッドボルトなどを介して鉄筋コンクリート部分に伝達される。

非常に剛性が高い柱脚のため、構造計算では剛(固定)としてモデル化する。配筋前に建方を行うため、鉄骨の製作工程が建物全体の工程に影響する。

根巻き柱脚は、鉄骨の柱脚を鉄筋コンクリートの柱型で巻いたもので、力の伝達方法は埋込み柱脚と同じ。

柱脚の剛性は、鉄筋コンクリート部分の剛性となるので、柱脚の構造計算では剛（固定）としてモデル化する。

根巻き部分の配筋は鉄骨建方後に行うため、鉄骨工事と鉄筋コンクリート工事の工期が重なる。

露出柱脚

鉄骨のベースプレートやアンカーボルトの一部が鉄筋コンクリートの床や梁の上部に出ている柱脚を露出柱脚という。アンカーボルトで力を伝達するため、アンカーボルトの性能が建物全体の性能に影響を与える。非常に強度の高いものか、伸び能力のある材料でつくられたアンカーボルトを選ぶ必要がある。

鉄筋コンクリート躯体へアンカーボルトを埋め込むことで、鉄筋コンクリート工事と鉄骨工事が分離できる。そのため、施工管理は、上記の2つの柱脚よりも楽である。

これまで露出柱脚をピン・剛（固定）のいずれでモデル化するかは、設計者の判断に任されてきた。しかし、安全な建物を設計するためには、柱脚を半剛（半固定）としてモデル化して構造計算する必要がある。

鉄骨の柱脚の種類

①埋込み柱脚

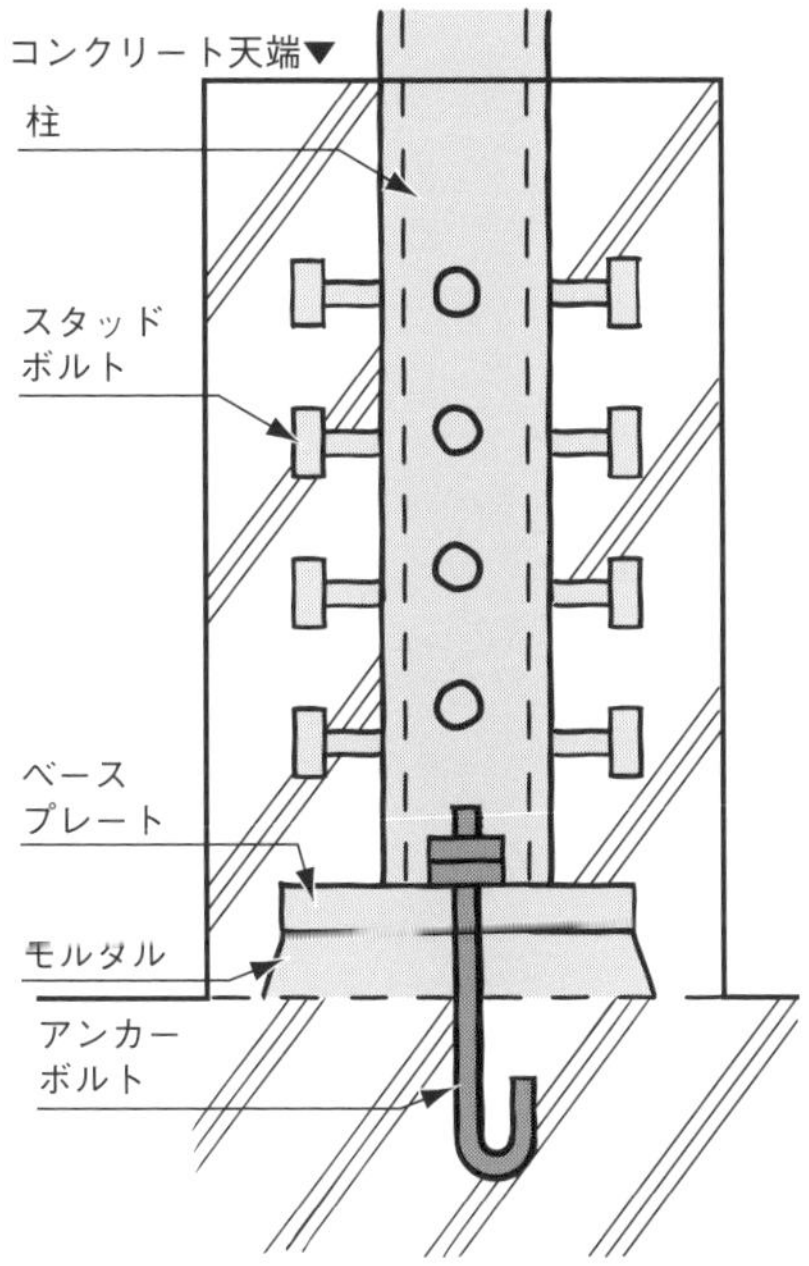

②根巻き柱脚

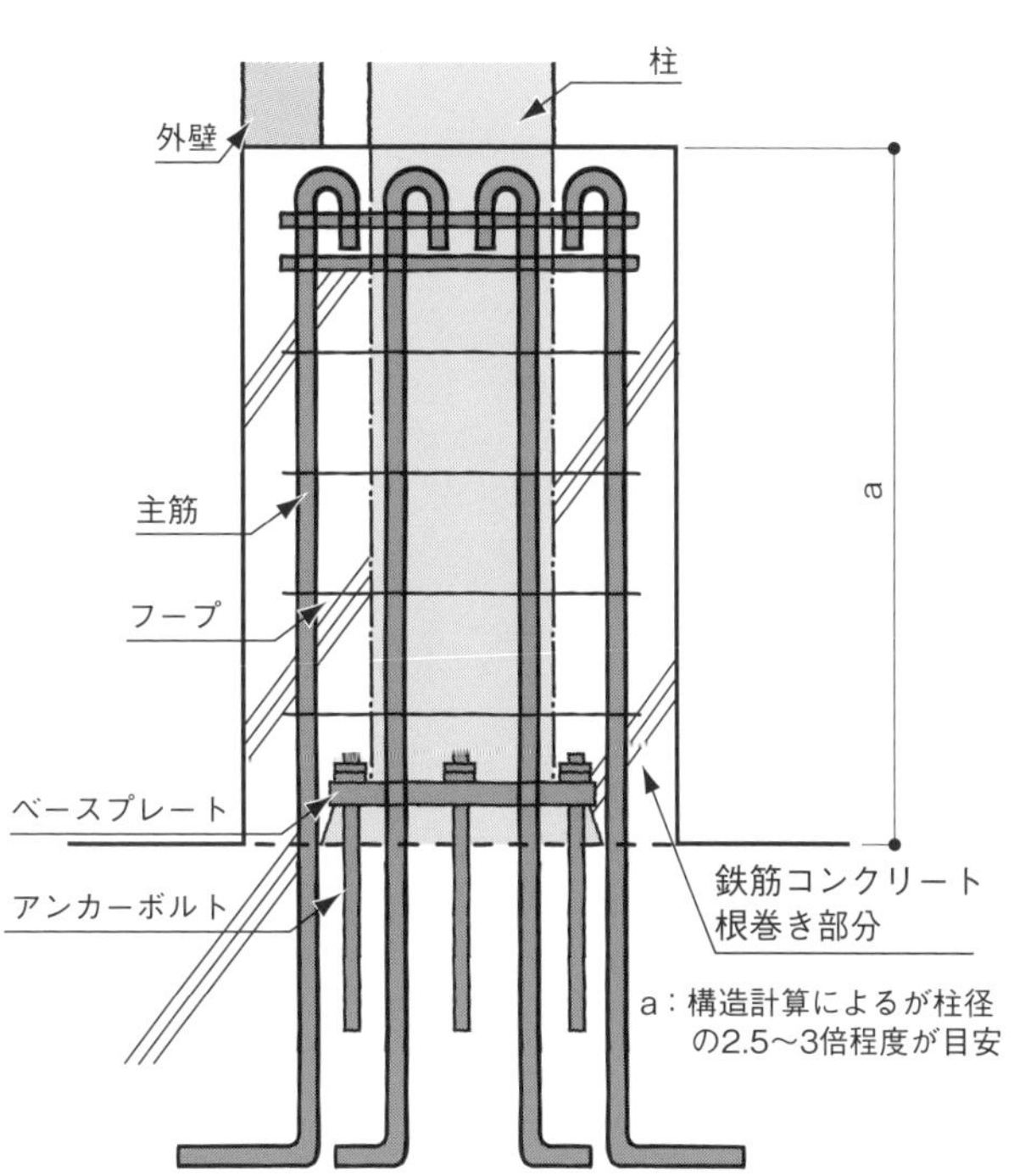

③露出柱脚

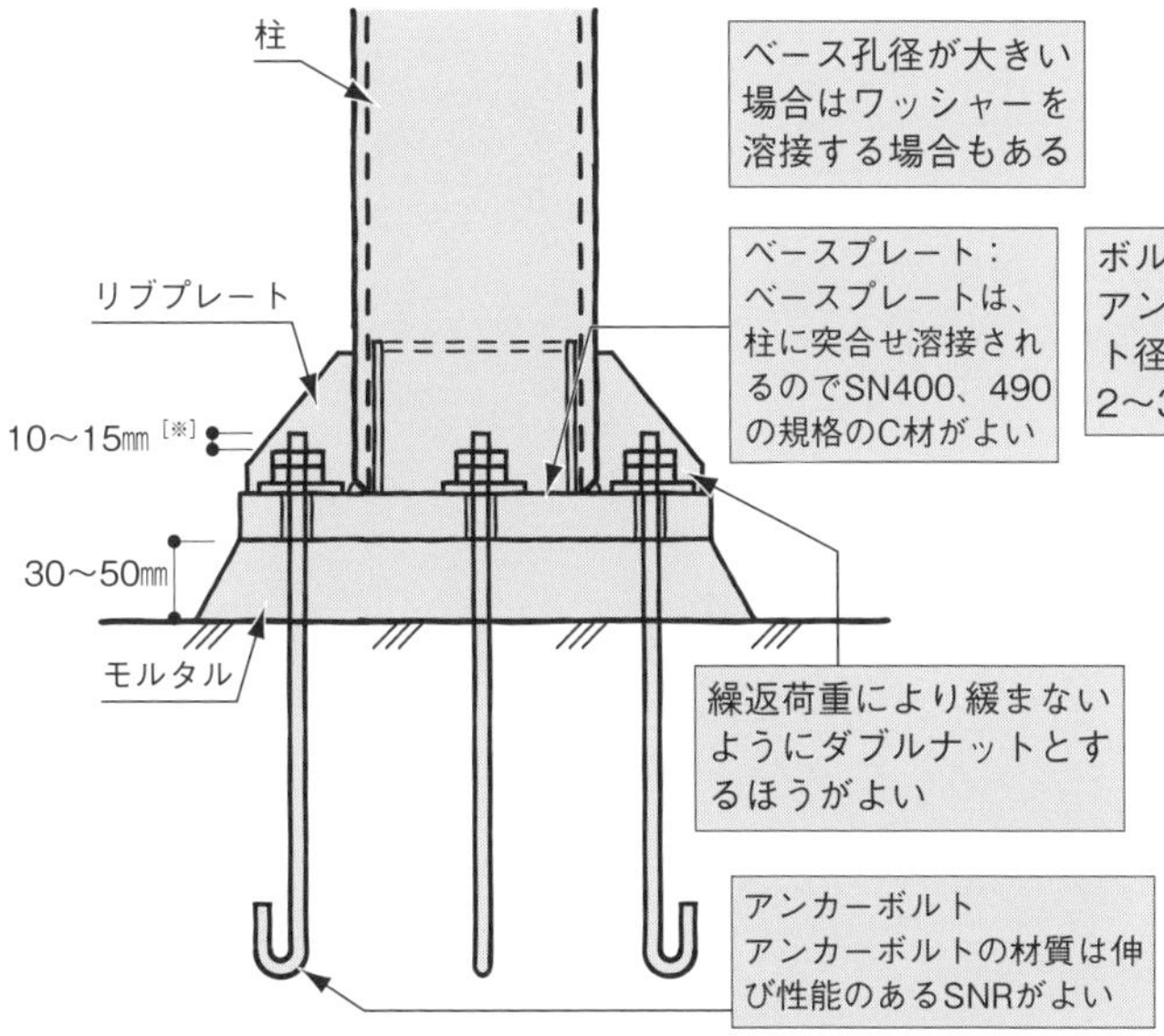

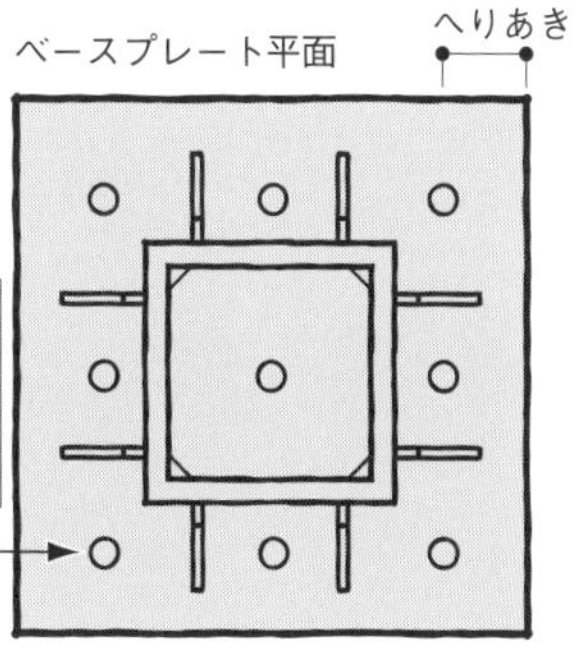

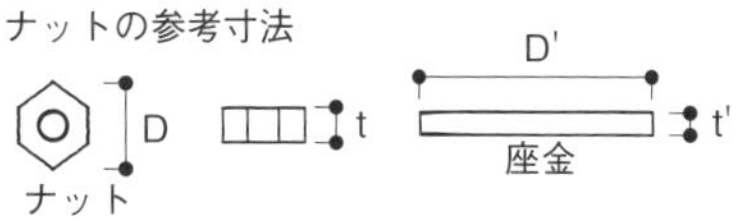

	D（㎜）	t（㎜）	D'（㎜）	t'（㎜）
M16	27.7	13	32	4.5
M20	34.6	16	40	4.5
M22	37.0	18	44	6
M24	41.5	19	48	6

※　この寸法は『鉄骨工事技術指針・工事現場施工編』（日本建築学会）による。『建築工事監理指針』（国土交通省大臣官房官庁営繕部監修）では「二重ナット締めを行い、ねじ山が3山以上外に出ていることを標準とする」としている

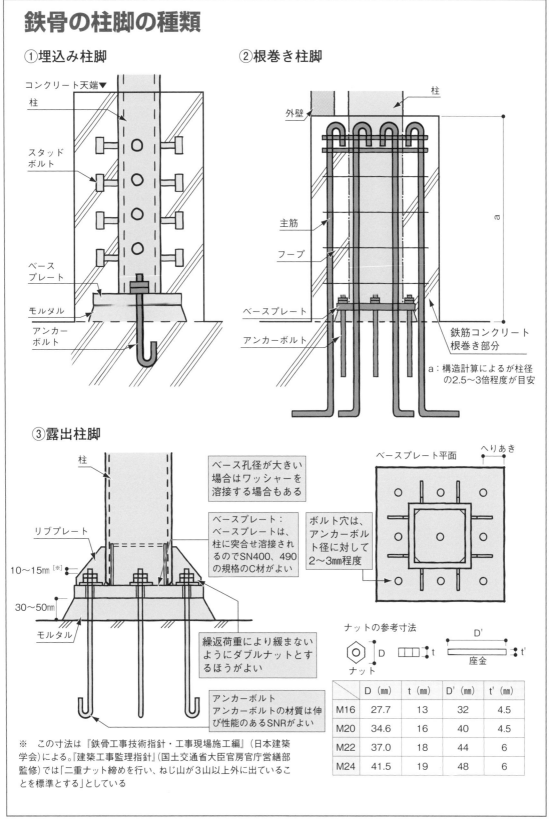

耐震壁と雑壁

040

POINT >>>>>>>>>>>>>>>>>>>>>>>>>>>>>>

耐震壁（耐力壁）は水平力に抵抗する剛強な壁。それ以外の壁は雑壁という。ただし雑壁も水平力に抵抗している

壁の構造的役割

壁には建物の外部空間と内部空間を区切る、内部で部屋を仕切るなどの役割があるが、構造的観点からいうと、地震や風荷重などの水平力に抵抗する部材である。

建物の中で、水平力を効果的に負担できるよう設計・配置された壁を耐震壁という。剛強な柱や梁に固定してつくられ、建物の規模などによって仕様や必要な量（必要壁量）が決まっている。木造では耐力壁と呼ばれ、仕様が建築基準法に定められている。

耐震壁は非常に剛性が高い部材である。配置によっては、建物全体の固さ（剛性）にばらつきが生まれるので、平面的・立面的にもバランスよく配置することが重要である。場合によっては、壁と柱・梁の間にスリット（耐震スリット）を設けて、剛性のバランスをとることもある。

雑壁とは

耐震壁とは異なり、構造計算上、水平力の抵抗要素として積極的に用いない壁を雑壁《ざつかべ》という。雑壁には、梁の上に付く腰壁、梁の下に付く垂れ壁、柱の横に取り付く袖壁《そでかべ》、柱や梁のフレームの外に付く壁などがある。

構造計算上、雑壁は水平力の抵抗要素としないといっても、実際にまったく水平力を負担していないわけではない。仕様や配置によっては、建物の剛性のバランスに影響を与えることもある。耐震補強などでは、雑壁を積極的に水平力に対する抵抗要素として考えて構造計算する場合がある。

逆に、地震時の要素として考慮したくないときは、構造計算をして建物に影響がないかを確認したほうがよい。

最近では、雑壁の影響をなくすために、雑壁と柱・梁との間にもスリットを設ける場合がある。

耐震壁と雑壁(非耐震壁)

①耐震壁

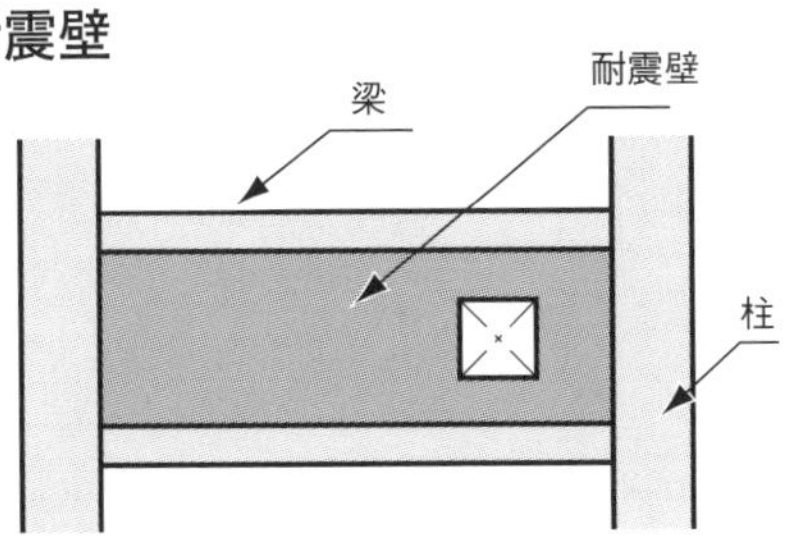

梁

柱

②雑壁(非耐震壁)

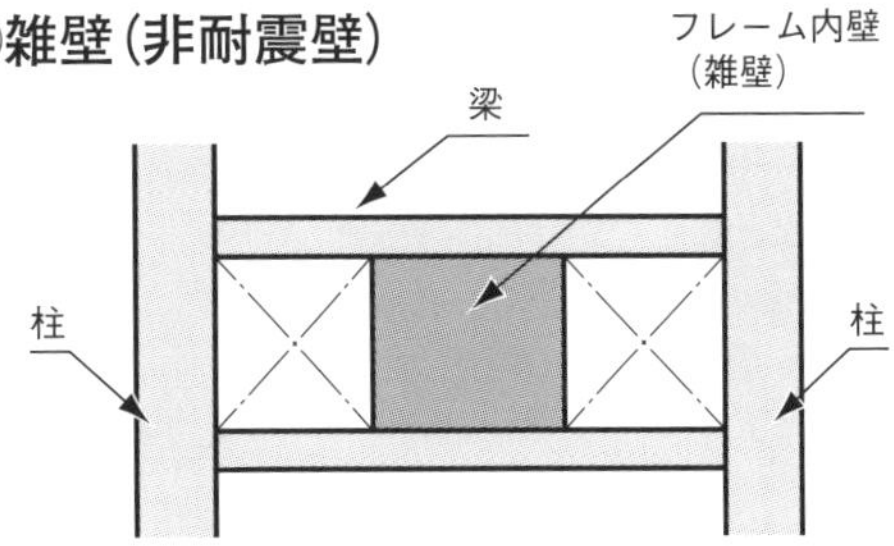

フレーム内壁

梁
柱
柱

③腰壁と垂れ壁(非耐震壁)

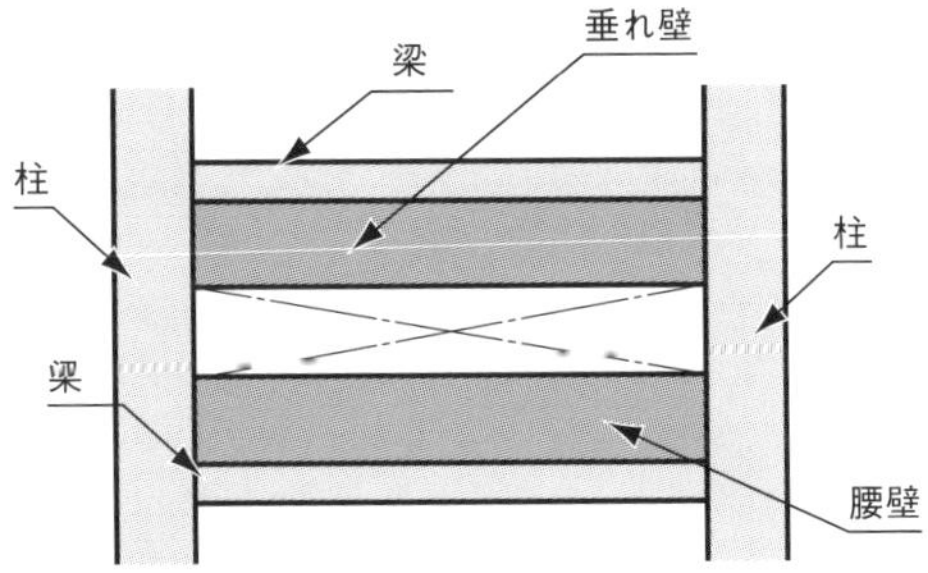

梁
柱
柱
梁

④袖壁(非耐震壁)

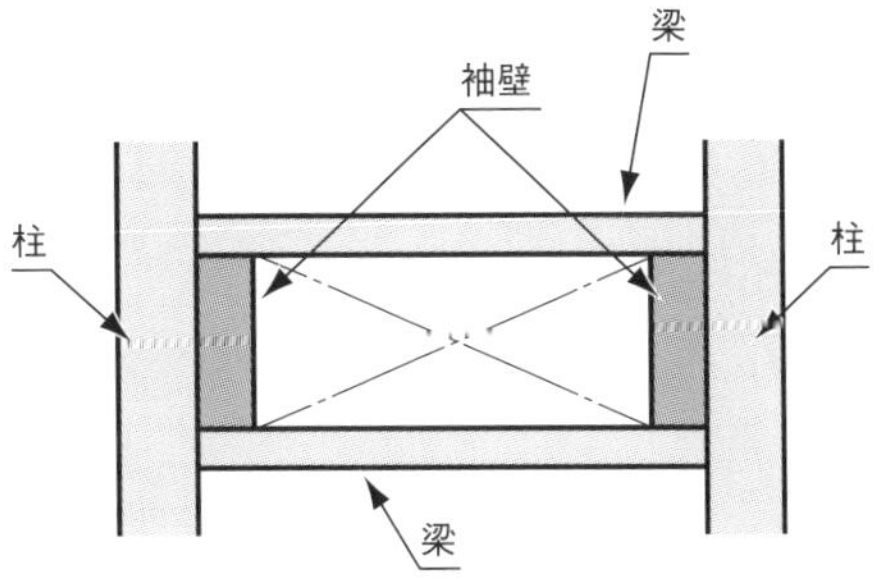

梁

柱
柱
梁

梁

耐震スリット

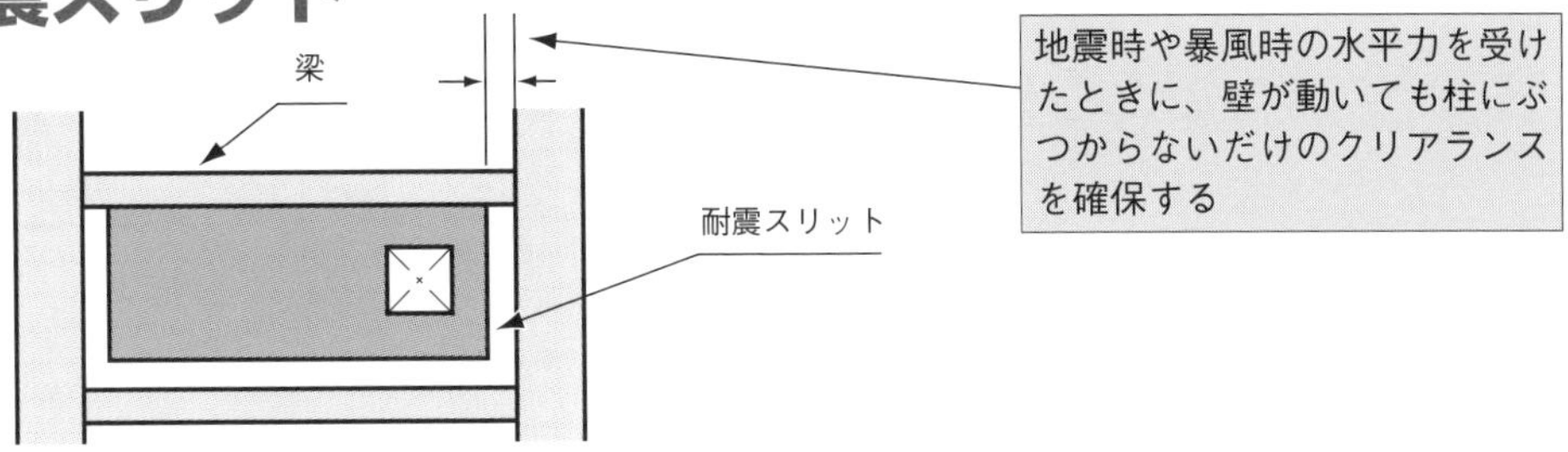

地震時や暴風時の水平力を受けたときに、壁が動いても柱にぶつからないだけのクリアランスを確保する

非耐震壁の取り扱い

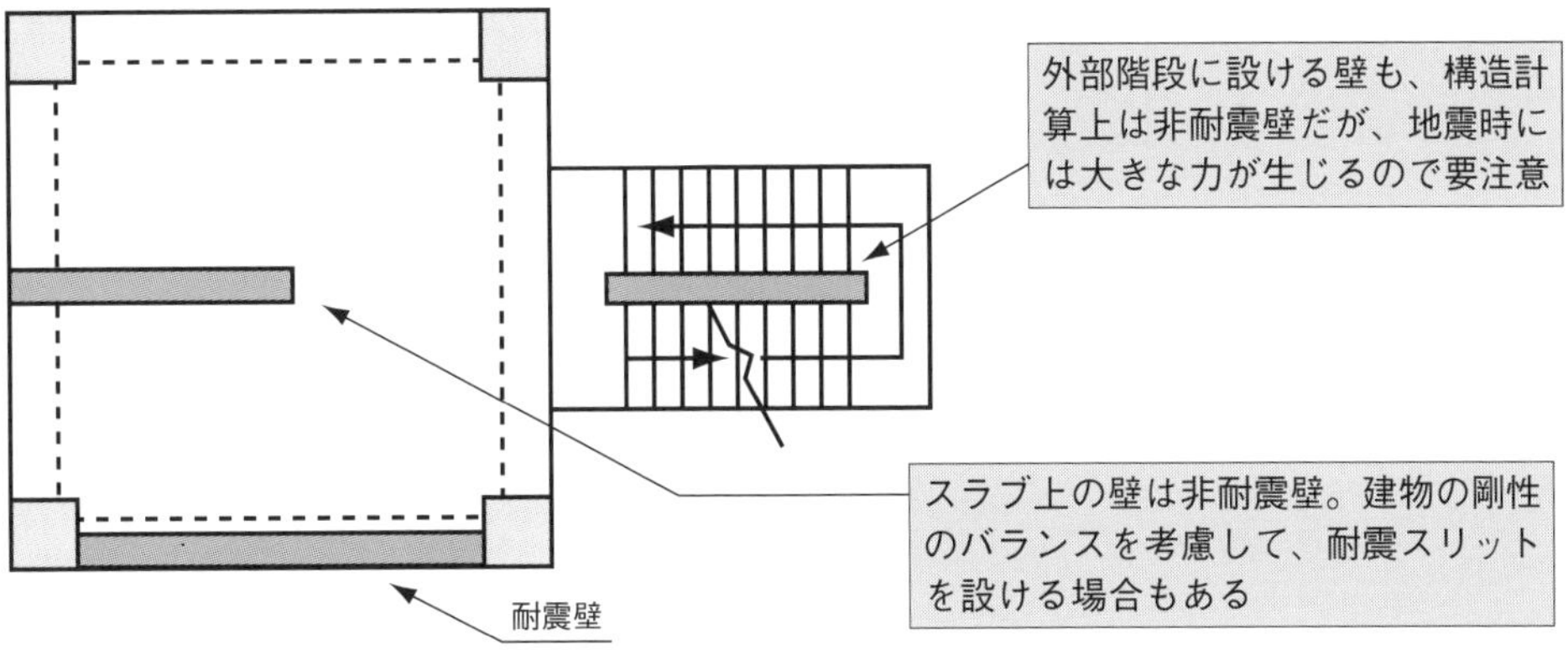

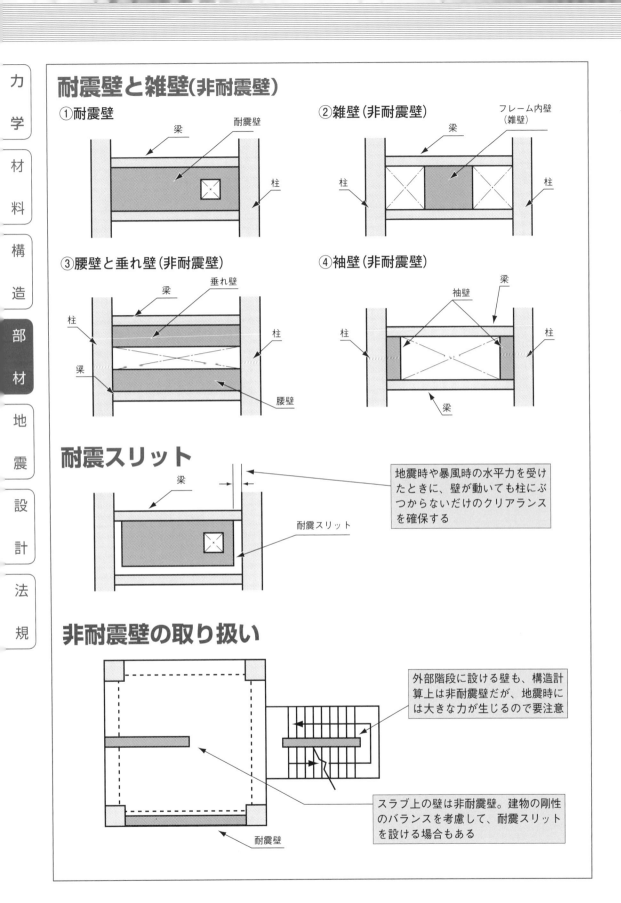

外部階段に設ける壁も、構造計算上は非耐震壁だが、地震時には大きな力が生じるので要注意
スラブ上の壁は非耐震壁。建物の剛性のバランスを考慮して、耐震スリットを設ける場合もある

平面的にバランスのよい壁配置

041

POINT >>

耐震壁の平面的なバランスは偏心率で確認する。偏心は、重さの中心（重心）と剛《かた》さの中心（剛心）のズレの程度を表す指標

バランスの悪い建物の挙動

耐震壁は、鉄筋コンクリート造、鉄骨造、木造のいずれの構造でも、必要な量（必要壁量）をバランスよく配置しなければならない。耐震壁の配置のバランスは、平面・立面の2面で考える。立面のバランスについては次項で触れるので、ここでは平面的なバランスについて述べる。

平面的にバランスのよい耐震壁の配置とは、建物をX・Y方向で2分して、それぞれ左右の壁量に大きな差がない状態のことである。平面的にバランスよく耐震壁が配置されていない建物では、水平力を受けたときに建物全体がねじれたり、局部的に大きな力がはたらいて建物が損傷するおそれがある。たとえば、耐震壁が片側のみに配置された建物が地震力を受けると、建物の耐震壁が配置されていない側が大きく振られてしまう。

平面的なバランスを確認する

構造計算で耐震壁の配置のバランスを確認するには、通常、偏心率という指標を用いる。偏心率とは、建物の重心と剛さの中心である剛心との距離をもとに算出する。偏心率が大きいほど建物はねじれたり、回転しやすくなる。重心と剛心の間の距離が大きいほど偏心率は大きくなる。

偏心率は、構造別に建築基準法に規定されている構造計算ルート〔232頁参照〕によって、許容される値が異なる。たとえば、鉄筋コンクリート造の場合、ルート1は0.3以下、ルート2は、0.15以下とする必要がある。

鉄骨造や鉄筋コンクリート造では偏心率の計算や保有水平耐力計算で耐震壁の平面的なバランスを確認する。一方、戸建住宅程度の小規模木造では、通常、4分割法〔98頁参照〕で耐力壁のバランスを確認する。

耐震壁の平面的な配置

①バランスのよい配置

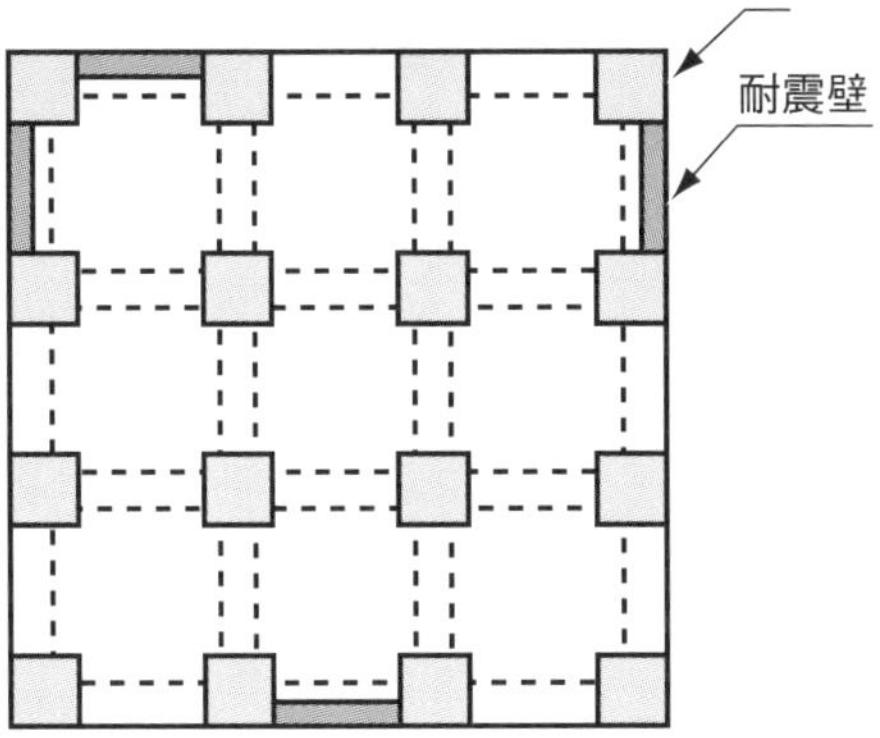

②バランスの悪い配置

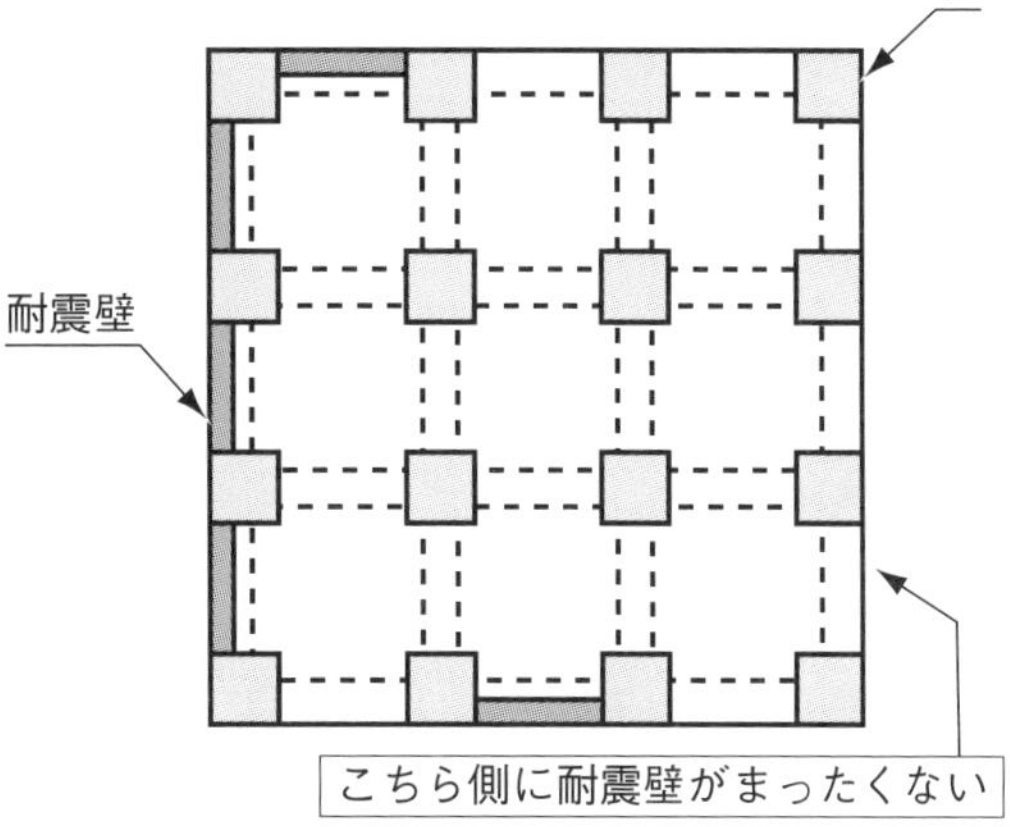

耐震壁の配置のバランスが悪い建物の変形

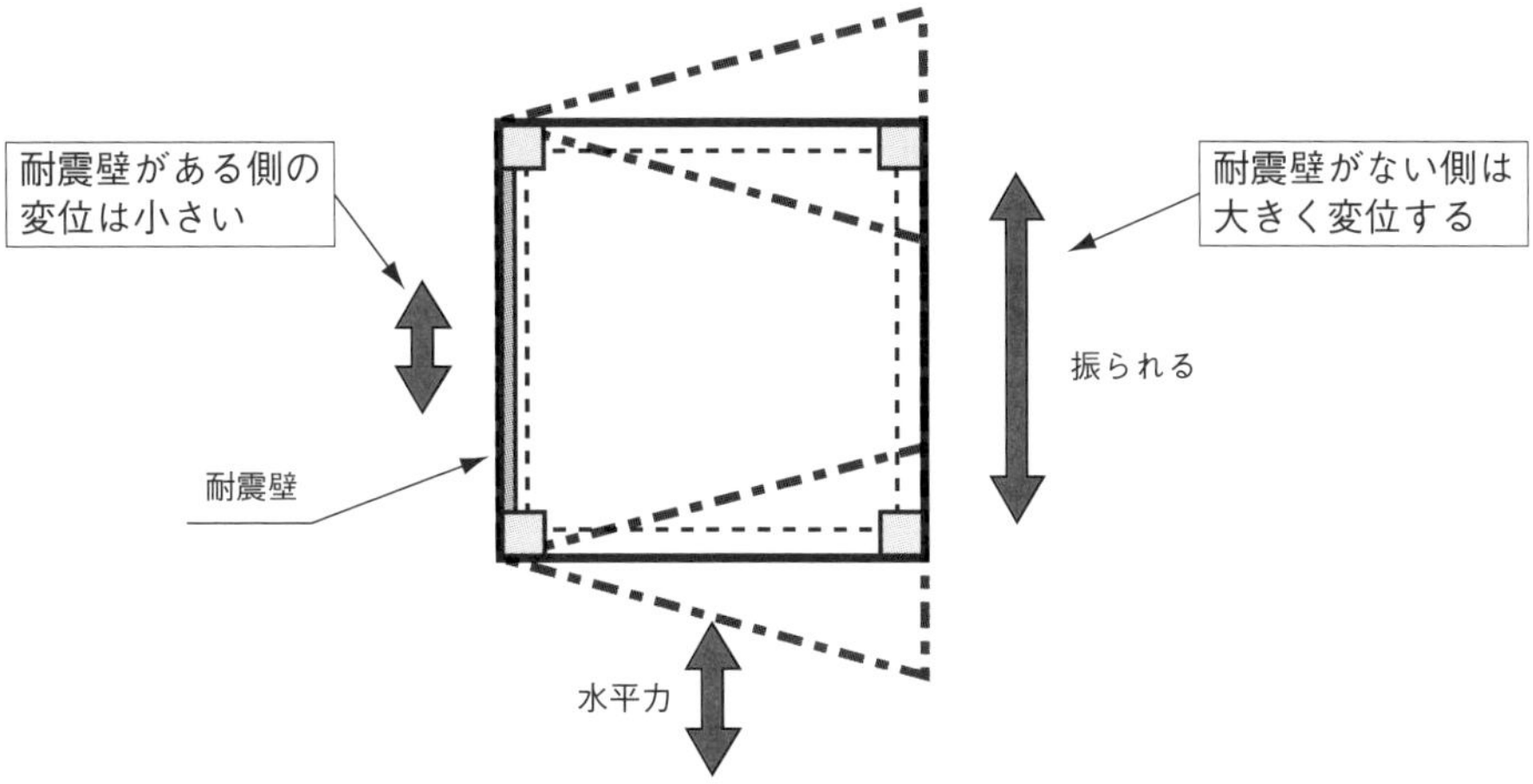

偏心の考え方

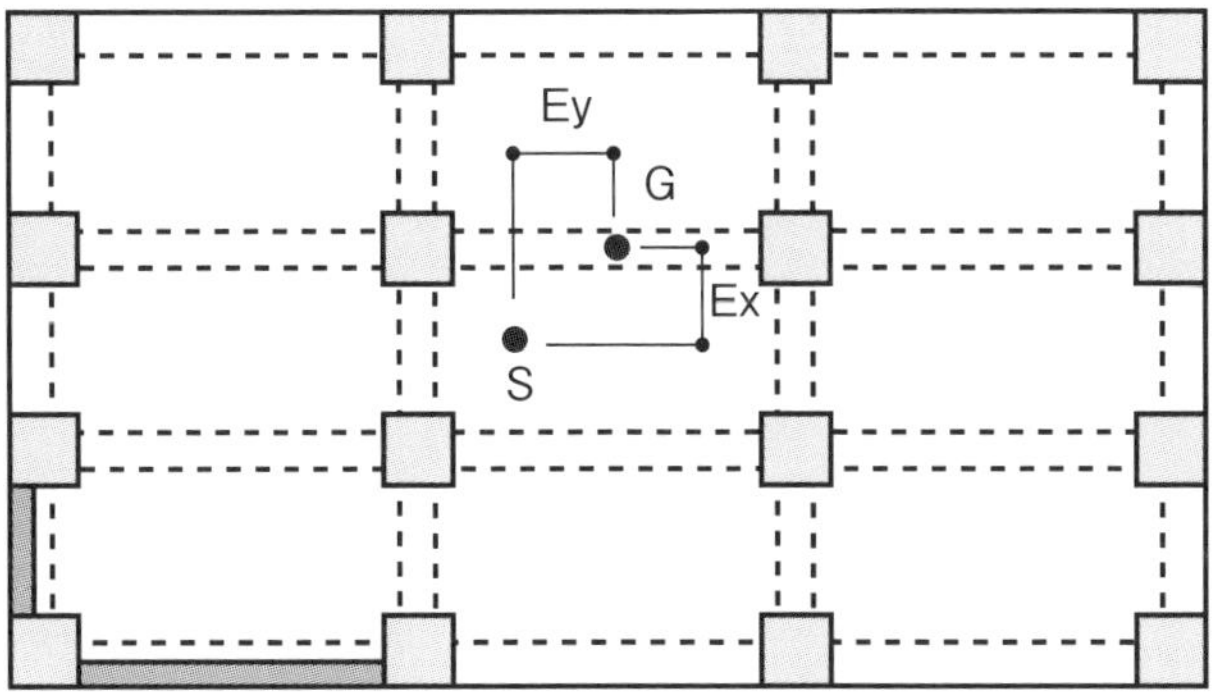

G ：重心
S ：剛心
Ex：X方向の偏心距離
Ey：Y方向の偏心距離

重心(G)は重さの中心、剛心(S)はかたさの中心。
偏心距離（Ex、Ey)が大きいほど、建物は偏心しており、バランスが悪い

立面的にバランスのよい壁配置

042

POINT >>>>>>>>>>>>>>>>>>>>>>>>>>>>>>>>>>>>>

耐震壁の立面的なバランスは剛性率で確認する。剛性が著しく低い階があると変形が集中して危険である

立面的なバランスとは

耐震壁は、立面上も壁量や位置をバランスよく配置しなければならない。立面上のバランスが悪いと、剛性の低い階に著しく変形が集中する。阪神・淡路大震災時にも、耐震壁を極端に減らし、1階が車庫などに利用したピロティをもつ建物が多く倒壊した。ピロティは、他の階と比べて剛性が小さくなり、地震力が集中したからだと考えられる。

高層ビルなどの設計で、建物上部に行くにしたがい剛性を落としていく手法がよくとられている。ただし、地震力が小さくなるからといって、ただ上階の剛性を低くするだけでは十分でない場合もある。あまり極端に剛性を落とすと、地震や風荷重などの水平力を受けたときウィービング現象（鞭振り現象）で、建物上部が大きく振られることにもなりかねない。

計算でバランスを確認する

建物の立面的なバランスを計算するには、剛性率という指標を用いる。剛性率とは、各階の変形とせん断力で算出する数値である。

剛性率は、構造別に建築基準法に規定された構造計算ルートで、許容される値が異なる。鉄筋コンクリート造の場合、ルート1は規定値なし、ルート2では0.6以上としなければならない。なお、保有水平耐力計算で構造計算する場合は、耐力を大きくしたうえ、剛性率を0.6以上とすることが望ましい。

鉄骨造や鉄筋コンクリート造では建物の剛性率を計算し、立面方向のバランスを確保している。

壁量計算を行う木造住宅では、立面方向のバランスについては規定がない。ただし、耐力壁の位置を上下でそろえるなど、バランスを意識した配置を心がけたほうがよい。

耐震壁の立面的な配置

①バランスのよい配置

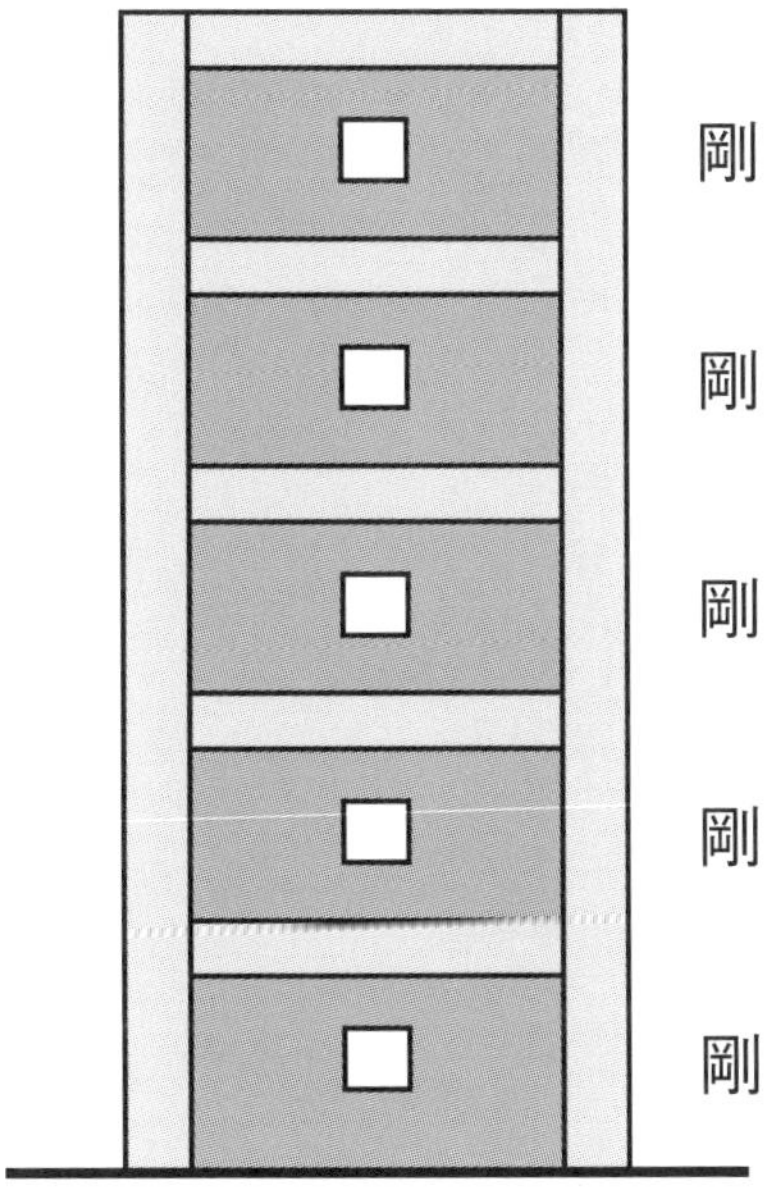

すべての階の剛性がほぼ同じ

②バランスの悪い配置

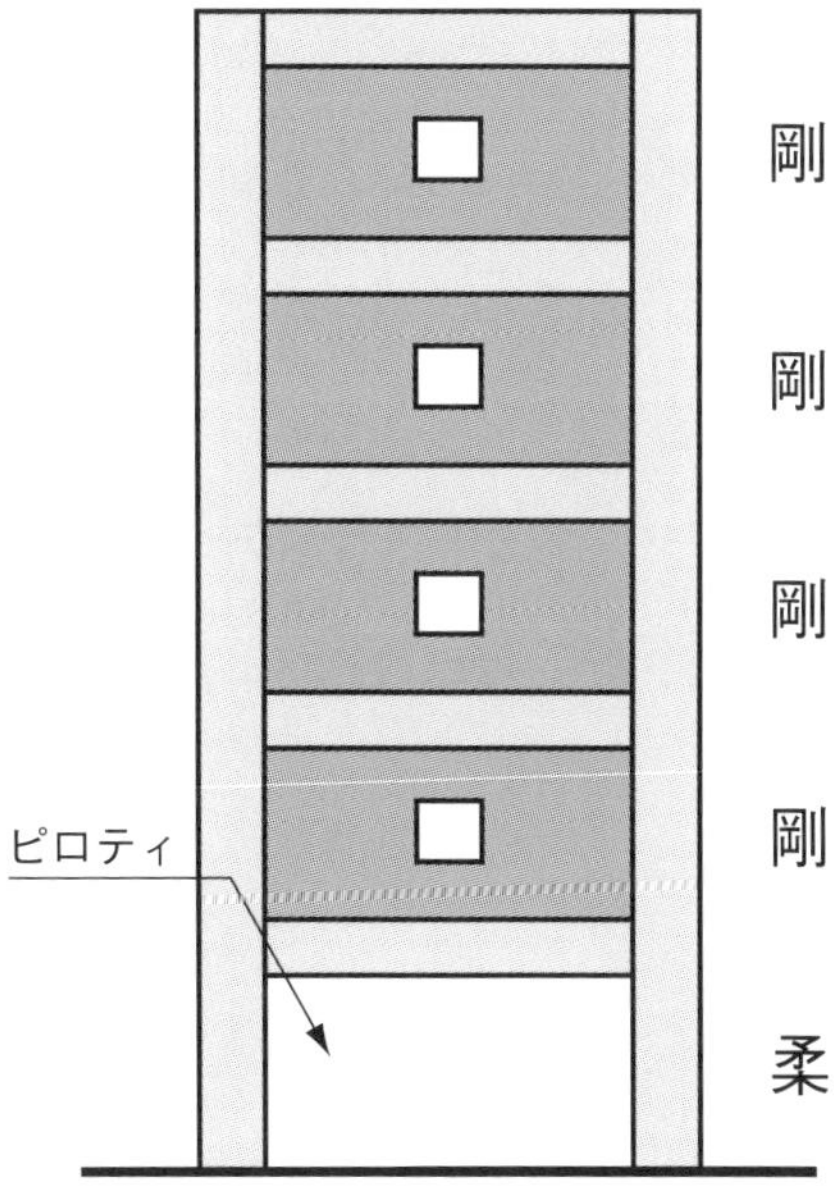

建物の一部に剛性が低い部分がある

立面的にバランス悪い建物の変形

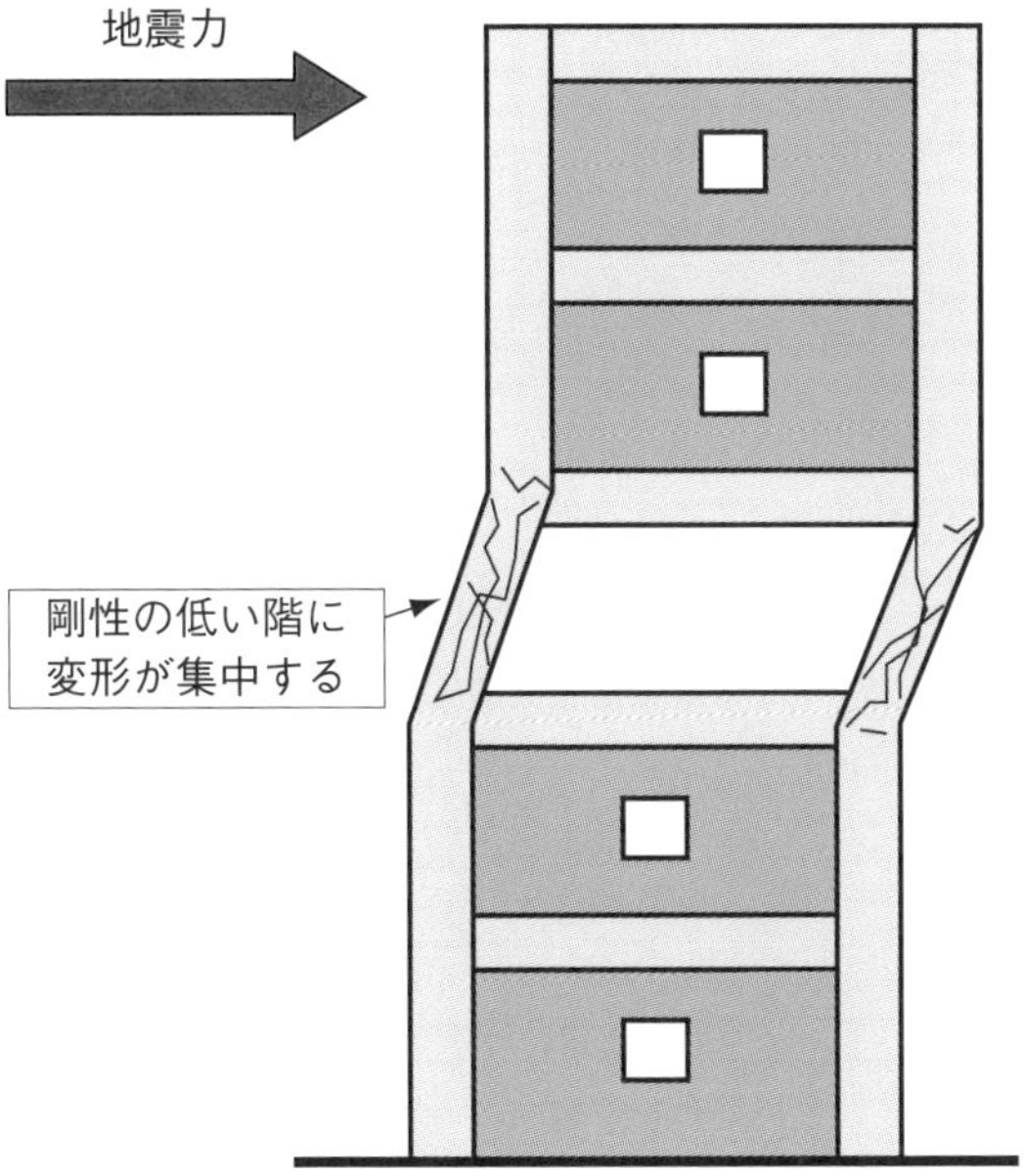

階の剛性にばらつきが合ったため中間階がつぶれてしまった建物（写真提供・小川淳也／ジュンアソシエイツ）

木造の耐力壁

043

POINT >>>>>>>>>>>>>>>>>>>>>>>>>>>>>>>>>>>>

一般に用いられる木造の耐力壁は、筋かい耐力壁と面材耐力壁。建築基準法に壁の仕様と壁倍率が規定されている

木造独自の壁倍率

鉄骨造や鉄筋コンクリート造と比べて、木造の壁の剛性は評価しづらい。そのため、木造では、壁倍率という日本独特な指標で、壁の剛性を評価する。

壁倍率は0.5～5.0倍まであり、壁倍率1.0で壁長さ1ｍの耐力壁は、1.96kN（約200kgf）の水平力に対する耐力をもつ。それぞれ倍率を得るための仕様が建築基準法で規定されている。仕様では材の種類や寸法だけでなく、釘の種類やピッチまで決められている。面材の場合、釘の種類やピッチで実際の耐力は大きく変わるので、施工・監理には十分な注意が必要である。

主な耐力壁の仕様は、構造用合板などの面材を張った面材耐力壁と、鉄筋や角材を用いた筋かい耐力壁の2種類である。面材と筋かいを併用して耐力壁をつくる場合、それぞれの壁倍率を足し合わせることが認められている。ただし壁倍率の上限値は5.0で、それ以上の場合も5.0とみなす。

耐力壁の緊結

耐力壁は、筋かいや面材を取り付けただけでは、水平力に対して有効な抵抗要素にはならない。耐力壁は、水平力を受けると回転しようとする。回転によって耐力壁を留めている柱が土台や梁から外れると、水平力に対する抵抗要素とならないだけでなく、架構全体にも深刻なダメージを与えかねない。

耐力壁の回転を抑えるためには、引寄せ金物（ホールダウン金物）を使って上下階の柱どうしや、基礎と柱を確実に緊結する必要がある。壁倍率が大きいほど、回転しようとする力は大きくなるため、引寄せ金物の耐力を正確に評価しなければならない。引寄せ金物の評価方法には、建築基準法の仕様規定、N値計算と呼ばれる簡易的な計算、許容応力度計算などがある。

力学
材料
構造
部材
地震
設計法

耐力壁の仕様

①筋かい耐力壁（鉄筋φ9mm以上、壁倍率1）

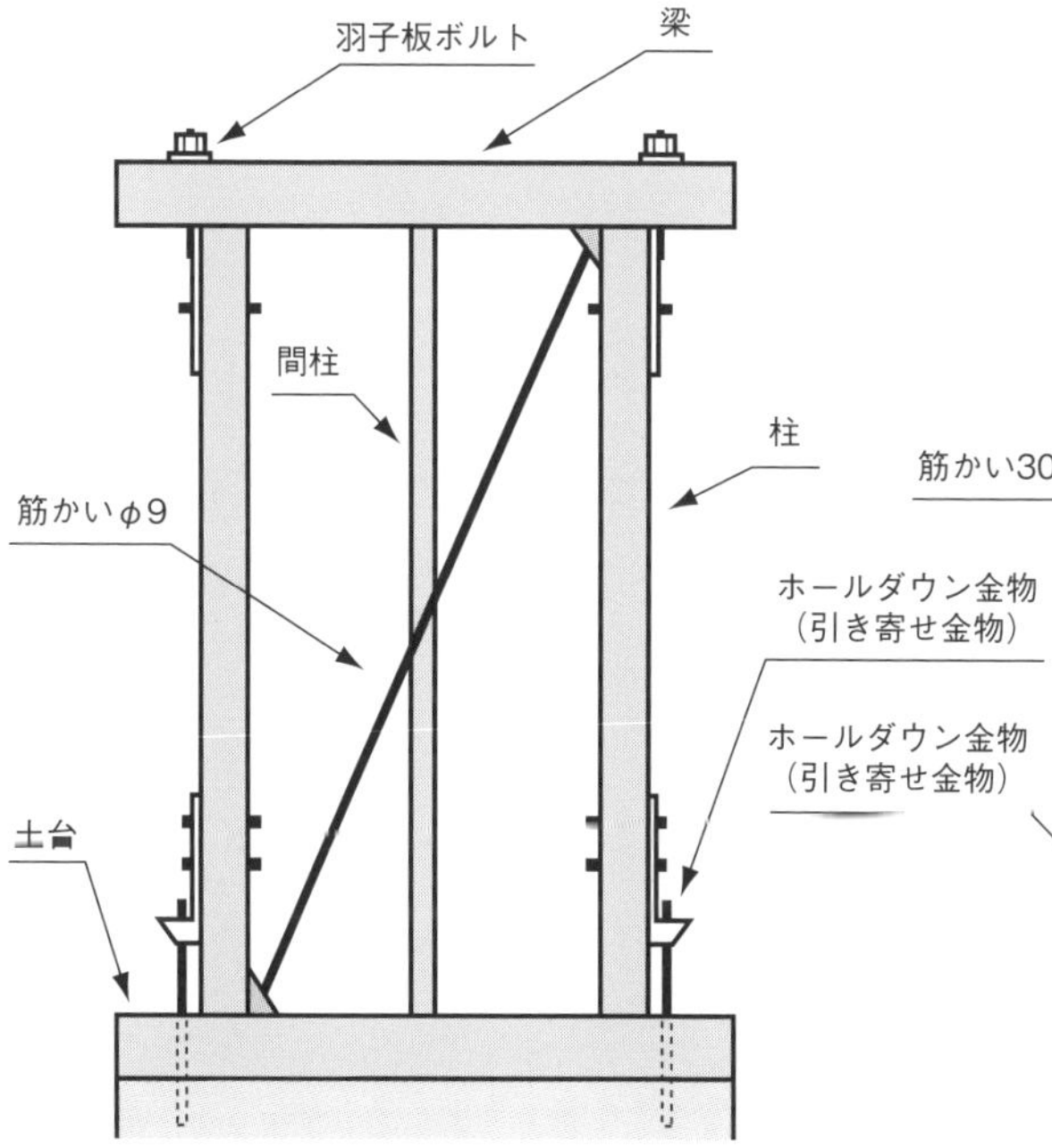

②筋かい耐力壁（木材30×90mm、壁倍率1.5）

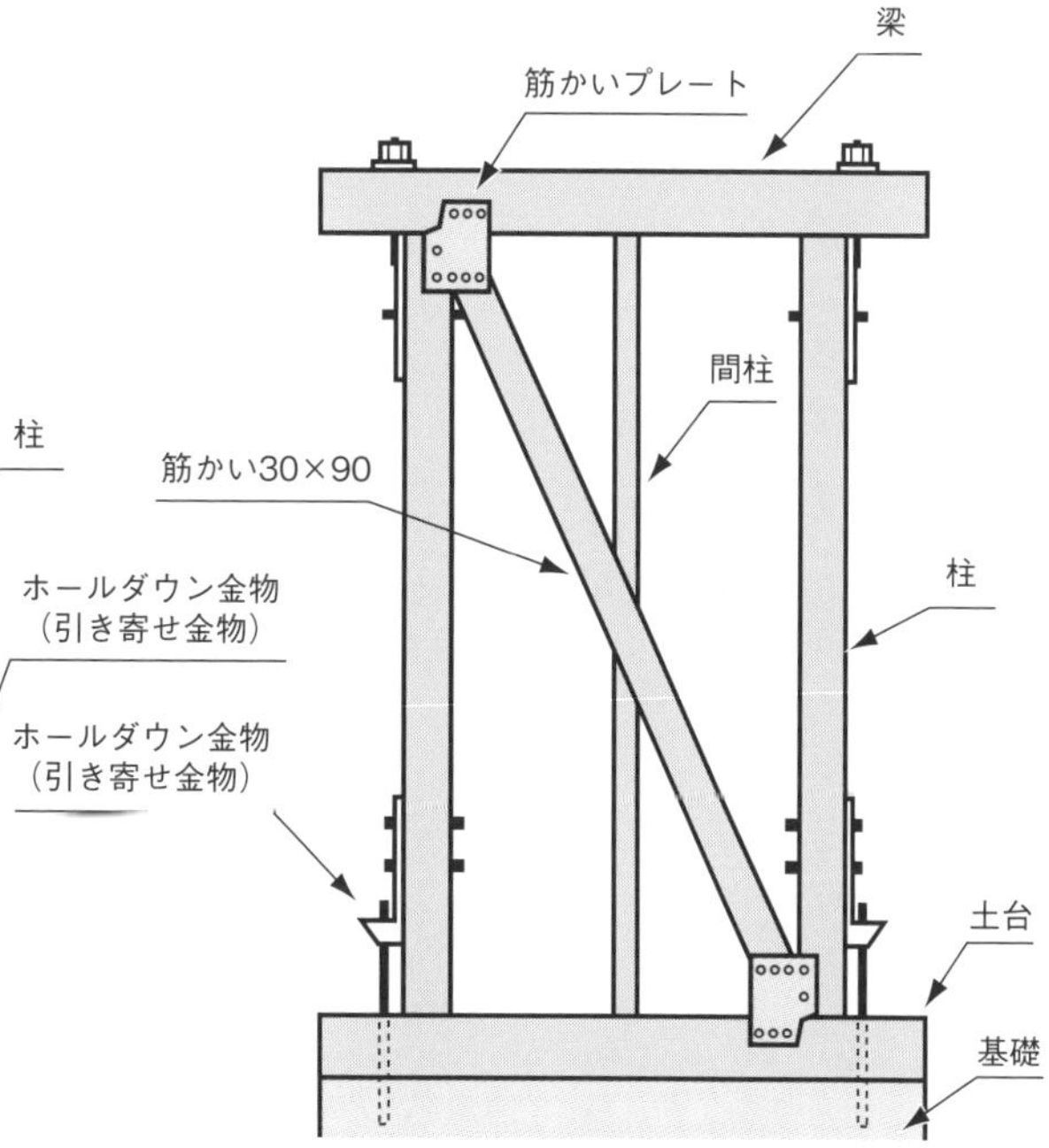

③面材耐力壁
（構造用合板9mm厚以上、壁倍率2.5）

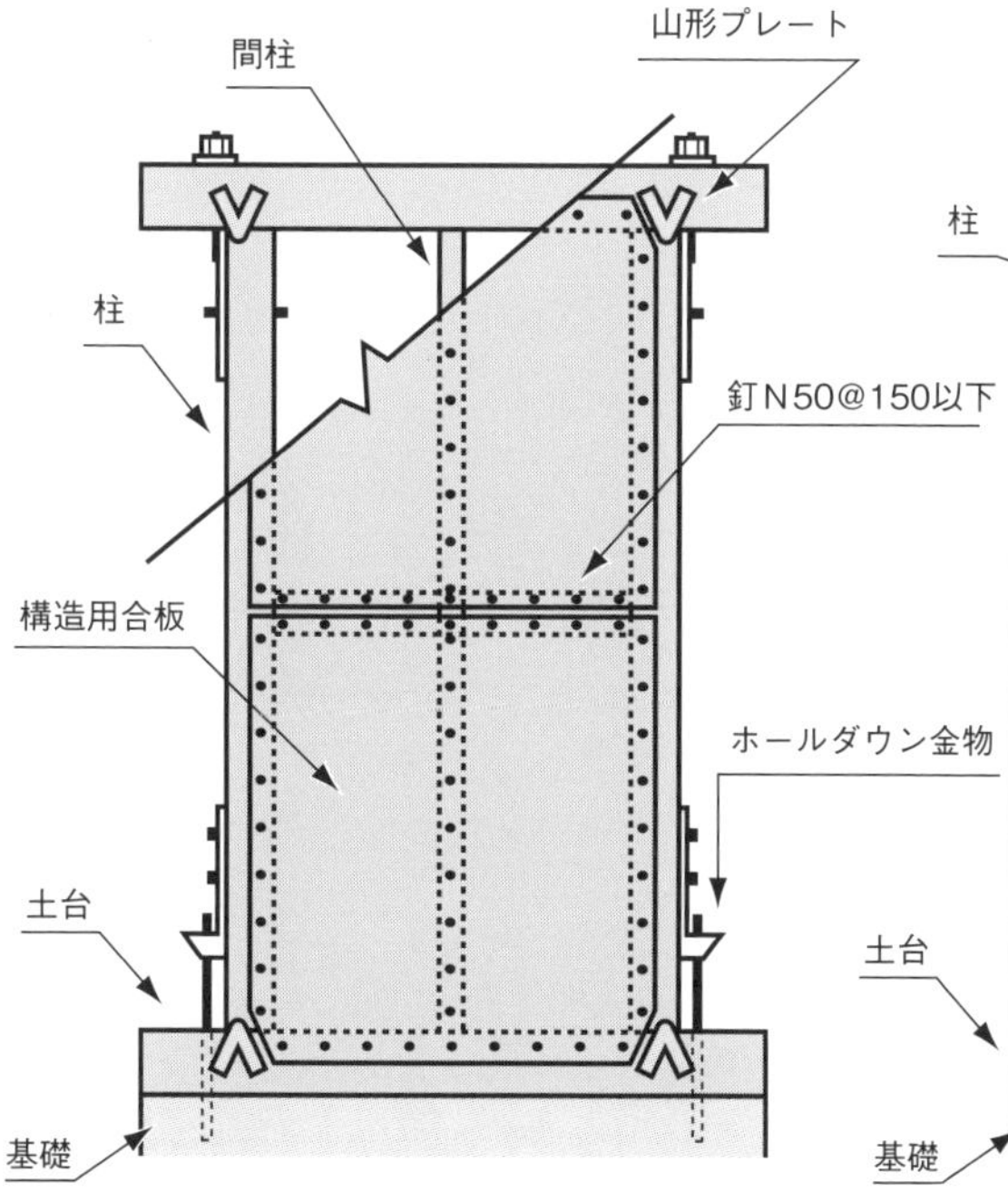

④土壁（壁倍率0.5）

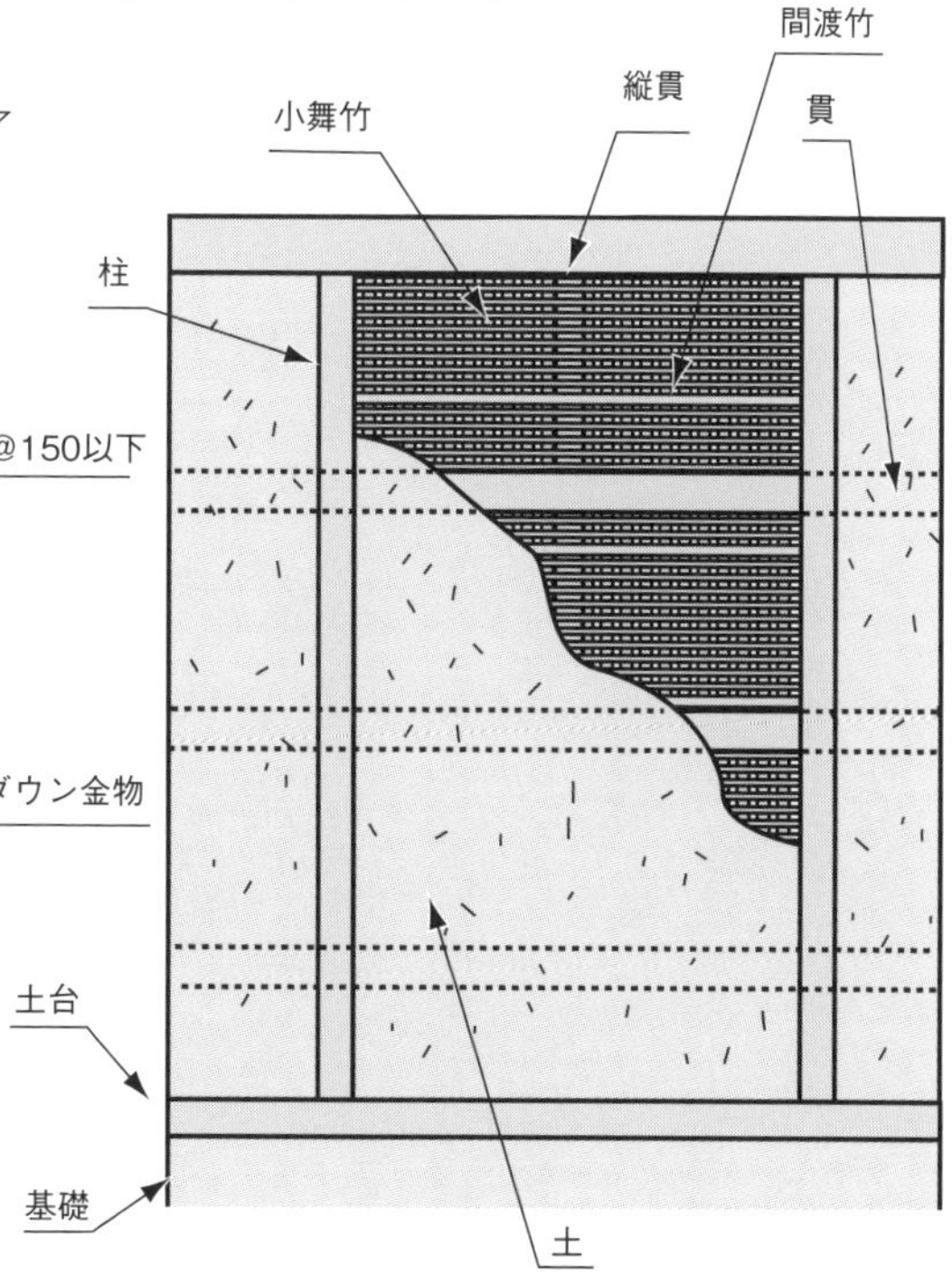

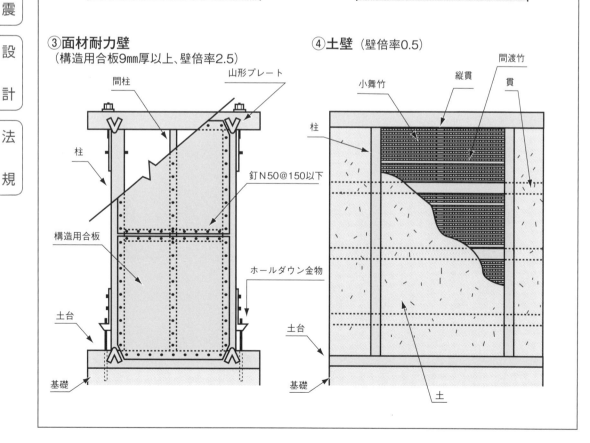

壁量計算と4分割法

044

POINT >>>>>>>>>>>>>>>>>>>>>>>>>>>>>>>>>

小規模木造の場合、構造計算の代わりに、耐力壁の量を壁量計算で、耐力壁の平面的配置のバランスを４分割法で確認する

壁量計算とは

在来軸組構法でつくる木造では、住宅の安全性を確保するために壁量計算という簡易的な計算方法が採用されている。壁量計算では、計画している耐力壁の量（存在壁量）が、法令の規定で求められる必要な耐力壁の量（必要壁量）以上あるかを確認する。

存在壁量は、壁倍率に壁長さを掛けて算出する。

必要壁量は、地震用と風用の2つがあり、各階・XY方向で地震用と風用の必要壁量を算出し、大きいほうの値を採用する。

地震用の必要壁量は、屋根の重さや階数で決まる係数を床面積に掛けて求める。つまり、床面積が大きいほど必要壁量が増えることになる。床面積には、法令上、バルコニーや吹抜け部分を含まない。小屋裏の床面積については告示で取り扱いが規定されている。

風用の必要壁量は、建物の見付面積に、建築基準法令45条で規定された数値を掛けて算出する。

4分割法

4分割法は、耐力壁の平面的配置のバランスを確認する簡易な手法である。4分割法の手順は次のようになる。

まず、プランをX・Y方向ともに4等分し、それぞれの方向について両端（側端部《そくたんぶ》）の床面積を求める。次に、側端部の床面積で必要壁量を算出する。すべての側端部について存在壁量が必要壁量以上であれば、平面的な配置のバランスに問題がないと考えることができる。存在壁量が必要壁量に満たない部分があれば、側端部の壁の配置や量で調整する。

なお、4分割法はあくまでも平面的な壁配置のバランスを確認する手法である。立面的なバランスについては評価できない。

壁量計算

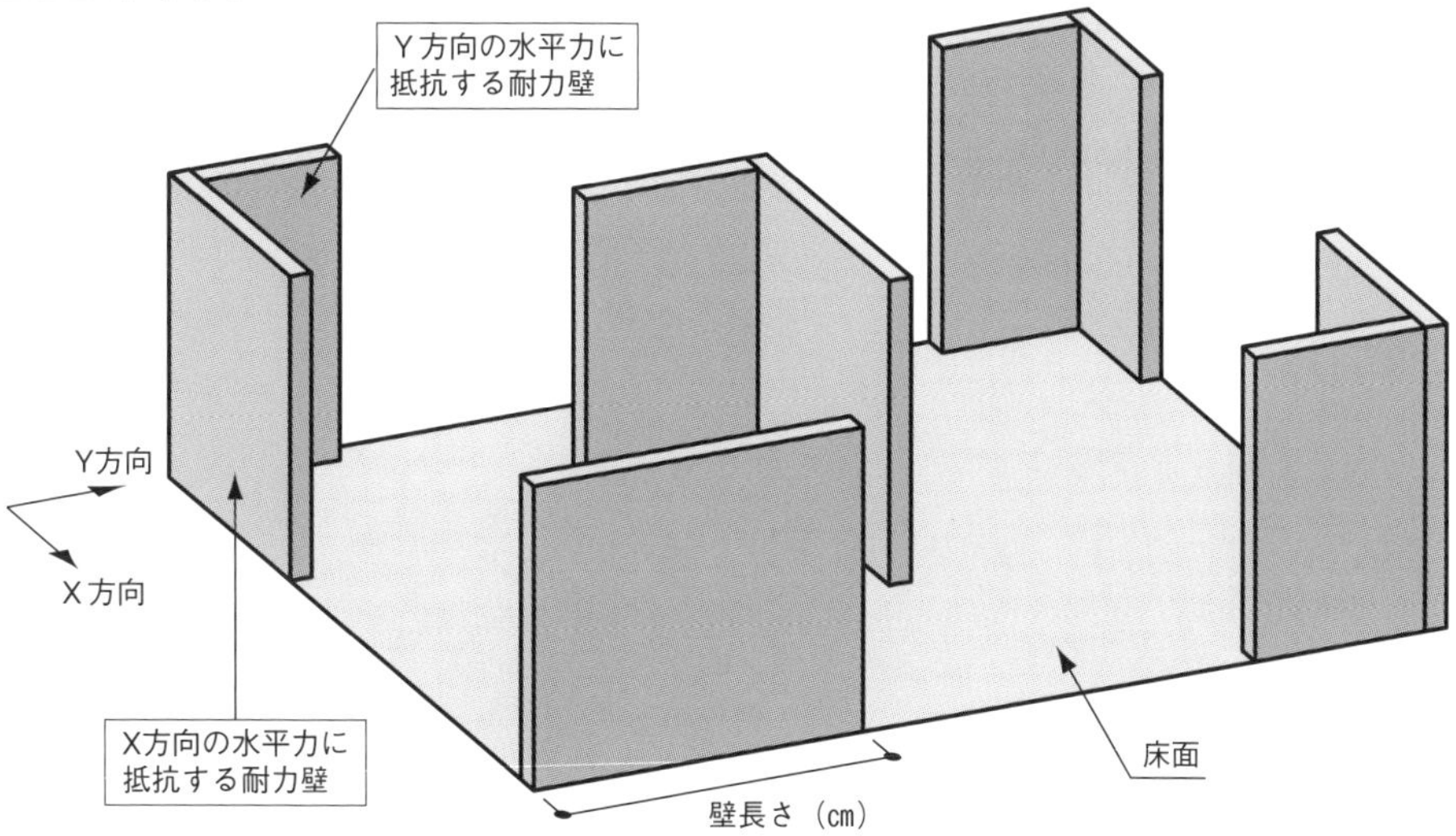

存在壁量＞必要壁量

・存在壁量＝壁倍率×壁長さ
・必要壁量は、地震用（床面積×係数）と風用（見付面積×係数）で大きいほうを採用

4分割法

①X方向の1／4の検討　②Y方向の1／4の検討

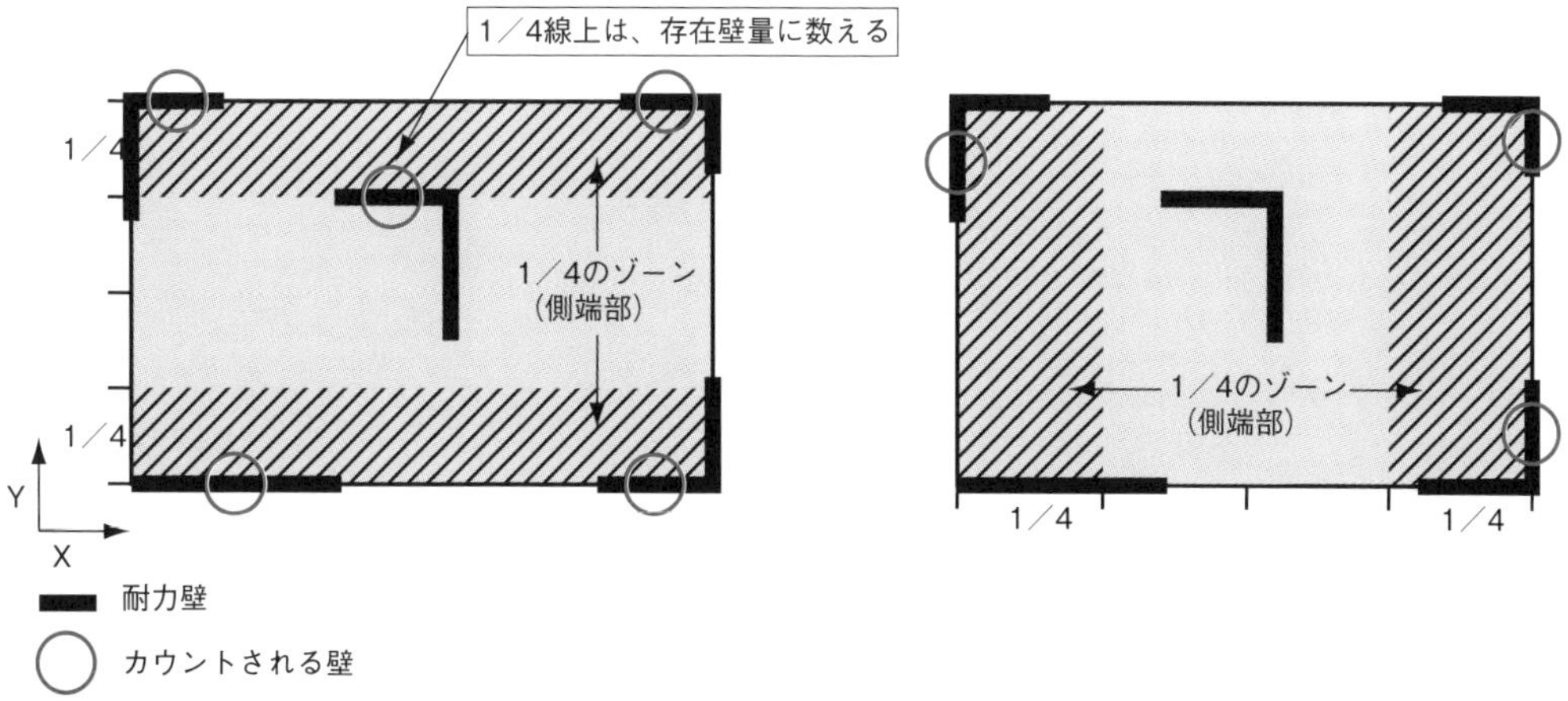

存在壁量÷地震用必要壁量＝側端部の充足率＞1

側端部の充足率が1未満の場合は、
小さいほうの充足率÷大きいほうの充足率≧0.5
であることを確認

床の構造的な役割

045

POINT >>>>>>>>>>>>>>>>>>>>>>>>>>>>>>>>>>>

床の構造的な役割は、積載物の荷重を支えることと、柱や梁、壁などが受けた水平力の伝達することである

床の構造的な役割

床は、梁とともに建物の水平面を構成する構造部材である。床にはさまざまな種類があるので、求められる構造性能や居住性を確保しながら、施工性やコストなどを加味して床の形式を選択する。

床は建物内にいる人や家具などの積載物の鉛直荷重を支える役割をもつ。また、柱や梁、壁が受けた水平荷重を伝達する機能もある。したがって床は、これらの荷重に耐えられる強度（剛性）をもつよう設計しなければならない。構造性能以外にも遮音性能や振動性能など、居住性にかかわる性能も床には求められる。

床の形式・種類

床の形式や種類は、構造形式によって異なる。

木造では、床は、梁や大引に根太を掛け、その上に合板などの床板を載せて構成する。近年は、根太を省略し、梁や大引に構造用合板を直接留めて剛床〔104頁参照〕とすることも多い。

鉄骨造では、デッキプレートなどの鋼製折板《せっぱん》上に配筋しコンクリートを打設してつくる合成スラブが主流である。このほかでは、ALC板を用いた床や、工場で床スラブの下半分をつくり、上半分は現場でコンクリートを打設するハーフPCスラブなどが用いられている。

鉄筋コンクリート造では、通常、柱、梁、壁が一体になるように配筋し、コンクリートを打設してつくる。梁の付き方で名称が変わり、1方向に狭い間隔で梁を入れたものをジョイストスラブ、格子状に梁を配置したものをワッフルスラブという。近年では、マンションなど遮音性能が要求される建物では、円筒や球形などボイド材をコンクリートスラブに埋め込んだボイドスラブもよく利用されている。

床の構造的役割

①鉛直荷重を支える

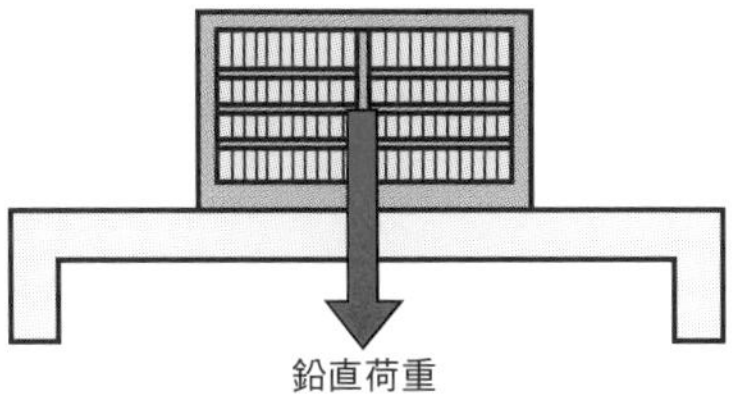

②地震力を伝える

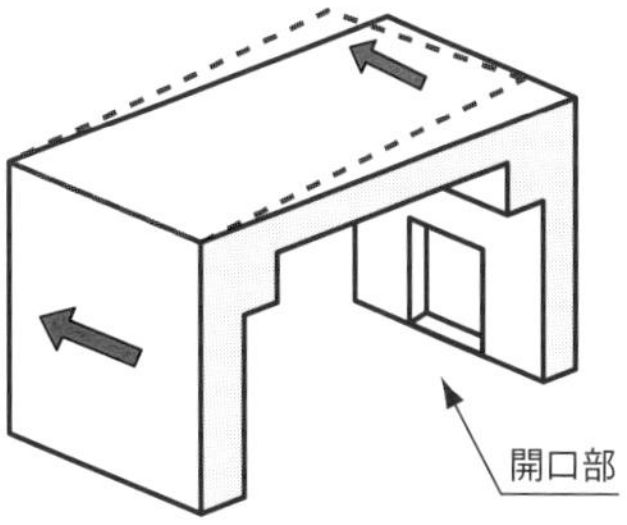

③音を遮る、振動を抑える

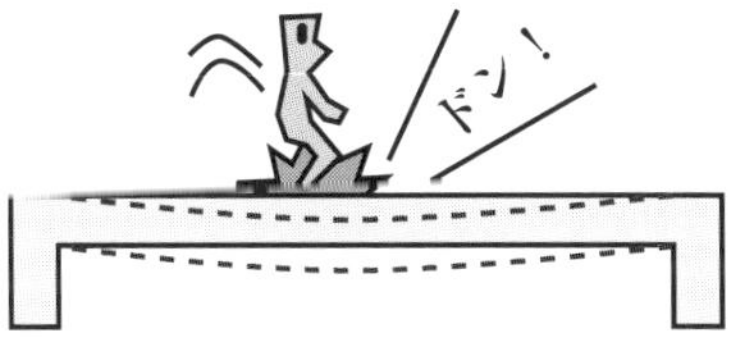

④熱をさえぎる、熱を蓄える

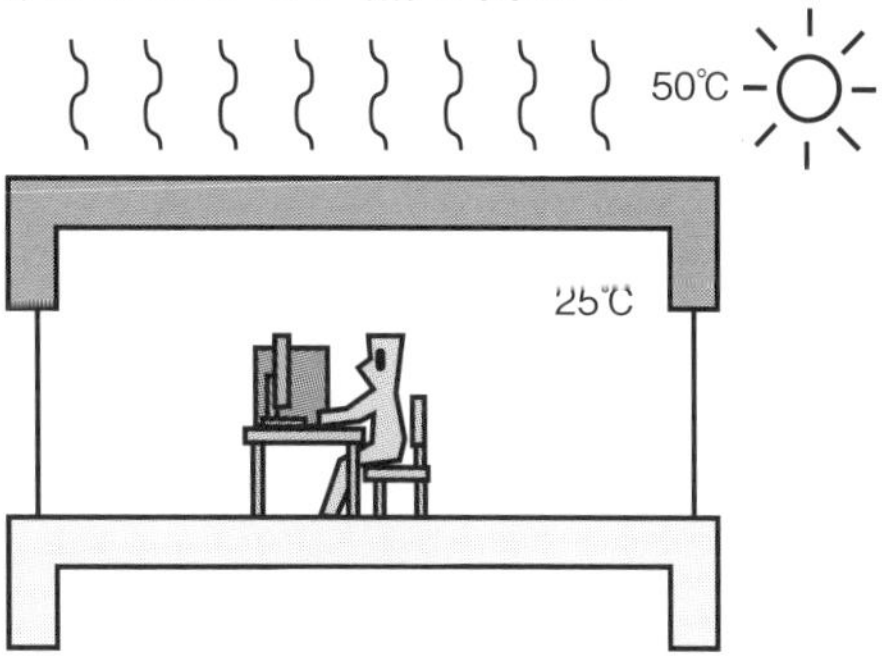

床の種類

①木造の床（2階）

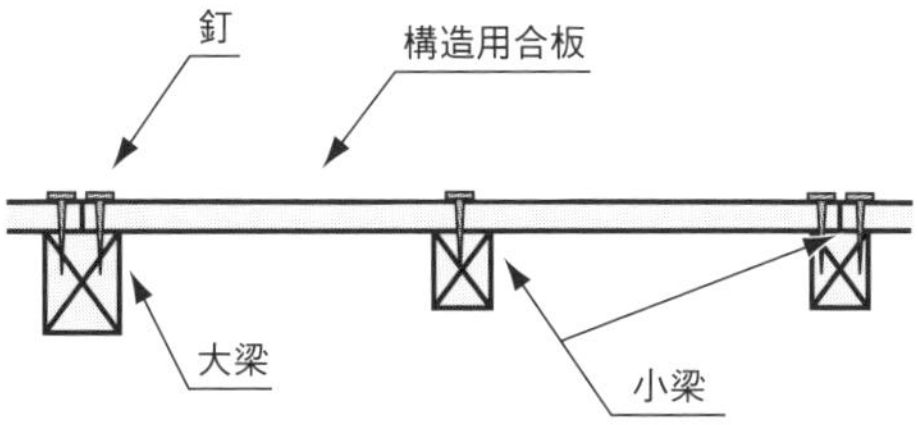

②鉄骨造の床

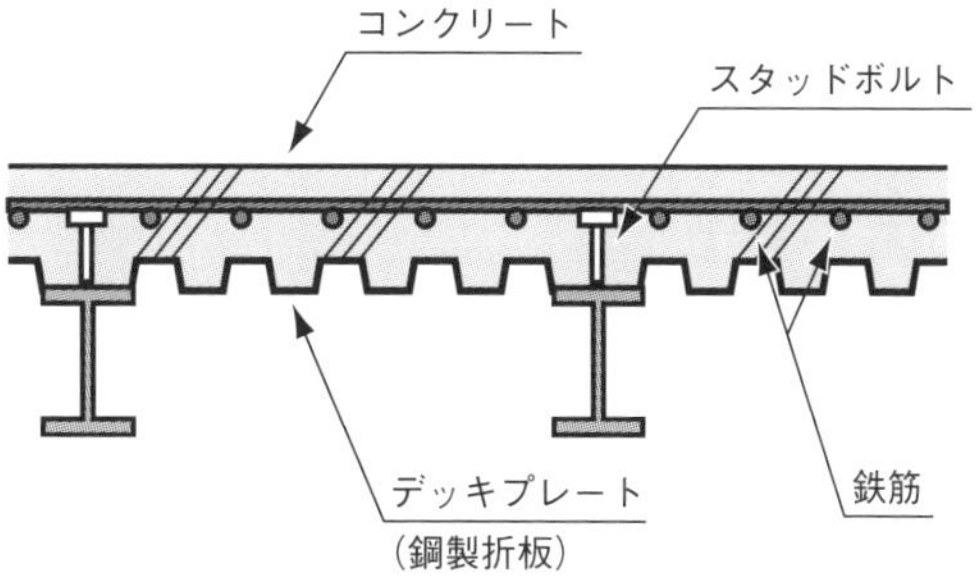

③鉄筋コンクリート造の床

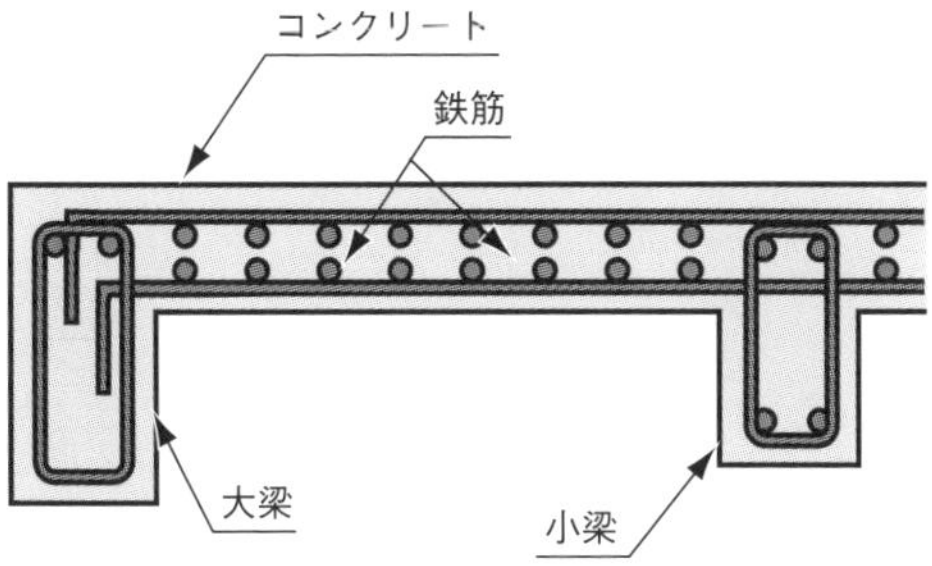

④鉄筋コンクリート造の床（ボイドスラブ）

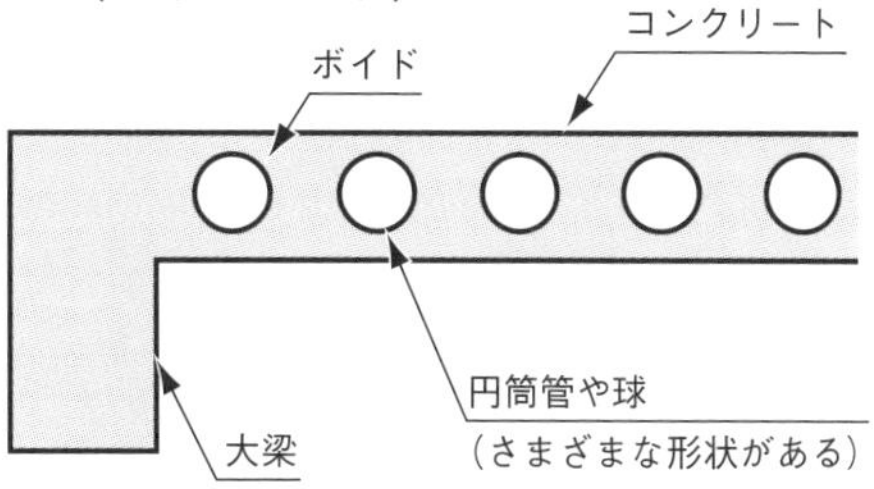

床スラブの設計

046

POINT >>>>>>>>>>>>>>>>>>>>>>>>>>>>>>>>>>>

床スラブの構造計算は梁と床面との境界条件で変わる。通常は、4辺固定で計算する。たわみ量はL/250まで許容

床スラブの変形とたわみの算出

鉄筋コンクリート造の床スラブは、通常、4辺が梁で囲まれている。ほとんどの場合、梁は、床よりも剛性が高いので、床スラブは4辺が固定されたものとして応力と変形（たわみ）を計算する。

床に生じる応力から、必要な鉄筋量が決まるため、床スラブの強度を確保するのに必要な鉄筋量は決まる。

また、変形（たわみ）も、図表などを用いて求めることができる。建築基準法に変形（たわみ）量の許容値が決まっているので（1／250以下）、算出した変形量（たわみ量）が許容値以下となるように断面を設計する。

たわみ量の算出の際にはクリープを考慮する。クリープとは、時間が経つにつれてたわみが進行する現象である。鉄筋コンクリートの場合、算出したたわみ量を16倍した値が、クリープを考慮した床のたわみ量とするよう、建築基準法で決められている。

床設計の注意点

床と梁の境界条件が変わると計算式も変わるので注意が必要である。たとえば、床スラブの短辺方向と長辺方向のスラブ比が1：2以上になる場合や、合成デッキスラブを用いる場合は、4辺の梁に固定されていると考えるのではなく、1方向の梁に固定されたスラブとして応力や変形（たわみ量）を算出する必要がある。

また、梁よりも床の剛性が高い場合は、床の端部はピン接合として応力を計算する場合がある。

ハーフPCのスラブや合成デッキスラブを用いる場合、仮設時はコンクリートが打設されていないため、設計で想定しているものより剛性が低い。作業床などに用いる場合は、仮設時の強度や変形量も確認する必要がある。

4辺固定スラブの公式

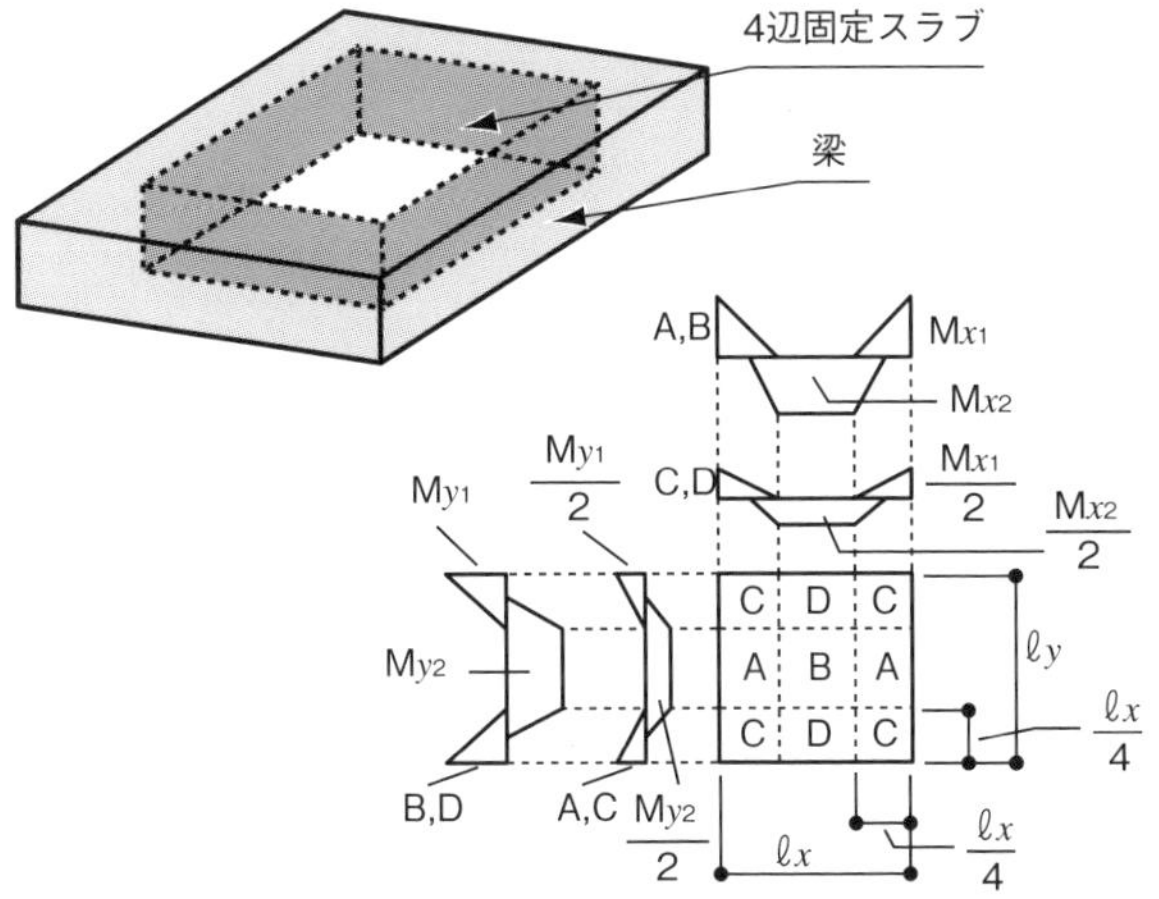

$$M_{x1} = -\frac{1}{12} W_x \times \ell_x^2$$

$$M_{x2} = \frac{1}{18} W_x \times \ell_x^2 = -\frac{2}{3} M_{x1}$$

$$M_{y1} = -\frac{1}{24} W_x \times \ell_x^2$$

$$M_{y2} = \frac{1}{36} W_x \times \ell_x^2 = -\frac{2}{3} M_{y1}$$

$$W_x = \frac{\ell_y^4}{\ell_y^4 + \ell_y^4} W$$

M（x_1, x_2, y_1, y_2）
：x_1, x_2, y_1, y_2 の曲げモーメント（N・m）
ℓ_x：床の短辺の長さ（m）
ℓ_y：床の長辺の長さ（m）
W：等分布荷重（N／m²）

クリープを考慮した設計（鉄筋コンクリート造の場合）

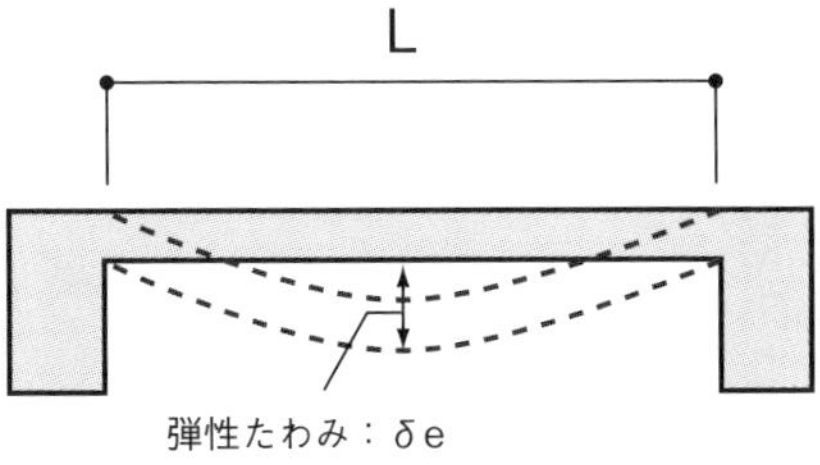

‖
計算で求められる変形。グラフや計算プログラムを用いて算出する

クリープを考慮したたわみ量の許容値の算出

$$\delta = 16 \times \delta e$$

$$\frac{\delta}{L} \leqq \frac{1}{250}$$

床と梁の境界条件が変わる例

1方向スラブとして応力やたわみを算出

①スラブ比が1：2以上の場合

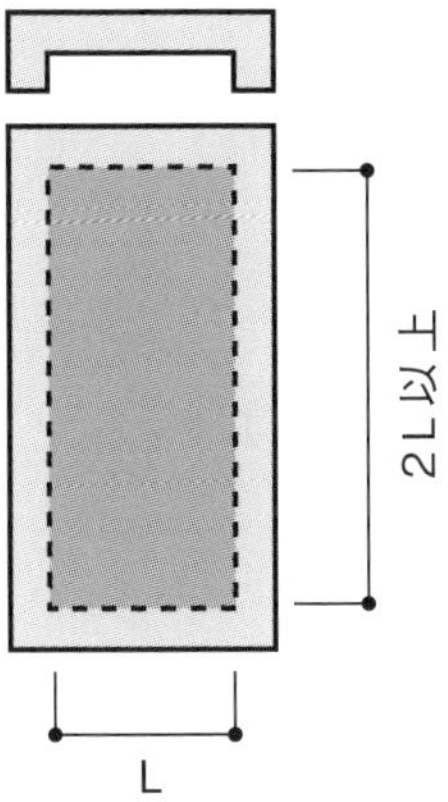

②合成デッキスラブの場合

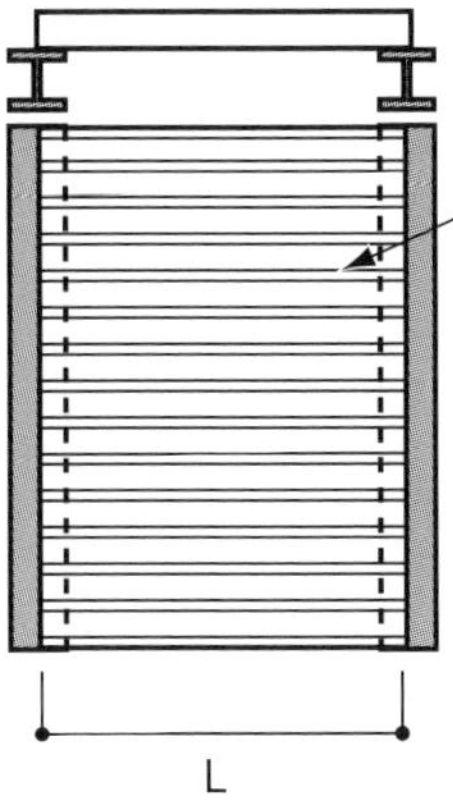

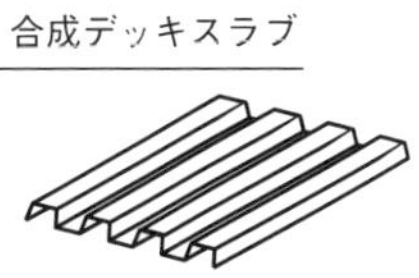

合成デッキスラブは方向性があるので、その方向に合わせて応力やたわみを算出する。通常は山の方向が床の短辺側と平行なるようにデッキを敷く

剛床とはなにか

047

POINT >>>>>>>>>>>>>>>>>>>>>>>>>>>>>>>>>>>>

剛床は水平力を受けてもまったく変形しない床。木造では構造用合板を梁や土台、大引に直接留めて剛床をつくる

仮定としての剛床

剛床とは、地震力や風圧力などの水平力を受けてもまったく変形しない床のことである。また、床の剛性が高いほど水平力の伝達能力は向上するので、剛床は最も効率よく水平力を伝達する理想の床でもある。

一般に剛床というとき、「理論上の剛床（剛床仮定）」と「施工してつくる剛床」の2つの意味で使われる。

理論上の剛床とは、構造計算を簡略化するために、実際の床の状況にかかわらず、計算上、剛床と仮定する床のことである。床が伝達する水平力は、床の剛性から算出することができるが、計算が複雑になる。そのため、構造計算では、「剛床仮定」として構造計算することが多い。

剛床仮定は、床の状況を考慮しない理論値であるため、極端な言い方をすれば、床面がない吹抜けも剛床とみなして構造計算することが可能である。一貫構造計算プログラム〔202頁参照〕は剛床仮定を基本とするものが大半だが、吹抜けなどがある場合は、設定を解除して、実際の計画に近い計算を行う必要がある。

施工してつくる剛床

実際に、「まったく変形しない」剛な床をつくることは不可能である。ただし鉄筋コンクリート造や鉄骨造でコンクリート床を採用した場合、理論値の剛床に近いと考えても差し支えない。

木造の場合、材質が比較的柔らかいため、剛床を成立させるのは困難である。木造で剛床というときは、根太を省き構造用合板を梁や大引、土台に直接留めた床を指すことが多い。ただし、剛床を「効率よく水平力を伝達できる床」という機能だけに着目すれば、柔らかい床でも、壁と壁の間隔を狭めることで、計算上の剛床仮定は成立する。

剛床の特徴

剛床（応力計算上の剛床）

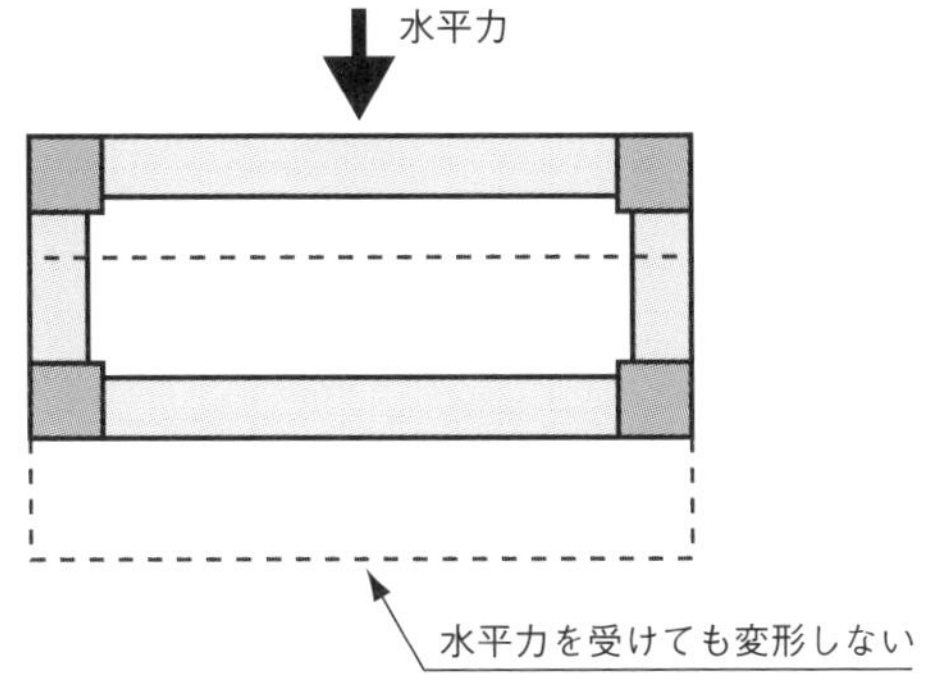
水平力
水平力を受けても変形しない

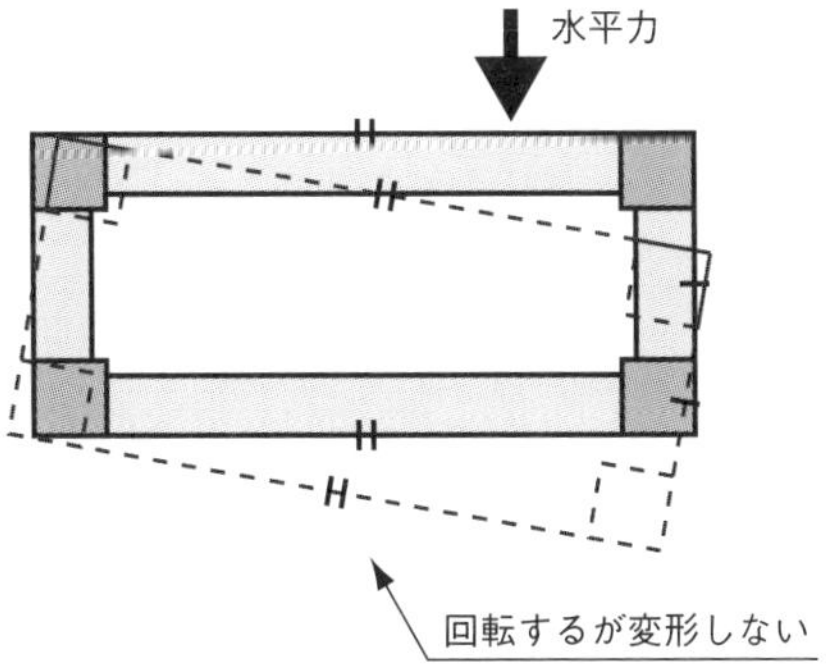
水平力
回転するが変形しない

非剛床

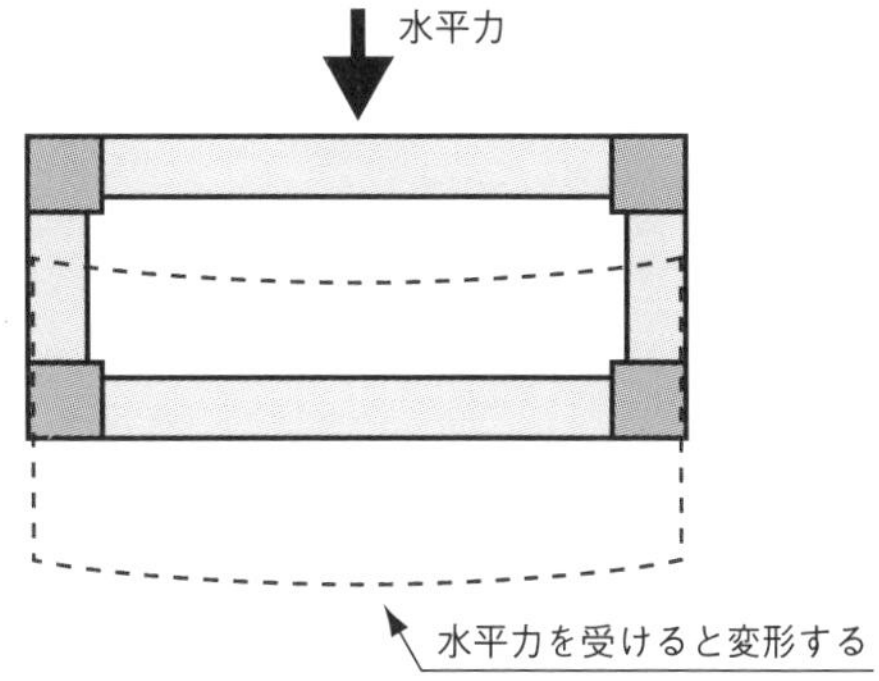
水平力
水平力を受けると変形する

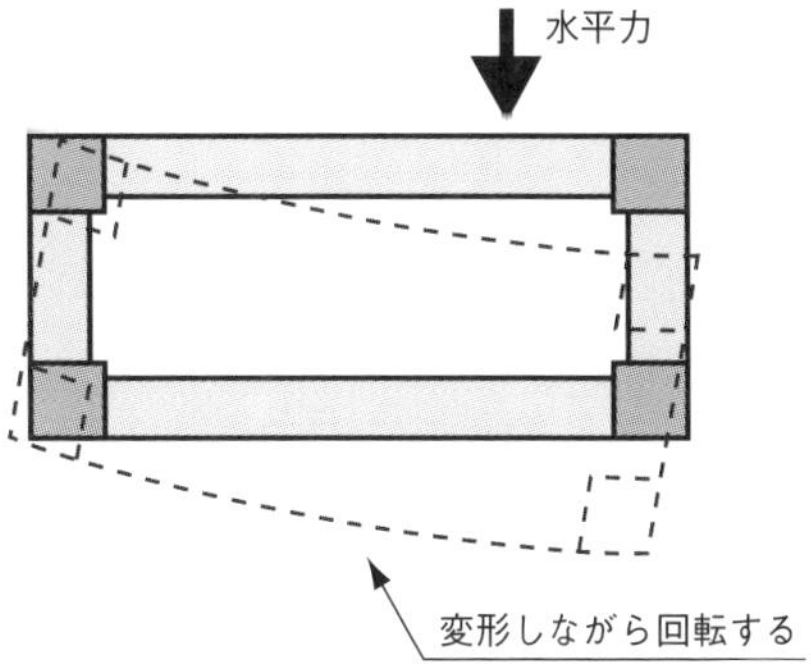
水平力
変形しながら回転する

耐震壁の位置で柔らかい床を剛床に近づける

①非剛床で耐震壁どうしの間隔が広い場合

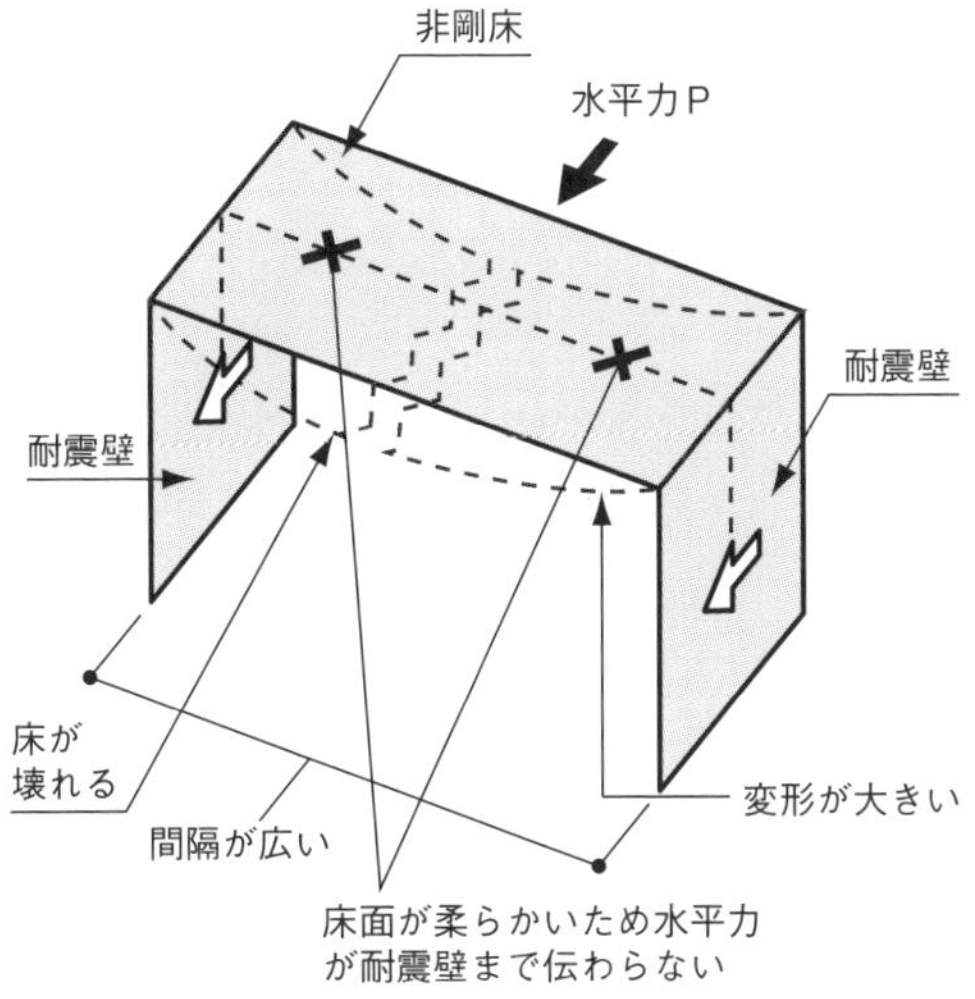
非剛床
水平力P
耐震壁
耐震壁
床が
壊れる
間隔が広い
変形が大きい
床面が柔らかいため水平力
が耐震壁まで伝わらない

②非剛床で耐震壁どうしの間隔が狭い場合

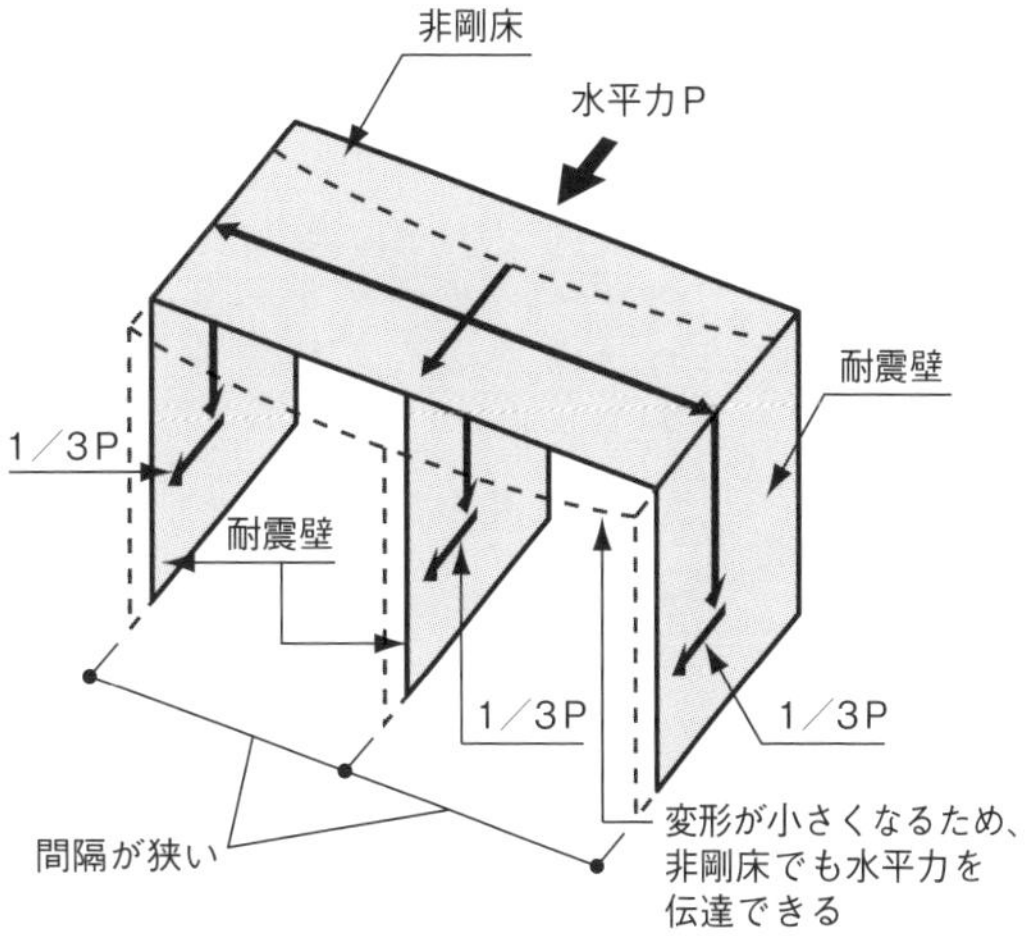
非剛床
水平力P
耐震壁
1／3P
耐震壁
1／3P
1／3P
間隔が狭い
変形が小さくなるため、
非剛床でも水平力を
伝達できる

スキップフロアの設計

048

POINT >>

スキップフロアは、耐震壁などで上階の床面に伝達された力を下階に床面に流せるよう設計することが重要

スキップフロアの弱点

スキップフロアとは、床面の高さをずらしながら階を配置したものである。室内空間に変化を与えたり、狭い敷地に建築したり、傾斜地に住宅を計画する場合に有効な手段となる。

しかし、構造的観点からみると、スキップフロアは注意しなければならない点が少なくない。

スキップフロアで最も注意すべきは、剛床がつくりにくいということである。段差部分があるため床が一体とならず、柱や梁、壁から流れてきたせん断力をほかの柱・梁・壁に伝達することができない。

したがって、スキップフロアを計画する場合は、耐震壁などの耐震要素をバランスよく配置し、床面での力のやり取りを極力抑える計画とする必要がある。

そのような配置が難しい場合は、剛床となるように床面や上下階の接続部分を補強する。特に床段差部分に大きなせん断力が生じるので、段差部分は耐震壁などで十分に補強しなければならない。

段差が小さい場合の注意点

床間の段差が小さい場合、段差部分にある柱が短柱になる。短柱となる条件には明確な定義がないが、きわめて短い柱であるため、地震力が集中しやすく、せん断力で破壊してしまうような柱のことである。下階の耐震壁を上階まで届かせるなどして、できるだけ短柱ができないように計画する必要がある。また、部材や構造計画上だけでなく、設計用の荷重の設定にも気をつけなければならない。

床段差ごとに階があると設定し地震力を算出する場合や配管を通す程度の段差では、同一階とみなして、地震力を算出する場合もある。

スキップフロア
段差が低いと短柱になる

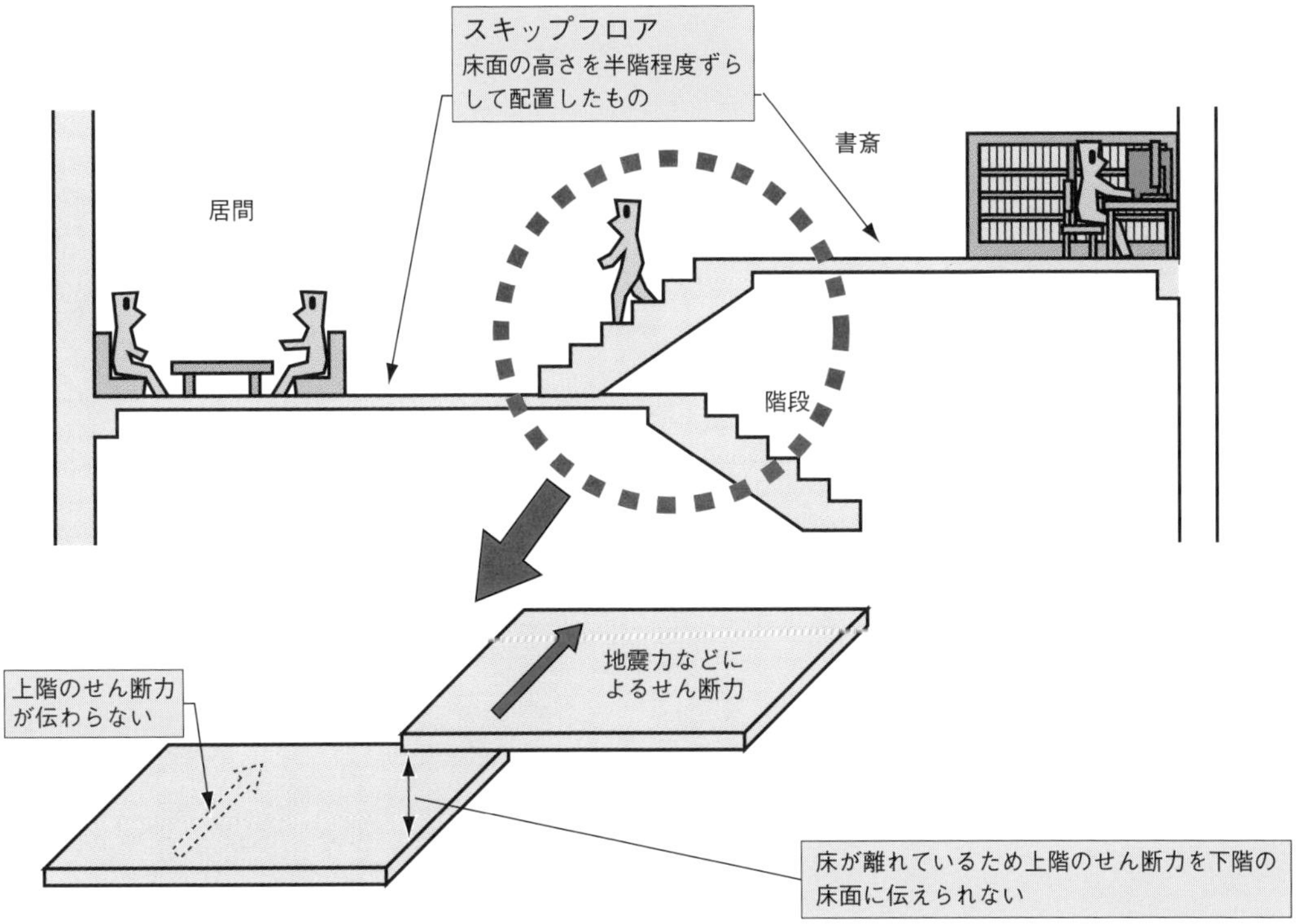

地震力などによるせん断力
床が離れているため上階のせん断力を下階の床面に伝えられない

設計上のポイント

平面

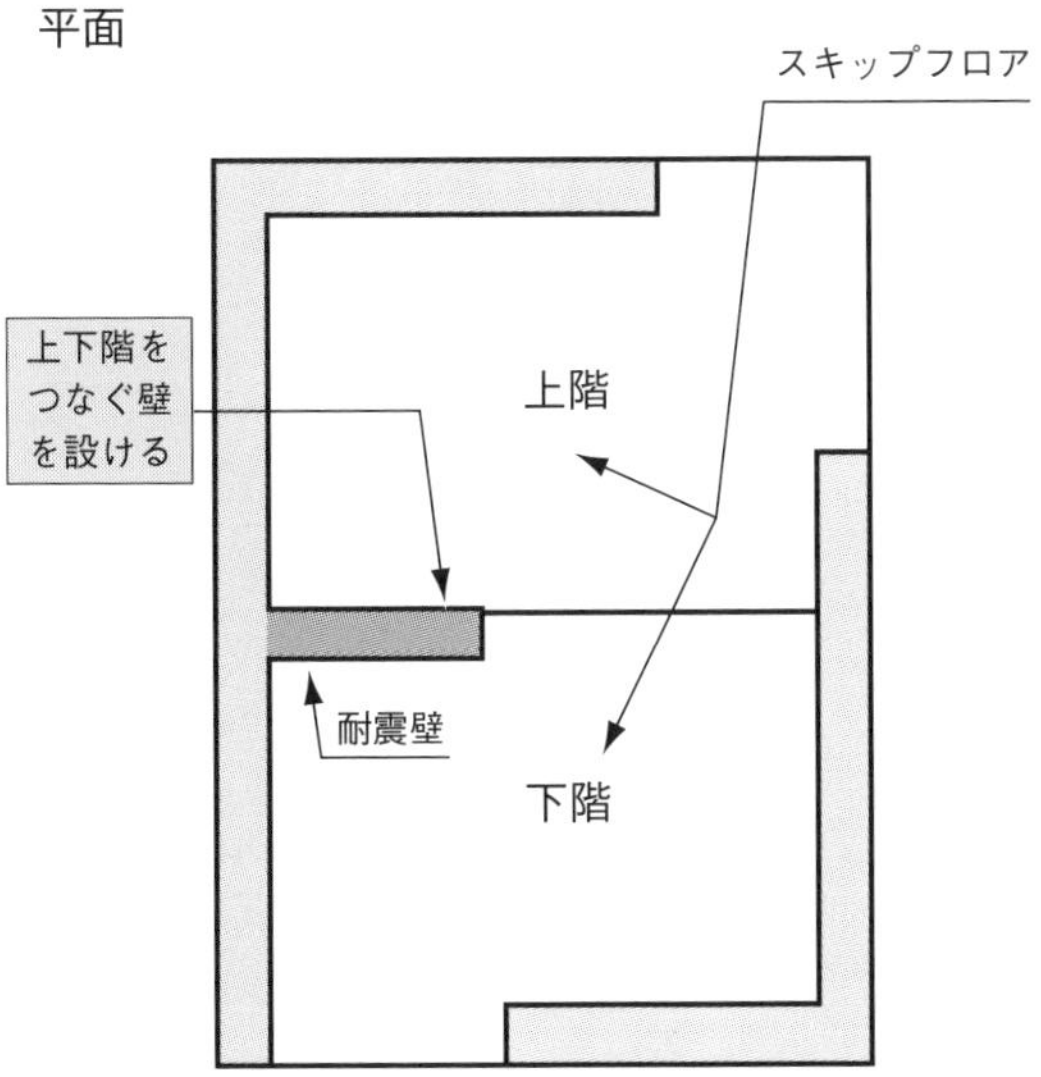

スキップしている床面どうしをつなぐ壁を設けて、せん断力を伝達させる

立面

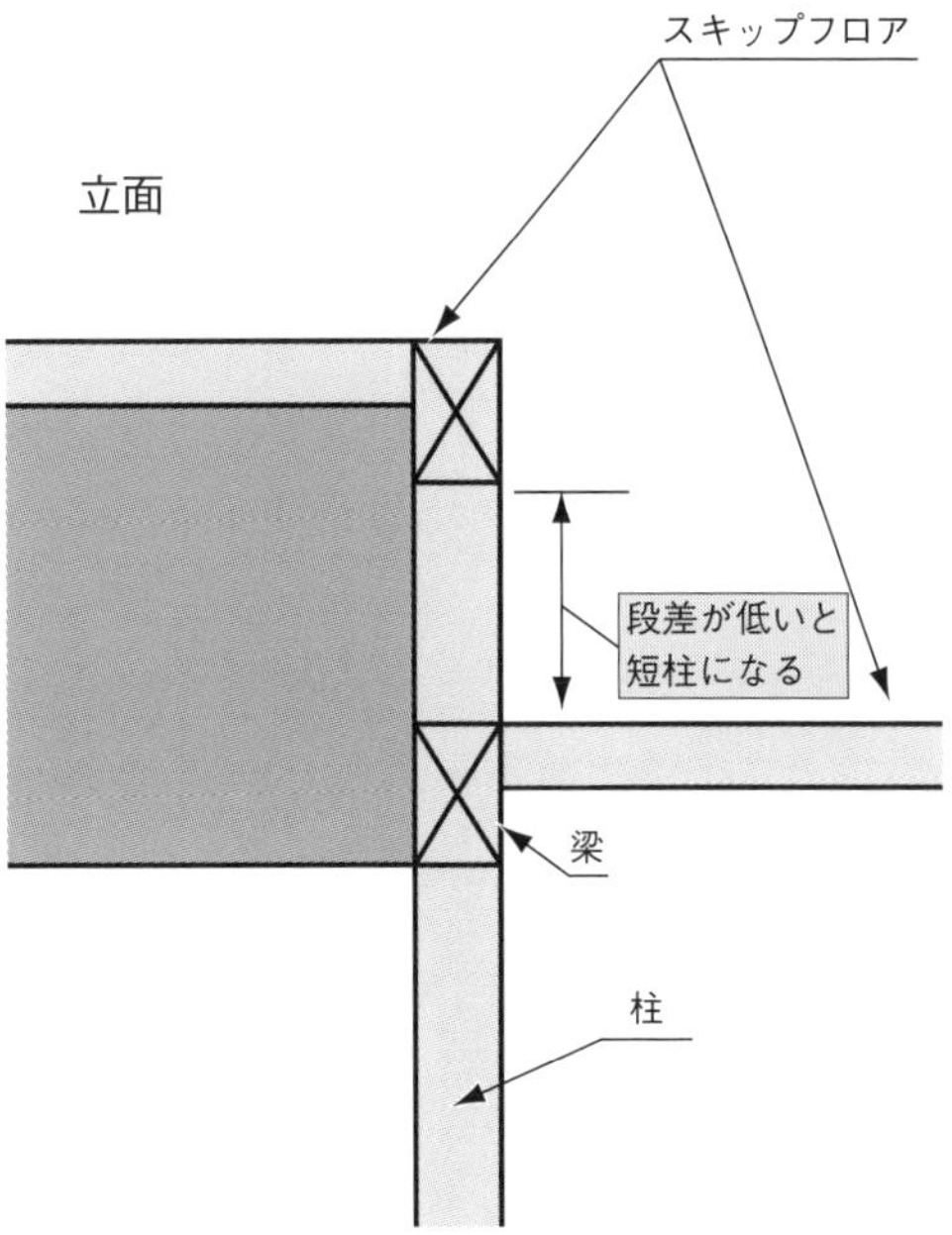

短柱には応力が集中するので危険。短柱部分には壁を設けるなどの対策が必要

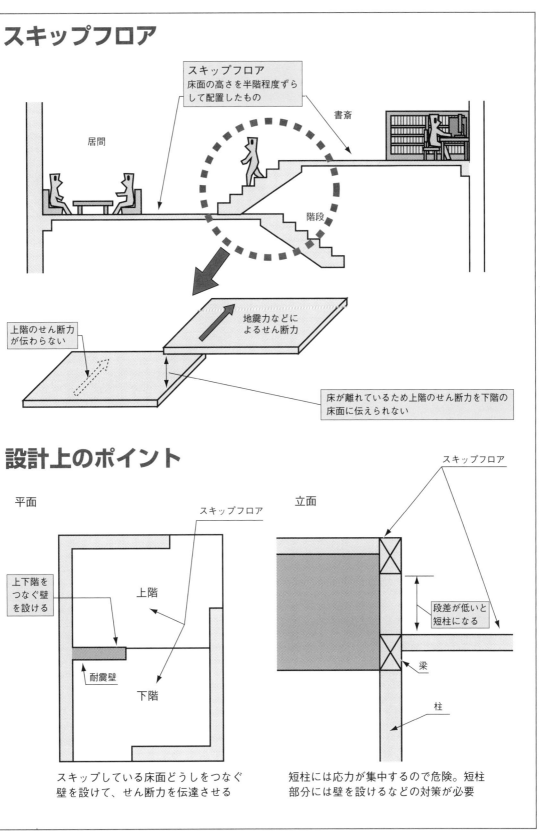

吹抜けの設計

049

POINT >>>>>>>>>>>>>>>>>>>>>>>>>>>>>>>>>>>>

吹抜け部分は床がないため、水平力の伝達ができない。吹抜け廻りの耐震壁の評価には十分に注意する

床がないので力が伝わらない

吹抜けは、一部分が抜けている床である。スキップフロア同様、力の伝達が難しいことが構造的弱点になる。

剛床は上階で受けた水平力を下階の耐震要素まで伝達する役割をもつが、吹抜けがあると床の一部が欠けるため剛床となりづらく、力の伝達能力が低下することになる。

また、吹抜け側に耐震壁を設けても、床とつながっていなければ、耐震要素としてはほとんど意味がない。

吹抜けを設ける場合は、吹抜け側にある耐震壁の一部を床と接続するか、吹抜け部分の梁を補強して応力のやり取りができる仕様とすることが重要である。

そのほかの注意点

力の伝達以外では、吹抜けの位置に気をつけなければならない。特に建物中央部に吹抜けを計画することはできるだけ避けたい。建物が水平力を受けたときに、吹抜けで分断された部分がどのように挙動するかが把握しづらいからである。建物中央に吹抜けを設ける場合は、吹抜けの両側の床面をキャットウォークなどの床でつなげ、床面の一体性を高めるようにする。

吹抜け部分にある柱の座屈長さにも注意が必要である。柱の座屈長さは、柱の圧縮耐力に大きく影響する。たとえば木造で吹抜けに通し柱を設けると、途中で柱を拘束する床がないため座屈長さが長くなり、その分、圧縮耐力が小さくなる。

また、吹抜け部分が負担する風荷重についても注意を要する。2層の長さの柱の場合、柱の長さを2倍にすると変形は約8倍の大きさになる。この場合、柱だけで風荷重に抵抗させることは困難なため、水平梁を設けて風荷重に対する抵抗要素とするとよい。

吹抜けの構造的弱点

①水平力を受けたときの挙動

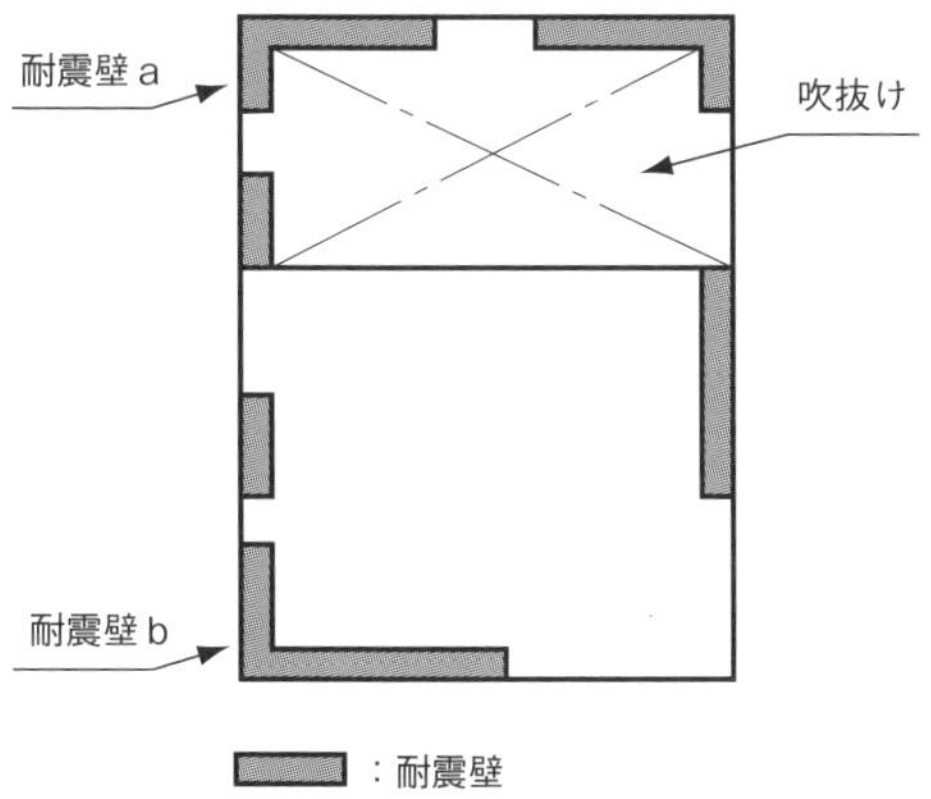

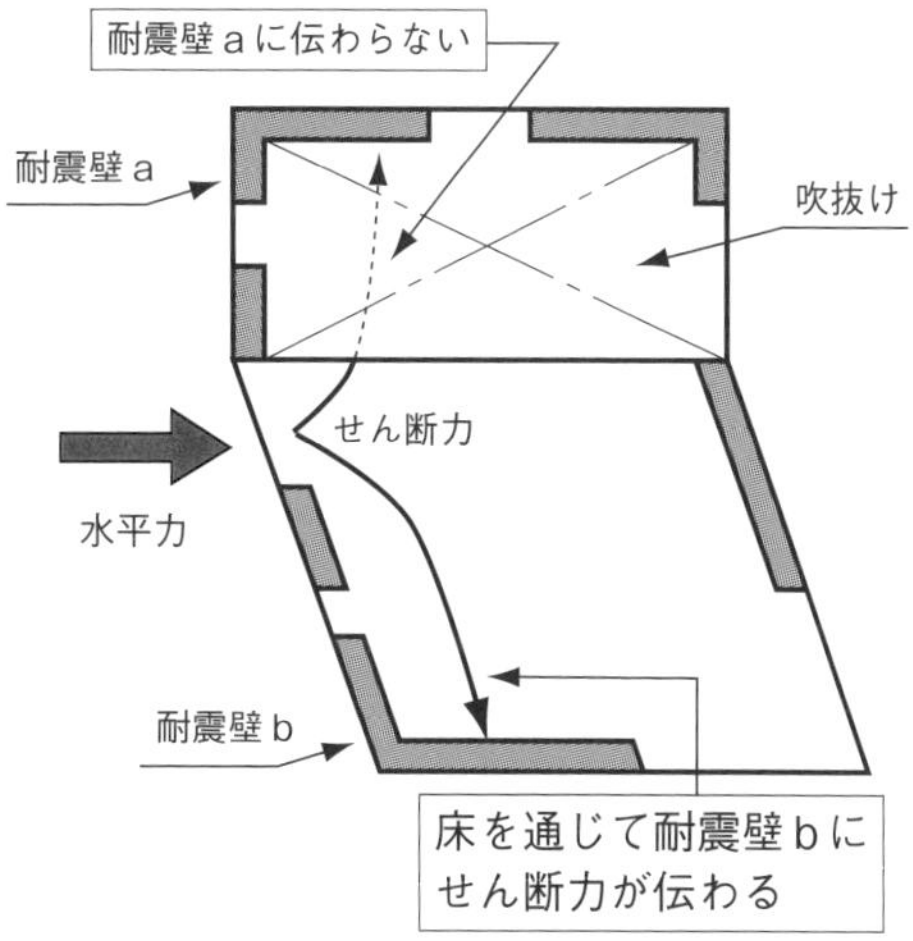

②床をつなげて力の伝達能力を上げる

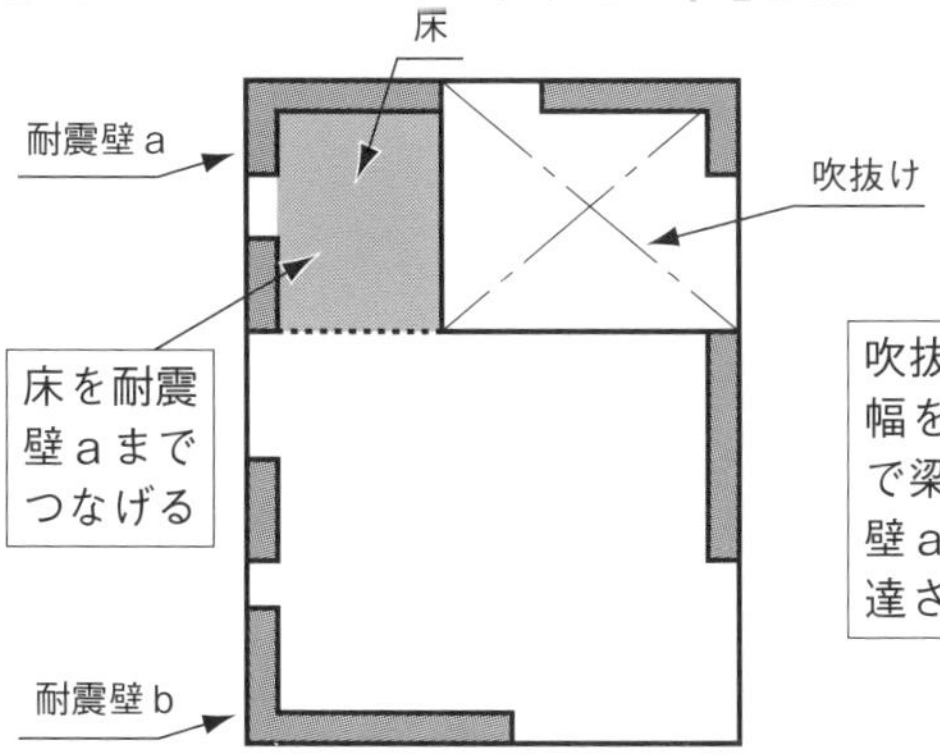

③梁幅を広くして力の伝達能力を上げる

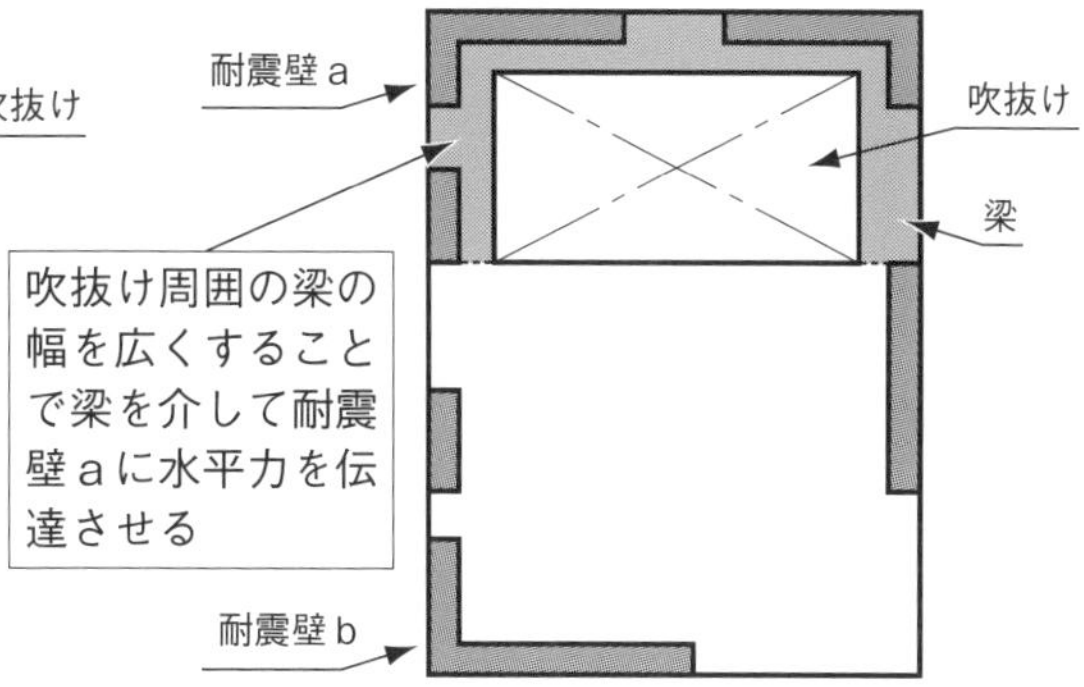

吹抜けの危険な配置

①吹抜けに柱を設ける場合

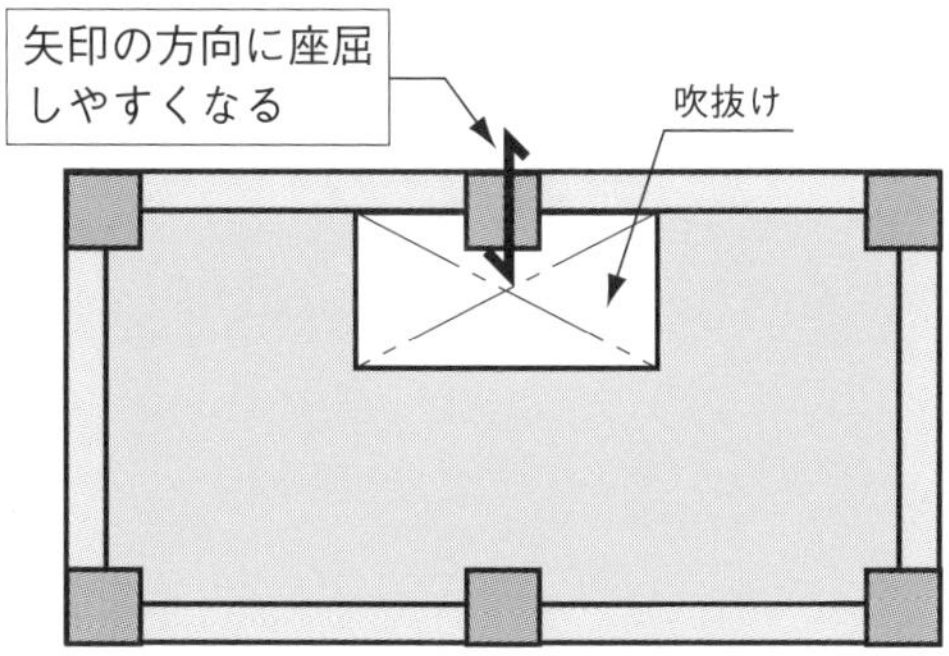

吹抜けに柱を設けると、その部分の柱が床面で拘束されず、柱の長さが２層分になるため座屈しやすくなる

②吹抜けで左右の床が分断される場合

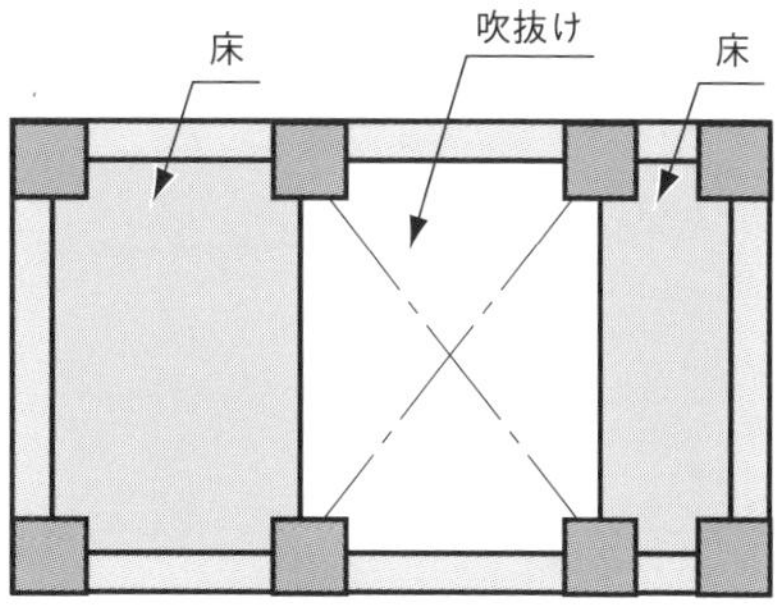

吹抜けで左右の床が分断されると地震時の挙動が複雑になり、危険になる

屋根を支える架構

050

POINT

屋根を支える架構は構造種別で異なる。木造は和小屋・洋小屋、鉄骨造は水平部材で組む小屋組、トラスが一般的

架構の種類

屋根を支える架構にはさまざまな種類がある。構造形式や使用する材料、スパンなどで選択する架構が決まる。

木造では、屋根の形状を形づくる架構のことを小屋組《こやぐみ》という。代表的な小屋組は、和小屋と洋小屋である。

和小屋は、梁・桁（「地廻り」とも呼ぶ）に束を立て、母屋と垂木を掛けて屋根の荷重を支える小屋組である。

洋小屋は、トラス構造とも呼ばれ、トラスで構成された小屋組が屋根の荷重を支える。これらの小屋組でつくる屋根の形状も多数ある。木造住宅では、切妻《きりづま》屋根、寄棟《よせむね》屋根、方形《ほうぎょう》屋根、入《いり》母屋《もや》屋根、片流《かたなが》れ屋根、陸《ろく》屋根などが一般的に用いられる。

鉄骨造では、木造同様に梁や母屋などの水平部材で小屋組を組むか、トラスをフラット（平面）状や山形、ボールト状に配置して架構をつくるのが一般的である。トラスには、木造の洋小屋でも使われるキングポストトラスやクイーンポストトラスのほか、プラットトラス、ハウトラス、ワーレントラス、球のボールジョイントを用いた立体トラスなどがある。

鉄筋コンクリート造では、床と同様に、躯体と一体として屋根を形づくることがほとんどである。このほか、球状の屋根形をもつシェル構造や、半円版を並べたリブボールト屋根、三角形の板を組み合わせた折板構造の屋根などがある。

特殊な形状の屋根

構造形式と一体となった特殊な形状の屋根もある。テンション屋根構造は、建物中央や両サイドにポスト（柱）を配し、上部からケーブル材で屋根材を吊り上げて屋根を構成するものである。屋根幕構造は、屋根材となる幕材を内部の気圧で支持する構造形式である。

木造の小屋組

① 和小屋

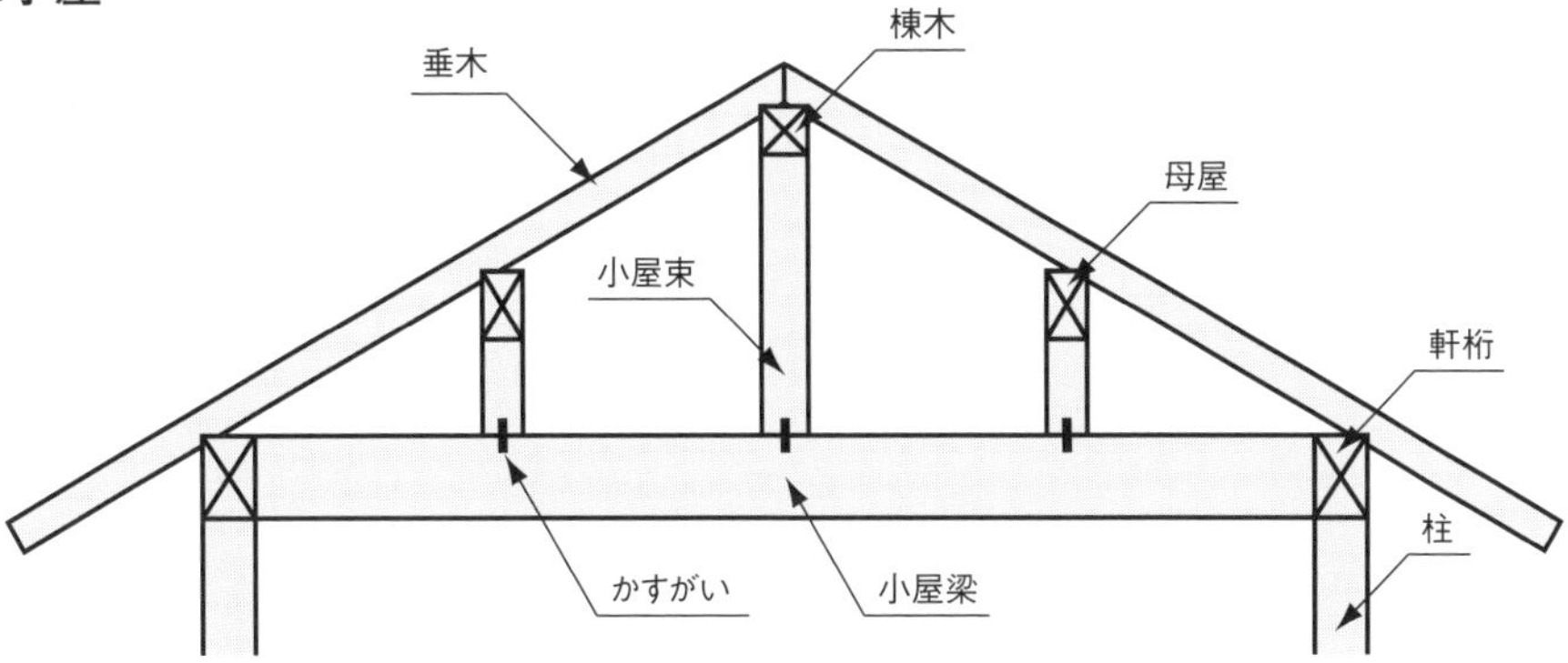

② 洋小屋

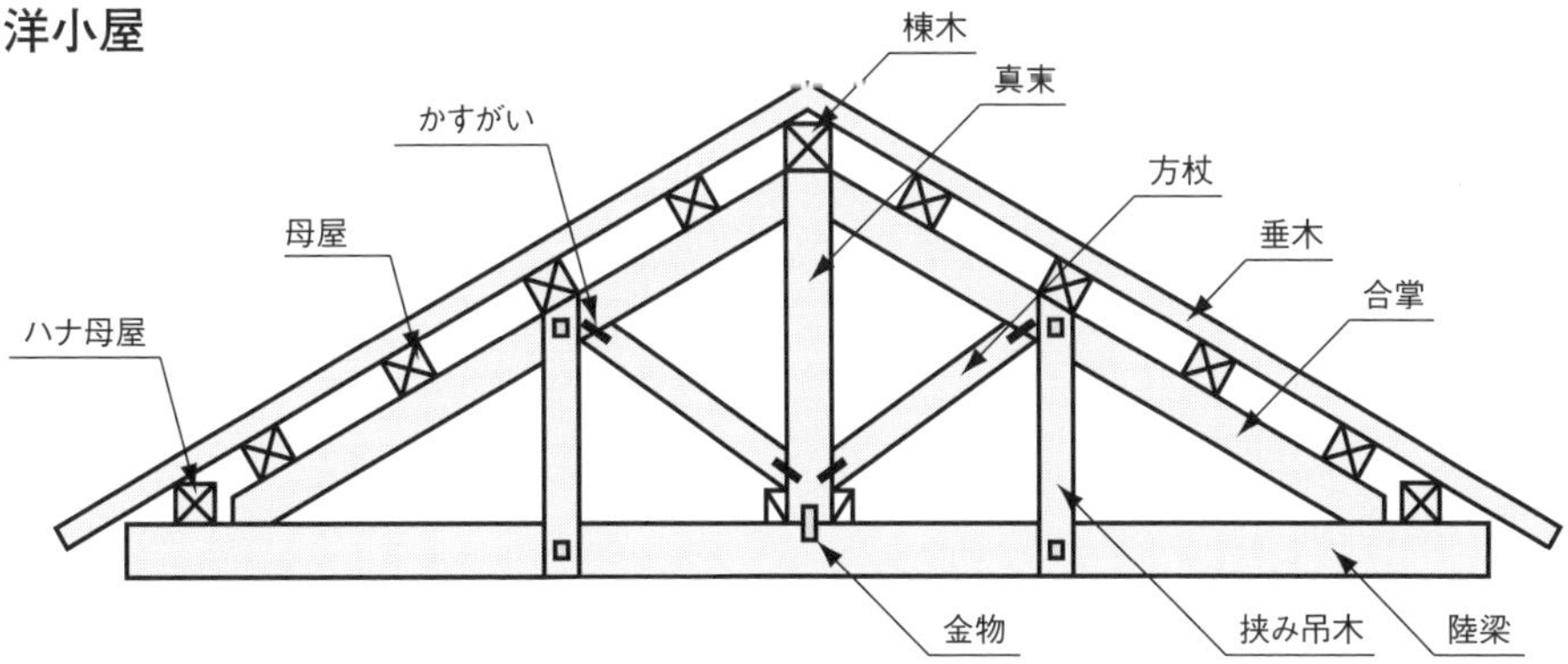

木造・鉄骨造のトラス

①キングポストトラス

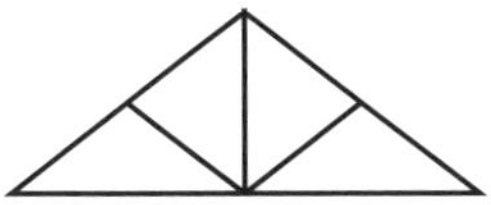

②プラットトラス

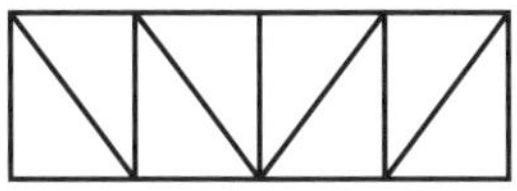

③ワーレントラス

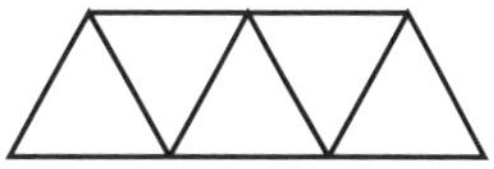

④クイーンポストトラス

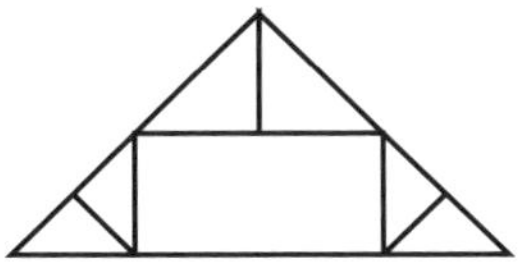

⑤ハウトラス

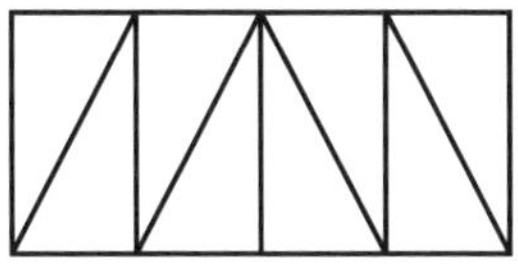

⑥立体トラス

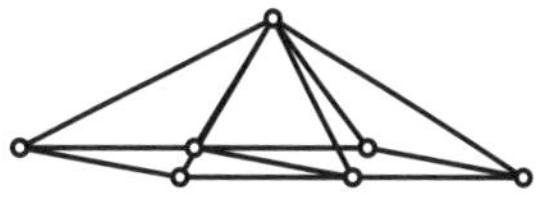

屋根の構造設計

051

POINT >>>>>>>>>>>>>>>>>>>>>>>>>>>>>>>>>>>

屋根の構造計算では、風荷重と積雪荷重に対する部材の安全性を確認する。このほか施工時荷重や温度応力も考慮する

屋根に作用する荷重

屋根は建物の最も上にあり、主に設備荷重や防水、断熱、仕上材の荷重を支持している。

しかし屋根はこれ以外にも検討しなければならない荷重が多い。まず注意すべきは風荷重である。小規模の木造住宅では、地震力より風荷重のほうが構造設計上重要になる場合がある。海辺や高台などの風が強く吹く場所では、風荷重の検討が重要である。また、軒の出が大きい建物では、風による吹上げの荷重も無視できない。次に注意すべきは、積雪荷重である。一般区域では短期荷重として無視できることも多いが、多雪区域では積雪荷重が構造計画上、大きな問題となる。

勾配屋根であれば、勾配に応じて積雪荷重を低減することができる。ただし、雪を落とす方向によっては、積雪による側圧が壁面に生じる場合がある。屋根を耐雪型とすることも多いが、その場合は建築意匠計画と構造計画の両面からの検討が必要になる。

施工時荷重や温度応力に注意

人が載って利用することが想定されていない屋根では、積載荷重をほとんど無視して設計する。

ただし、そのような屋根でも施工時の荷重は検討しておくべきである。竣工後は人が載らない屋根でも、施工中は人や資材が載る場合がある。特に敷地に余裕がない場合は、あらかじめ屋根がどの程度の荷重に耐えられるかを検討しておく必要がある。

構造躯体は変化しないものと考えられがちだが、屋根は日射や気温などの影響を受けて、年間を通して伸縮している。伸縮の際に発生する力が温度応力である。温度応力でひび割れが生じないよう、構造・意匠の両面で調整して設計する必要がある。

屋根に作用する荷重

風圧力

①平地の場合　②高台の場合

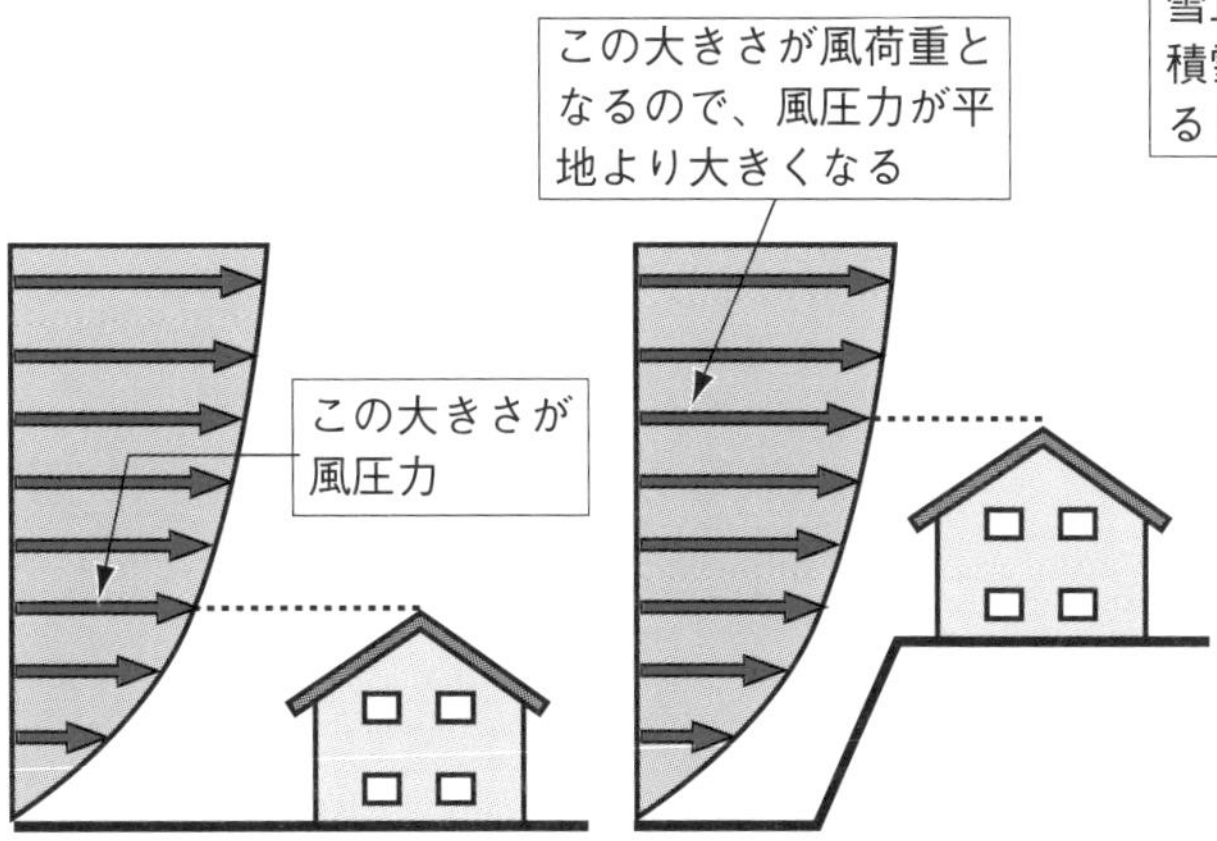

積雪荷重

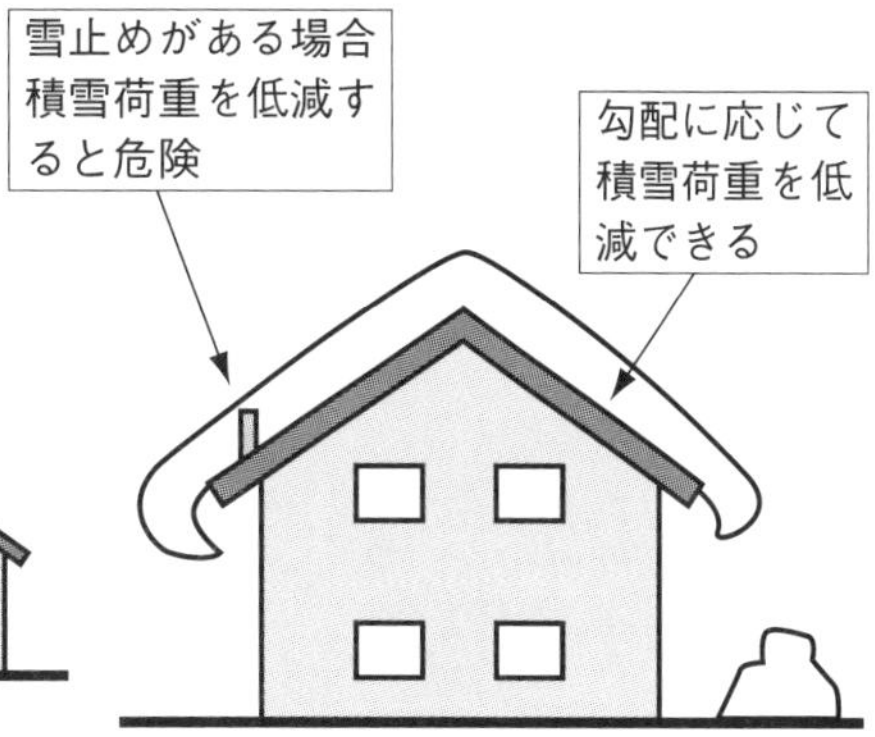

軒の先端には雪がたまりやすいので大きな荷重がかかるおそれがある

人の荷重

①屋上を利用する場合

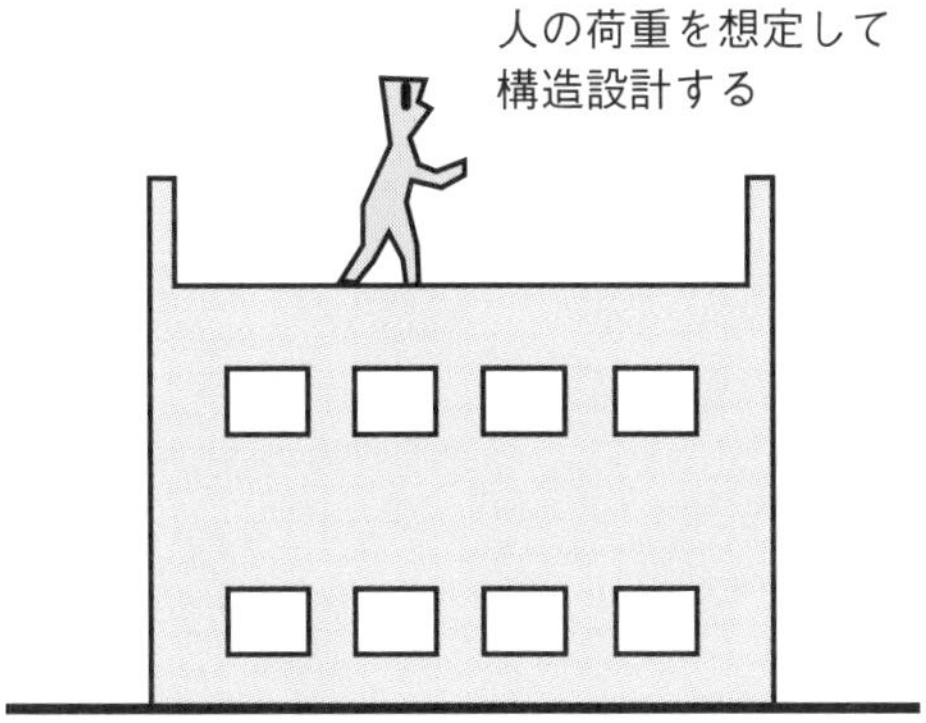

②屋上を利用しない場合

施工時荷重

施工中は人や物が載るので、それらの荷重を考慮する必要がある

温度応力

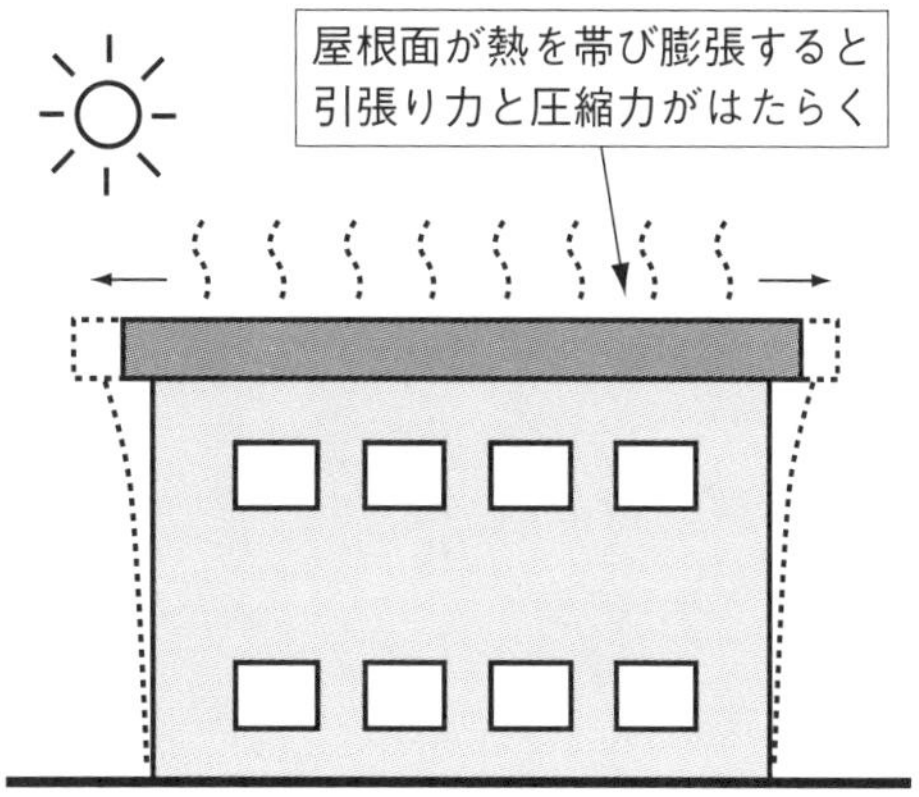

開口部の構造設計

052

POINT >>

開口部の構造設計では大きさと位置に注意する。耐震壁に開口部を設ける場合、大きさや補強方法に規定がある

木造と鉄骨造の開口部設計

開口部は建築上必ず必要なものである。しかし耐震壁（耐力壁）などの耐震要素に開口部を設ける場合、位置や大きさが構造設計では重要になる。

木造では、耐力壁が主な耐震要素となる。開口部の補強方法についての規定がないため、通常、開口部がある壁は耐力壁とはみなさず設計する。

２００７年の建築基準法改正に伴い改訂された『建築物の構造関係技術基準解説書』（国土交通省住宅局建築指導課）には、耐力壁に設ける開口部の大きさを上限500㎜角と記載されていたが、２０２０年の改定では記載がなくなっている。これは、耐力壁の高倍率化に伴うものだと思われる。開口部の大きさは設計者の判断で適切な大きさとする必要がある。

鉄骨造では、ラーメン構造の場合、柱・梁だけで耐震要素となるため、開口をそれほど気にする必要がない。ブレース構造の場合は、ブレースを切断できないので、開口部とブレースが干渉しないよう配置に注意する。

鉄筋コンクリート造の開口部設計

鉄筋コンクリート造では、耐震壁に設けられる開口部の条件が明確に規定されている。また、耐震壁に設ける開口部は、特に隅角部に応力が集中するので、周囲に補強筋や斜め筋を入れて補強する。

鉄筋コンクリートでつくる壁は剛性が非常に高いため、開口部の既定を満たさない壁でも、配置位置によっては柱や梁の剛性に影響を与える。

このような壁がある場合は、通常は、耐震スリットを設けて、柱にせん断力が集中しないように設計することも多い。耐震補強では、逆に、これらの壁や柱の壊れ方を確認して耐力として活用することもある。

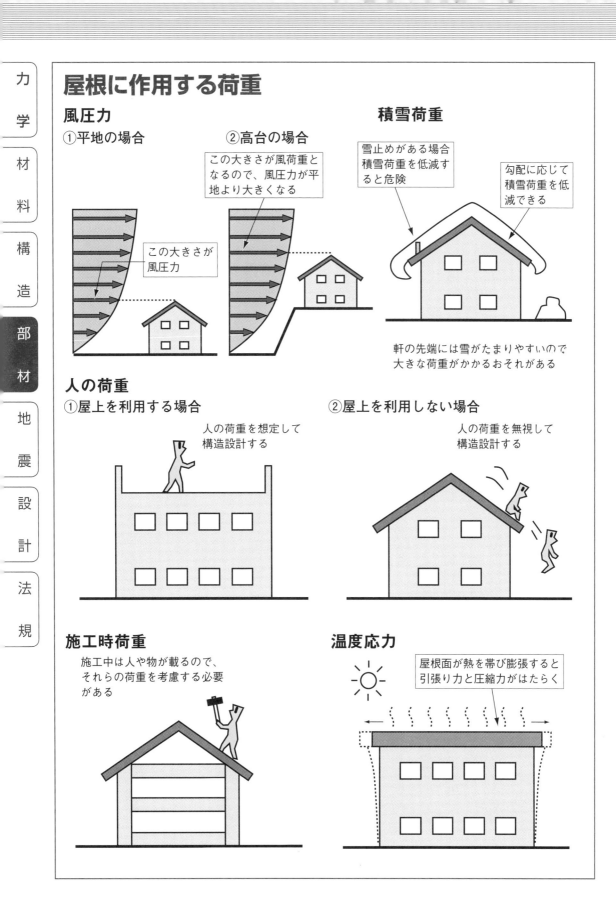

開口部の設計

木造の開口部

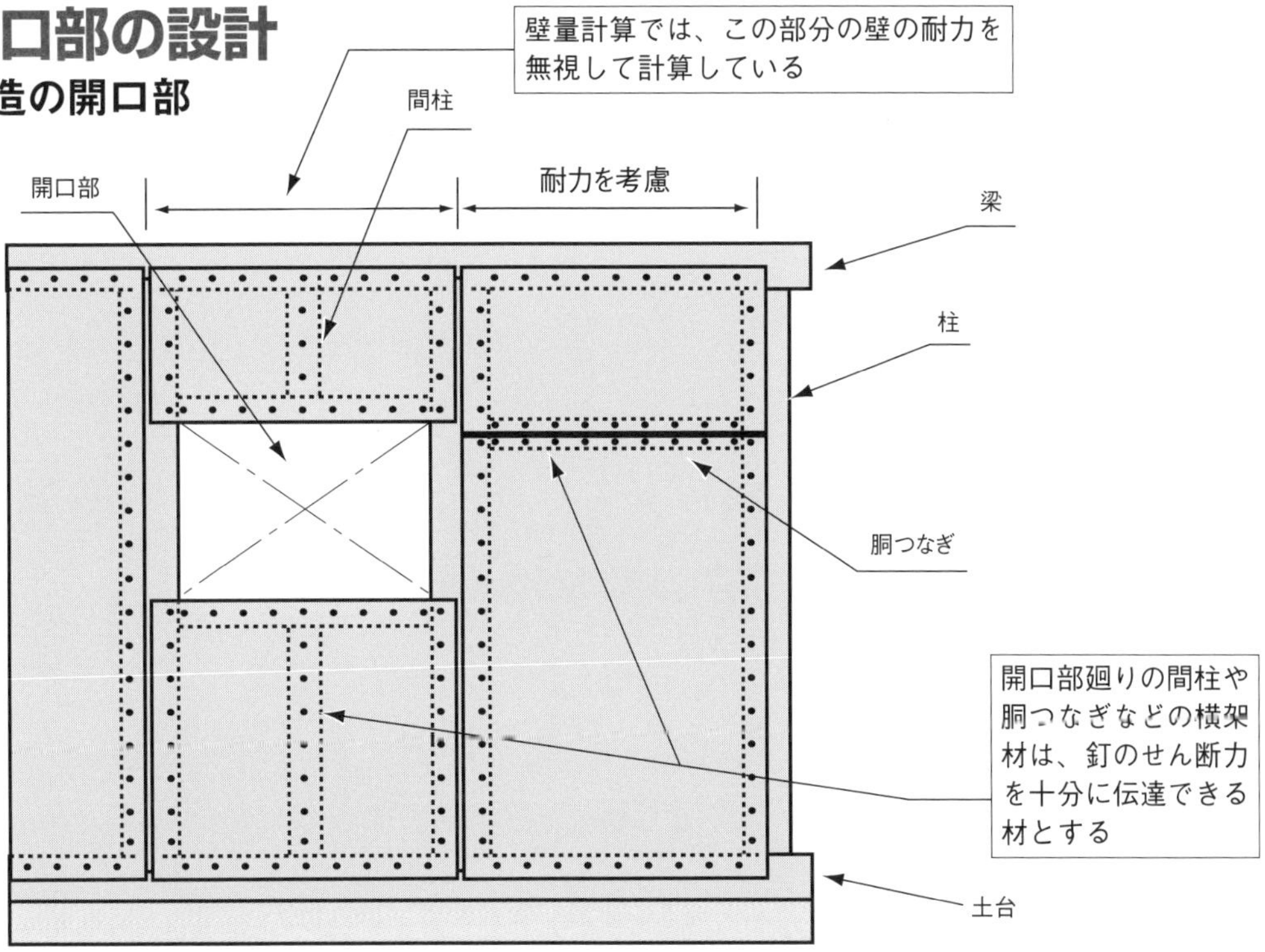

壁量計算では、この部分の壁の耐力を無視して計算している
間柱

鉄骨造の開口部

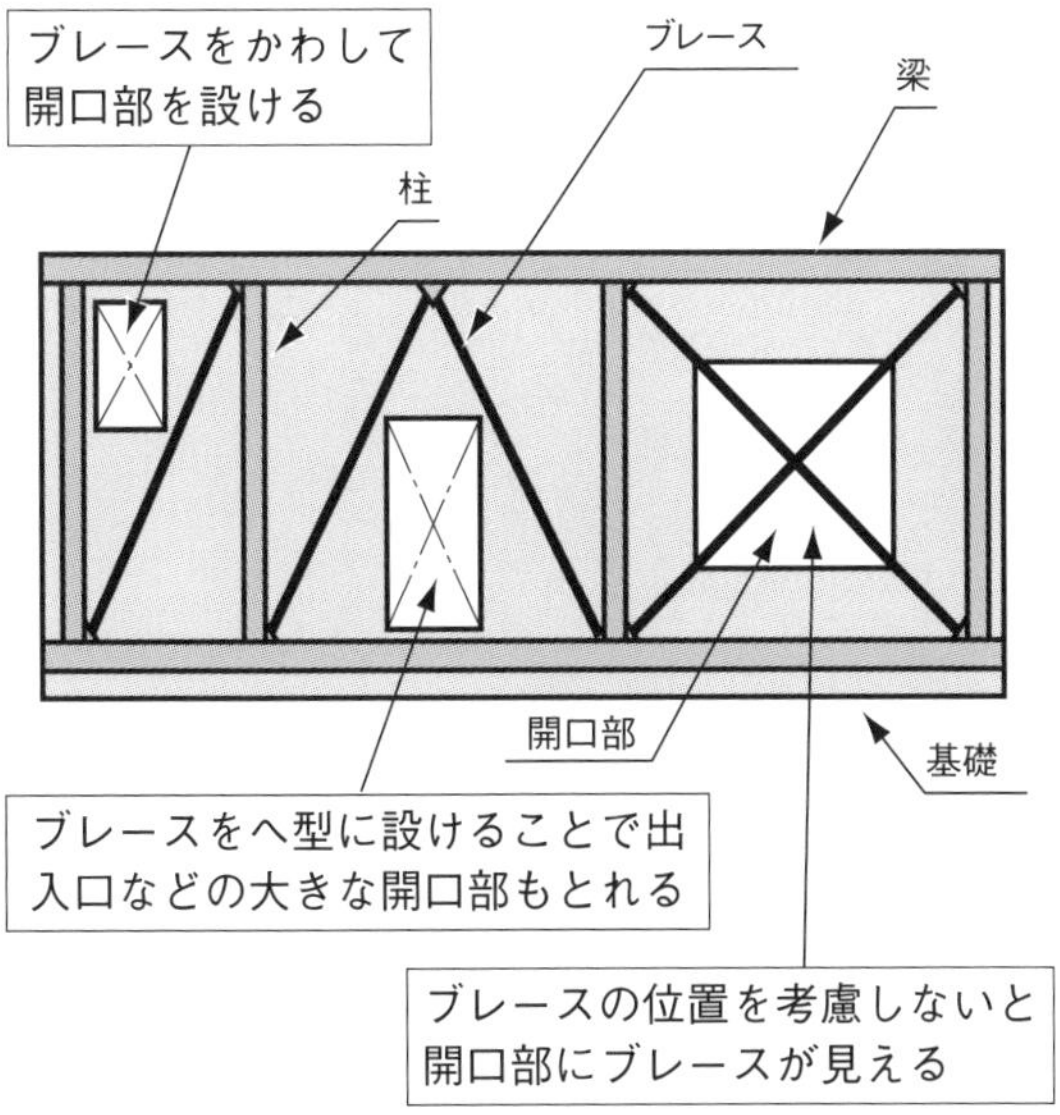

ブレースをかわして開口部を設ける

基礎
ブレースをへ型に設けることで出入口などの大きな開口部もとれる
ブレースの位置を考慮しないと開口部にブレースが見える

ラーメン構造の場合、柱・梁だけで耐震要素になるので自由に開口部がとれる。
ブレース構造の場合、ブレースの設け方を考慮しながら開口部の位置を決める

鉄筋コンクリート造の開口部

①開口部の補強材

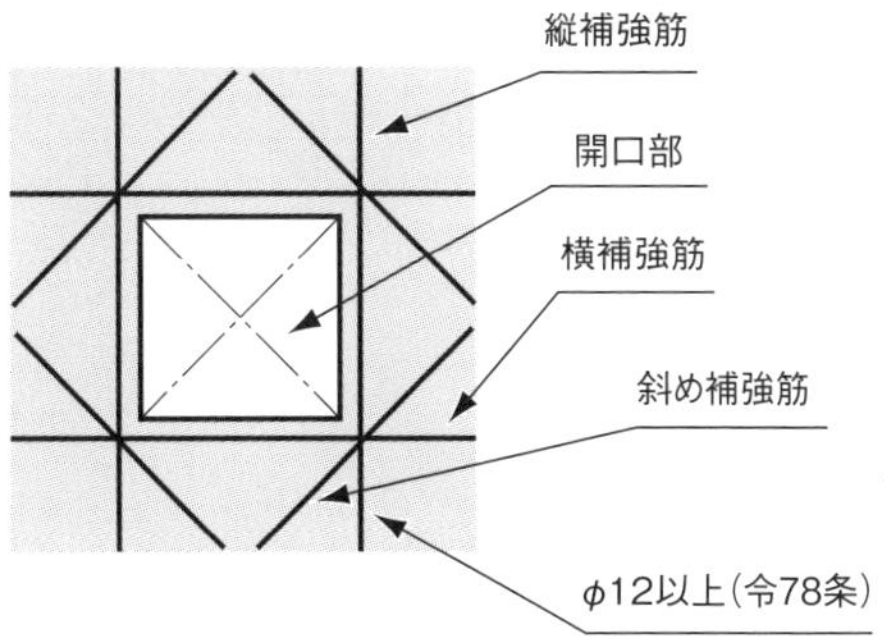

縦補強筋

横補強筋
斜め補強筋
φ12以上(令78条)

②耐震壁に設ける開口部の条件

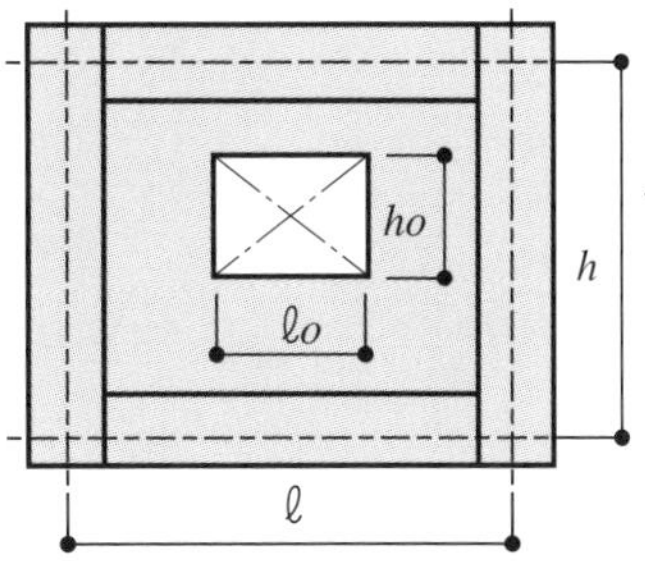

ℓo

ℓ

$$\sqrt{\frac{h_o \ell_o}{h\ell}} \leqq 0.4$$

$$\frac{\ell_o}{\ell} \leqq 0.5$$

$$\frac{h_o}{h} \leqq 0.5$$

耐力を考慮

胴つなぎ
開口部廻りの間柱や胴つなぎなどの横架材は、釘のせん断力を十分に伝達できる材とする
土台

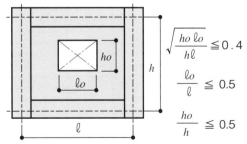

階段の構造設計

053

POINT

階段は、段板のたわみ量（δ≦L/250）と側桁・ささら桁の軸力と曲げに対する性能から安全性を確認する

階段は、非常に簡単な構造システムで成り立っている。構造システムは、単純梁形式と片持ち梁形式の2つの形式に分けられる。

単純梁形式は、上下階の梁を階段がつなぐもので、側桁《がわけた》階段やささら桁階段などが該当する。単純梁形式の階段で気をつけなければならないことは、側桁やささら桁に曲げモーメントと軸力が生じることである。また留める側（上階・下階）で、発生する軸力は圧縮力と引張り力が変わることも考慮しなければならない点である。

一方、片持ち梁形式は、片側の壁や支柱から片持ちで踏み板を持ち出す階段である。片持ち梁形式の構造計算は、梁の場合と変わらない。

踏み板のたわみ量

踏み板の変形量（たわみ量）には明確な基準はない。ただし、長期間使用することで生じる繰返荷重が踏み板にかかることを考慮すると、たわみは抑えたほうがよい。床スラブや梁と同様に、最低でも踏み板の横幅の1／250程度の変形量に抑えることを目安にするとよいだろう。

建築基準法では踏み板にかかる荷重が決められているが、比較的小さく見積もられているので、具体的な使用状態を考えて設定するほうがよい。住宅の階段ならば、一般的な成人が荷物を持って上がる状況を想定して、1段当たり1000Nの集中荷重を見込んで構造計算する。

また側桁階段やささら桁階段では、片側のささら桁だけでも十分な強度や剛性を確保できるよう設計する。

片持ち形式のらせん階段では、段板と支柱との接続部分が小さくなるため、局部的な変形が起こりやすい。支柱に最も大きな力がかかる場合を想定し、段板の先端部に集中荷重をかけて構造の安全性を確認する。

階段の構造設計

①単純梁形式（ささら桁階段）

ささら桁には2方向の力がかかっている。構造計算する際はそれぞれの力について安全性を確認する

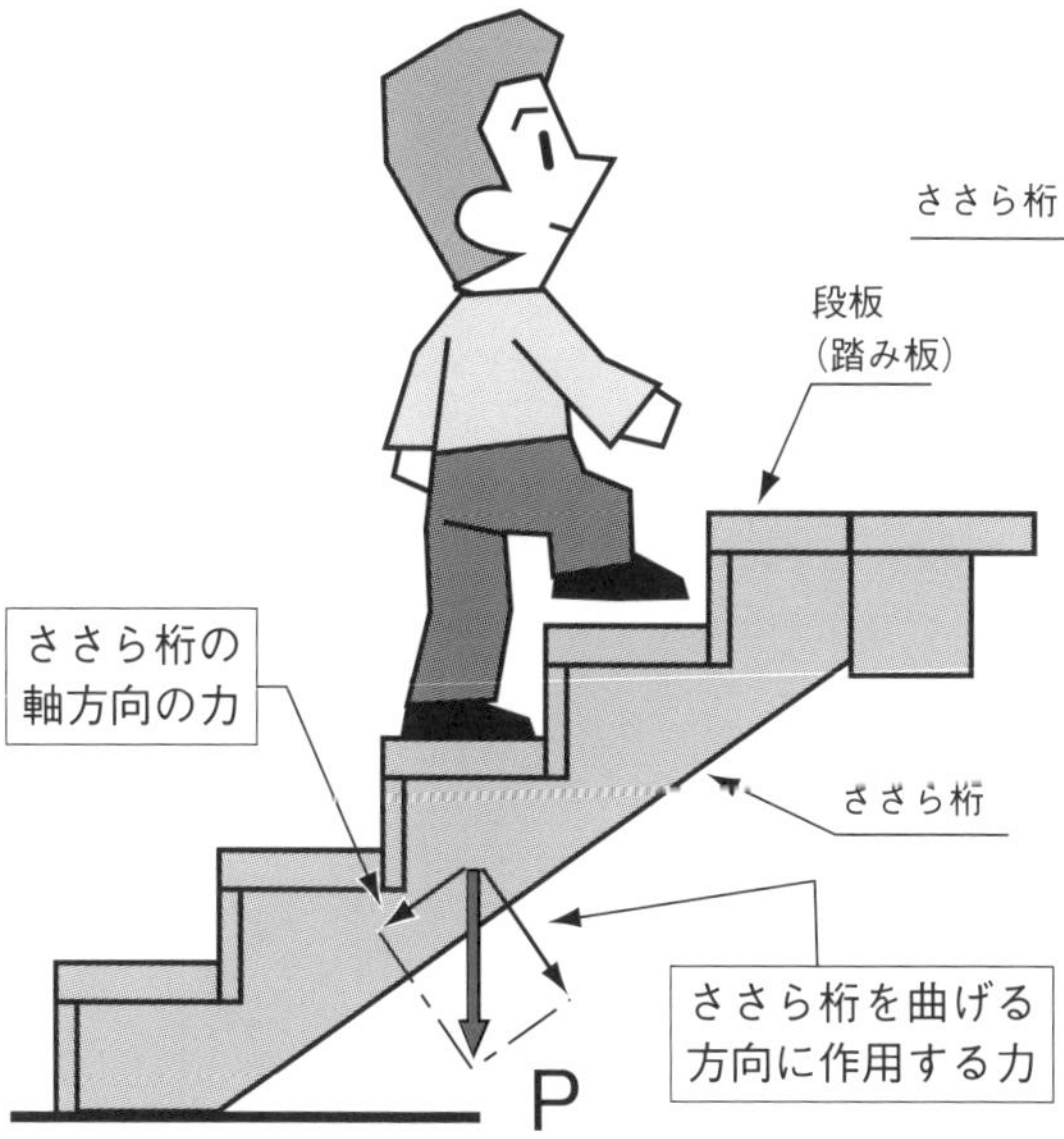

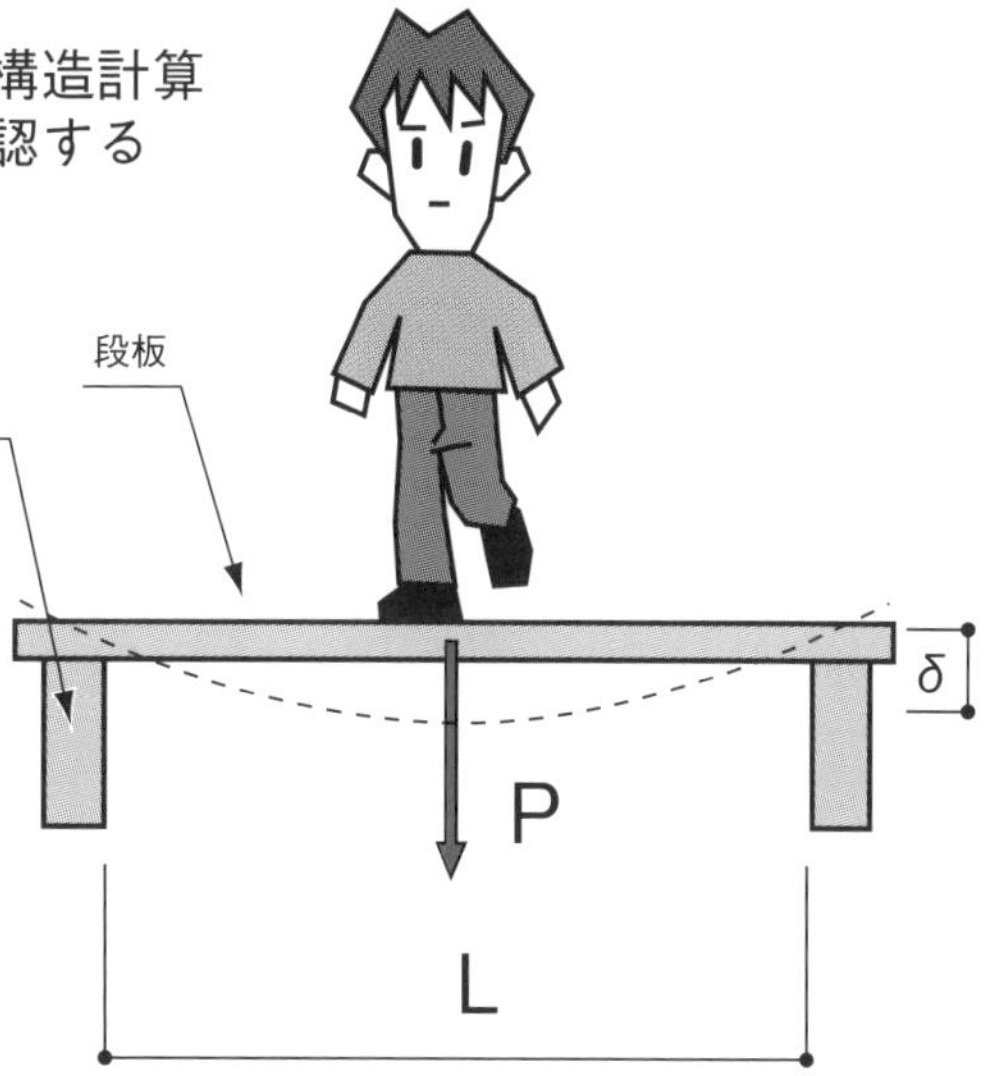

$$\frac{\delta}{L} \leqq \frac{1}{250}$$

②片持ち梁形式（らせん階段）

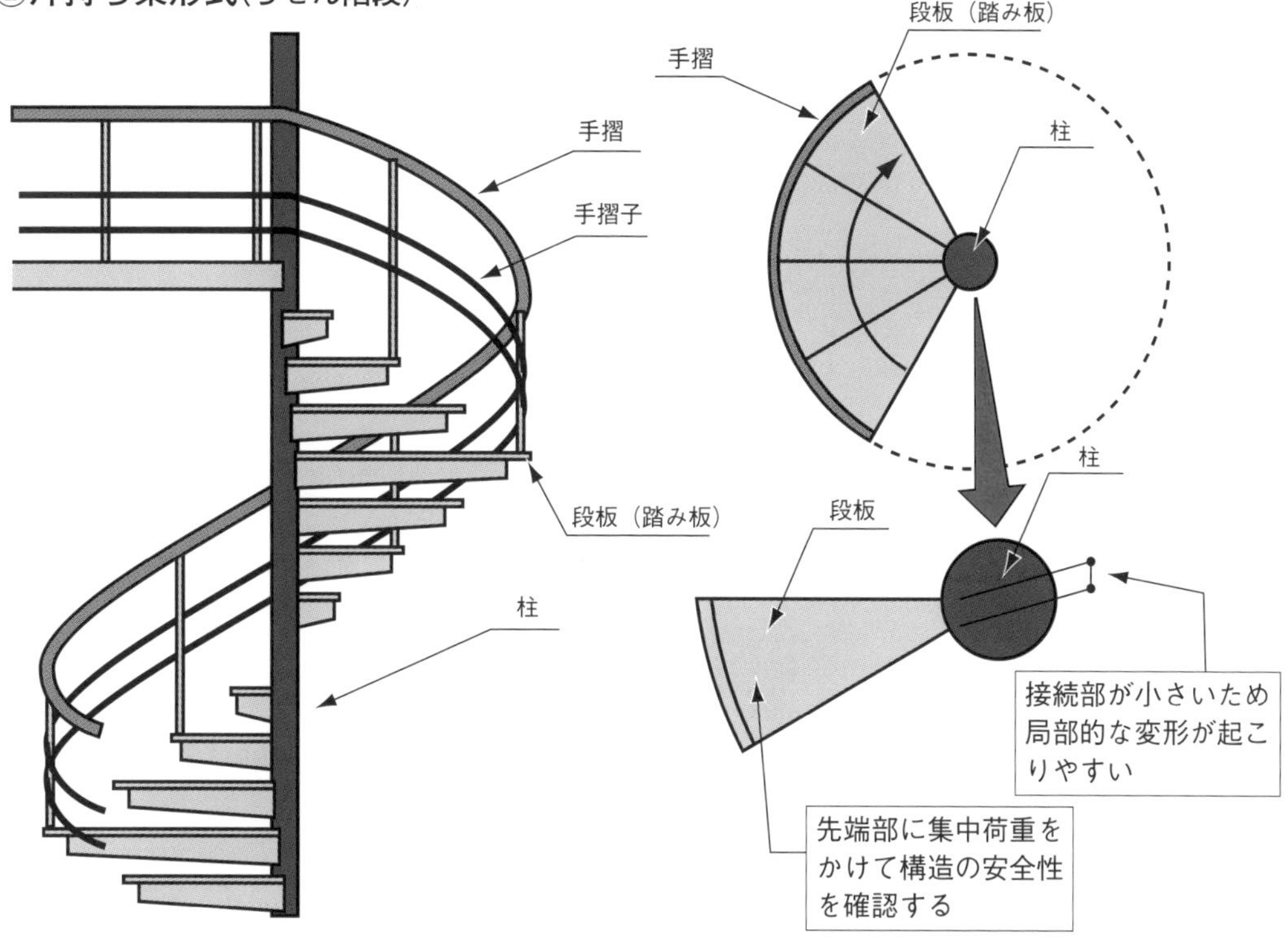

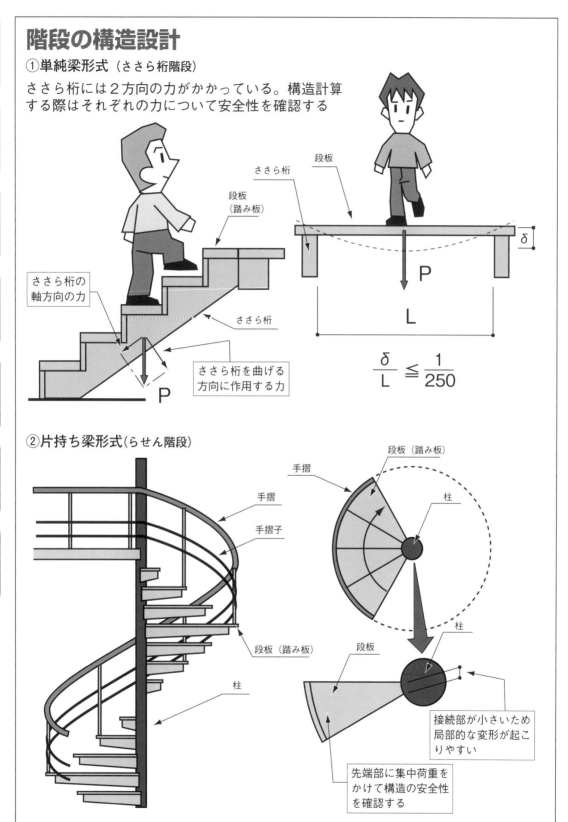

手摺の構造設計

054

POINT >>>>>>>>>>>>>>>>>>>>>>>>>>>>>>>>>>>>

手摺の構造計算では、片持ち梁の公式を用いて手摺の先端に集中荷重がかかったときの支柱の変形を確認する

用途で変わる手摺の設計

手摺の設計には構造規定が特にない。ただし用途によって使用のされ方が大きく異なるので、安全な手摺設計をするためには、設定する荷重を変えるなどの構造的な配慮が求められる。

手摺の用途は、①境界を示す手摺、②個人的用途に使う手摺、③公共的用途に使う手摺、④避難経路に使う手摺、の4つに大別できる。

①の用途の手摺は、単純に境界を示すだけなので、特に構造的な配慮は必要がない。銀行のキャッシュディスペンサーなどにある、ロープやチェーンなどがそれにあたる。

②の用途の手摺は、個人の住宅の階段やバルコニーに用いる手摺である。階段の手摺は落下を防ぐために水平方向の抵抗力を十分に確保することが求められる。バリアフリーなどで使用する手摺は、通常の手摺よりも大きな荷重がかかることが想定されるため、荷重の設定は慎重に行うべきである。

より安全性が求められる手摺

①や②と比べて、より安全性を要求されるのが③と④の手摺である。

③は、学校や劇場などに設置する手摺である。特に学校の手摺は、児童・生徒たちが寄りかかったり、乗ったりすることが考えられるので、こうした荷重を加味して構造の安全性を確認しなければならない。

④は、避難階段などに設置する手摺である。避難時は、一時的に大勢の人が集中し、手摺が強く押される可能性がある。①から④のなかで、最も荷重に対して配慮が必要となる手摺だといえる。なお、手摺にどのくらいの荷重がかかるかは、日本建築学会が発行している『建築物荷重指針・同解説』に目安が記載されているので参考にしてほしい。

手摺の構造計算

構造モデル

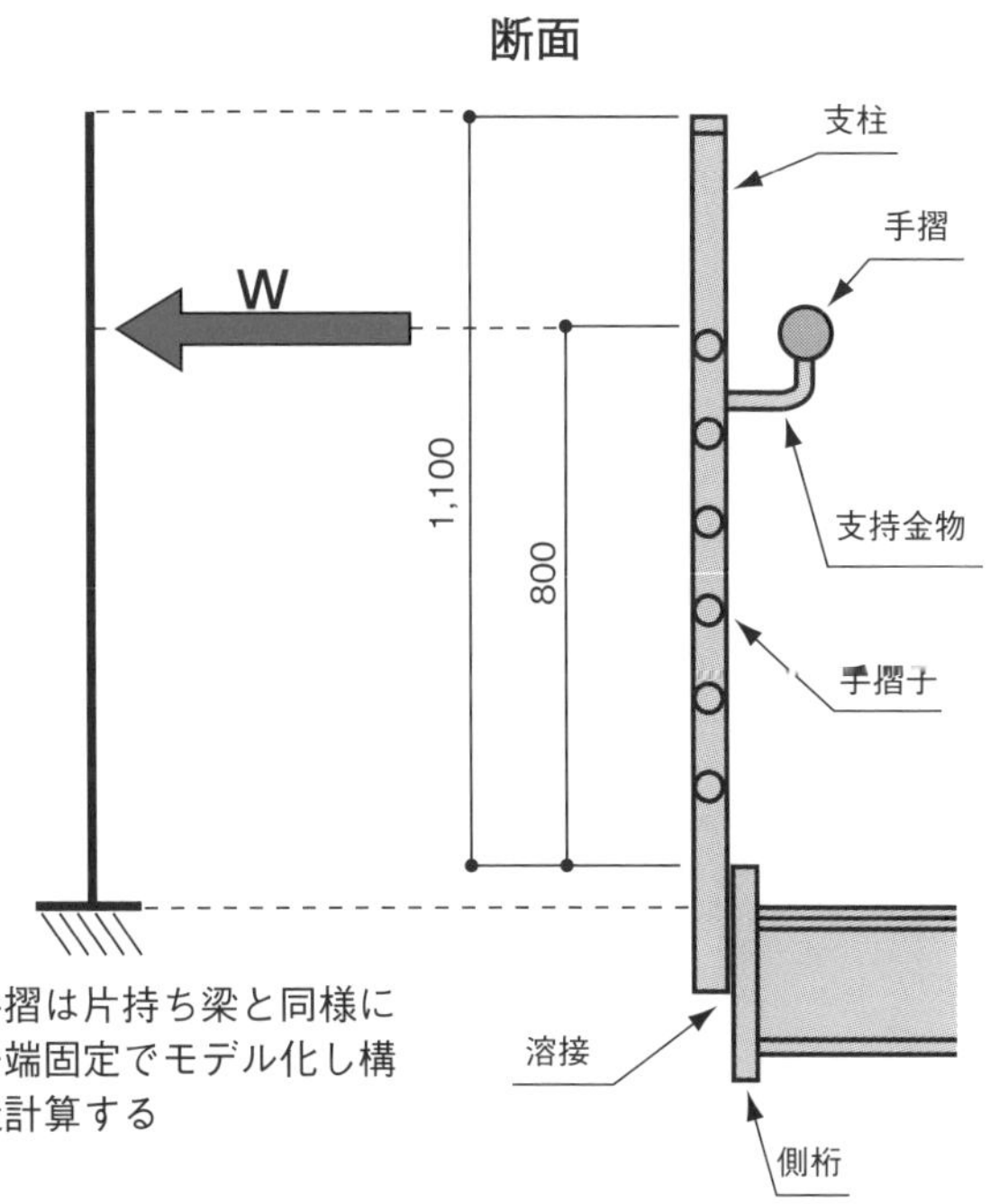

手摺は片持ち梁と同様に一端固定でモデル化し構造計算する

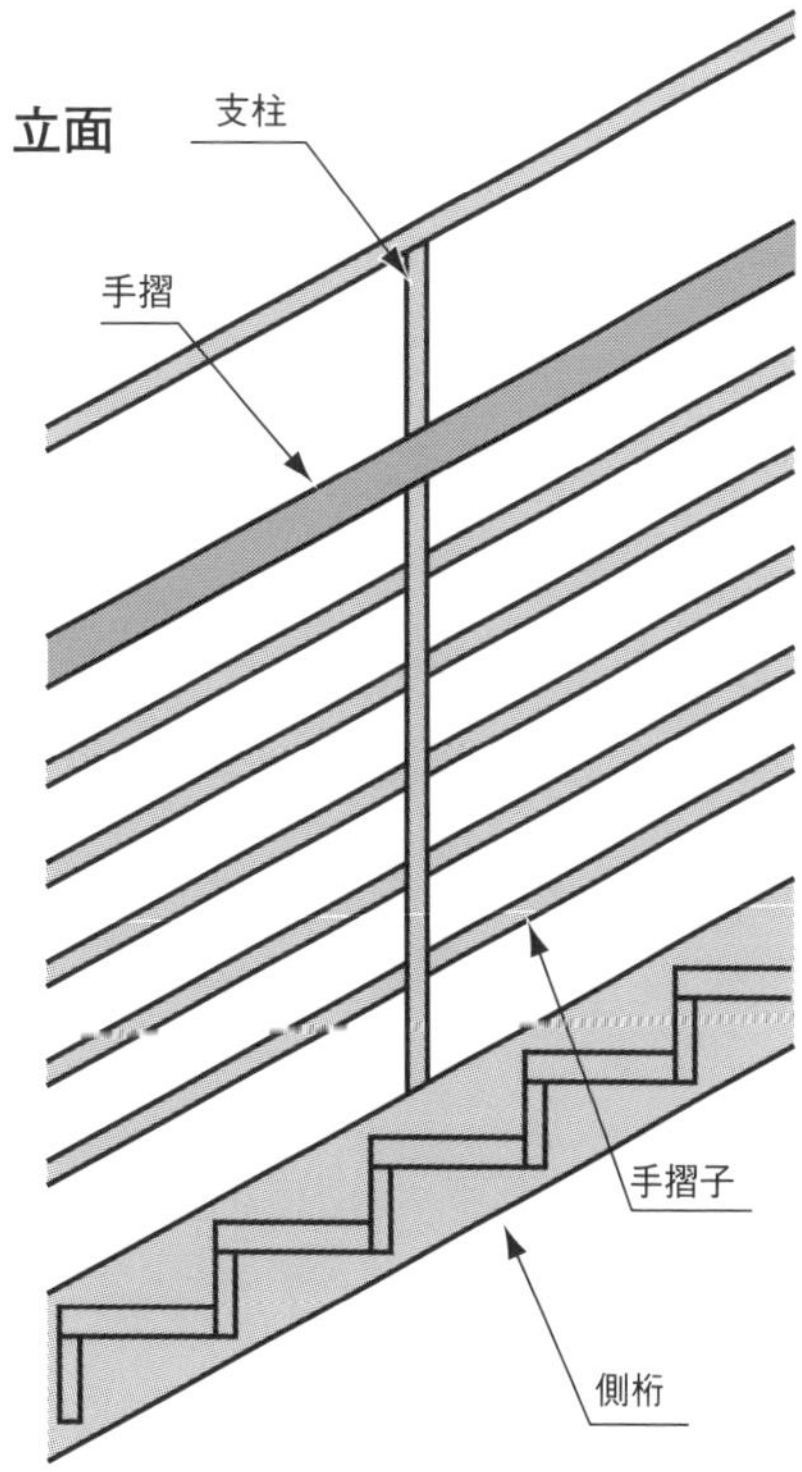

荷重と支柱の目安

状態	実際の荷重（kgf／m幅）	設計用の荷重（kgf／m幅）	支柱の目安（mm）［※］
1人が壁に寄りかかったとき	25	50	φ27.2
1人が全力で壁に寄りかかったとき	150	300	φ42.2
1人が壁に押し付けられて苦しいとき	190	600	φ60.5
集団が壁を押すとき。最前列は苦しくて悲鳴をあげるほど	600	適宜決定	—

※　支柱が1mピッチの場合

境界線を示す手摺は構造計算の必要がない

木造の接合部

055

POINT >>>>>>>>>>>>>>>>>>>>>>>>>>>>>>>>>>

木造の接合部は、直線状に部材をつなぐ継手と、直交する部材をつなぐ仕口がある。必要に応じて金物などで補強する

継手と仕口

伝統構法や在来軸組構法などの木造では、部材の端部をさまざまな形状に加工して接合する。端部の形状や接合方法によってそれぞれ呼び名をもつ。使用される用途や部位によって接合部の形状や接合の方法を選ぶ必要がある。

梁など、材を直線状につなぎ合わせて長さを延長する接合部を継手《つぎて》という。代表的な継手に、鎌継《かまつ》ぎや蟻継《ありつ》ぎ、台持《だいも》ち継ぎなどがある。

梁と柱など、2つ以上の部材を角度をつけてつなぎ合わせる接合部を仕口《しぐち》という。また、仕口は、2つの材の角度をつけて組み合わせるものを組手《くみて》、柱に梁などを差し込んで留めるものを差し口という。代表的な仕口には、長ホゾ、短ホゾや渡り腮《あご》などがある。

以前は、大工の手刻みによって継手・仕口を加工していた。現在はプレカット加工機を使って加工することがほとんどである。

プレカット加工機はルーターと呼ばれる刃を回転させながら継手・仕口を加工する。そのため、同じ種類の継手・仕口でも、手加工と比べて丸みを帯びた形状になる。機械による加工のため、誤差がほとんどなく、手加工と精度は変わらない。

接合部の補強

木材どうしの接合では十分な耐震性が得られない場合もある。特に耐力壁廻りに配置される部材には地震時に大きな力がはたらくため、接合部には相応の強度が求められる。

建築基準法では、耐震上重要な接合部分を金物やボルトを使って補強することが義務付けられている。金物やボルトは、補強する建物の部位ごとに告示で仕様が決められた金物か、それと同等の性能をもつと認められたものから選ばなければならない。

木造の主な継手・仕口

①継手

腰掛け鎌継ぎ

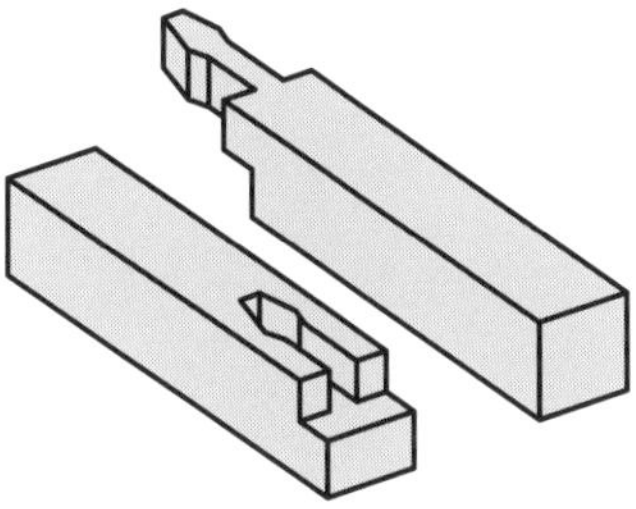

腰掛け蟻継ぎ

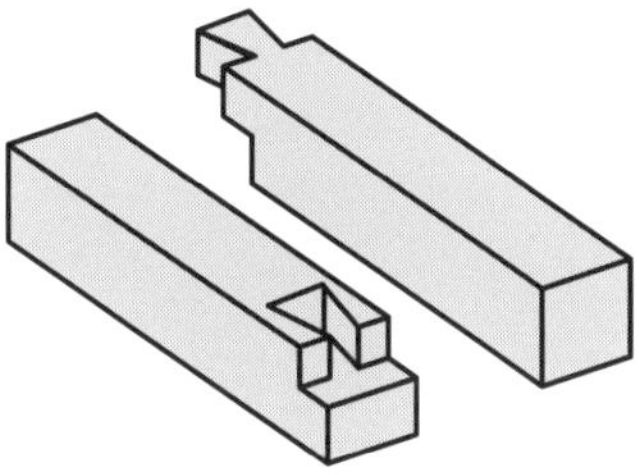

台持ち継ぎ

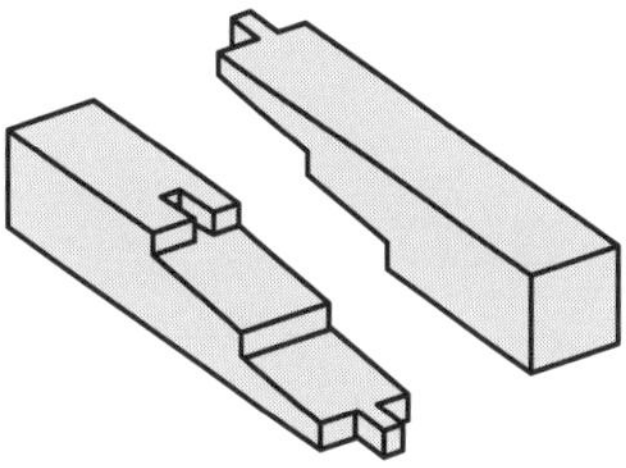

②仕口

長ホゾ＋込み栓

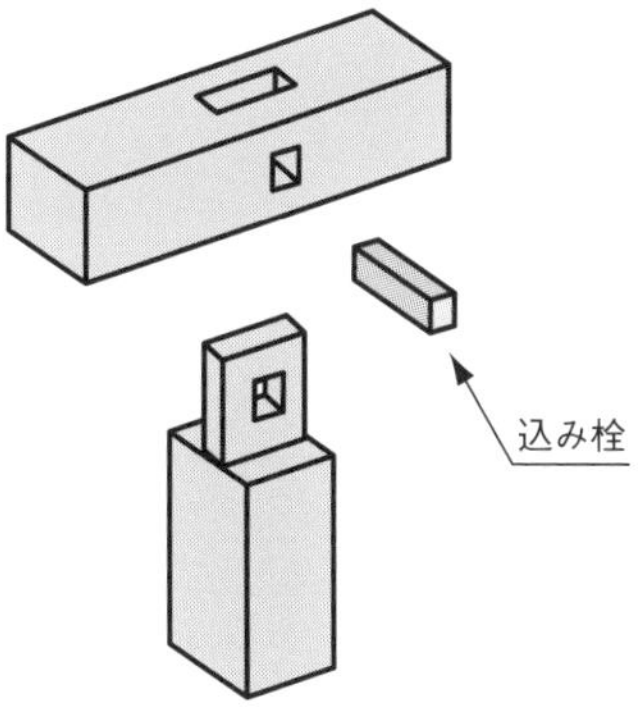

短ホゾ

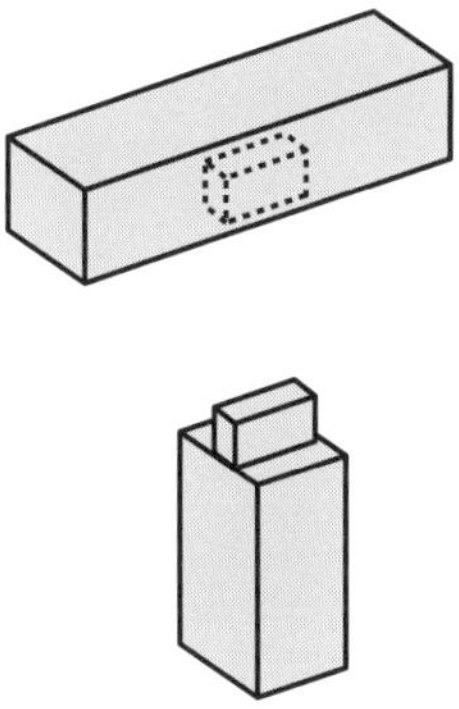

渡り腮

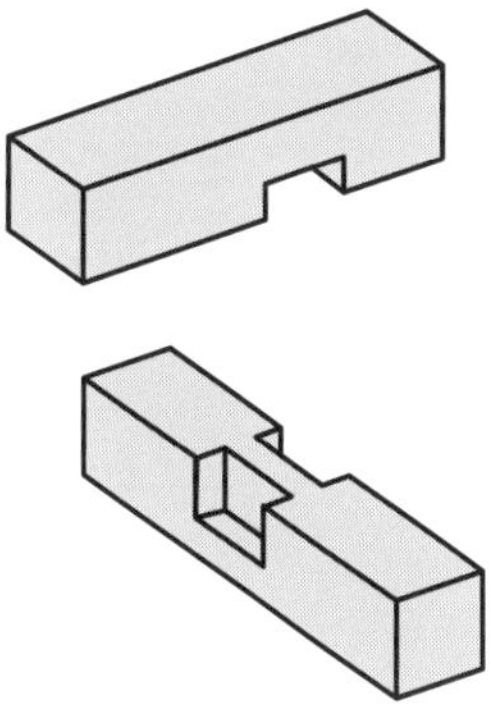

主な補強金物

かど金物

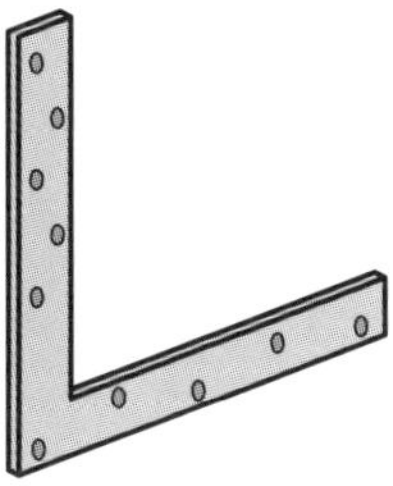

山形プレート

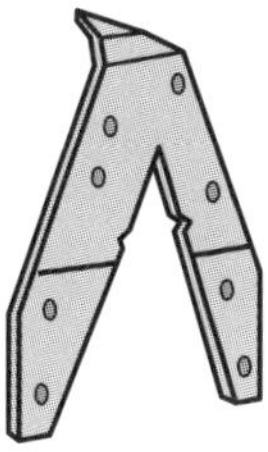

羽子板ボルト

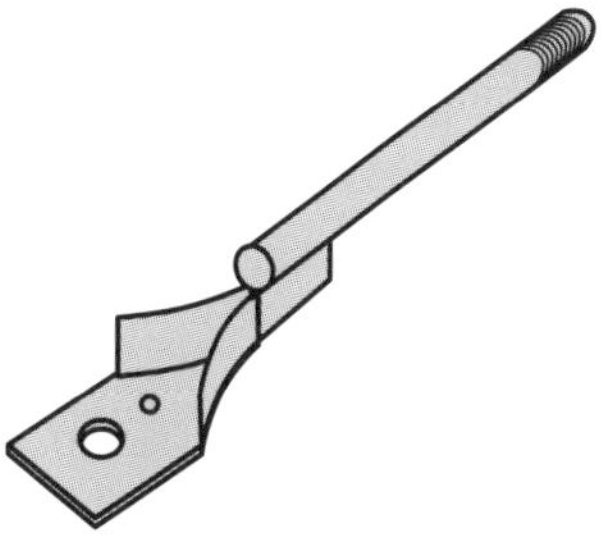

補強金物には、このほかにもかすがい、短冊金物、ホールダウン金物などがある

接合金物とN値計算

056

POINT >>>>>>>>>>>>>>>>>>>>>>>>>>>>>>>>

接合金物の選択方法は、告示仕様、N値計算、許容応力度等計算の3つ。許容応力度計算が最も金物の数を減らすことができる

告示金物の種類

在来軸組構法の木造では、構造耐力上主要な継手・仕口を、ボルトやかすがい、込み栓などで緊結することが義務付けられている。金物の具体的な仕様と使用する部位や設置方法は、平成12年建設省告示1460号に定められている。金物を選択する際には、基本的には告示仕様に従った金物（告示金物）かそれと同等の性能をもつ金物を選ばなければならない。

告示金物には、筋かい金物と柱頭・柱脚金物の2種類がある。

筋かい金物は、筋かい耐力壁に用いられる筋かいを柱に固定するのに使用する金物である。筋かい耐力壁の壁倍率に応じて、使用する鋼板の厚さや釘やボルトの種類、太さ、長さ、本数などが厳密に規定されている。

柱頭・柱脚金物は、柱と梁・土台などの横架材を緊結したり、上下階の柱どうしをつなぐのに用いられる金物である。柱に取り付く耐力壁の壁倍率、階数、柱の位置によって仕様が異なる。

N値計算と構造計算

告示の仕様以外でも、N値計算か許容応力度計算で金物を選択することができる。

N値計算とは、耐力壁と柱の位置などから、1本の柱にかかる引抜き力を算定し、それ以上の耐力をもつ接合金物を選ぶという手法である。

告示の仕様は、単体の耐力壁が水平力を受けたときの部材に生じる力を想定して金物の耐力を決めている。これに対してN値計算では、隣接する複数の耐力壁の影響を考慮しながら、柱に伝達される力のやりとりを設定しているため、より無駄のない金物選択が可能である。

さらに厳密に金物の仕様を選ぶならば許容応力度計算を行う。

木造の主な金物

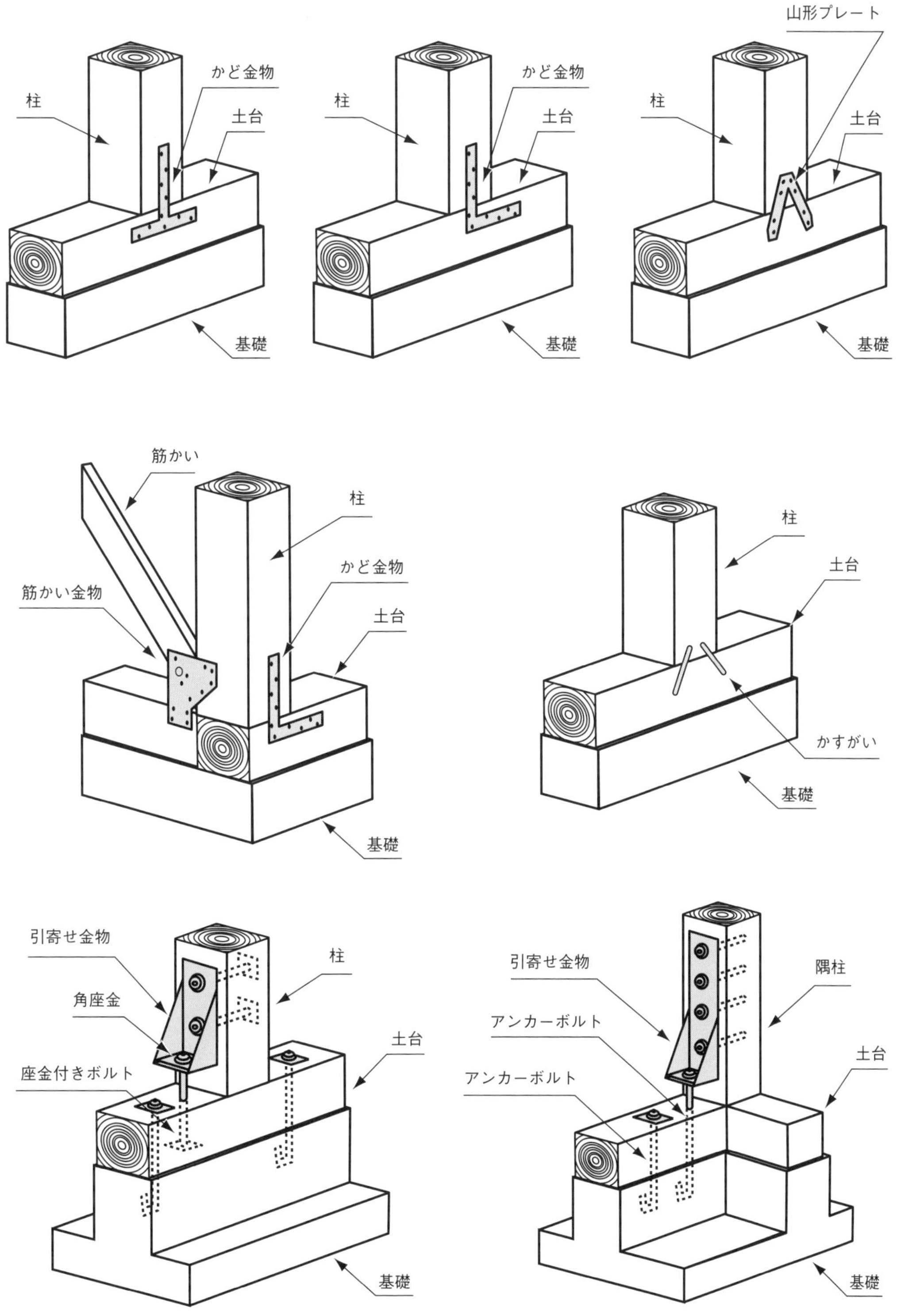
かど金物
柱
土台
基礎
かど金物
柱
土台
基礎
山形プレート
柱
土台
基礎
筋かい
柱
かど金物
筋かい金物
土台
基礎
柱
土台
かすがい
基礎
引寄せ金物
柱
角座金
土台
座金付きボルト
基礎
引寄せ金物
隅柱
アンカーボルト
アンカーボルト
土台
基礎

鉄骨造の継手・仕口

057

POINT >>>>>>>>>>>>>>>>>>>>>>>>>>>>>>>>>>

鉄骨造の部材は溶接かボルトで接合する。接合部は部材に荷重がかかったとき最も曲げ応力が小さくなる場所に設ける

継手の種類

構造的観点から言えば、部材には接合部を設けないほうがよい。しかし、施工性や運送上の問題を考慮すると、材の長さを無限に大きくすることはできず、継手を設けることになる。

鉄骨造のフレームの継手は、通常、剛接合にする。継手の位置は、部材に荷重がかかったときに曲げ応力が最も小さくなる場所（反曲点）に設ける。

現場での接合はボルト接合が多い。フランジを添え板（スプライスプレート）で挟みボルト接合し、ウェッブ部分も同様にスプライスプレートで挟み込み継手をつくるのが、中小規模の建物では一般的である。

大規模建物では、溶接で接合することが多い。継手を現場溶接することになるので、施工精度を確保するために、あらかじめ工場で取り付けた仮設用のプレート（エレクションピース）で仮留めしたうえで、溶接する。

仕口の種類

柱―梁、大梁―小梁、柱・梁―ブレースなど、接合する部材の組み合わせで仕口の種類は異なる。

梁―柱の仕口は、ピン接合と剛接合がある。ピン接合の場合、柱に溶接したガセットプレートと梁をボルトで留めればよい。

剛接合とする場合は、鉄骨工場で柱に取り付けたブラケットに梁のフランジとウェッブを接合（ボルト接合）する方法が一般的である。

大梁―小梁の仕口は、ピン接合とすることが多い。大梁にガセットプレートを溶接し、小梁をボルトで接合する納まりとなる。

柱・梁―ブレースの仕口は、柱・梁にガセットプレートを溶接し、それにブレースをボルトで接合する仕様が一般的である。

柱・梁仕口（剛接合）

①角形鋼管柱（通しダイヤフラム）

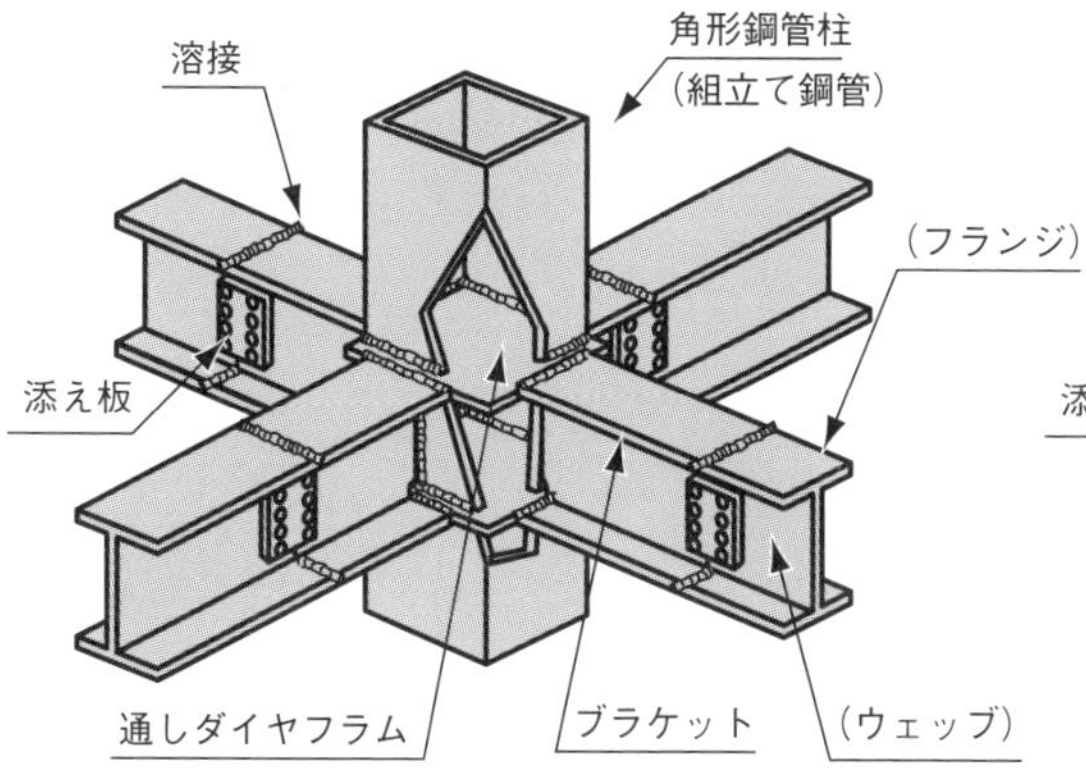

②角形鋼管柱（内ダイヤフラム）

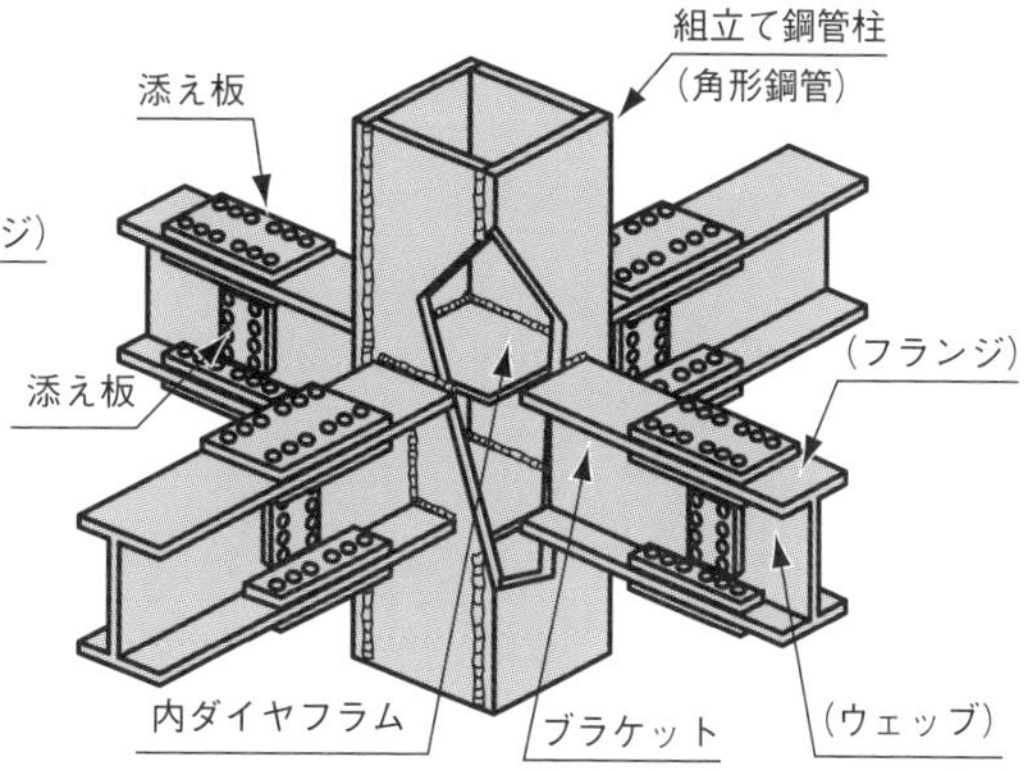

③H形鋼柱

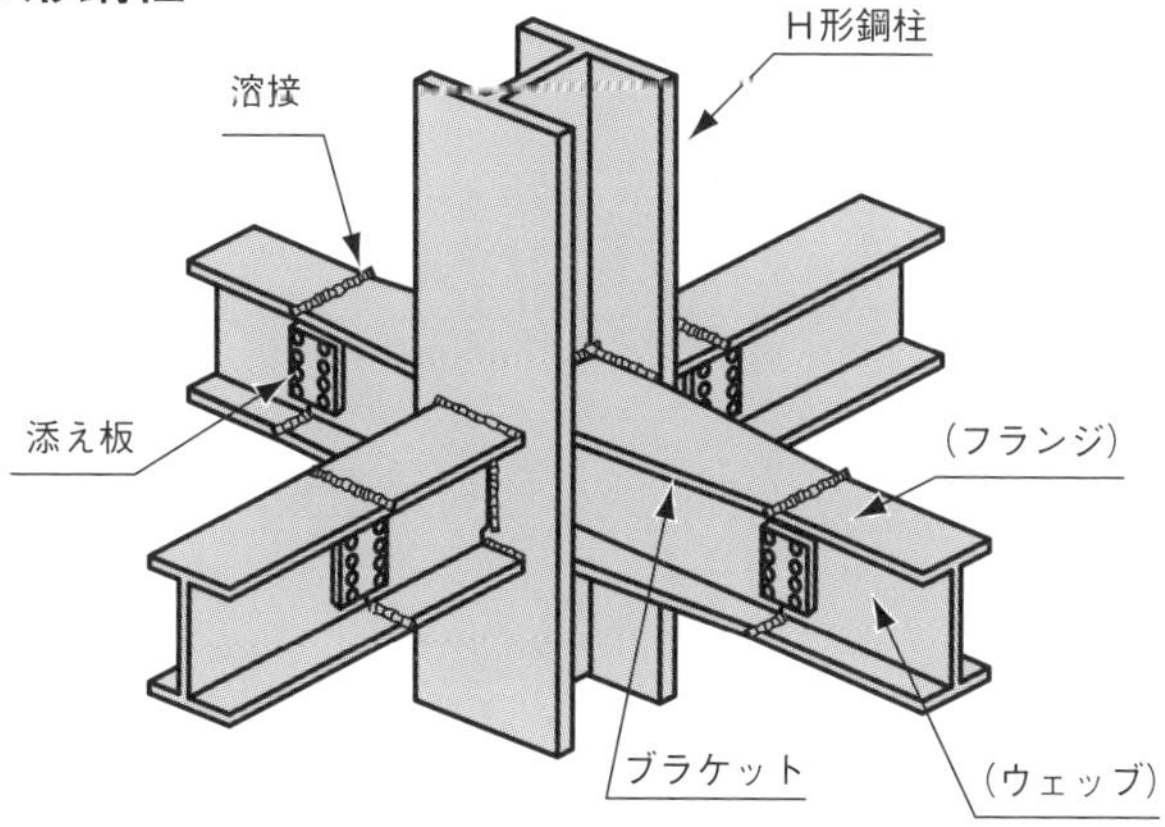

大梁・小梁仕口（ピン接合）

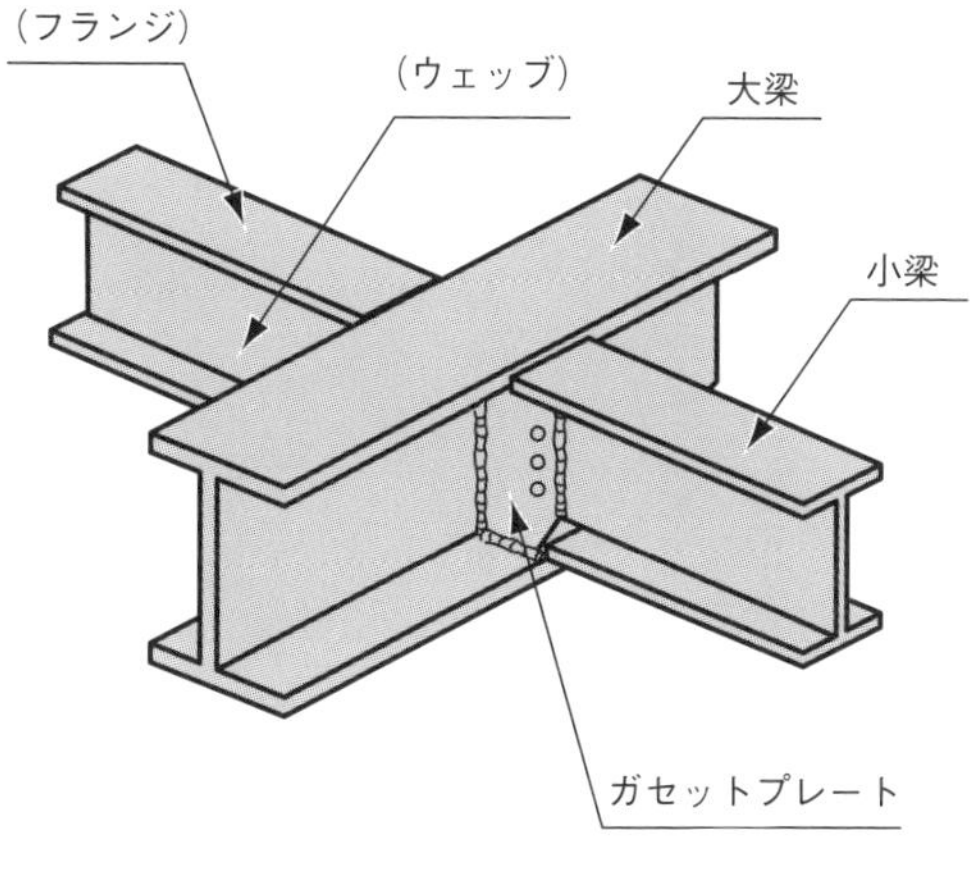

ブレース仕口（ピン接合）

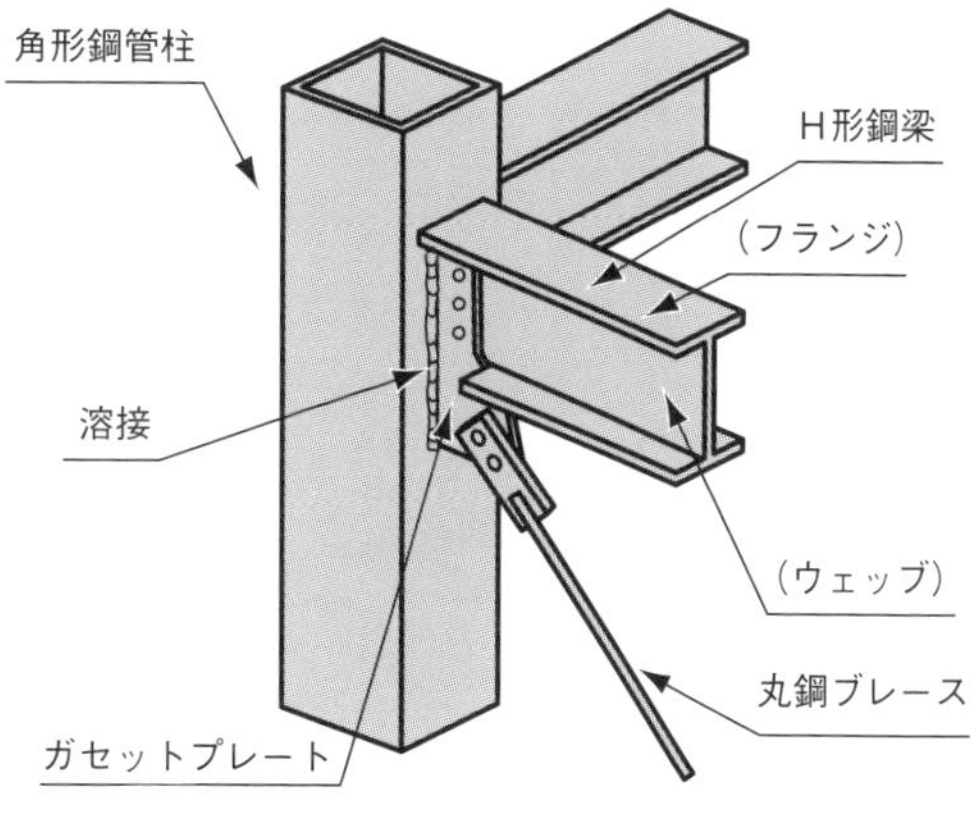

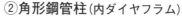

ボルトによる接合

058

POINT >>

ボルト接合には普通ボルトと高力ボルトを使う。普通ボルトを構造上主要な部位に使う場合は建物規模に制限がある

普通ボルトと高力ボルト

建築の鉄骨部材を接合するボルトには、大きく2種類ある。

1つは普通ボルト（中ボルト）で、軸部分のせん断性能で接合するボルトである。施工が簡単な反面、衝撃や振動などに弱く、軸部が破断しやすい。そのため、構造上主要な部分に使用する場合は、延べ面積3千㎡以下、軒高9m以下、梁間13m以下の規模の建物に限るよう、建築基準法施行令67条に規定されている。

もう1つは高力ボルトで、JIS形高力ボルトとトルシア形高力ボルト（特殊高力ボルト）がある。高力ボルトは、軸部分の引張り耐力と強く締め付けられた部材に生じる摩擦力で接合する。普通ボルトと比べて、接合は強固である。

ただし、ボルトの接合部分が錆びていたり、油や塗料が塗られていると十分な摩擦力を得られなくなるので注意が必要である。

高力ボルトは、メガレンチ（仮締め）、シャーレンチ（1次締め）、インパクトレンチ（本締め）などの専用工具を使って留める。

JISの高力ボルトは、ナットの回転数やトルクレンチにより導入軸力を調整して締め付ける。トルシア形高力ボルトは、トルクが所定の値に達するとピンテールが切れるため、トルクの確認が容易である。

接合の強度は母材の1.2〜1.3倍に

大きな荷重がかかり接合部が破壊されると、建物が崩壊するおそれがある。

通常、接合部は、曲げ応力が小さい部分に設けるが、さらに母材の降伏耐力よりも接合部の強度を高める必要がある。一般的には、母材強度の1.2〜1.3倍の強度になるようにボルト接合部を設計する。

普通ボルトと高力ボルト

①普通ボルト

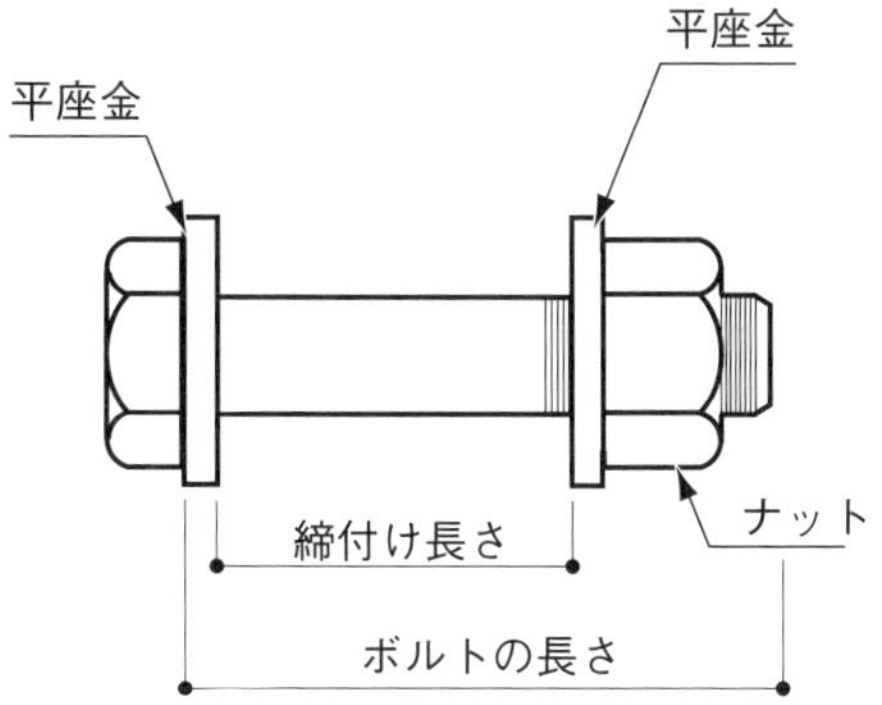

②高力ボルト（トルシア形）

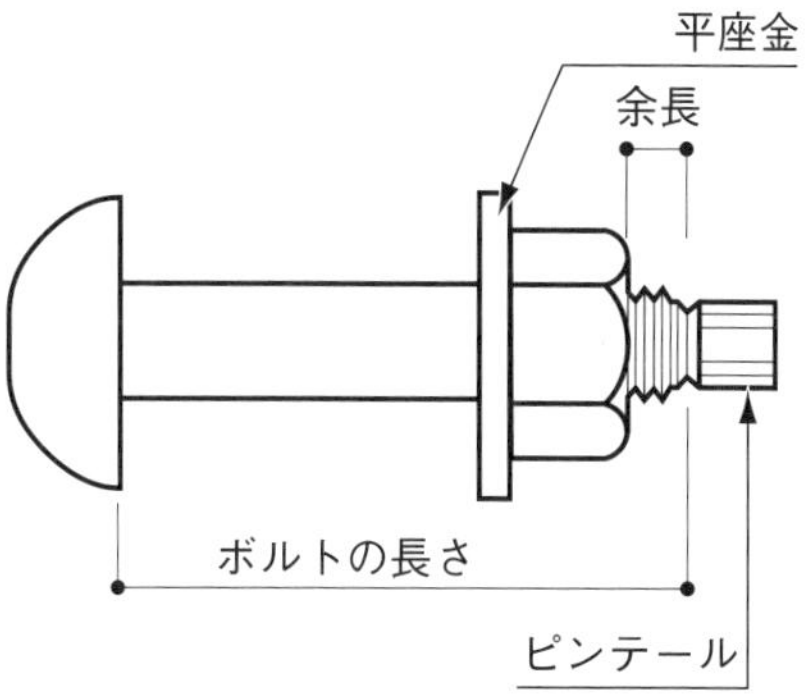

高力ボルトの接合

①摩擦接合

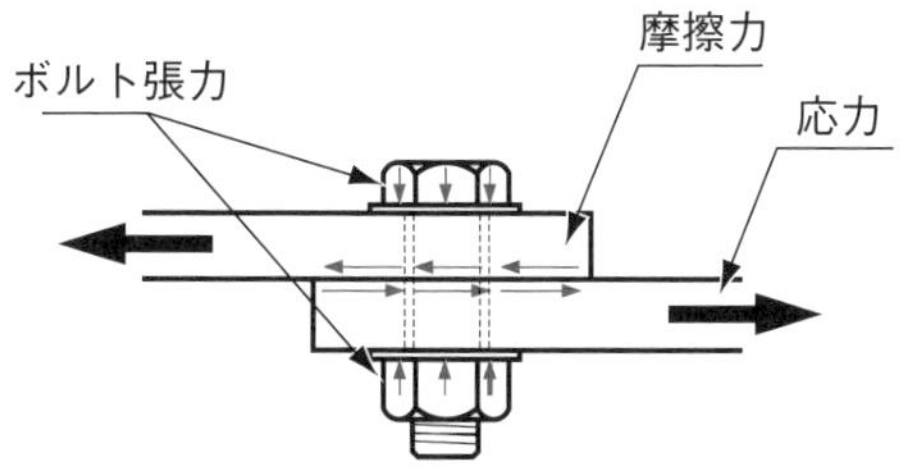

接合する部材どうしの摩擦力を利用して応力を伝達する接合形式

②引張り接合

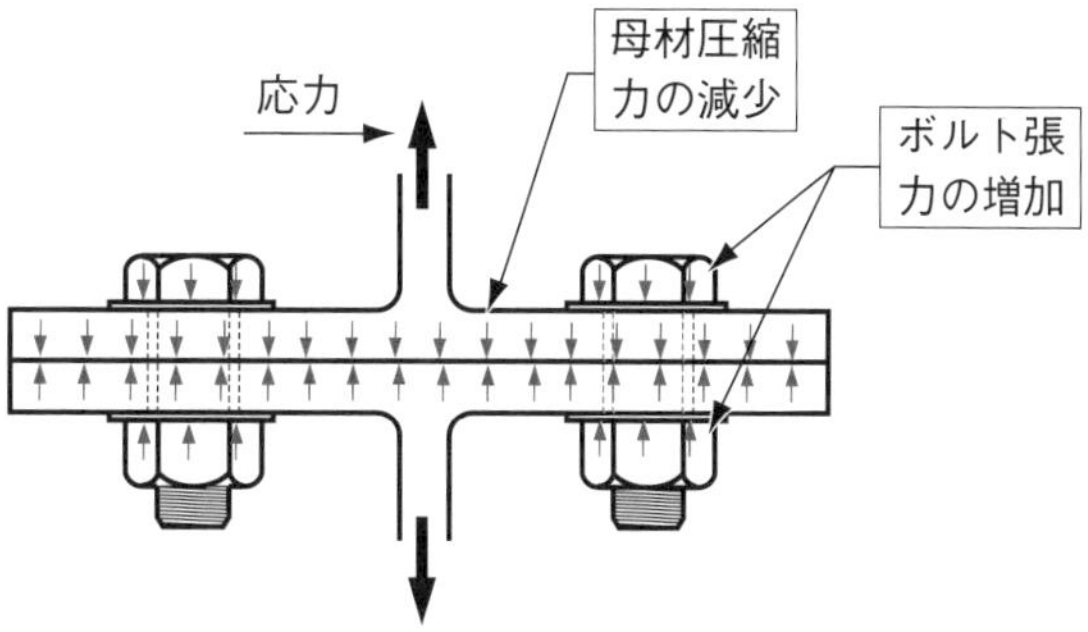

ボルトの軸部分の引張り耐力で応力を伝達する接合形式

ボルトの締付け確認

①ナット回転法

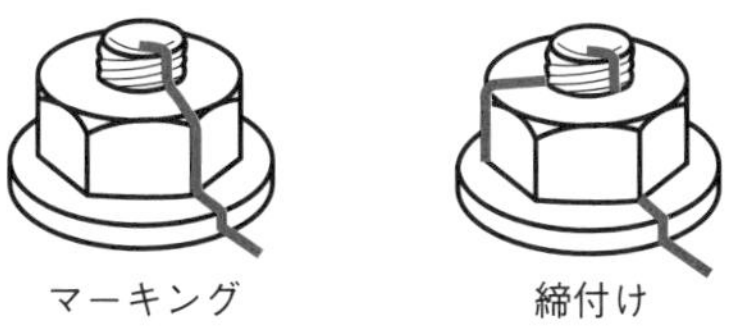

所定のトルクで1次締めを行う。その後、一定の回転角を与える

②トルクコントロール法

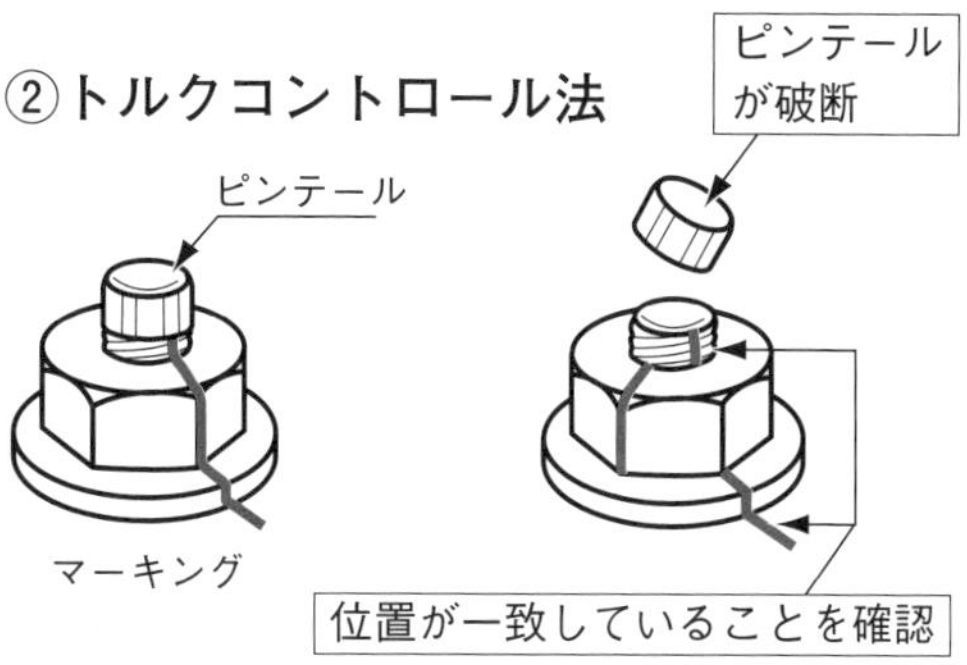

トルシア形の高力ボルトは、ボルトにかけるトルクが所定の値になるとピンテール部分が切断される

溶接の種類

059

POINT >>>>>>>>>>>>>>>>>>>>>>>>>>>>>>>

建築に使用される溶接は、突合せ溶接、隅肉溶接、部分溶込み溶接の３つ。溶接の状態が構造性能を大きく左右する

代表的な溶接継目

溶接はボルト接合のように断面欠損ができず、また部材どうしを溶かし一体とするため、応力の伝達もスムーズである。反面、溶接する環境や施工者の技術に左右されるなどの欠点をもつ。

建築に用いられる代表的な溶接は、継目の形状から、①突合せ溶接、②隅肉溶接、③部分溶込み溶接、の３つに分類できる。

①突合せ溶接

母材どうしを接合するのに用いる溶接。接合部に開先と呼ばれる溝を設け、母材と溶接棒を溶かして母材を一体化する。溶接部の端部にはエンドタブを設置し、溶接欠落を防ぐ。溶接は連続して行わなければならない。

②隅肉溶接

母材を重ねたり、T字形に接合する場合に用いられる溶接。部材の開先を設けずに隅部だけで溶接する。溶接棒を溶かしてつないだ部分のみ応力を伝達する。

③部分溶込み溶接

母材の一部に開先を設けて母材どうしをつなぐ溶接。厚板などを溶接するときに用いられる。

溶接の注意点

溶接は非常に種類が多い。建築で主に使われているものには、被覆アーク溶接、スタッド溶接、フレアー溶接などがあり、部位や目的によって使い分ける。

溶接欠陥は目視で判明する場合も多い。気泡により生じるブローホールやアンダーカットなどが見受けられた場合は、その部分の溶接をガウジングにより除去し、溶接をやり直す。溶接盛りやビード形状も確認する。

また、重要な溶接部位は、溶接後に第三者による超音波探傷試験や、磁粉探傷試験、浸透探傷試験などで問題がないか確認する。

溶接の種類

①突合せ溶接（完全溶込み溶接）

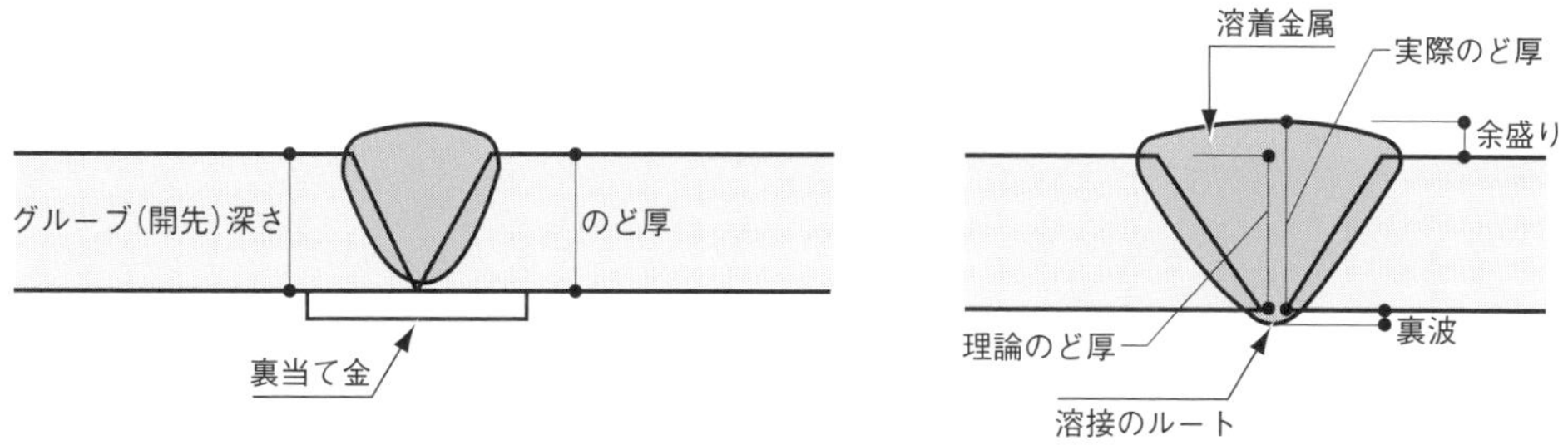

②隅肉溶接

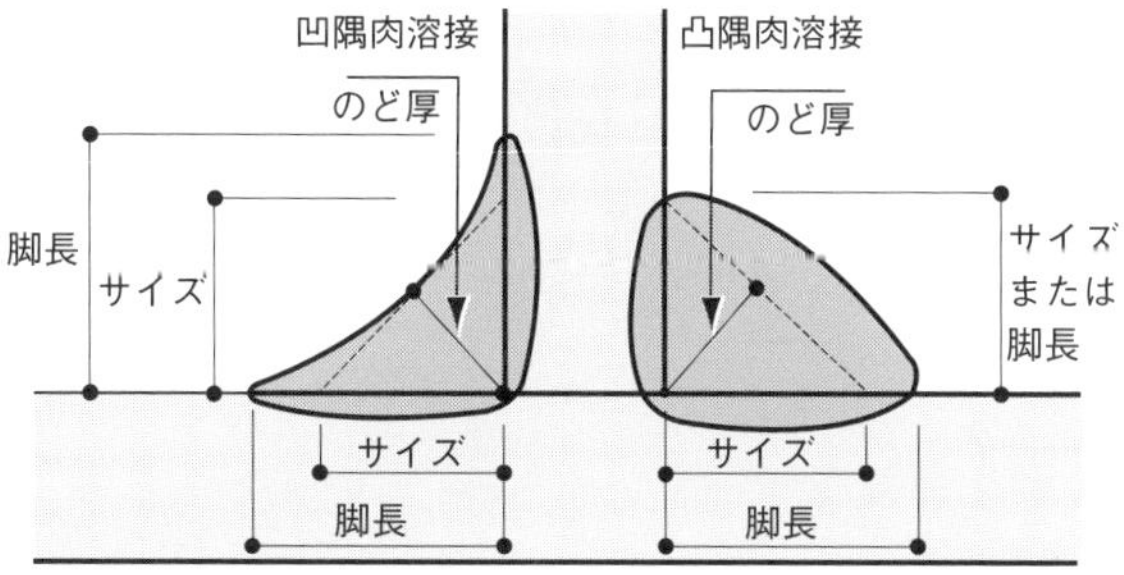

③部分溶込み溶接

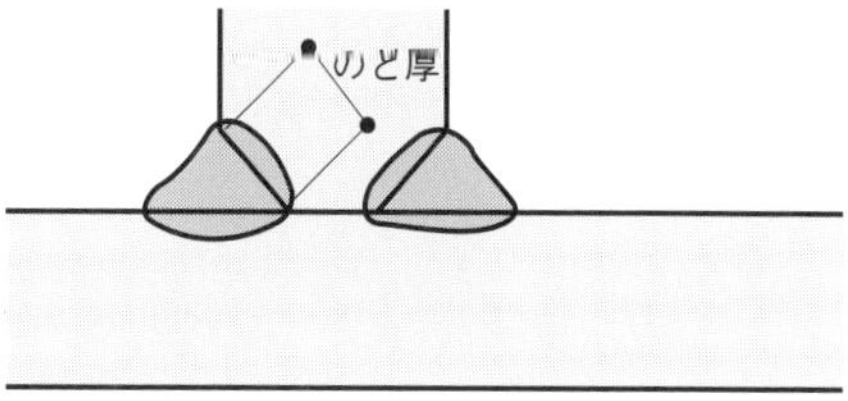

溶接欠陥の例

①溶込み不足と融合不良

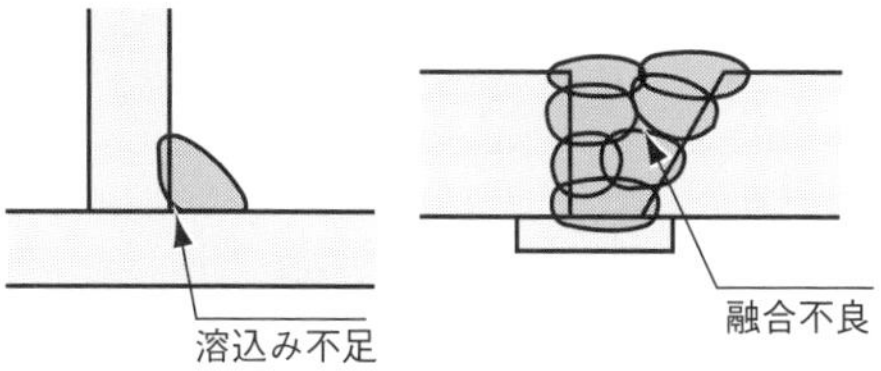

②オーバーラップ

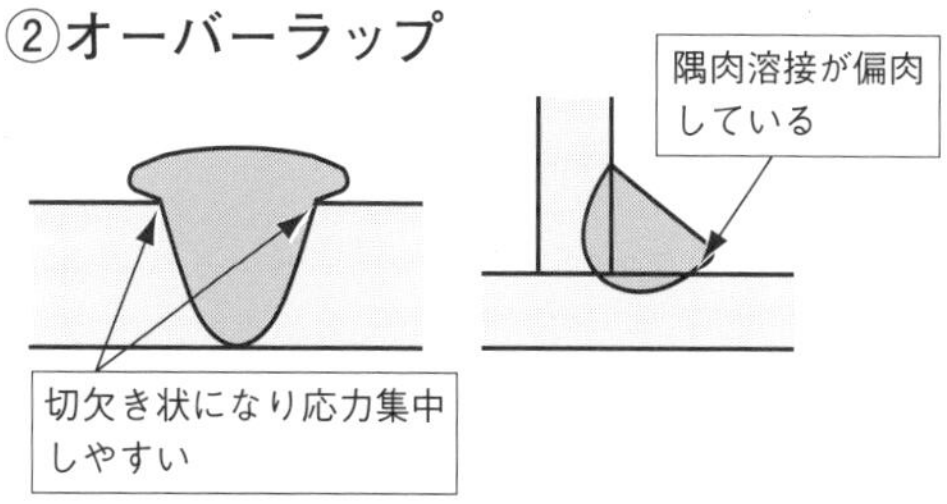

③ブローホール

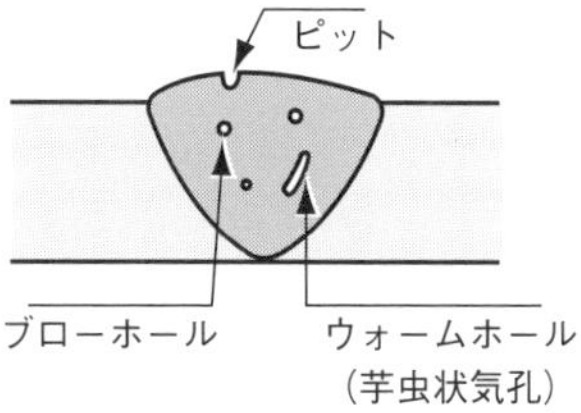

④スラグ巻込み

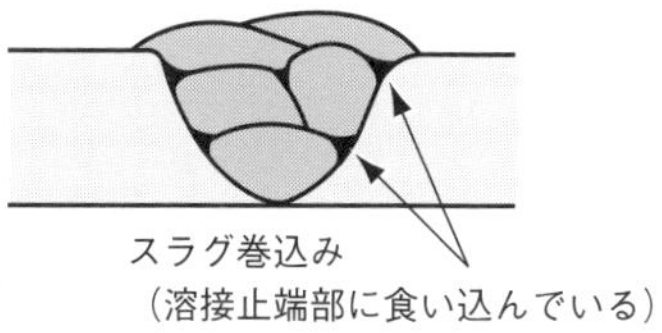

⑥アンダーカット

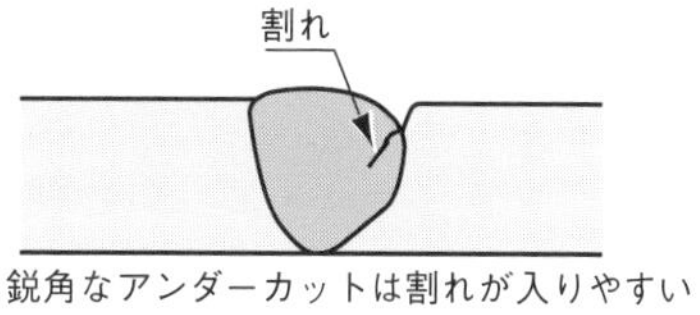

⑤クレーター割れ（星状割れ）

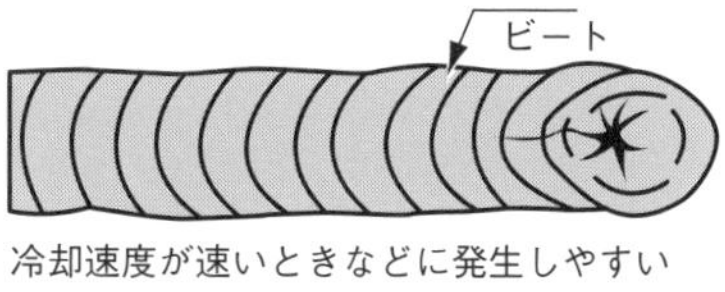

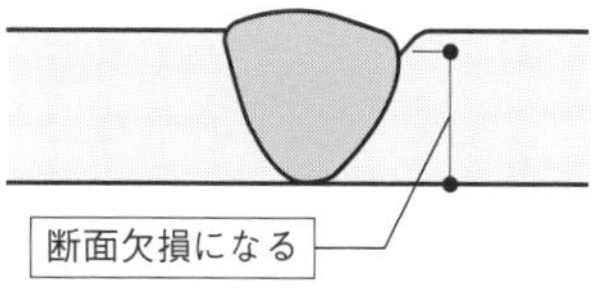

鉄筋コンクリート造の接合部

060

POINT >>>>>>>>>>>>>>>>>>>>>>>>>>>>>>>>>>>

鉄筋コンクリート造では、内部の鉄筋の継手方法と定着長さが接合部の構造性能を決める要因となる

鉄筋の継手方法と定着長さ

木造や鉄骨造は、柱や梁に継手・仕口を設けて部材を接合する。一方、鉄筋コンクリート造は、現場でコンクリートを打設し、柱や梁が一体化した躯体をつくるため、部材に継手・仕口が存在しない。

ただし、鉄筋コンクリートの部材に生じる力は主に内部の鉄筋が伝達するため、各部材内の鉄筋どうしの接合方法には十分な注意が必要である。鉄筋どうしを確実に接合させるには、継手方法と定着長さが重要になる。

鉄筋の一般的な継手方法は重ね継手と圧接である。

重ね継手は、鉄筋が重なるように配置し、コンクリートの付着力で鉄筋どうしの応力のやりとりを行う方法である。端部を曲げてフックをつくった鉄筋を重ねる方法と、鉄筋を単純に重ねる方法の2種類がある。

鉄筋を重ねる長さは、コンクリートの強度や配筋位置、鉄筋の種類・径・端部形状などで異なる。

接合には、鉄筋の端部にガスで熱を加え、圧力をかけて鉄筋どうしを圧着するガス圧接や、先端部を突き合わせて溶接するエンクローズ溶接がある。

継手方法には、このほかにも鉄筋の先端にネジを取り付け、ネジで鉄筋を接合するネジ形継手などがある。

継手の位置は、応力が小さい場所に設け、また継手位置が隣り合わないようにずらしながら配筋する。

定着長さを確保する

鉄筋コンクリートでは、一方の部材の鉄筋を延ばし、他方の部材に埋め込んで緊結することを定着という。定着長さとは、このとき埋め込んだ鉄筋の長さのことである。定着長さは、継手長さ同様、鉄筋の種類や部材などによって、必要値が異なる。

コンクリートの接合部

部材の接合部

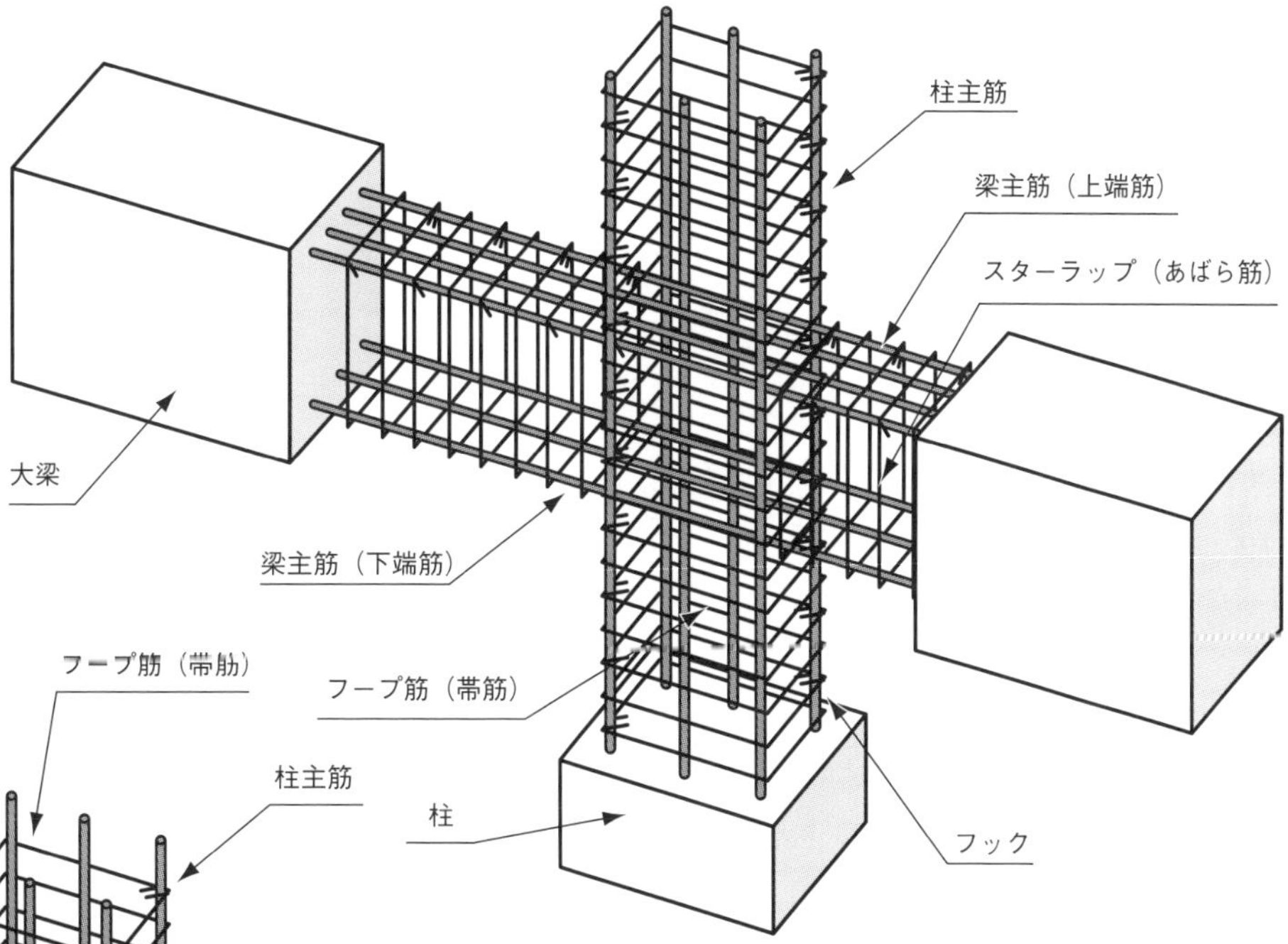

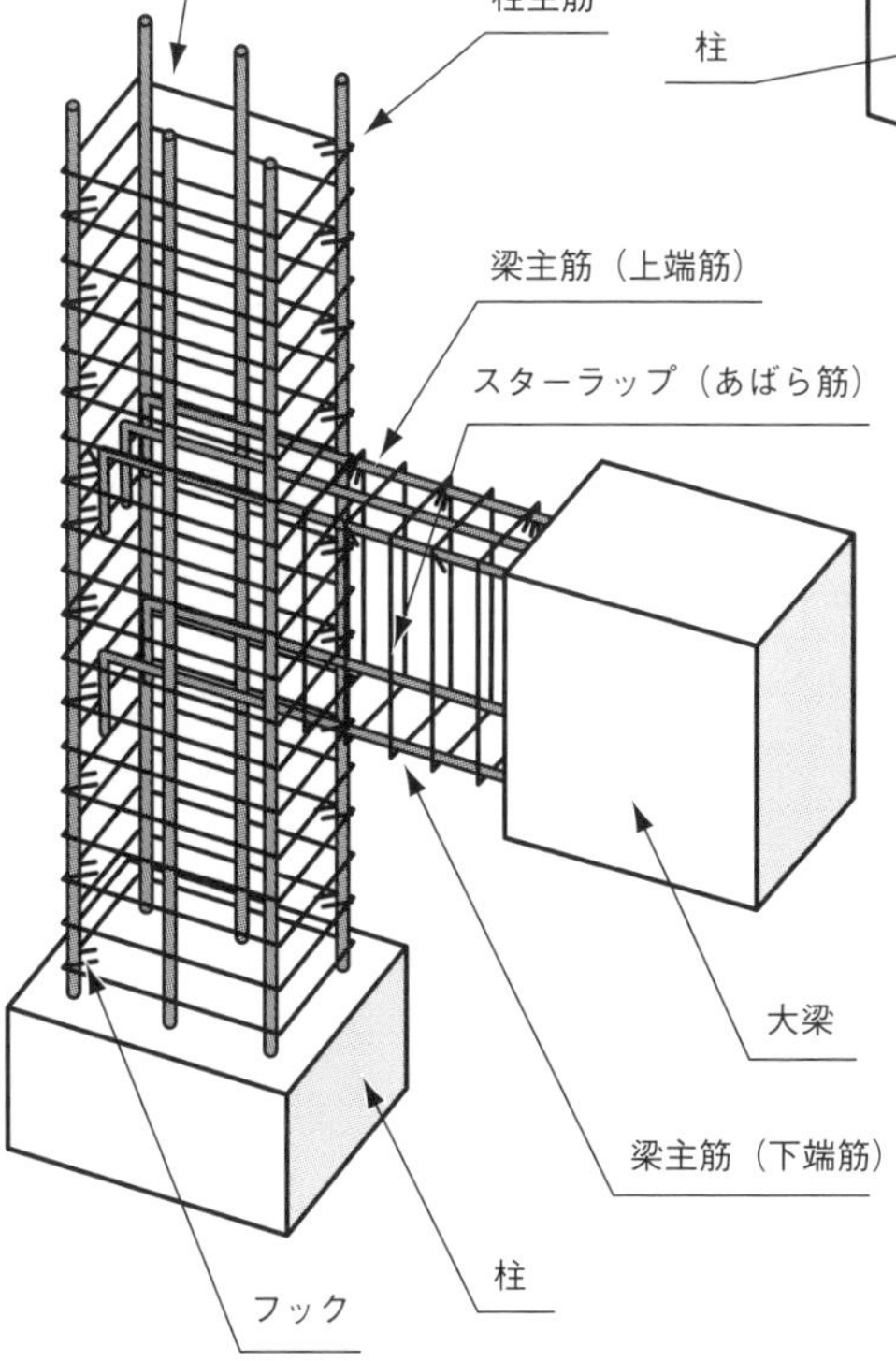

鉄筋の接合部

①重ね継手（丸鋼）

②重ね継手（異形鉄筋）

③ガス圧接

④エンクローズ溶接

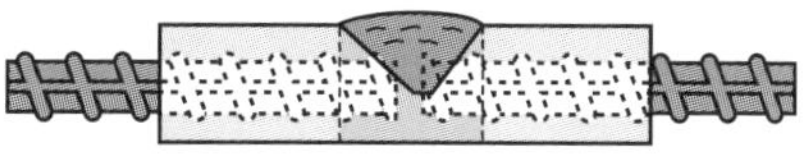

⑤ねじ式継手

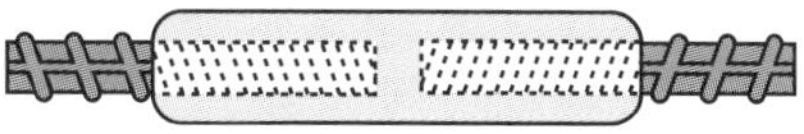

エキスパンションジョイント(EXP.J)

061

POINT >>>>>>>>>>>>>>>>>>>>>>>>>>>>>>>>>

平面的に100m以上の長さがある建物や不整形な形状の建物は、EXP.Jを設けて建物をできるだけ整形な部分に分割する

なぜEXP・Jが必要か?

平面的に長い建物や複雑な形状の建物などでは、建物の各部分にかかる荷重が一様でないため、建物を構造的に複数の部分に分けて計画する場合がある。このときの建物の各部分の接合部をエキスパンションジョイントと呼ぶ。

平面的な長い建物では、温度応力による部材の伸縮や、躯体がコンクリートの場合は乾燥収縮が大きくなり、ひび割れたり破損するおそれがある。一般的に、平面的な長さが100mを超える建物は、エキスパンションジョイントを設けた方がよいとされる。

複雑な形状の建物は、偏心を起こしやすく、地震や暴風時に建物の一部に応力が集中するおそれがある。このためエキスパンションジョイントを設けて、建物をなるべく整形になるよう分割し、偏心率を抑える。

このほか、高層の建物の剛性率の調整や、軟弱地盤での、不同沈下の影響を極力抑えるためにもエキスパンションジョイントが使われることがある。

EXP・Jの設計

構造的に建物を分割するためには、エキスパンションジョイント部分が自由に挙動できる形状でなければならない。エキスパンションジョイントの形状には、滑り型、蛇腹型、ボールト型、ヒンジ型、櫛型などがある。

エキスパンションジョイントの設計では、クリアランスの確保が重要だ。構造的に分割してもクリアランスが十分でないと挙動時に建物どうしがぶつかるおそれがある。保有水平耐力計算では隣り合う建物部分の変形を足し合わせた値だけクリアランスを確保する。保有水平耐力計算を行わない場合は、少なくとも隣り合う部分の層間変形角の1／50程度の距離を確保する。

エキスパンションジョイントが必要な建物

①長い建物

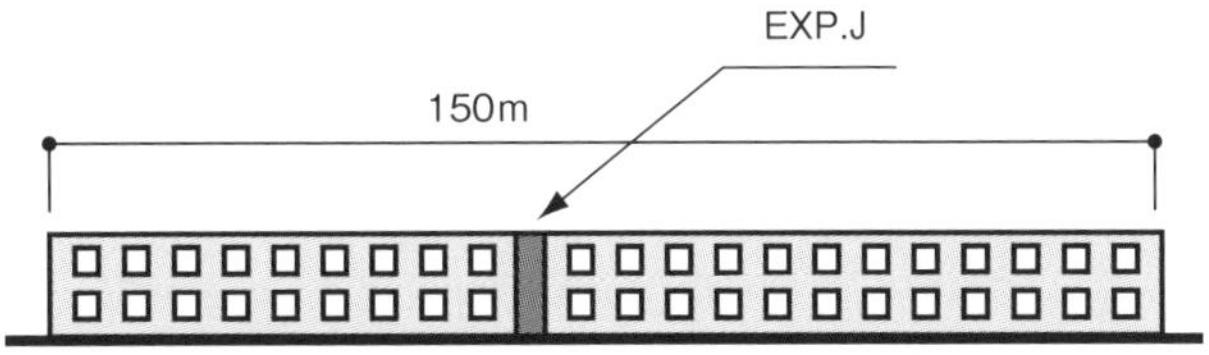

②平面形状が複雑な建物

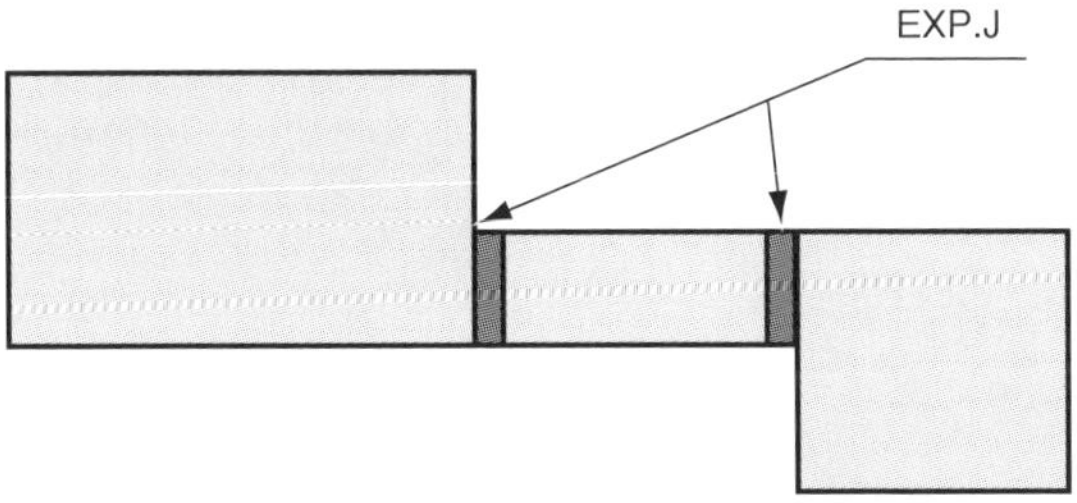

③立面形状が複雑な建物

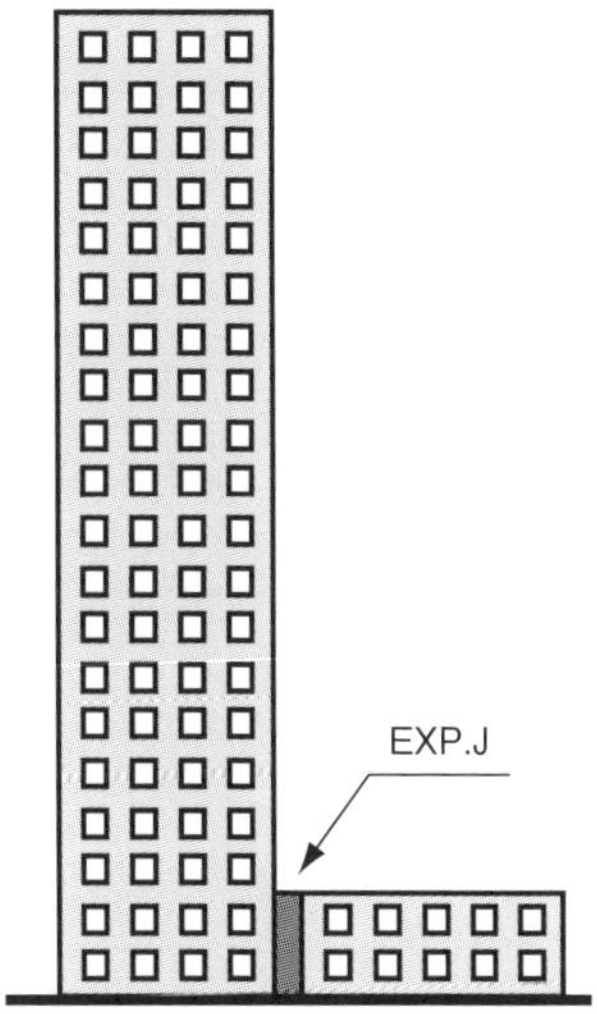

高層建物と低層建物

EXP.Jの形状

①滑り型

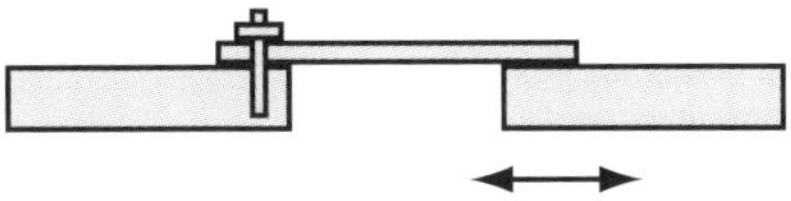

②蛇腹型

③ボールト型

④ヒンジ型

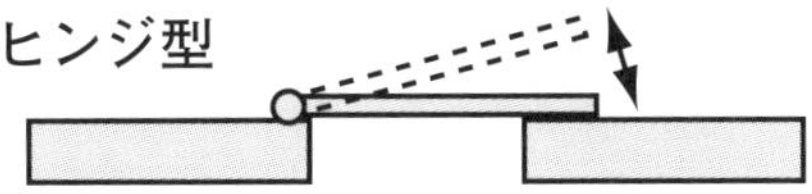

⑤櫛型

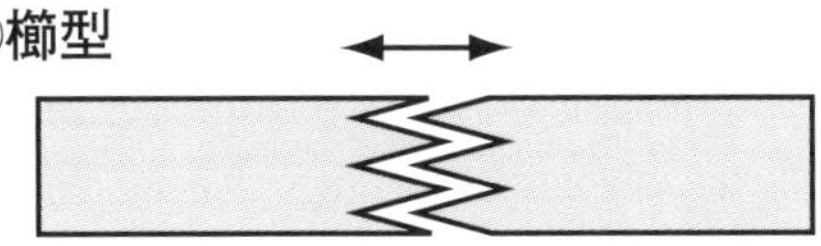

クリアランスのとり方

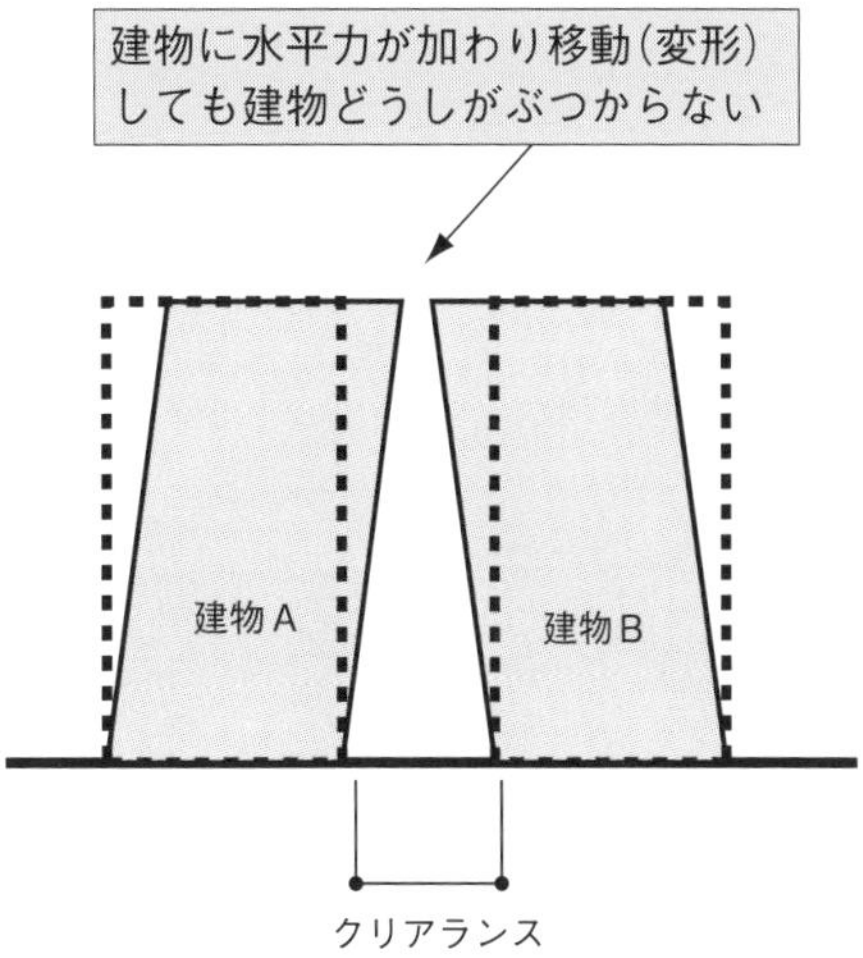

大地震時の建物の変形量からクリアランスを決める

地盤の種類と性状

062

POINT >>>>>>>>>>>>>>>>>>>>>>>>>>>>>>>>>>

主な地盤は砂質地盤、粘土質地盤、岩盤。最も安定しているのが岩盤。砂質地盤は液状化、粘土質地盤は圧密沈下に注意

地盤を読む

地盤の種類と性状を把握することは、建物の安全性を確保するために非常に重要である。また、地盤の状況によって、使用できる基礎形式や杭の工法が違ってくる主な地盤の種類は、砂質地盤、粘土質地盤、岩盤である。

砂質地盤（砂質土）は、礫や砂の粒子で、地盤の耐力が大きく異なる。細砂の地盤では地震時に液状化するおそれがあるため、基礎は慎重に選択する必要がある。

粘土質地盤（粘性土）は、古い地層ならばよく引き締まっているため、直接基礎を設けることが可能だ。ただし比較的新しい地層では、地盤が十分に引き締まっていないため、圧密《あつみつ》と呼ばれる現象が起こり、長期にわたって建物が沈下するおそれがある。ロームも粘土質地盤に近い性質がある。シルトは、粘土と砂質地盤の中間的な性質である。

岩盤は、強固で安定した地質であり、直接基礎を設けることが可能である。

地盤の性質以外に確認しておかなければならない地盤の性状に、地下水位がある。地下がある建物で地下水位が高いと浮き上がりの力が発生するために建物に過大な力が生じることになる。

また、一見問題がないように見える土地でも、もとは川や崖地だったり、古い炭鉱町では地下孔を埋め立ててあったりする場合がある。古地図で地盤の履歴を知ることも重要だ。

地質によって変わる地震力

地盤の性質によって、地震力が作用した建物の揺れ方が大きく変わる。建築基準法施行令88条では、建物の振動特性を決める要因の1つに「地盤の種類」を挙げている。一般に軟弱な地盤ほどゆっくりと、地盤が硬くなると細かく振動する。

砂質地盤と粘土質地盤

砂質地盤(砂質土)

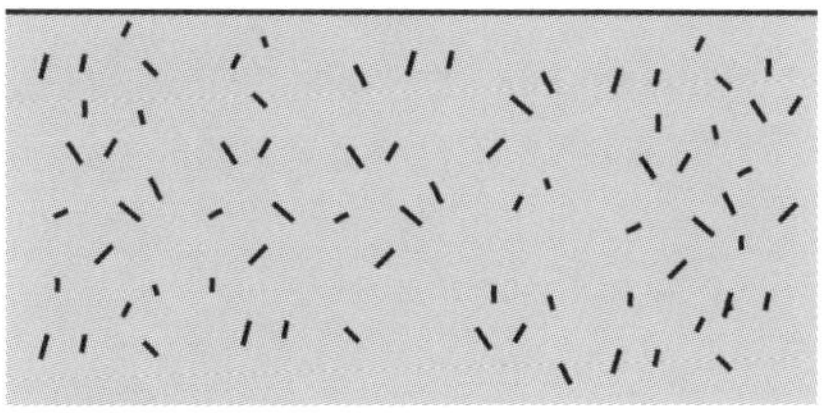

砂質が均質で水分を多く含んでいると液状化を起こしやすい。また、地盤中の礫が大きい場合は杭基礎の施工が難しい

粘土質地盤(粘性土)

①古い粘土質地盤

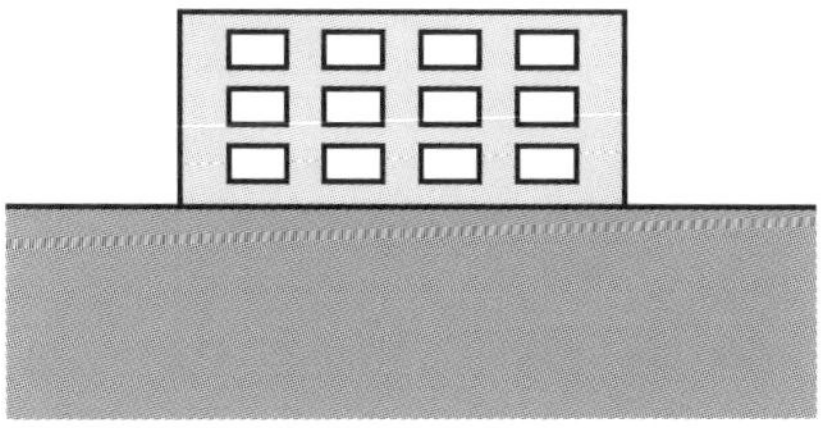

堅固で支持力が大きいが、地盤が露出すると風化するおそれがある

②新しい粘土質地盤

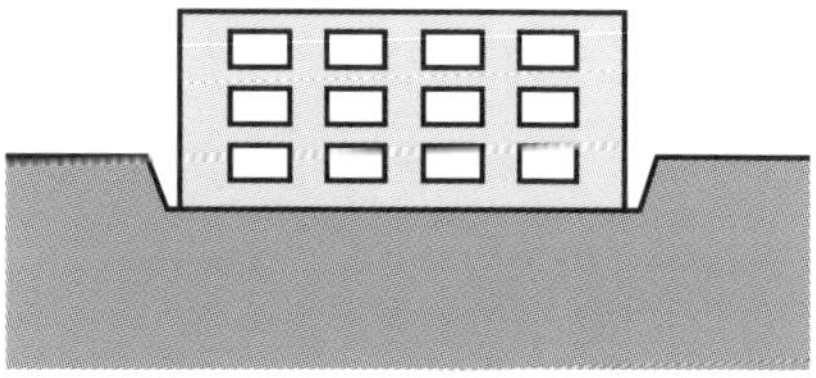

比較的軟らかく、長期にわたって圧密沈下するおそれがある。ローム層も同じような性質をもつ

地盤の地耐力(建築基準法施行令93条)

地盤	長期許容応力度(kN/m²)	短期許容応力度(kN/m²)
岩盤	1,000	長期の2倍
固結した砂	500	
土丹盤	300	
密実な礫層	300	
密実な砂質地盤	200	
砂質地盤(液状化のおそれがないもの)	50	
堅い粘土質地盤	100	
粘土質地盤	20	
堅いローム層	100	
ローム層	50	

地盤を調査する

063

POINT >>>>>>>>>>>>>>>>>>>>>>>>>>>>>>>>>>>>

代表的な地盤調査法は、ボーリングの標準貫入試験、平板載荷試験、静的貫入試験。できるだけ複数の方法で調査する

代表的な地盤調査方法

地盤は、場所や深さによってさまざまな性状をもつ。そのため地盤調査を行い、計画建物の重量を地盤が支持できるかを確認しなければならない。

地盤の調査方法は、平成13年国土交通省告示1113号に具体的に規定されている。そのなかでもよく用いられるのが、ボーリング調査、標準貫入試験、平板載荷試験、静的貫入試験の4つである。

①ボーリング調査

刃先の付いた鋼管で地表面から採掘し、地盤の構成や地下水位の確認などを行う調査方法。標準貫入試験を同時に行うことが多い。一般にボーリング調査というときは、標準貫入試験も含めた調査方法のことである。

②標準貫入試験

錘《おもり》（63・5kg）を75cmの高さから落下させ、サンプラーと呼ばれる鉄管を地盤に30cm打ち込むのに必要な打撃回数から、地盤の支持力を確認する調査方法。この打撃回数をN値と呼ぶ。ボーリング調査と併せて行うため、地盤の深層部の性状を確認できる。

③平板載荷試験

角状または丸板の部材で地盤に静的な荷重を加えて、地盤の支持力（耐力）などを確認する調査方法。基礎の底盤を設ける深さまで掘削し、地盤の支持力を計測する。地盤の表層の耐力を知ることができるが、深層部分については確認できない。

④静的貫入試験

戸建住宅など小規模建物で広く利用されている調査方法で、スクリュー式サウンディングもその1つである。先端がスクリュー状になっているロッドに錘（10kgを2個、25kgを3個）と載荷用クランプを取り付け、クランプを地盤に1mねじ込ませるの要した半回転数（180度）で地盤を評価する。

代表的な地盤調査方法

①ボーリング調査＋標準貫入試験

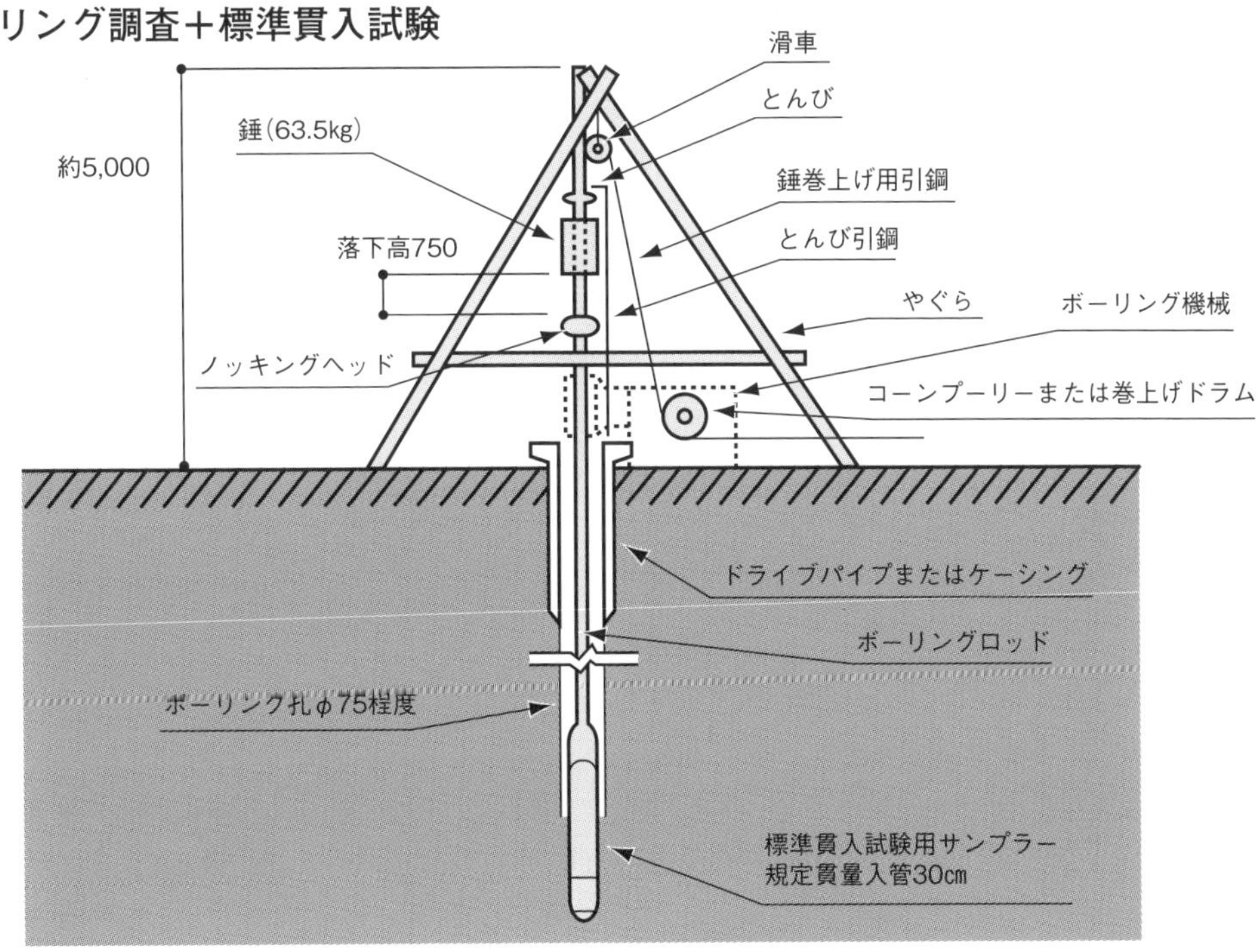

②平板載荷試験

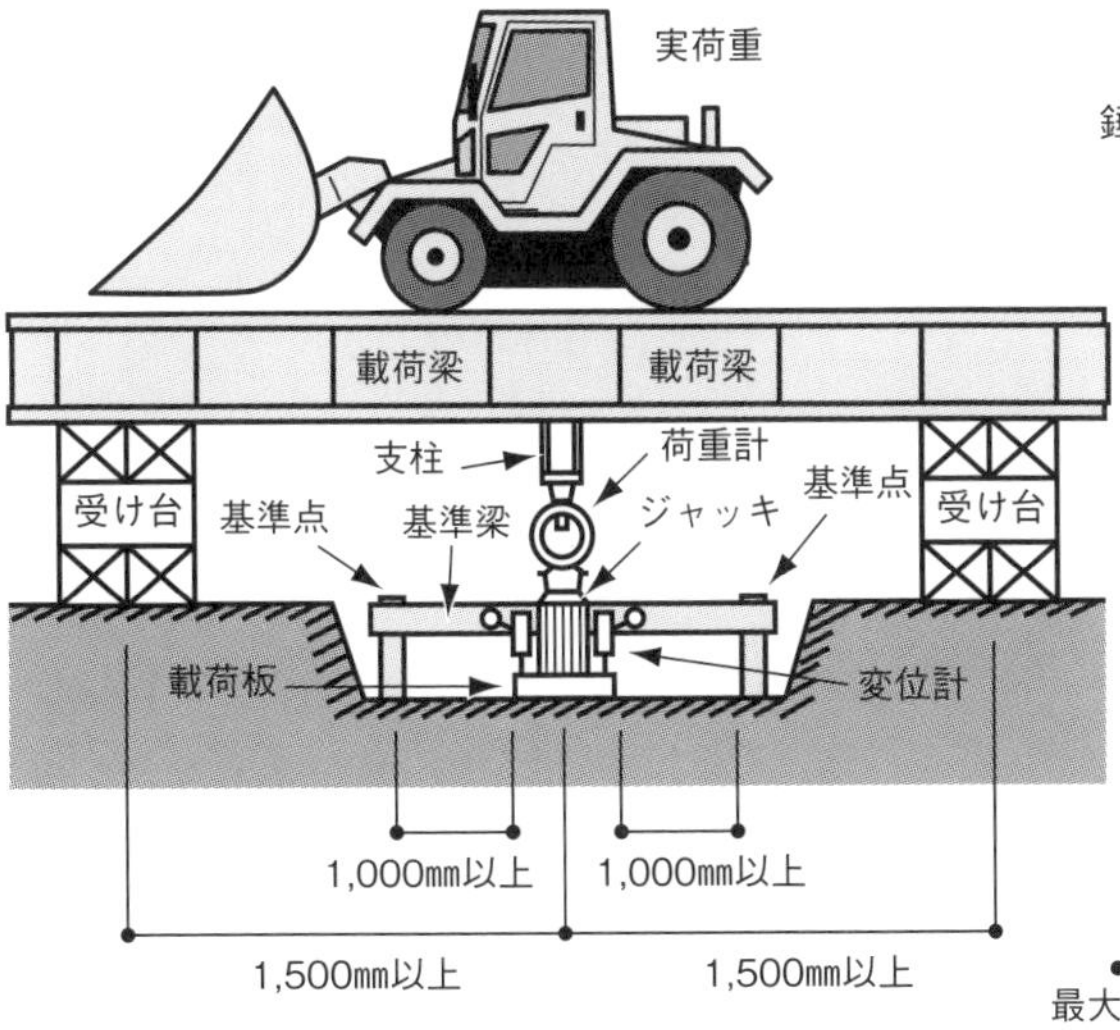

③静的貫入試験（スクリュー式サウンディング）

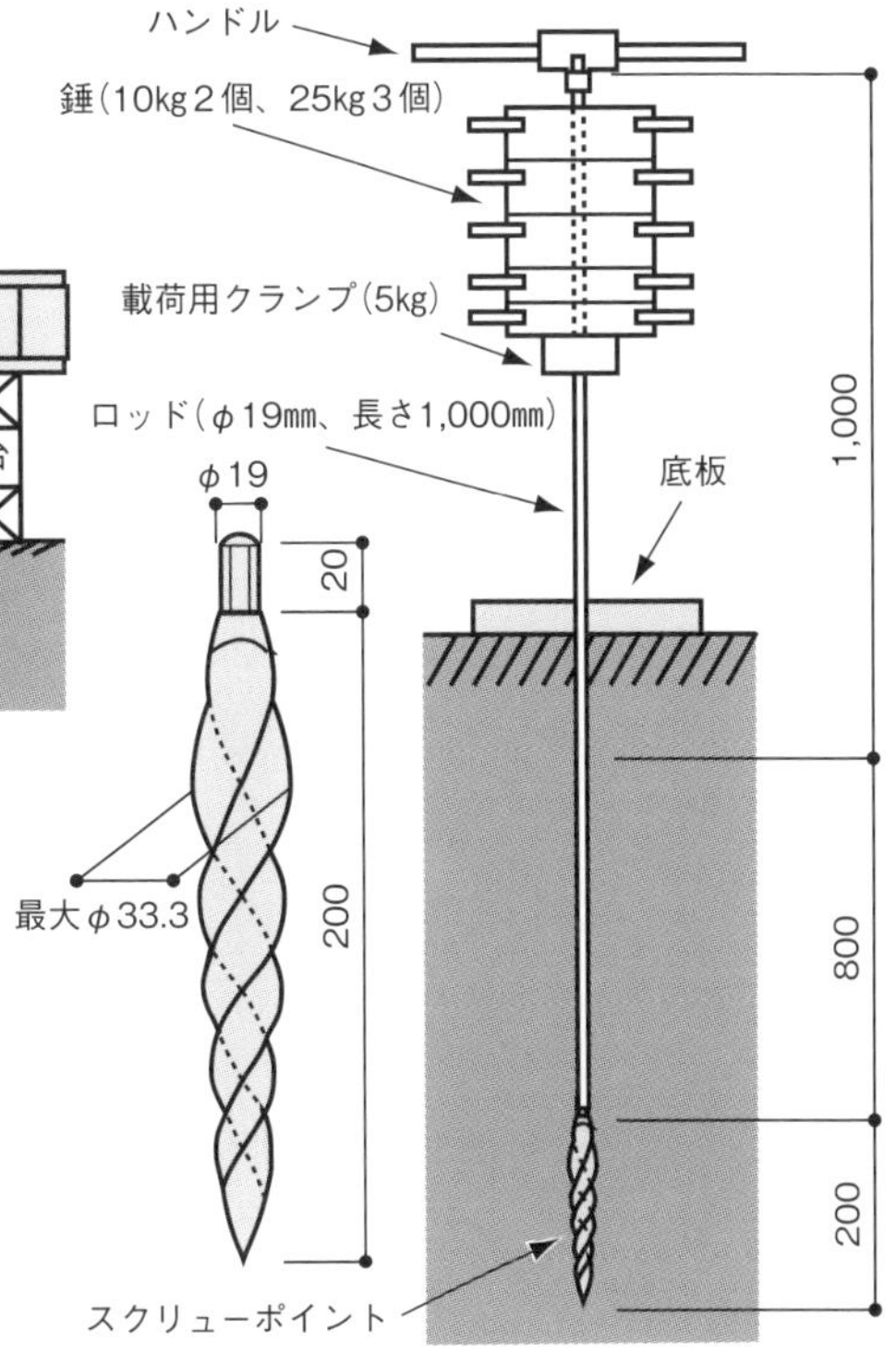

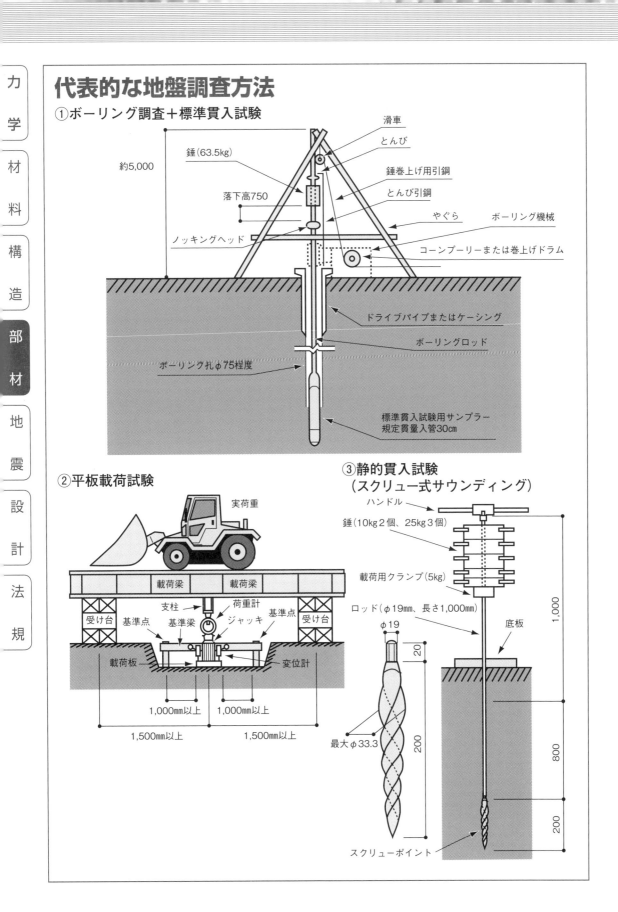

地業の方法

064

POINT >>>>>>>>>>>>>>>>>>>>>>>>>>>>>>>>>>

基礎を安定して支えるために地業で地盤を固める。割栗地業、砂利地業、直接地業が代表的な地業である

地業はなぜ必要か

直接基礎を選択した場合、基礎の底盤が接する地盤（接地地盤）を堅固にする。この作業を地業《じぎょう》という。

地業は、基礎を安定して支えるために必要で、基礎の基礎をつくる工程だといえる。さらに、躯体の位置決めや鉄筋・型枠の受台となる捨てコンクリートを打設する際の地均しや位置出しのためにも地業が必要となる。

地業の種類

地盤の地質によって、選択できる地業の種類が異なる。一般に行われる地業には、割栗地業、砂利地業、直接地業の3つがある。

①**割栗地業**　直径200～300㎜程度の硬質の石（割栗石）を小端立てに密に敷き込み、隙間を目潰し砂利で埋めて固める地業。割栗石を密に並べることで、均質で固い地業となるが、割栗石を手作業で並べるため、手間がかかる。地質があまりよくない場合に用いるが、軟弱地盤は割栗石が沈下するので向かない。また、近年ではほとんど採用されていない。

②**砂利地業（砕石地業）**　最大の直径が45㎜程度の砕石《さいせき》や砂利を、厚さ60㎜以上確保しながら均等に敷き詰めて固める地業。割栗地業のように手作業で石を並べる必要がないため、近年よく行われている地業である。砕石の大きさにはばらつきがあるので、転圧は十分に行う必要がある。砂利地業は比較的地質がよい場合に採用する。一方、粘土地盤や砂地盤など、軟弱な地盤には向かない。

③**直接地業**　接地地盤が非常に密度の高い砂礫で構成されており、水はけがよく、地耐力が十分に確保されている場合は、割栗石や砕石を用いず、接地地盤を直接締め固める。このような地業を直接地業という。

地業の種類

①割栗地業

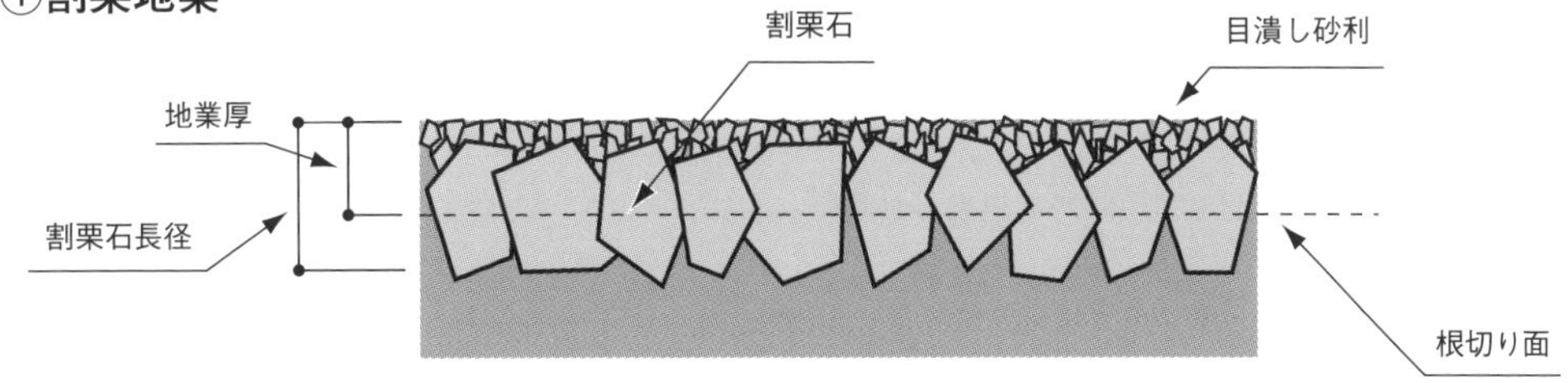

②砂利地業

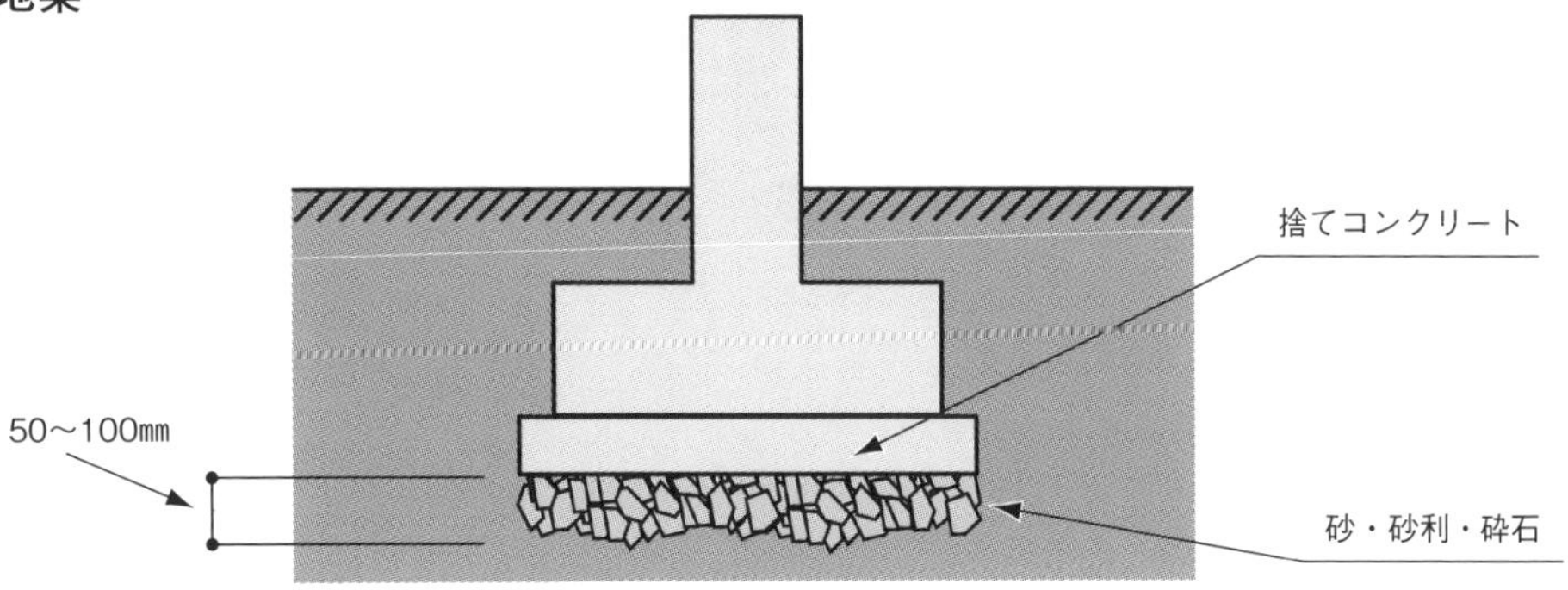

標準的な地業

地盤・地業 ＼ 構造部材	地盤の地質	地業 種別	地業 厚さ(㎜)	捨てコンクリート厚さ(㎜)
直接基礎床版下	岩盤・土丹	地肌	—	50
	砂礫・砂	砂利	100	50
		砂利	60	
	シルト 粘土 ローム	砂利	150	50
		砂利	60	
杭基礎床版下	—	砂利	60	50

『建築構造設計基準及び同解説　平成16年版』（建設省大臣官房官庁営繕部整備課 監修）をもとに作成

基礎の設計

065

POINT >>>>>>>>>>>>>>>>>>>>>>>>>>>>>>>>>>>

基礎の種類は直接基礎（布基礎とベタ基礎）と杭基礎の２種類。地盤の長期許容応力度で選択できる基礎が決まる

基礎の形式

基礎の形式は、直接基礎と杭基礎に分類することができる。建物の重量などの長期の鉛直荷重に対して、地盤表層部が十分な耐力をもっていれば直接基礎、そうでなければ杭基礎を選択する。このほかに、建物の高さや構造形式なども、基礎の形式を選択する際に考慮しなければならない要素である。

直接基礎には、布基礎、ベタ基礎がある。布基礎とは、T字を逆にした形（またはL字形）の基礎で、フーチング（底盤）によって建物の荷重を地盤に伝える。フーチングがつながっているため、連続フーチング基礎ともいう。フーチングが連続せず、柱ごとに単独に設けられた基礎を独立フーチング基礎あるいは独立基礎という。一方ベタ基礎は、基礎スラブで建物の荷重を地盤に伝える基礎である。

杭基礎とは、地盤の表層部に建物の荷重を支えられる耐力のない軟弱な地盤で用いられる基礎形式である。建物の荷重を支えられる耐力のある地盤の層まで杭を延ばして、建物を支持する。

杭の種類や工法が多数あり、施工方法により場所打ち杭と既製杭に、支持力の確保方法により支持杭と摩擦杭に分類される。

基礎設計の注意点

平成12年建設省告示１３４７号では、地盤の長期の許容応力度によって選択できる基礎の形式を定めている。基礎を設計する際には計画地の地盤の許容応力度を調査する必要がある。

また、異なる構造の基礎（異種基礎）を併用することは、建築基準法で原則、禁じられている。地盤の状況からやむを得ず異種基礎を併用する場合は、建築基準法で定められた構造計算により、構造耐力上の安全性を確認しなければならない。

基礎の形式

①直接基礎

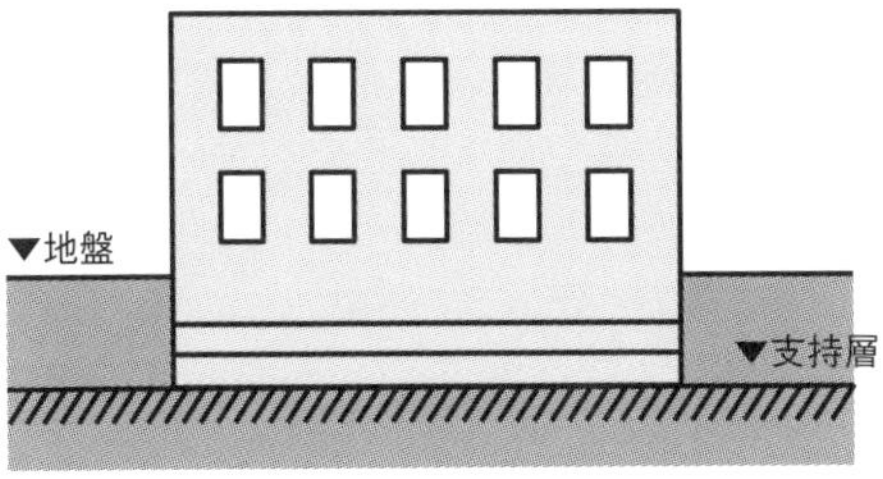

②杭基礎

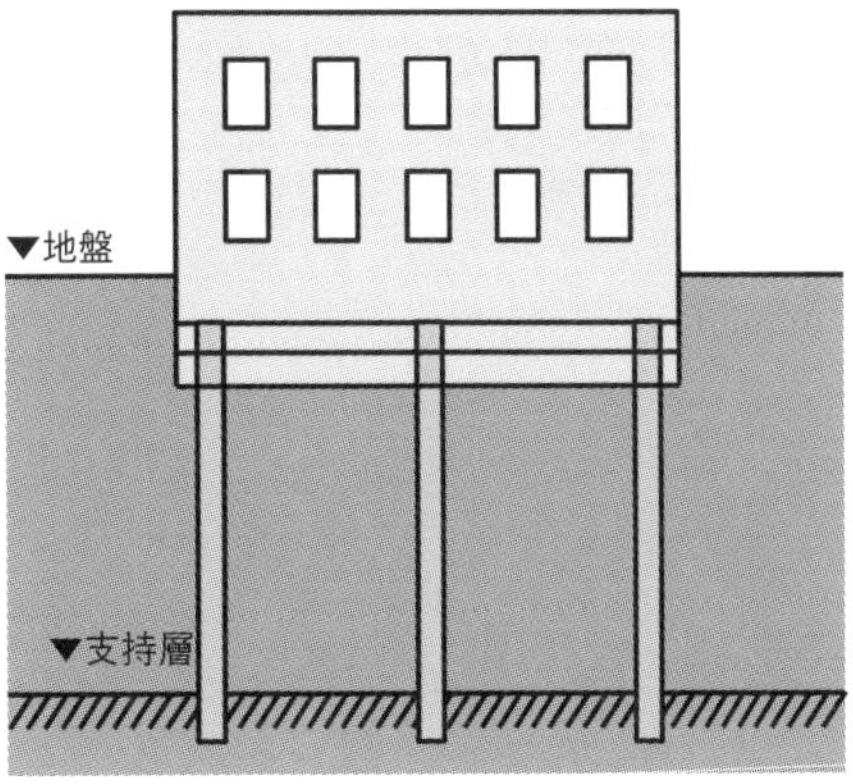

直接基礎の種類

①布基礎

長期地耐力30kN／m²以上

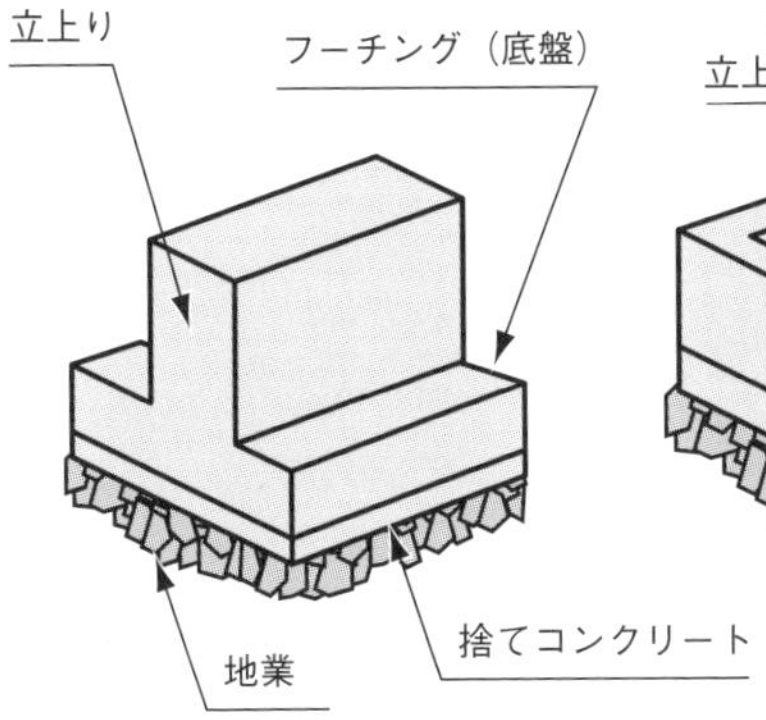

②ベタ基礎

長期地耐力20kN／m²以上

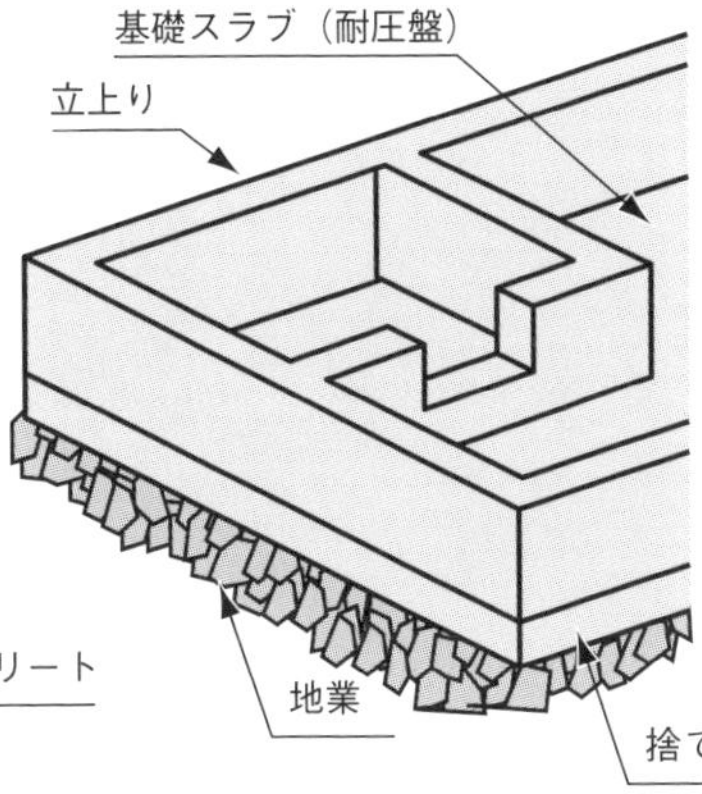

③独立基礎

構造計算で安全を確認

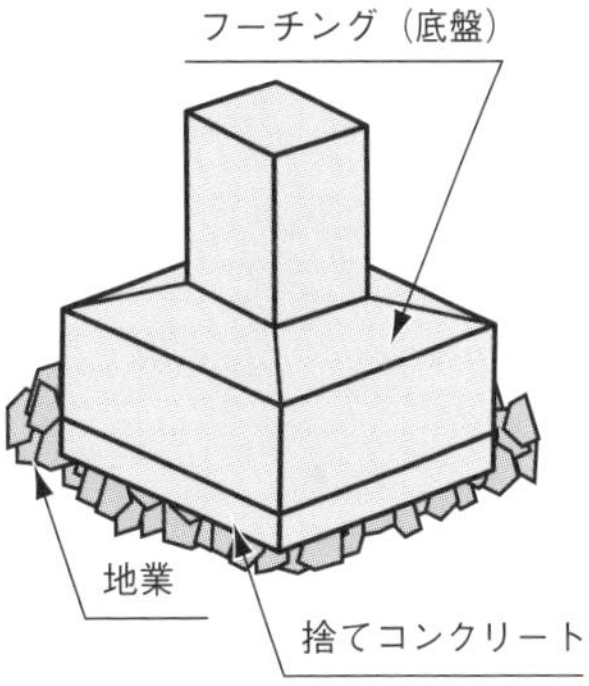

杭基礎の種類 長期地耐力20kN／m²未満

①場所打ちコンクリート杭　②既製コンクリート杭　③鋼管杭

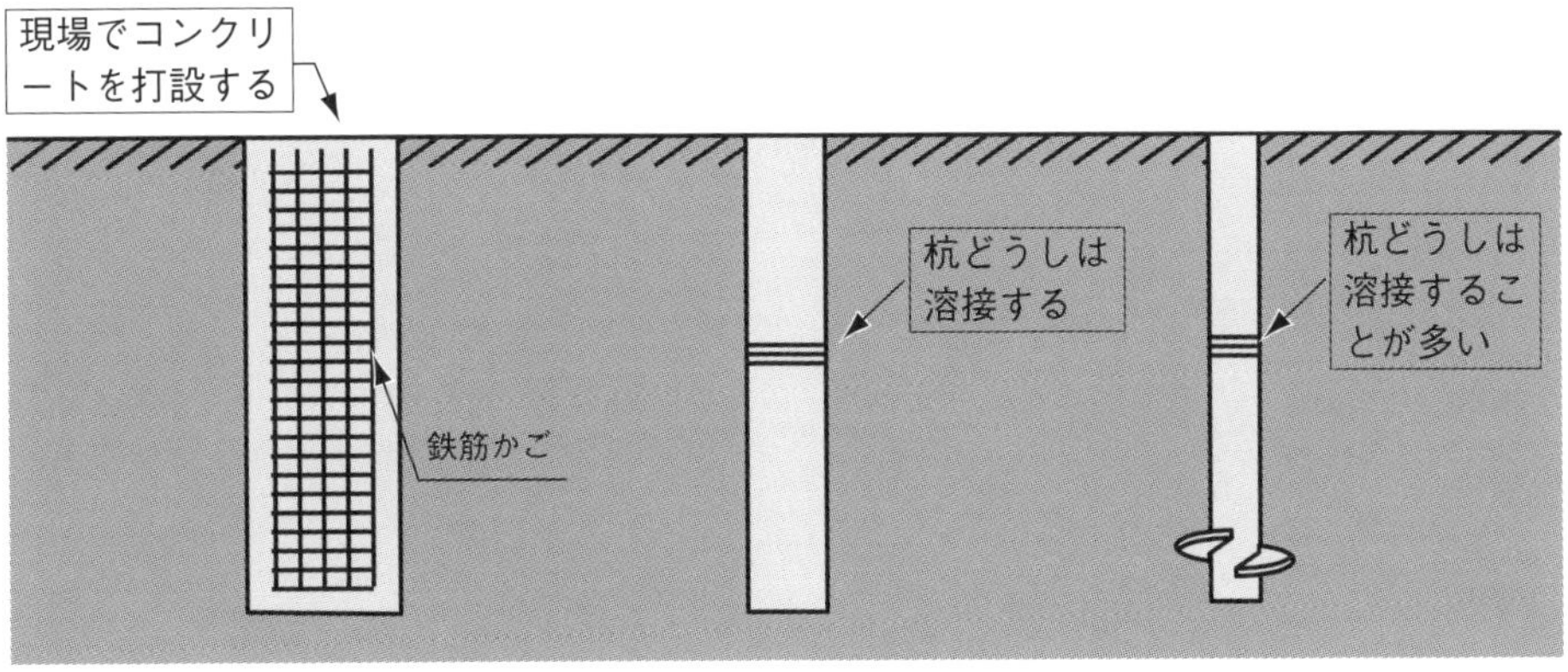

地盤を改良する

066

POINT >>>>>>>>>>>>>>>>>>>>>>>>>>>>>>>>>>>

浅層混合処理工法はセメント系固化材を使って地盤表層部を、深層混合処理工法は深層部分まで改良する

代表的な地盤改良工法

地盤調査の結果、地盤の耐力が期待できない場合は、杭基礎を選択する。ただし、表層部は軟弱地盤だが、比較的浅い位置に良好な地盤がある場合は、地盤改良を行うことで直接基礎を選択することもある。

地盤改良とは、セメント系固化材を土に混ぜて固めることで地盤の耐力を高める工法である。以前は、玉砂利を粗骨材に用いたコンクリート（ラブルコンクリート）を支持層まで打ち込んで改良する工法が取られていたが、現在は、セメント系固化材で地盤の表層部分を改良する浅層混合処理工法と、深層部分まで改良する深層混合処理工法が一般的である。

①浅層混合処理工法

地盤表層部分の土にセメント系固化材を混合し、転圧して固める工法。地盤の表層部分のみを改良するため、表層改良工法とも呼ばれる。面的に地盤を固めることで、建物の不同沈下を防ぐ。改良できる地盤の深さは、地表面から2mくらいが目安である。

②深層混合処理工法

セメント系固化材（地盤改良用セメント）と元の地盤（原地盤）の土を混ぜてつくった柱（コラム）を、深層にある安定した地盤まで届かせて地盤の耐力を高める工法である。柱状改良工法とも呼ばれる。

コラムの配置には、杭形式、壁形式、ブロック形式の3つがある。

改良工法

セメント系固化材以外に、細径鋼管を使った改良方法がある。

細径鋼管を回転させながら強固な地盤に貫入させて建物を支持する方法や、モルタルの細い柱列を多くつくる方法など、さまざまな改良工法が考案されている。

代表的な地盤改良方法

①浅層混合処理工法

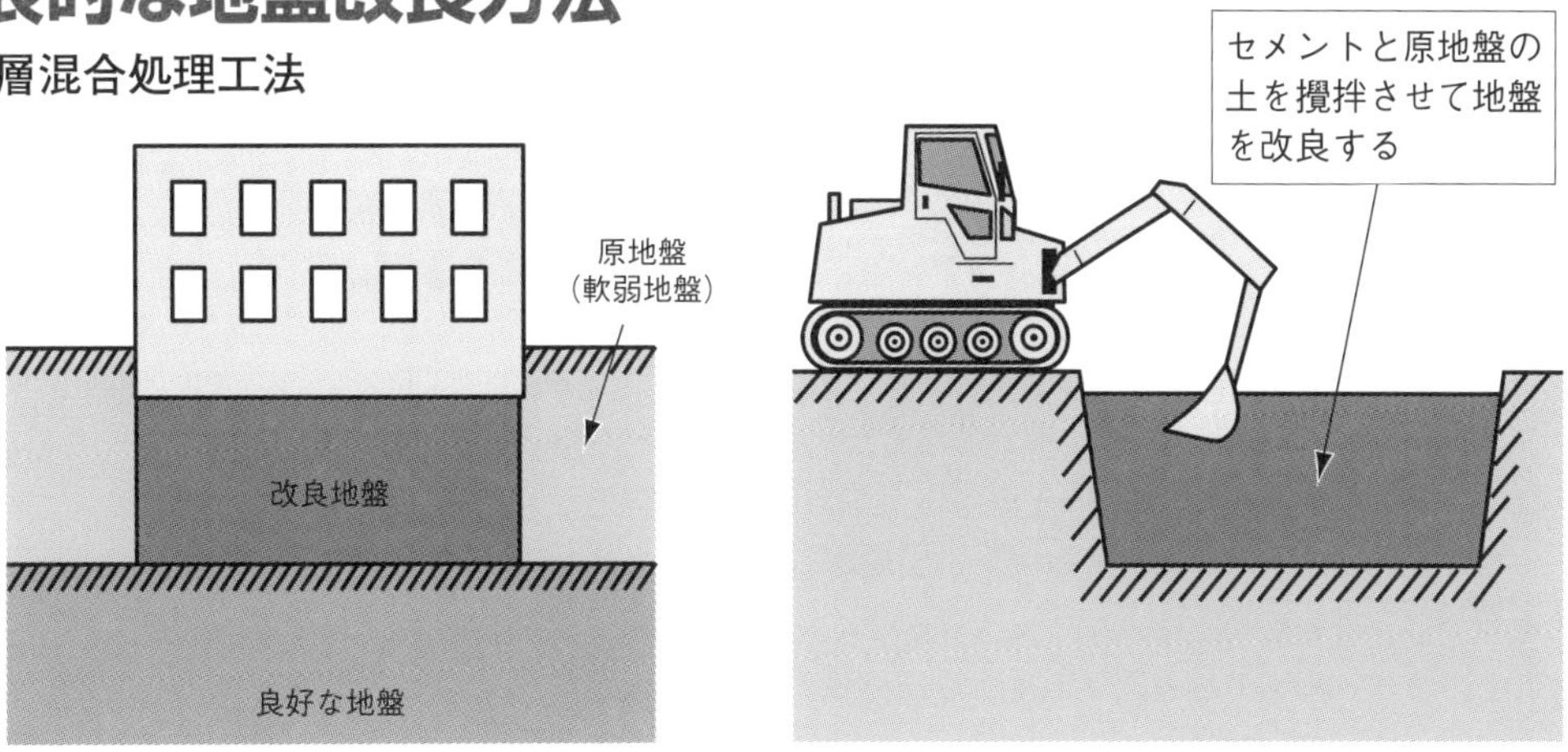
原地盤
（軟弱地盤）
改良地盤
良好な地盤
セメントと原地盤の土を攪拌させて地盤を改良する

②深層混合処理工法

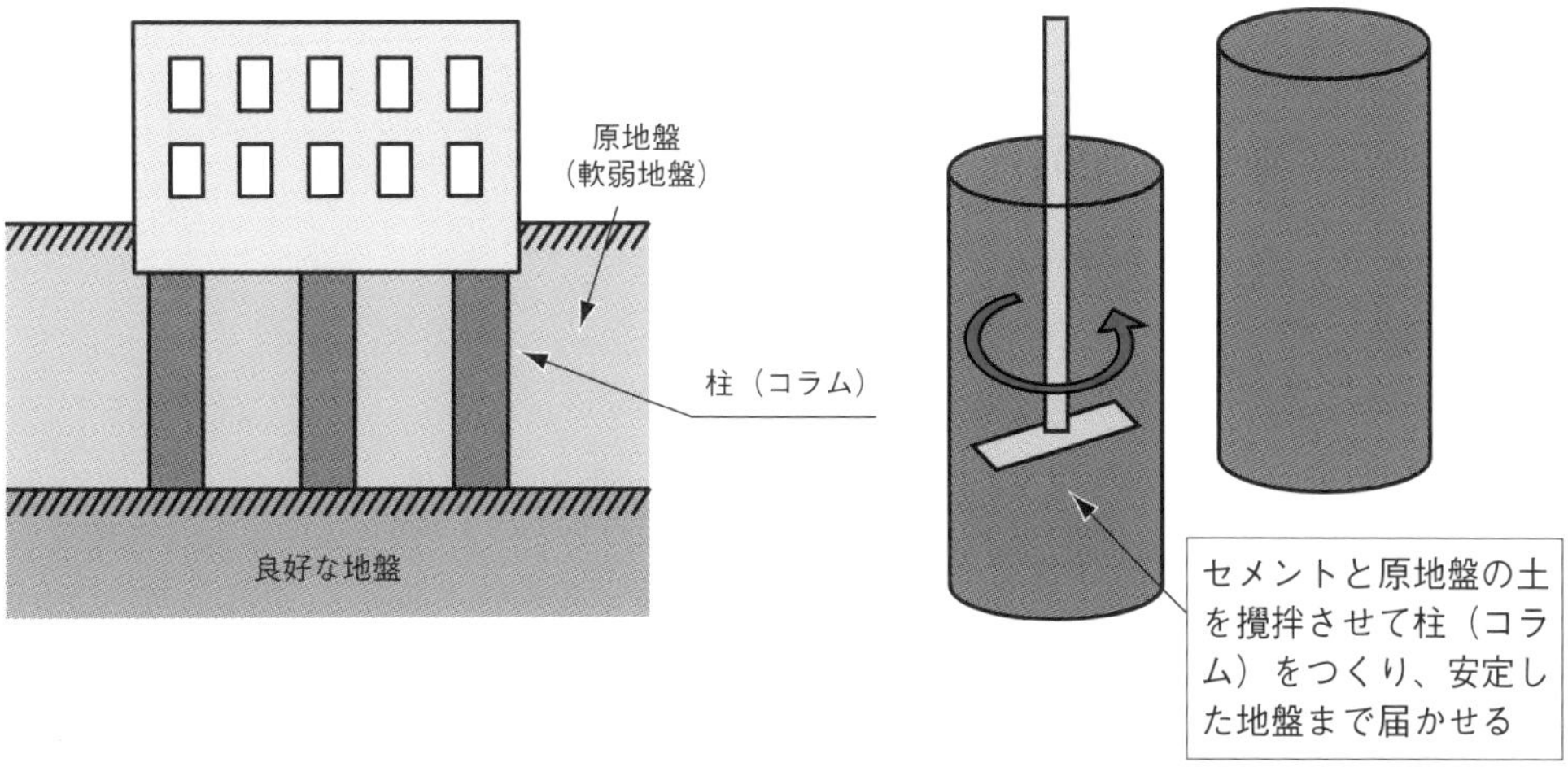
原地盤
（軟弱地盤）
柱（コラム）
良好な地盤
セメントと原地盤の土を攪拌させて柱（コラム）をつくり、安定した地盤まで届かせる

地盤改良工法

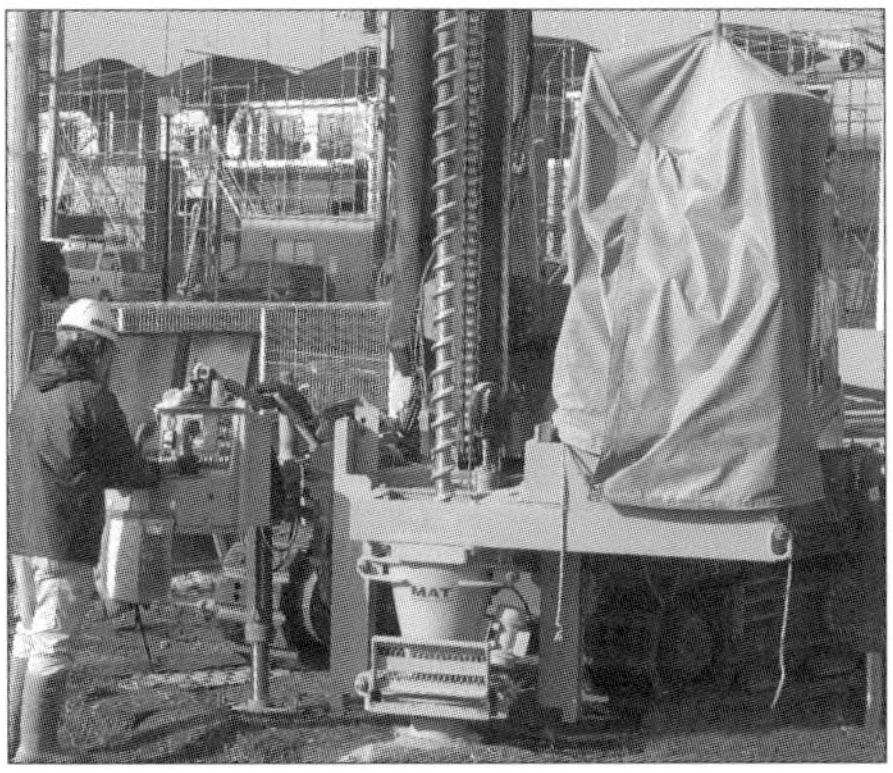

写真（左）
モルタルでつくった細い柱（コラム）を列をつくるように埋め込み地盤を改良する

写真（右）
改良に用いる柱（コラム）の断面

写真提供
旭化成建材株式会社

column 04

建築構造の単位

現在、建築の構造計算で使われる単位は、1960年の国際度量衡会議で決定された国際単位系と呼ばれるSI単位系である。日本の建築では、古くは尺貫法が使われ、SI単位系に移る前では、従来法と呼ばれる重量単位（kgfやtf）などが長さや重さを表す単位として使われていた。単位がSI単位系に統一されることで、どのような環境でも、値が不変となる（極端な例だが、従来の重力単位系では月と地球では、同じ重さを扱っていても値が変わる）。SI単位系は、1999年より建築基準法で使用されるようになり、本格的な運用が始まった。しかしながらCGS単位系に慣れた筆者は、CGS単位系の方が人の感覚に近い様に感じる。

構造の単位

長　さ	単位長さ当たりの力
1.0m＝100㎝＝1000㎜ 1.0間＝6尺＝60寸＝600分 1尺＝0.303m　1m＝3.3尺	1.0tf／m＝9.80665kN／m
面　積	**単位面積当たりの力**
1.0㎞^{2}＝1,000,000m^2 1.0ha＝10,000m^2 1.0坪＝3.305m^2	1.0tf／m^2＝9.80665kN／m^2 1.0kgf／㎝^{2}＝0.0980665N／㎜^{2} 1.0kgt／㎜^{2}＝9.80665N／㎜^{2}
容　積	**力・重力**
1ℓ＝1000㎝^{3} 1m^3＝1,000,000㎝^{3} 1合＝180.39㎝^{3} 1升＝1803.9㎝^{3}	1kgf＝9.800665N 1tf＝9806.65N＝9.80665kN 1kN＝1000N

第5章

地震に負けない構造

地震に対する設計

067

POINT >>>>>>>>>>>>>>>>>>>>>>>>>>>>>>>>>>>>>>

建築基準法は２段階の耐震設計法を規定している。１次設計は中小地震、２次設計では大地震を想定したもの

中小地震には1次設計

日本の建築基準法では、計画建物の規模や剛性率、偏心率によって耐震設計法を1次設計と2次設計の2段階に分けている。それぞれ対象としている地震の規模が異なる。

1次設計とは、建物を使用している期間にまれに遭遇するであろう中小地震で建物が損傷しない（壊れない）ことを確認する設計法である。許容応力度計算法〔204頁参照〕を用いて、各部材の許容応力度が、地震によって生じる応力以上であるかを検証する。

1次設計で建てられる建物は、地震に対する抵抗形式によって、さらに2つに分けられる。1つが強度型の建物で、建物自体の強度を地震力よりも強くするよう設計する。もう1つが靭性型の建物で、建物に靭性をもたせる（柔らかくする）ことで、地震力を受け流すよう設計する。

大地震には2次設計

2次設計とは、建物を使用している期間にごくまれに遭遇する大地震に対して、建物の安全性を確保する設計法である。1次設計との大きな違いは、1次設計では建物が壊れないように設計するのに対して、2次設計では部材がある程度壊れることを許容しながら、最終的に建物が倒壊しない状態であることを確認する設計となっていることである。

具体的な計算方法としては、保有水平耐力計算で建物が最終的に倒壊する外力を算出し、建築基準法で想定される必要保有水平耐力以上であることを確認する〔206頁参照〕。

2次設計で計算する建物は、規模が大きいものが多い。また大地震に対して強度型の建物を設計すると、部材が必要以上に大きくなるため、靭性型の建物を設計することがほとんどである。

強度型と靭性型構造

①強度型(剛構造)

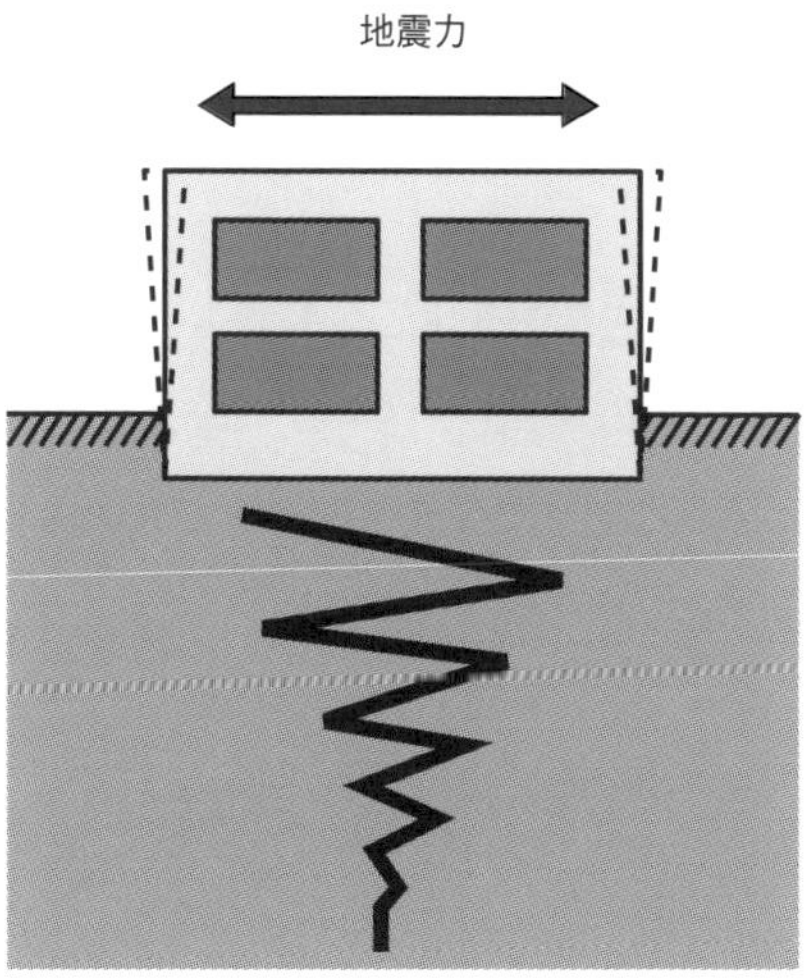

建物の強度を高めて地震力に抵抗する

②靭性型(柔構造)

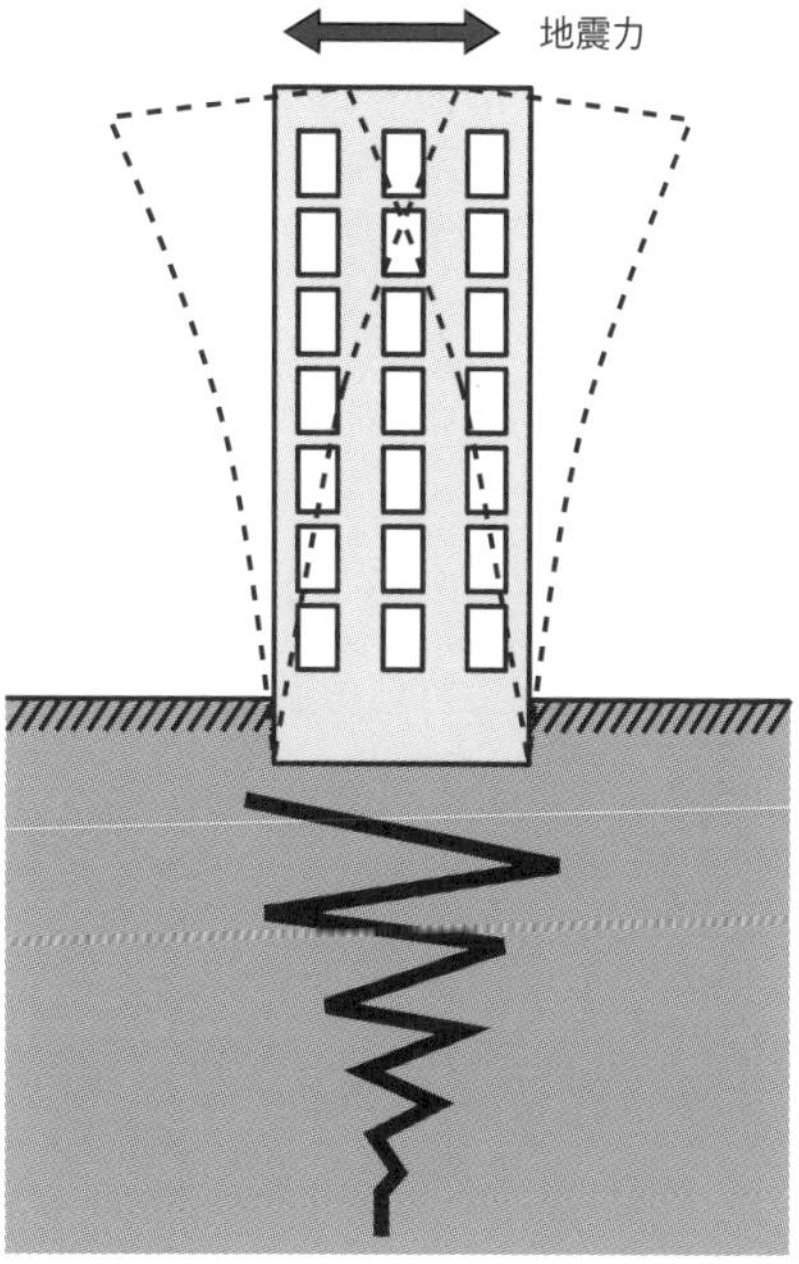

建物を柔らかくして力を受け流す

地震に対する設計の考え方

①許容応力度計算(1次設計)

中小規模の地震に相当する地震力を想定

部材の許容応力度＞地震による部材に生じる応力度

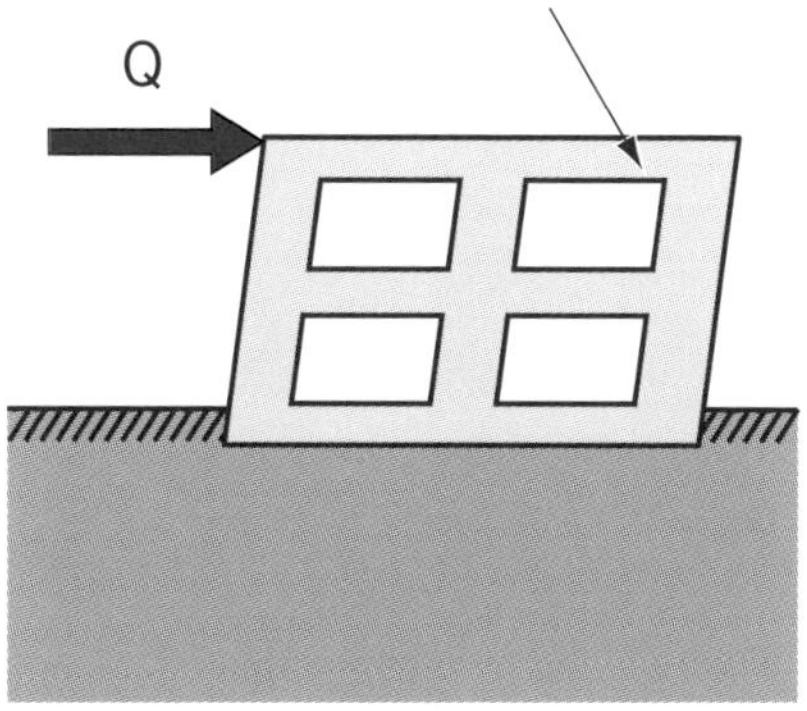

部材に生じる応力は、部材の許容応力度以下に納まり、建物が倒壊しないかを確認する

②保有水平耐力計算(2次設計)

大規模な地震を想定

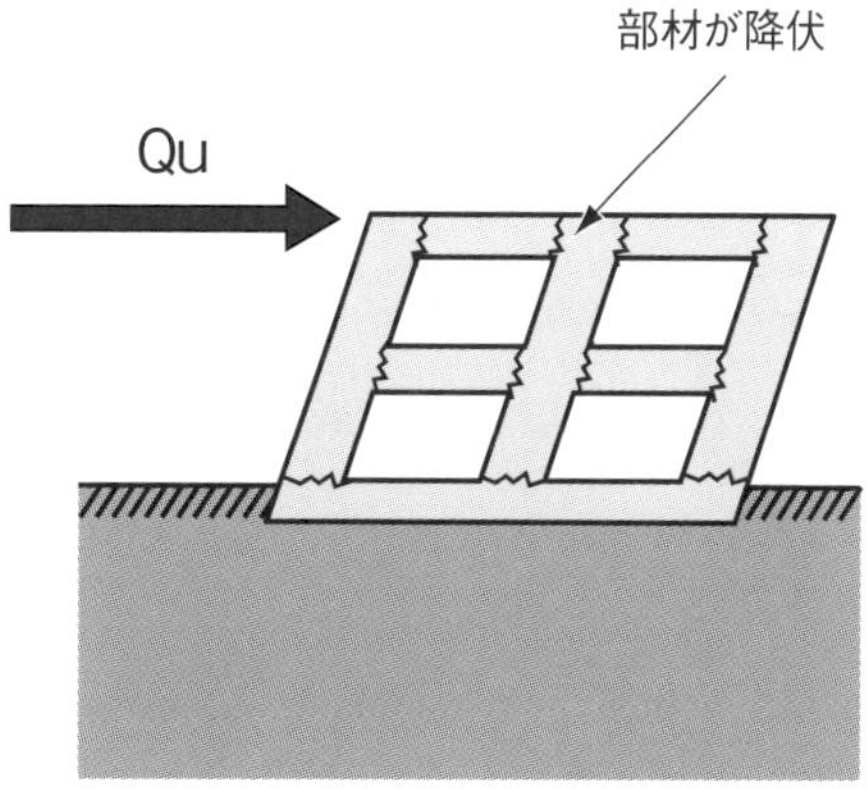

建物に加力し、すべての部材が壊れて（降伏して）建物が倒壊する、限界の耐力を確認する

地震の伝わり方

068

POINT >>>

地震の揺れのうち、支配的な周期を卓越周期という。卓越周期と建物の固有周期が一致すると共振し建物が大きく揺れる

地震のメカニズム

地震は、地震基盤にある活断層がずれることで発生する。地震基盤で発生した地震波は、工学的基盤や表層地盤を通じて地表まで到達し、建物に伝達されることになる。地震波には、地震発生時の第1波のP波(Primary wave)、第2波のS波（Secondary wave）、さらに地表と平行して伝わる表面波がある。地震波は、通過する地盤の性状などで地震の揺れ幅（周期）が影響を受ける。地震波の周期のなかで、特に支配的な周期を「卓越周期」という。

建物は、硬さなどによりそれぞれ独自の揺れ方をする。これを固有周期という。卓越周期と建物の固有周期が一致する（共振する）と、地震波はさらに大きくなる。同じ地震でも建物によって被害が異なる理由の1つは、地震の卓越周期と建物の固有周期の共振がある。

構造計算の地震力

地震の大きさを示す単位には、震度、ガル［gal］、カイン［kine］、マグニチュード［M］がある。

震度は気象庁が発表する地震の大きさの程度を表す指標、ガルは地震の加速度、カインは地震の速度、マグニチュードは地震エネルギーの大きさを示す値である。

地震力の大きさや方向は、発生から常に変化しており、実際、建物に作用する地震力は方向や大きさも定まっていない。ただし、地震力を変化し続ける力として構造計算することは非常に困難なため、通常の構造計算では、地震力は建物を任意の方向から同じ力で押し続ける静的な力に置き換えて計算する。地震力を動的な力として計算する手法には、時刻歴応答解析がある。時刻歴応答解析ではガルやカインが用いられる。

地震発生のメカニズム

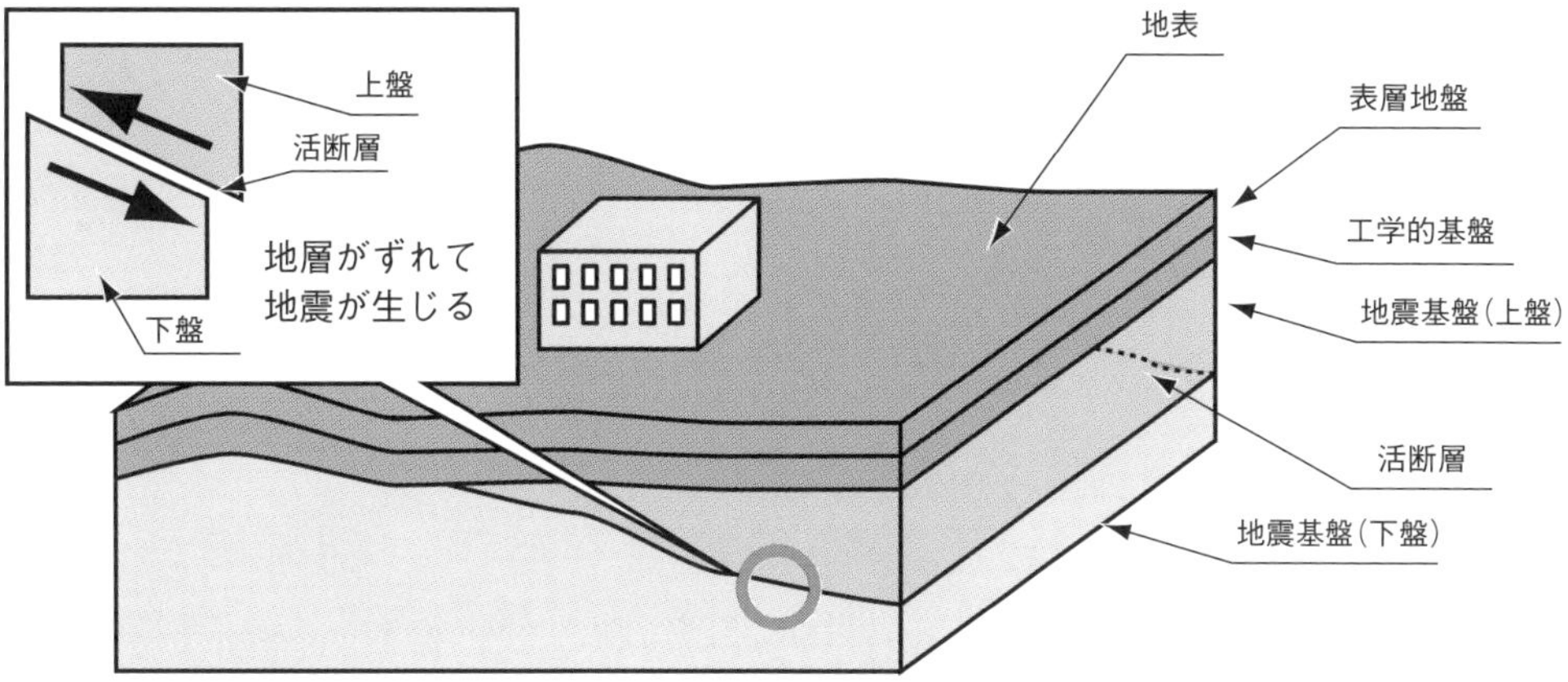

地震波の伝わり方

P波：地震時の第１波（Primary wave）。進行方向と平行に振動する波
S波：地震時の第２波（Secondary wave）。進行方向と直交に振動する波
表面波：地表面を伝わる波。ラブ波・レイリー波がある

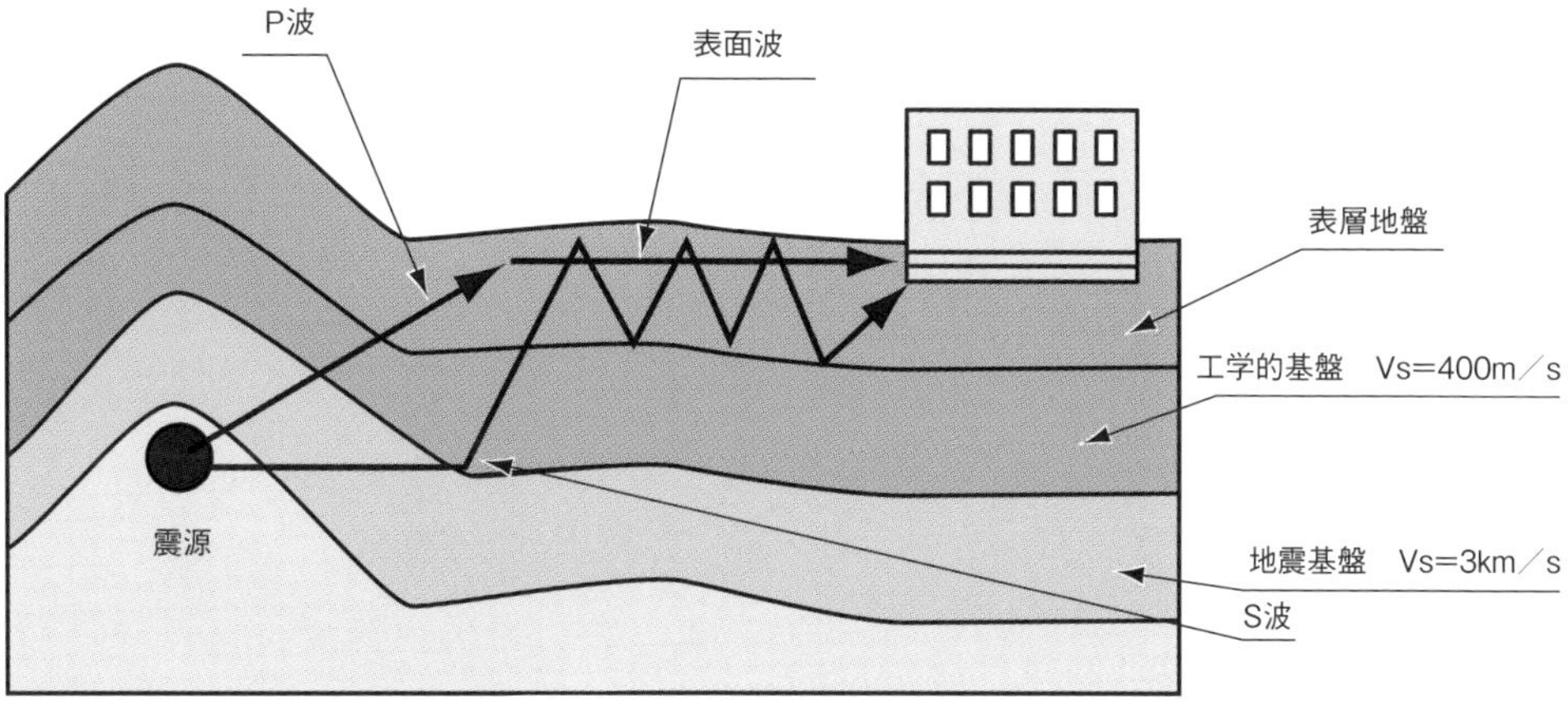

地震の大きさの単位

震　度	地震の揺れの程度を表す指標。0～7まで10段階に階級が分かれている。構造計算を行なうときの水平力を算出する係数も震度（K）というが、それとは異なる
ガ　ル	地震によって生じる加速度の値 1 gal = 980㎝／sec^2 重力を基準にしている
カイン	地震によって生じる速度の値 1 kine = 1.0㎝／sec 構造物の被害は、加速度よりも速度との相関が大きいといわれ、最近ではガルよりもカインが構造計算で多く使われる

耐震構造・制振構造

069

POINT >>>>>>>>>>>>>>>>>>>>>>>>>>>>>>>>>>

耐震構造は、地震に対して建物の強度で抵抗。制振構造は、ダンパーなどの装置を使って地震の揺れをコントロールする

耐震構造

耐震構造とは、地震時に建物が受ける水平力に対して、部材の強度で抵抗するよう設計された構造である。耐震要素となる主な部材は、柱、梁、壁（耐震壁）、ブレースである。鉄筋コンクリート造のラーメン構造や、壁式構造、鉄骨造のブレース構造の建物が耐震構造である。

木造は耐力壁の設置が義務付けられており、基本的に耐震構造の建物として設計する。部材の断面が大きいほど抵抗できる地震のエネルギーが大きくなるため、耐震構造の建物では一般に柱形や梁形が大きくなる。

耐震構造の建物を構造設計する場合、建物の耐用年限中に少なくとも1回は遭遇するだろう中規模地震では大きな損傷はせず、耐用年限中にごくまれに遭遇する大地震では倒壊しない性能を建物にもたせなければならない。

制振構造

制振構造は、建物が受ける地震力に対して、装置を利用して地震力に抵抗する構造である。制振装置は、エネルギー吸収型と振動制御型の2つがある。

エネルギー吸収型の代表的な装置はダンパーである。ダンパーは建物が受けた地震力を熱エネルギーに変えることで、地震力を低減する。ダンパーには、オイルダンパー、粘弾性ダンパー、鋼材ダンパーなどがある。ダンパーが地震エネルギーを吸収するので、柱や梁などの部材は比較的断面を抑えることができる。

一方、振動制御型の制振装置とは、建物の屋上部分に錘を設置し、錘の振れで地震の揺れをコントロールするものである。機械を使わず錘を調整するだけで揺れをコントロールするパッシブ制振と、機械で地震時の振れを調整するアクティブ制振がある。

耐震構造

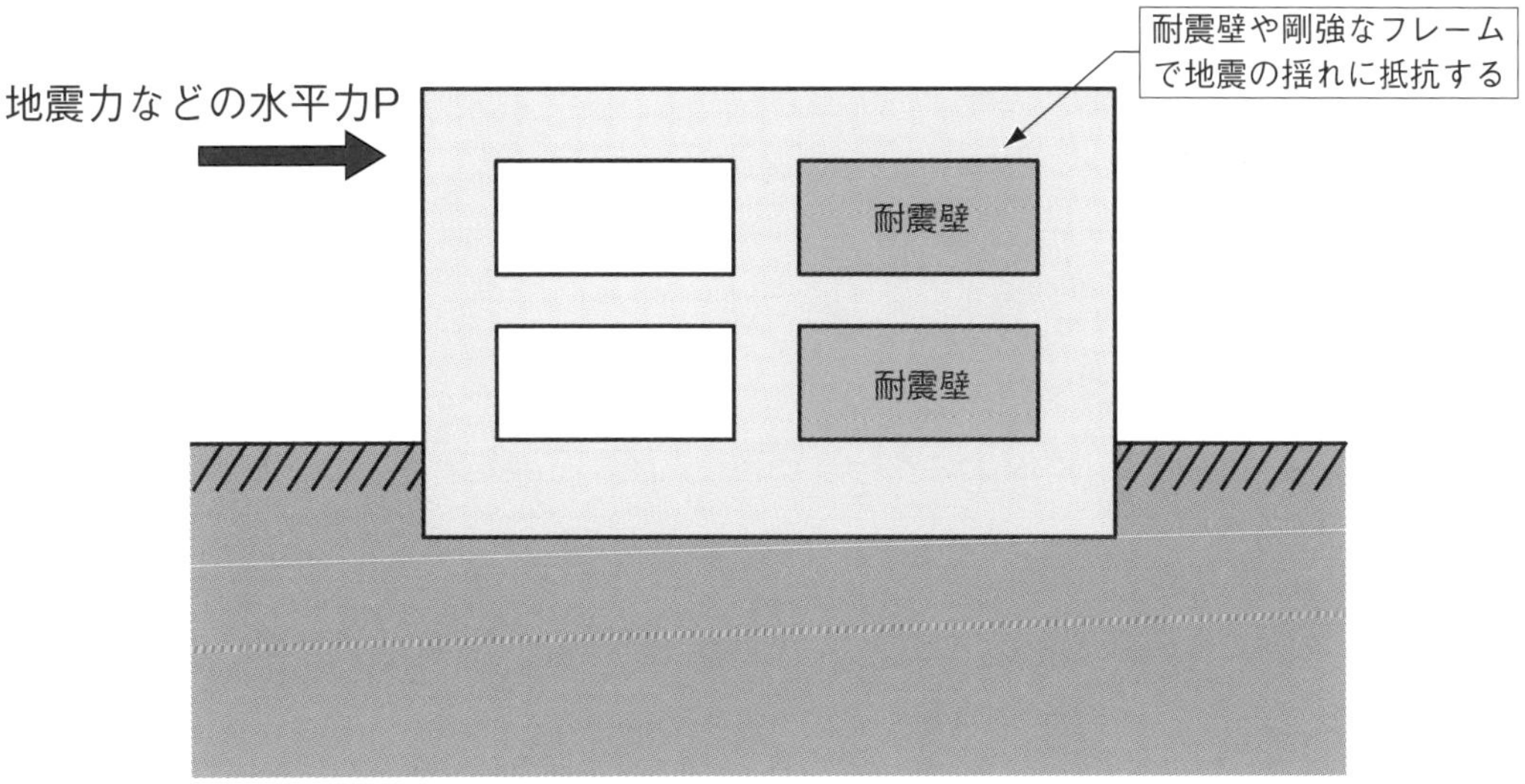
耐震壁や剛強なフレーム
で地震の揺れに抵抗する
地震力などの水平力P
耐震壁
耐震壁

柱・梁などの部材の強度を上げたり、壁を耐震壁にする、ブレースを
設けるなどして、構造躯体の強度で地震力に抵抗する構造

制振構造

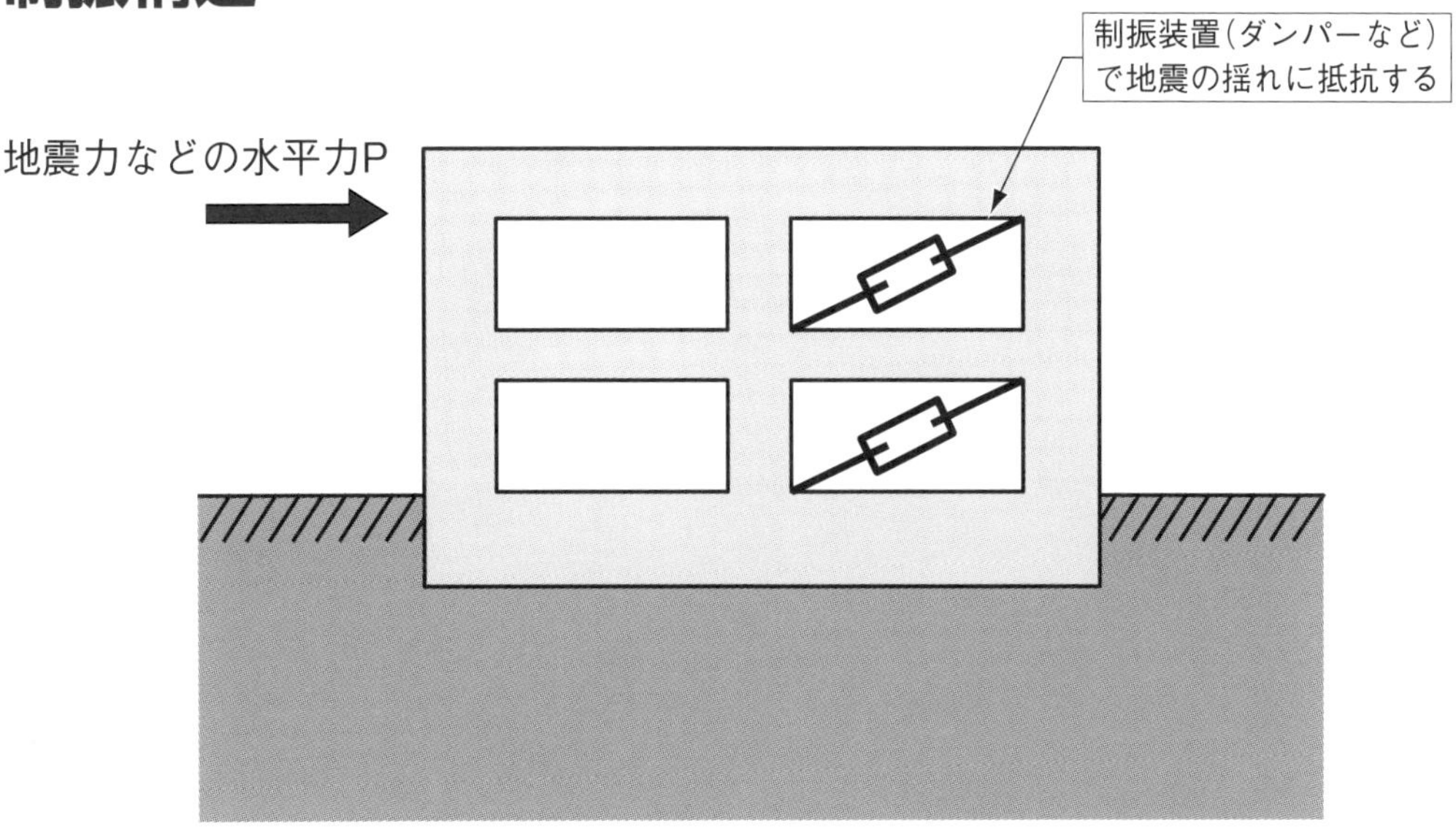
制振装置(ダンパーなど)
で地震の揺れに抵抗する
地震力などの水平力P

ダンパーなどの制振装置に地震のエネルギーを吸収させ、建物が受ける地震力を軽減する構造。オイルダンパーや粘弾性ダンパーなど、電気を使わないパッシブ制振と、地震が発生したときに機械を用いて地震とは反対の方向の振動を起こすアクティブ制振がある

免震構造

070

POINT >>>>>>>>>>>>>>>>>>>>>>>>>>>>>>>>>>

免震構造は、地盤と建物の間（あるいは建物の部分）に免震層を設けて、建物に入力される地震力を低減するもの

免震装置とは

免震構造とは、建物に非常に柔らかく大きく変形する部分（免震層）を設けて、地盤から建物に伝わる地震力を低減するシステムである。

建物は、固さや形状により、大きく揺れる特有の周期をもつ。これを固有周期という。地震時に、地震波の周期と建物の固有周期が同じになると、揺れが重なり（増幅され）、建物は激しく揺れる。地震の波は、1〜2秒くらいだといわれるが、免震装置を使うと、建物の固有周期は3〜4秒になり、地震の波の周期と建物の固有周期が重なるのを防ぐことができる。

免震では、免震層を基礎部分に設ける基礎免震が多いが、建物の任意の場所に計画できることが特徴である。

基礎免震は、基礎の上部に免震装置を置き、その上に建物本体を載荷する。免震装置には、ゴムと鉄板が交互に挟まれた積層ゴムが使われることが多い。ただし、積層ゴムは剛性が大きいため、比較的重量の軽い戸建住宅では転がり支承や滑り支承が用いられることが多い。

また、免震装置とともにダンパーと呼ばれる地震力を減衰させる装置を設置する。

免震計画の注意点

免震の計画で注意すべきはクリアランスの確保である。免震建物は地震時に揺れるため、隣地とのクリアランスを十分に確保しなければならない。また、将来のメンテナンスも考えて、免震層に人が入って作業できるだけのスペースを確保することも重要だ。

また、免震建物は強い風でも揺れる可能性がある。強い風が日常的に吹く場所では、居住性に影響がないかも考慮して免震装置を設置するかを検討する必要がある。

免震構造

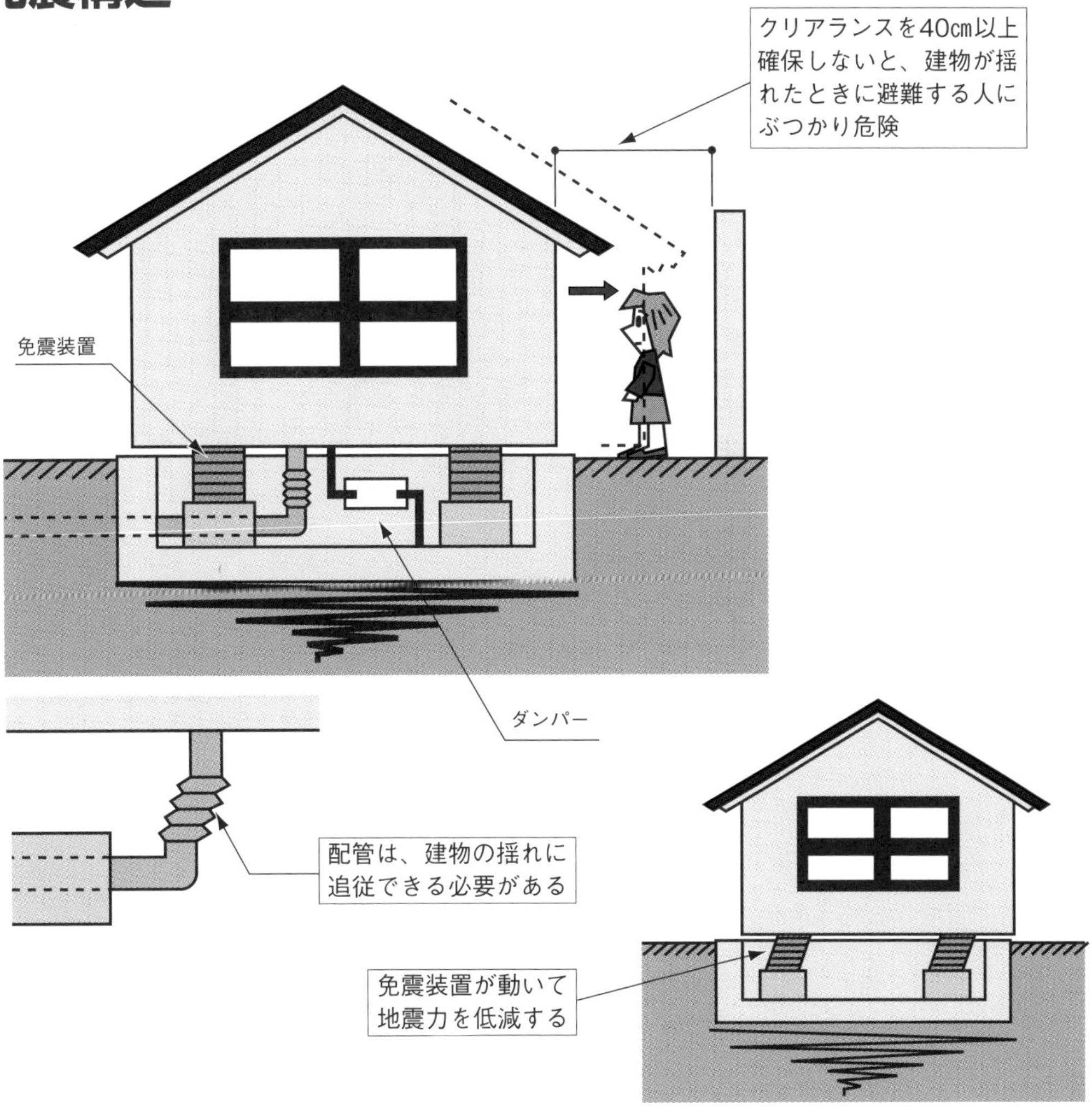

クリアランスを40㎝以上確保しないと、建物が揺れたときに避難する人にぶつかり危険

ダンパー
配管は、建物の揺れに追従できる必要がある
免震装置が動いて地震力を低減する

免震装置の種類

①積層免震ゴム

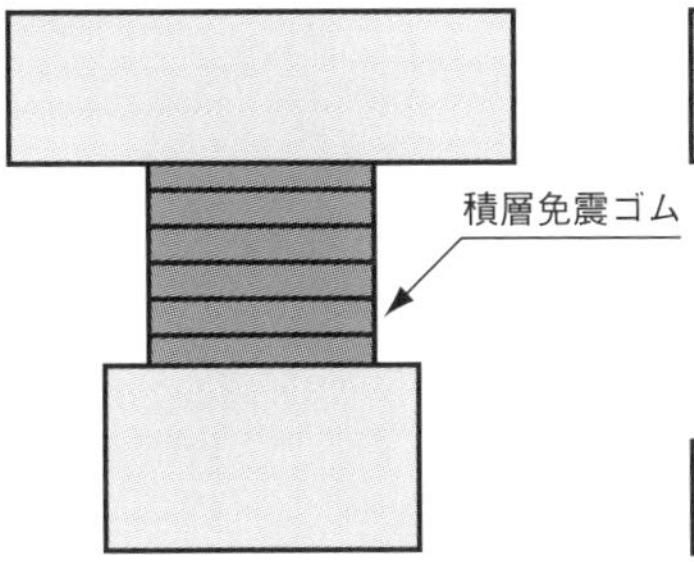

積層免震ゴムの変形で地震力を低減

②転がり支承

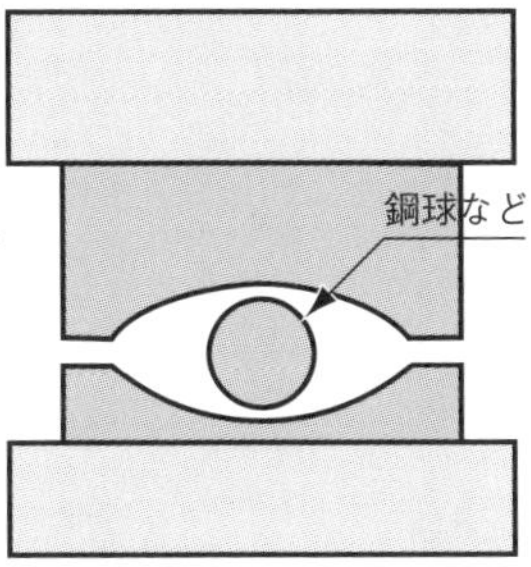

鋼球などが転がることで地震力を低減

③滑り支承

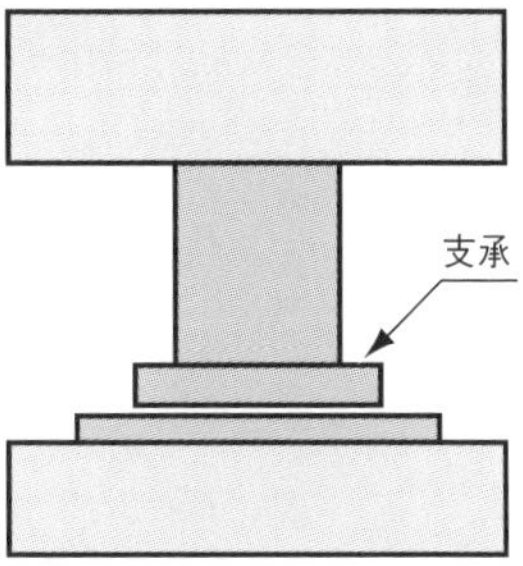

ステンレス板の上を支承が滑ることで地震力を低減

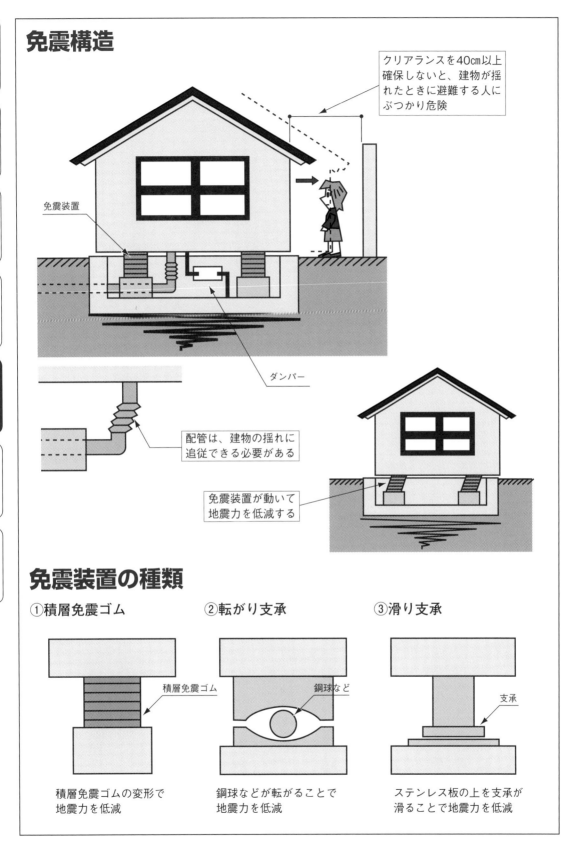

耐震補強

071

POINT >>>

木造は金物や構造用合板で、鉄骨造はブレースで、鉄筋コンクリート造は繊維シートや鋼材フレームなどで補強する

耐震補強の方法

木造や鉄骨造の耐震補強の方法は、制振構造や耐震構造の建物を新築する場合と基本的に同じことをする。

木造は、柱と土台・基礎をつなぐ引寄せ金物などの金物を増やす、構造用合板で壁を固める、筋かいを新たに設置するなどして、各部材の耐震性能を向上させる。また、最近では木造用の制震ダンパーを壁に入れ込むなどの補強方法も採用されている。

鉄骨造は、ブレースを増設したり、ラーメン構造のフレームを建物の外部に取り付けたりして、建物を補強する。

一方、鉄筋コンクリート造は、建物が建てられた年代によって耐震性能が大きく異なる。1981年の新耐震以前の基準で建てられた建物は、せん断力に対して十分な耐力をもっていない場合が多い。このような建物では、せん断破壊を防ぐために、アラミド繊維や炭素繊維を柱に巻き付けて補強するなどの方法がとられる。また、柱に取り付く垂れ壁などがある場合は、スリットを設けることで非耐震要素に変えて、柱に力が集中しないようにする。

躯体自身の強度を上げる場合は、X形やV形の鋼材フレームを外壁や開口部に配置したり、壁部分のコンクリートを増打ちする。

室内での補強が難しい場合は、外側に耐震壁を設ける外側耐震フレーム補強を選択することが多い。

歴史的建造物の耐震補強

歴史的建造物などは、歴史的・芸術的な価値を考慮しながら耐震補強しなければならない。

このような建物では、躯体は補強せずに免震装置を用いた免震レトロフィットを採用したり、限界耐力計算法で耐震性能を厳密に評価して、補強個所を最小限に抑える。

力学 材料 構造 部材 地震 設計 法規

耐震補強の種類

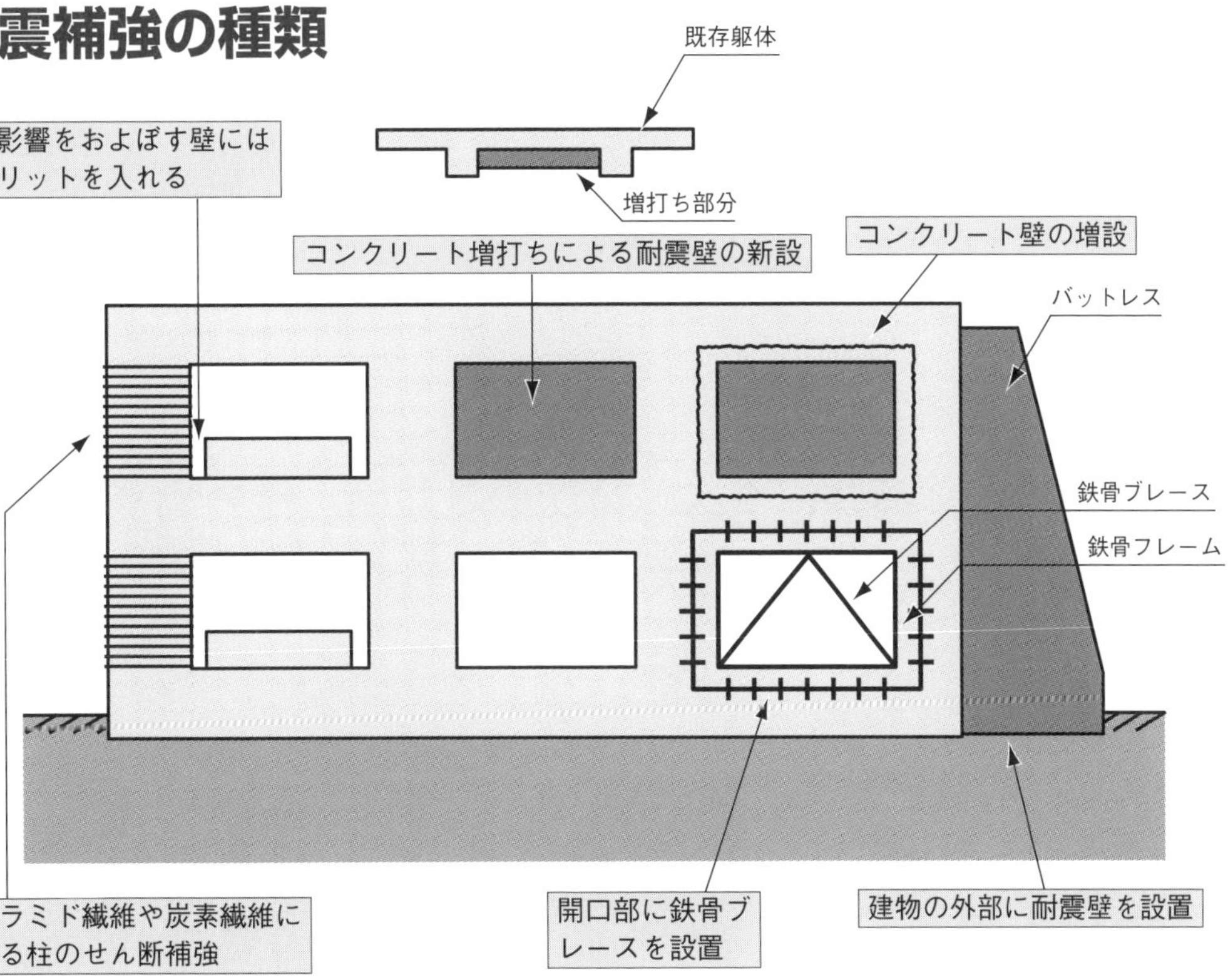

免震レトロフィット

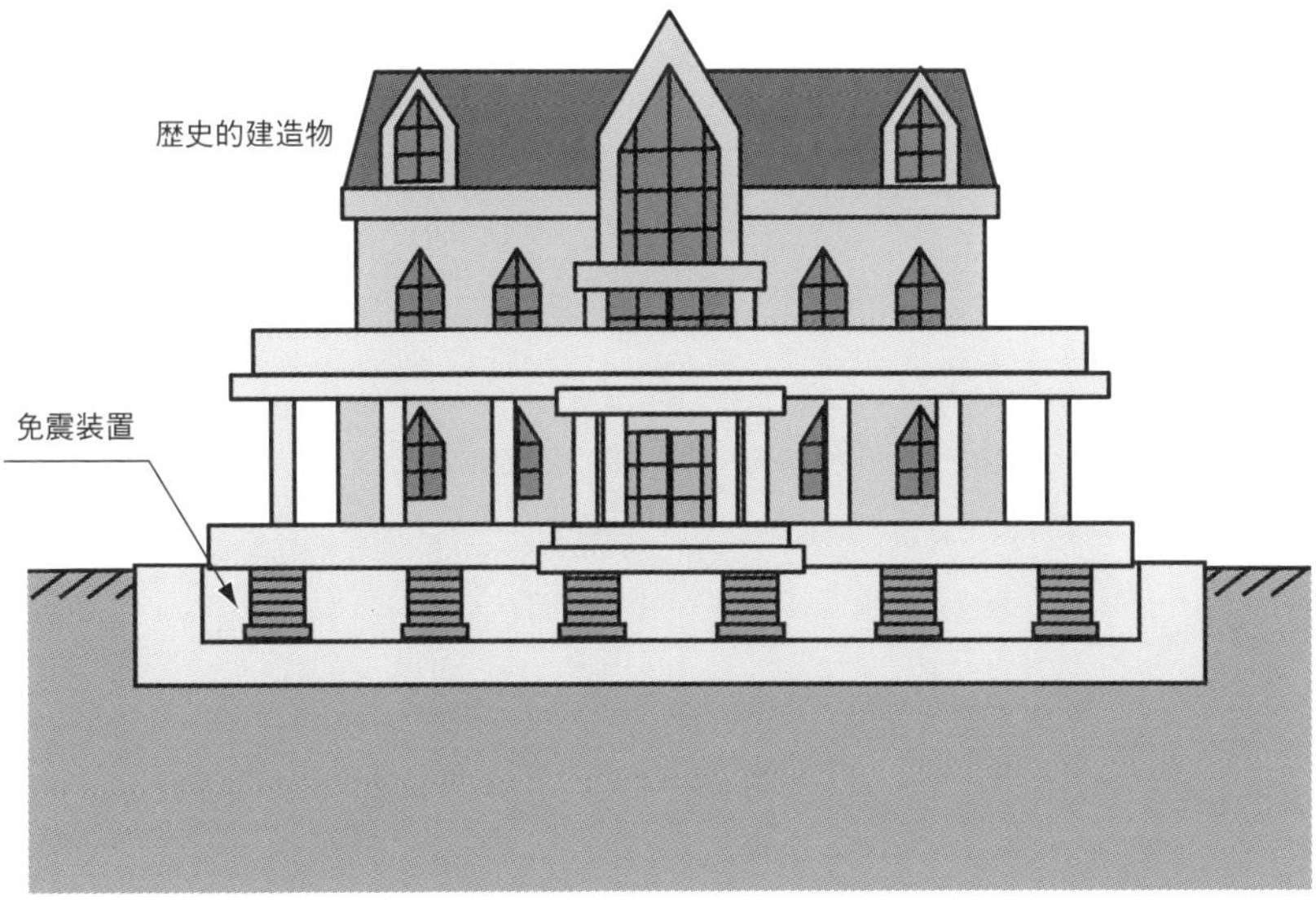

免震レトロフィットとは、デザイン上や機能上、ダンパーやブレースを設置するができない古い建物や歴史的建造物などに免震装置を取り付け、耐震性能を向上させること

耐震診断

072

POINT >>>>>>>>>>>>>>>>>>>>>>>>>>>>>>>>>>>>>>>

RC造の耐震診断は、1次〜3次の3段階。最も簡易な診断は1次診断。3次診断は最も厳密だがコストや手間がかかる

耐震補強の前の事前調査

耐震補強をする前に、耐震診断で建物の耐震性能を把握する。そのためには、設計図書など、建物の構造に関する資料を集めておく必要がある。ただし、耐震補強が必要な古い建物では、資料が残っていないことが多い。そこで、建物を事前に調査し、耐震診断に必要な情報を整理する。たとえば、鉄筋をはつり出して鉄筋径を確かめたり、鉄筋探査機を使いピッチを確認したり、コアを抜いてコンクリートの強度を測定したりする。

設計図書が残っている場合でも、図書と現状が一致しているとは限らない。確認申請図書と完了検査済書がある場合、図面と現状が一致していると判断するが、そうでない場合は、現状と設計図書が合っていることを証明しなければならない。また調査では、部材の劣化度を把握することも重要だ。

耐震診断は3種類

事前調査で資料を収集したら、次に耐震診断を行う。耐震診断では、構造耐震判定指標（建物が保有していなければならない数値）と構造耐震指標（計算によって算出された建物の強度指標）を比較し、建物耐震補強の必要性や耐震補強の有効性を検証する。

耐震診断は1次診断、2次診断、3次診断の3つがある。事前に集めることのできた資料の内容や求める安全性、コストなどから診断方法を決定する。

1次診断は、少ない資料で行う簡易診断で、構造耐震判定指標はかなり安全側に設定されている。

2次診断は、柱や壁の地震時の性能を把握し、破壊形式を考えながら耐震性能を計算する。

3次診断は、最も厳密な診断で、柱や壁だけではなく、梁の性能も考慮した耐震性能の計算を行う。

力学 材料 構造 部材 地震 設計 法規

耐震診断の調査方法

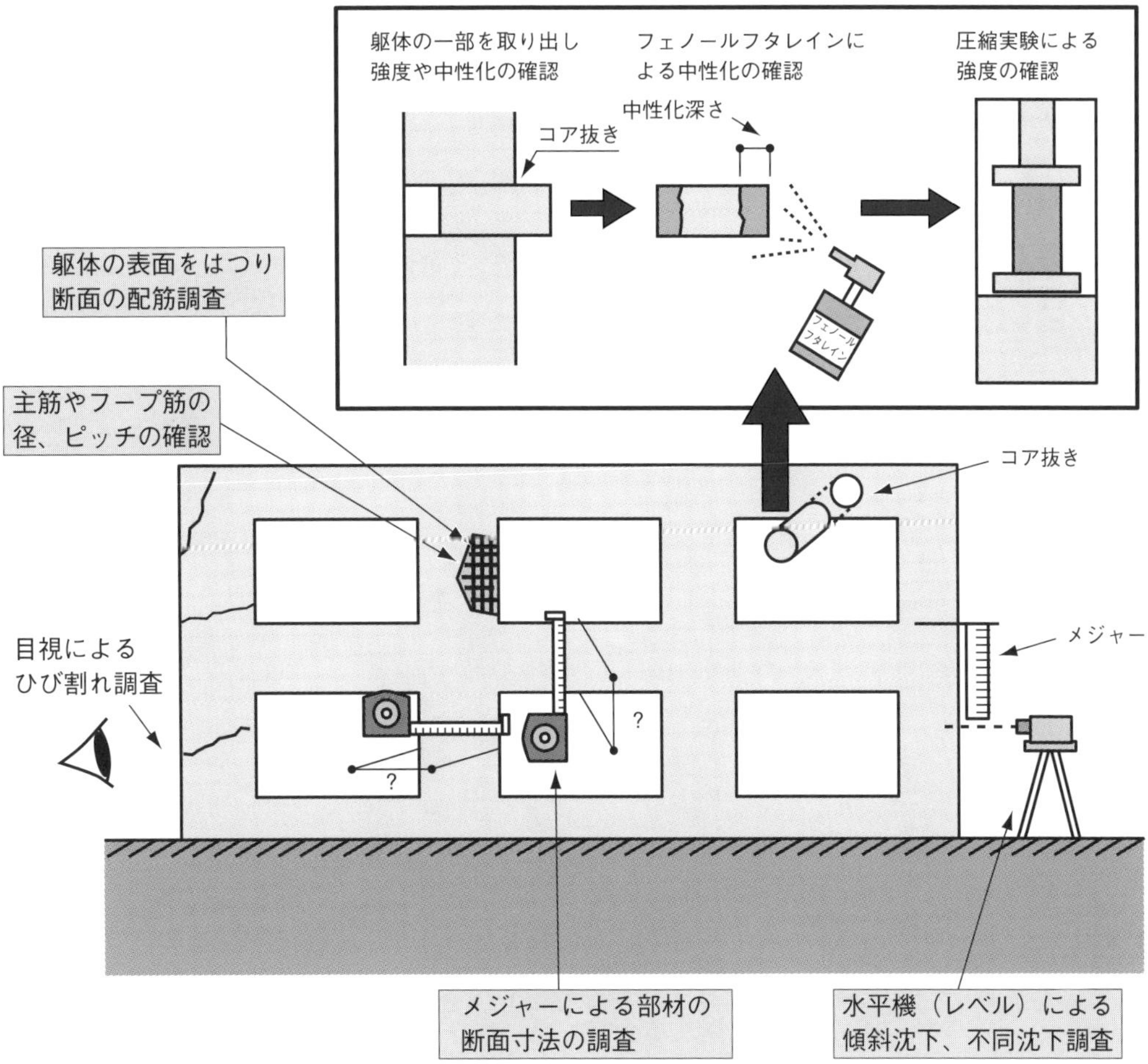

耐震診断の種類

診断法	特徴
1次診断	柱と壁の量やバランスなどから建物の耐震性を評価する。 最も簡単な診断で、簡易診断ともいう。実際の部材の強度を確認しないため、判断が曖昧。特に壁の少ない建物では、壁の強度が実際の耐震性能を左右するため、1次診断のみで耐震補強を行うことは避けたほうがよい
2次診断	1次診断の内容に加え、柱と壁の強度や靭性を調べ、破壊形式を考えながら耐震性能を確認する。最も広く使われている
3次診断	最も精密な診断。2次診断の内容に加え、梁や基礎の強度や靭性から、耐震性能の診断する。詳細に耐震性能を確認することができるが、手間やコストがかかるため、費用対効果を考えて診断するかを決めるほうがよい

耐震改修促進法

073

POINT >>>>>>>>>>>>>>>>>>>>>>>>>>>>>>>>>>>>>>>

2006年に法改正。実効性を高めるため、耐震改修の具体的な目標値や指導対象、支援制度が明文化された

耐震改修促進法の施行

1995年1月に発生した阪神・淡路大震災（兵庫県南部地震）時に多くの建物が倒壊し、既存建物の耐震補強の重要性が認識されるようになった。これを背景に同年12月に施行されたのが「建物の耐震改修の促進に関する法律」（耐震改修促進法）である。

耐震改修促進法は、現行法の構造基準を満たさない既存の建物（既存不適格建物）を中心に耐震診断・補強を進めることを目的とした法律である。

しかしこの法律は、建物所有者の努力義務に負うところが多く、法施行後も成果はあまり得られなかった。

耐震改修法改正の経緯

2004年に新潟中越地震が起こり、再び多大な被害が発生すると、翌年建築基準法が改正され、耐震改修が進むように既存不適格建物の規制緩和などがなされた。06年には耐震改修促進法も具体的な目標や指導、支援策を盛り込んだ内容に改定された。該当建築物の所有者への耐震診断・改修が強化され、対象となる建築物の範囲も広がった。さらに震災時に倒壊することで避難経路を塞ぐ恐れのある建物も指導の対象になった。

11年に東北地方太平洋沖地震が発生し、甚大な被害をもたらすと、13年に耐震改修法は大きく改正された。まず、耐震診断の対象範囲が拡大され、所有者に対し診断の実施と結果の報告が義務化され、行政はその結果を公表することとされた。また、耐震改修が円滑に進むように、既存制度の緩和や容積率の特別措置なども図られた。

19年の耐震改修促進法改正では、その前年に発生した大阪北部地震での被害状況から、ブロック塀などについても建築本体と同様に耐震診断が義務化された。

耐震改修促進法制定・改正の流れ

年	月	出来事
1978	6	宮城県沖地震（M7.4）
1995	1	兵庫県南部地震（M7.3）
	12	耐震改修促進法施行
2004	10	新潟県中越地震（M6.8）
2005	3	福岡県西方沖地震（M7.0）
2006	1	耐震改修促進法改正　指導・助言・支持対象建築物の拡大
2007	7	新潟県中越沖地震（6.8）
2008	6	岩手・宮城内陸地震（M7.2）
2011	3	東北地方太平洋沖地震（M9.0）
2013	11	耐震改修促進法改正　耐震診断の実施と診断結果の報告を義務付け、耐震マーク表示制度の設置
2016	4	熊本地震（M7.3）
2018	6	大阪北部地震（M6.1）
2019	1	耐震改修促進法改正　避難路沿道の一定規模以上のブロック塀等も耐震診断の実施および診断結果の報告を義務付け

耐震マーク表示制度

国交省が発行する耐震マーク

東京都が発行する耐震マーク
（新耐震適合）

2013 年の耐震改修法の改正で、耐震性を有している建物はその旨を表することができるようになった。

表示方法には国交省の認定マーク（左）の他、各自治体で独自のマークを発行しているところもある。たとえば東京都が発行する耐震マークには３区分あり、「新耐震適合」（右）は昭和 56 年６月以降に建てられた建築物で新しい耐震基準を満たしていることを示す。他に、耐震診断により耐震性が確認されたことを示す「耐震診断済」、耐震改修により耐震性が確保されたことを示す「耐震改修済」がある

column 05

建築を評価する指標

建築の性能や価値を評価する指標にはさまざまある。代表的な指標は、「住宅の品質確保の促進等に関する法律」である。通常、品確法《ひんかくほう》と呼ばれ、住宅の構造性能などを等級で表示する。

住宅の環境性能を示す指標には、「CASBEE（キャスビー）」がある。周辺環境への配慮、ランニングコストの程度などの点から、住宅の環境性能を評価する。ある一定規模の建物に対して、ＣＡＳＢＥＥで評価することを指導している行政もある。

このほかに、不動産としての評価価値を算出する「デュー・デリジェンス」も建築を評価する指標といえる。

住宅の品質確保の促進等に関する法律（品確法）

住宅の性能に関する表示の適正化や消費者が性能比較を行えることなどを目的とした法律

ex.耐震等級
許容応力度計算による場合は、等級に合わせて建築基準法で規定された地震力に下記の倍率を掛けて地震力を算出し、それに対する安全性を確保する

等級	3	2	1
倍率	1.5	1.25	1

CASBEE

建物の環境品質と環境負荷を採点し、その結果をもとに建物の環境効率を評価

ex.耐震等級

レベル	評価内容
1	—
2	—
3	建築基準法に定められた耐震性能を有する
4	建築基準法に定められた耐震性能の25％増を有する
5	建築基準法に定められた耐震性能の50％増を有する

デュー・デリジェンス

不動産の資産価値を評価する調査方法。調査内容にはエンジニアリングレポートなどがある

ex.建物の使用期間中50年で予想される最大規模の地震に対しての予想最大損失率

$$\text{PML：予想最大損失率} = \frac{\text{補修費}}{\text{再調達費}} \times 100\%$$

第6章

構造設計の実務

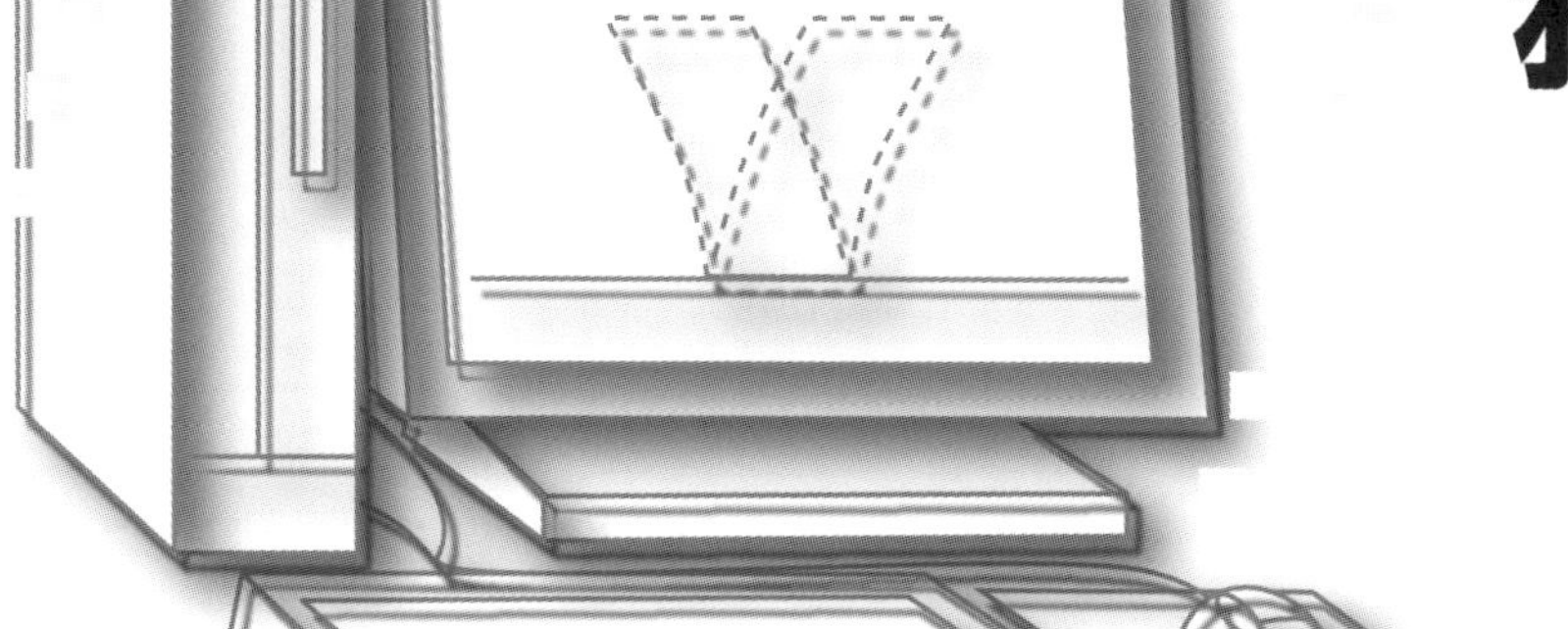

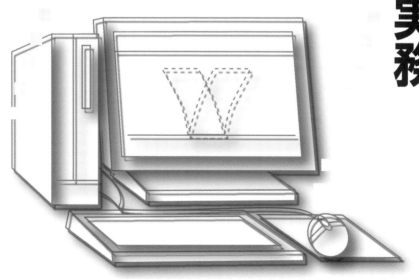

構造設計

074

POINT >>>>>>>>>>>>>>>>>>>>>>>>>>>>>>>>>>

構造設計者の基本業務は、構造計画、構造計算、構造図の作成、行政上の手続き、現場監理の５つである

構造設計者の役割

建築は、意匠設計者、構造設計者、設備設計者、ランドスケープアーキテクト、造園設計者、照明デザイナー、ファサードエンジニアなど、多くの職能が協働して設計されるものである。そのなかにあって、構造設計者は建物の構造の安全性に対して重要な責任をもつ立場にある。

構造設計の基本業務は、構造計画、構造計算、構造図の作成、行政上の手続き（主に確認申請業務）、現場監理の5つである。業務の基本的な流れは次のようになる。

意匠設計者と協議し、構造のシステムを考え、構造計画を行う。構造計画案にもとづき、部材の断面算定や建築関係法規で定められた基準に適合しているか確認する。

問題がなければ、構造図面を仕上げ、建築確認を受ける。現場施工が始まると、設計図どおりに施工されているかを監理する。

既存建物の安全性の確認

新築の建物だけでなく、既存建物の安全性を確保することも構造設計者の重要な業務である。

近年発生した大地震では、既存の建物が大きな被害を受けている。既存建物の被害を抑えるために、建物の耐震診断や耐震補強設計を構造設計者が担っている。

耐震診断・補強設計業務は、まず、既存の設計図書などをもとに、耐震調査の計画を立てる。計画案にもとづき、建物の耐震性能を調査し、その結果を踏まえて耐震診断・補強検討を行うという流れで進められる。法的な義務はないが、確認申請のように第三者による耐震性能についての評価が必要な場合は、防災評定による評定取得の業務も行う。

建築設計業務

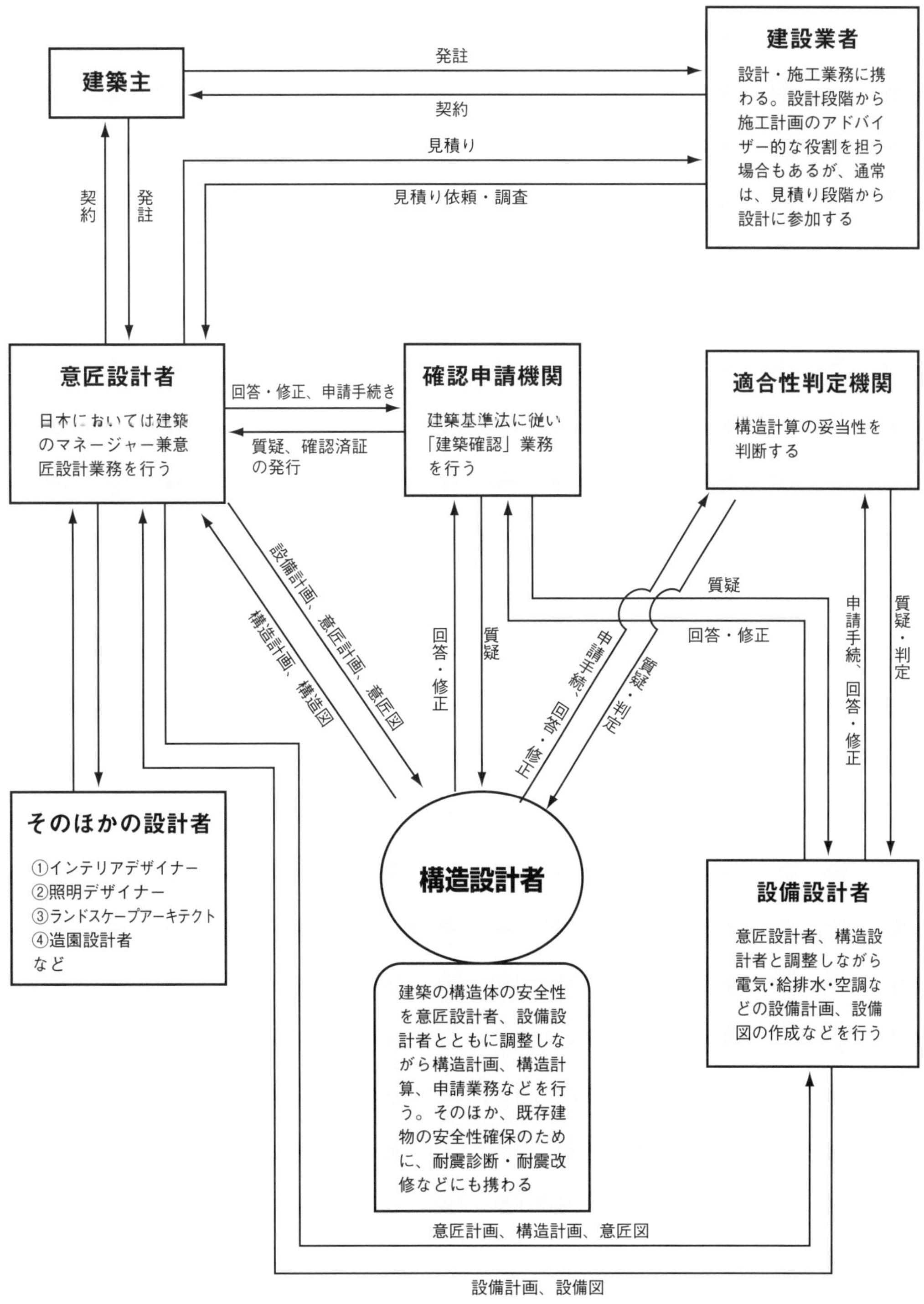
建築主
建設業者
設計・施工業務に携わる。設計段階から施工計画のアドバイザー的な役割を担う場合もあるが、通常は、見積り段階から設計に参加する
発注
契約
見積り
見積り依頼・調査
契約
発注
意匠設計者
日本においては建築のマネージャー兼意匠設計業務を行う
確認申請機関
建築基準法に従い「建築確認」業務を行う
適合性判定機関
構造計算の妥当性を判断する
回答・修正、申請手続き
質疑、確認済証の発行
設備計画、意匠計画、意匠図
構造計画、構造図
回答・修正
質疑
質疑
回答・修正
申請手続、回答・修正
質疑・判定
申請手続、回答・修正
質疑・判定
そのほかの設計者
①インテリアデザイナー
②照明デザイナー
③ランドスケープアーキテクト
④造園設計者
など
構造設計者
建築の構造体の安全性を意匠設計者、設備設計者とともに調整しながら構造計画、構造計算、申請業務などを行う。そのほか、既存建物の安全性確保のために、耐震診断・耐震改修などにも携わる
設備設計者
意匠設計者、構造設計者と調整しながら電気・給排水・空調などの設備計画、設備図の作成などを行う
意匠計画、構造計画、意匠図
設備計画、設備図

構造計画と構造計算

075

POINT >>>>>>>>>>>>>>>>>>>>>>>>>>>>>>>>>>>

構造計画とは建築の目標を実現するための道筋を立てること。構造計算とは建物の安全性を計算で確認すること

構造計画が最重要業務

構造設計者の業務は、大きく構造計画と構造計算に分けることができる。構造設計者＝構造計算者と考えられがちだが、構造設計で最も重要な業務は、構造計画である。構造計画がしっかりとできていない建物は、たとえ構造計算上で安全性が確認できたとしても、実際は安全でない建物となっている場合もある。

構造計画とは、建築計画の目標を確認し、諸条件を考慮しながらそれを実現するための道筋を立てることである。意匠設計者やクライアントから建物の計画や用途、規模、デザイン的な狙いなどをヒアリングしながら、建物設計の目標値を定める。そしてそれを実現するために、構造システムや材料、予算、敷地・近隣環境、施工方法などを考慮しながら検討するというのが構造計画の大まかな流れである。

終わらない構造計画

構造計画が固まったら、次に構造計算に移る。構造計算の内容もモデル化と構造解析のふたつに大別することができる。

モデル化とは、計算の前に建物の架構や荷重、部材を整理し、構造の解析方法を決定することである。

一方、構造解析とは、モデル化した結果をもとに、コンピュータなどを使って力の流れを解析し、部材断面の設計と検討を行うことである。

構造計算は、すべての部材の安全性が確認できるまで行う。しかし、なかにはどうしても安全性を確保できない場合もある。そのようなときは、最初の構造計画に立ち戻って、計画の目標設定に無理はないか、変更可能な要素はないか、などを再検討することになる。この点からもいかに構造計画が重要であるかが分かるだろう。

構造計画と構造計算

構造計画

建築計画の目標値の設定

↓

構造システム・材料・施工方法などの検討

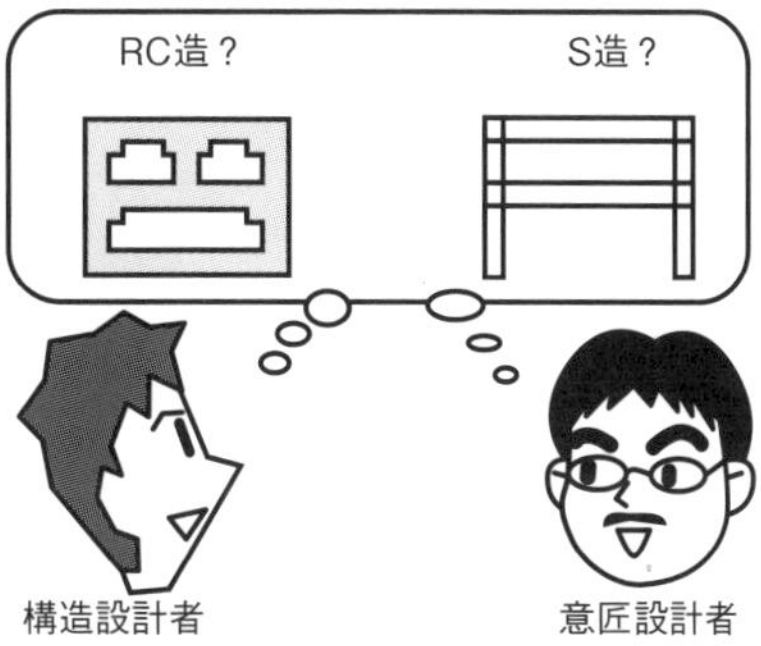

意匠設計者や建築主にヒアリング

①建築の全体的な計画の方向性
・規模
・用途
・デザインの狙い
②設計の諸条件
・予算
・敷地状況
・周辺環境

↓

構造計算

計算数値のモデル化
①架構のモデル化
②荷重のモデル化

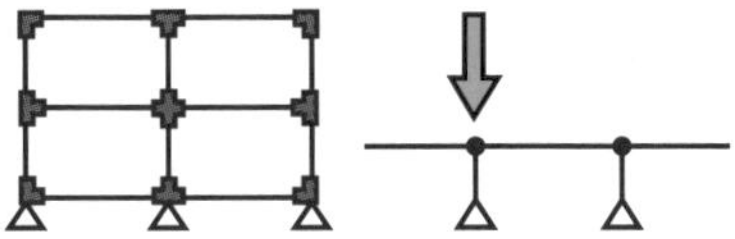

↓

構造解析
①コンピュータによる力の流れの解析
②部材の断面算定

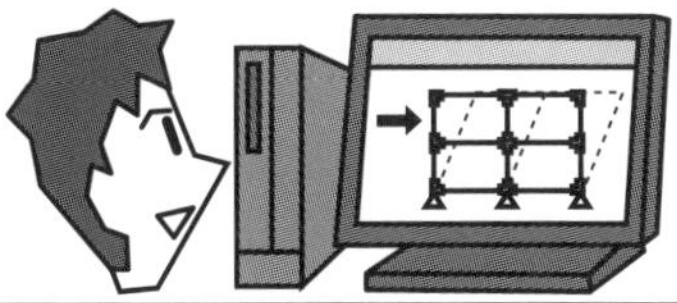

→ 構造の安全性を確認できたら図面の作成申請業務に進む

↓

構造の安全性が確認できない場合、構造計画に戻る

意匠設計と構造設計

076

POINT >>>>>>>>>>>>>>>>>>>>>>>>>>>>>>

実施設計までは意匠のプランと構造図を調整する。施工段階では施工図・施工計画書と構造図の整合性を確認する

実施設計までの打ち合わせ

意匠設計者と構造設計者は、設計段階から施工時までのさまざまな場面で、構造図をもとに打ち合わせする。

基本計画時は、主に架構の考え方について打ち合わせて決定する。構造設計者からプランにおける柱や梁、床（スラブ）の構造上の役割などを聞き、協議しながらそれらの位置を決めていく。実際に、各階の平面図を積み上げてみると柱が通っていなかったり、床が空中に浮いているプランが少なくない。この場合、意匠設計者は、どのような経路で荷重を伝達させていくかを構造設計者に確認しながら各部材の配置の変更などを検討することになる。

また構造設計者は、部材の概略的な断面寸法など、納まりに関する情報もこの段階で伝え、意匠・設備の設計が問題なく行えるようにする。

実施設計に入ると、部材の位置や寸法が明確になるので、意匠図や設備図と矛盾がないかを相互に確認する。

近年、確認申請では構造計算書と図面の整合性が重要視されるようになった。そのため確認申請前に、構造計算書で使用した断面寸法などの数値や仕様について、変更がないよう、意匠設計者と構造設計者が互いに確認する必要がある。

施工時の打ち合わせ

確認済証の交付後、施工に移ると、施工業者が設計図書をもとに施工図や施工計画書を作成することが多い。意匠設計者は、施工図・施工要領が正しく作成できるように、仕様や各種形状・寸法を構造設計者に確認しながら施工業者に伝える。

一方、構造設計者は、監理者として施工図や施工計画書と構造図を見比べ、設計図書と相違があれば、意匠設計者や施工業者と協議し、是正する。

意匠設計者と構造設計者のかかわり

基本設計段階

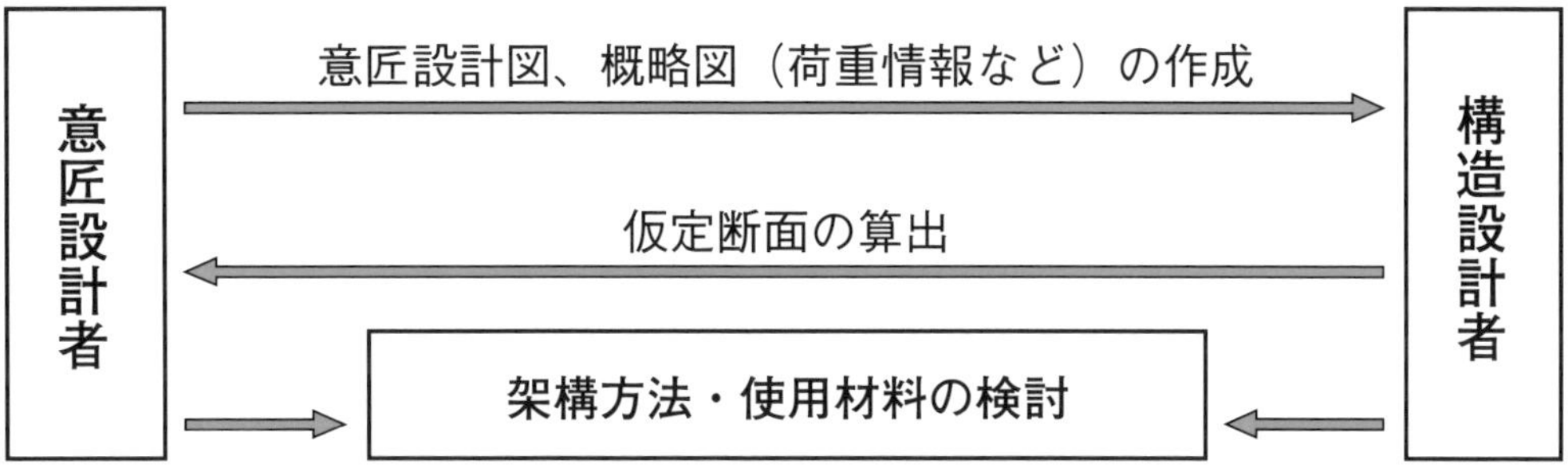

実施設計段階

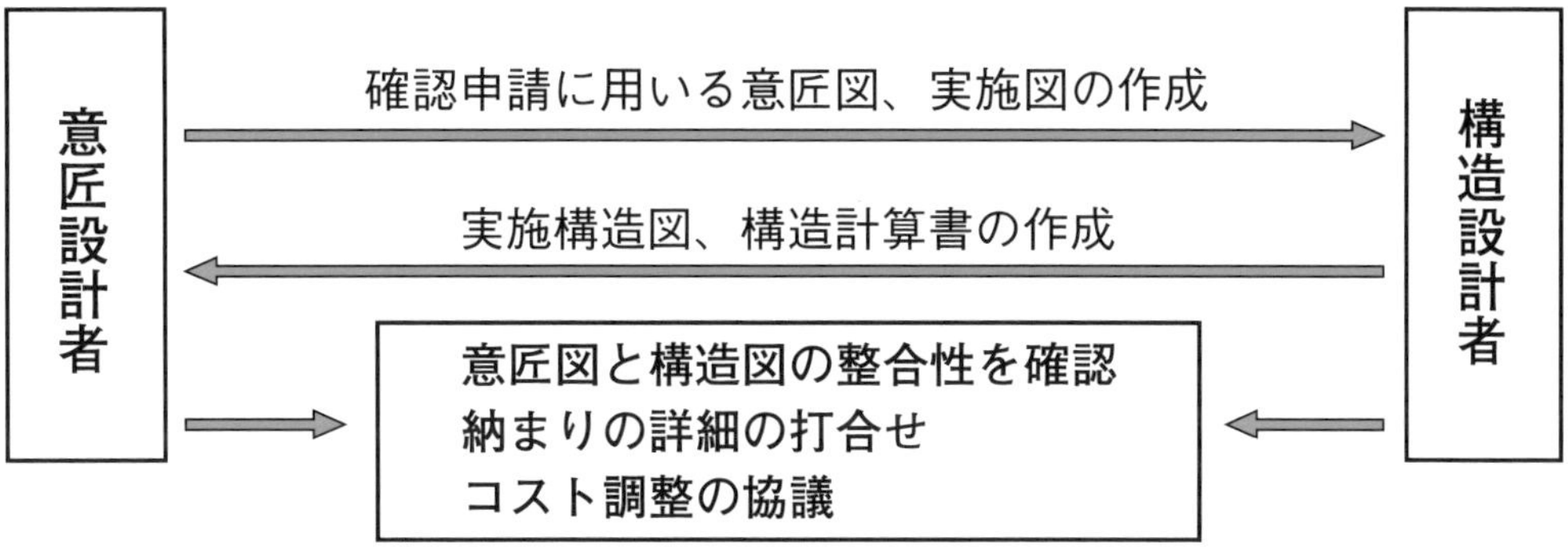

現場監理段階

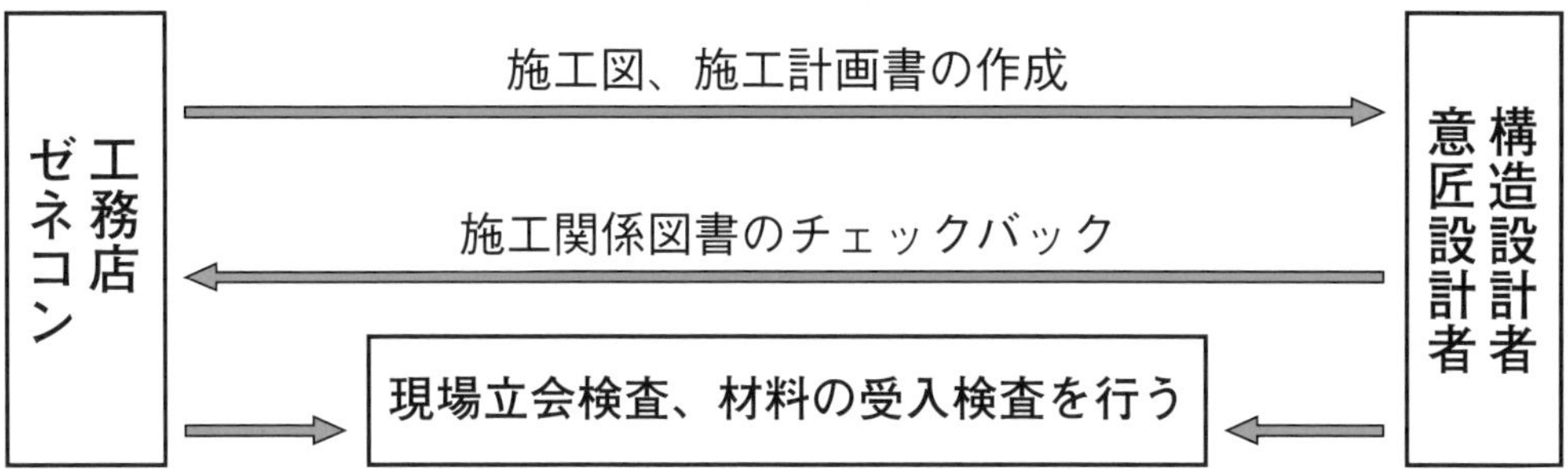

設備設計と構造設計

077

POINT >>>>>>>>>>>>>>>>>>>>>>>>>>>>>>>

構造図は設備計画を考慮して作成する。配管による躯体貫通部分の有無など、配管計画は作図時に設備設計者にヒアリングする

重層化した設計業務

意匠・構造・設備の各設計は、相互に密接に関係している。意匠設計者にとっては、意匠設計と構造設計、意匠設計と設備設計の整合性をとるだけでなく、設備設計と構造設計を調整することも重要な業務になる。

意匠設計者は、設計の初期段階で、簡単な平面図と立面図を作成し、構造設計者と設備設計者に設計の意図と大体のプランを伝える。

図面を受け取った構造設計者は、意匠計画や仕上材、設置する設備を意識しながら、主に荷重やスパン、柱位置や梁位置と各部材の仮定断面を検討して、構造図を作成する。

設備設計者は、意匠設計者が描いた平・立面図をもとに使用する機器や配管ルートを検討し、設備図を作成する。

こうして上がってきた構造と設備の設計図の整合性を確認しながら、それぞれの設計者とさらに打ち合わせを繰り返していくことになる。

詳細な検討が必要な取合い部

設備設計図と構造設計図では、構造と設備が取り合う部分の綿密な調整が必要となる。たとえば最近、電気配管の量が増えているが、現場が動いてから構造計算上想定していない断面欠損が見つかるというケースが少なくない。構造計算上安全なスラブ厚や壁厚でも、電気配管を考えると十分でない場合があるからである。意匠設計者は、設備設計者から上がった設備図をもとに、配電盤の位置や配管計画を構造設計者に伝えなければならない。

開口部のある耐震壁も事前の調整が必要な個所である。構造設計者が耐震壁として問題のない開口部の大きさを設計しても、実際は配管が貫通する壁であることを知らなければ、構造計画上、問題になるからである。

設計者間のやりとり

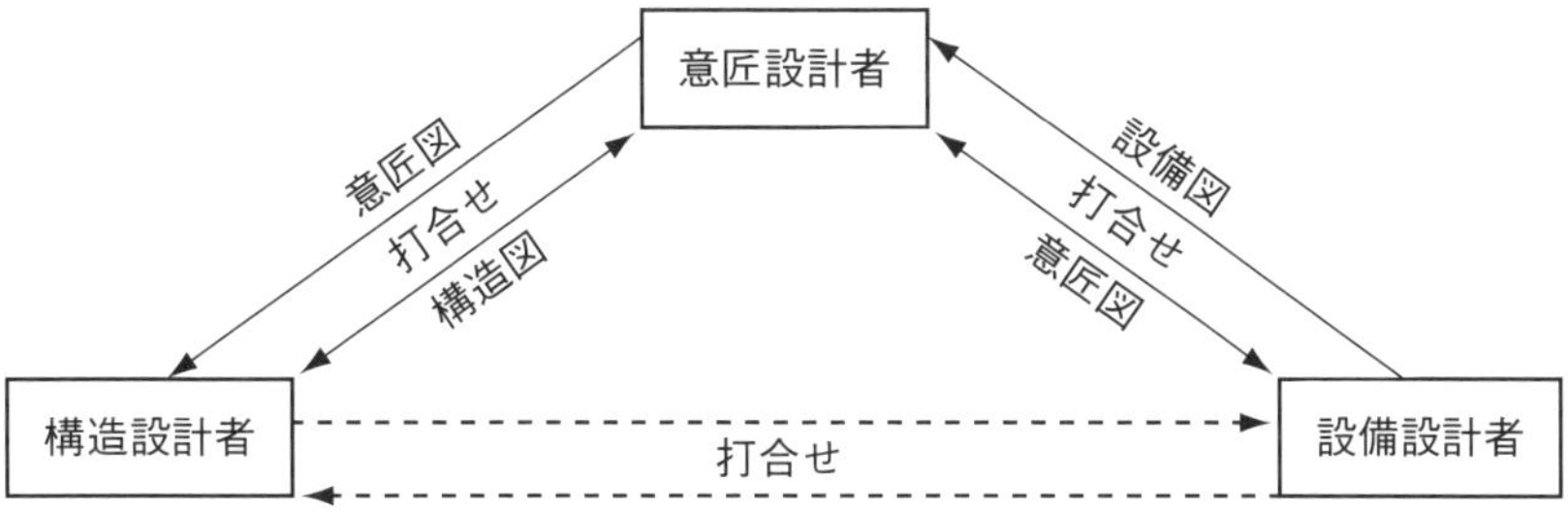

詳細な検討が必要な個所

①梁と配管が取り合う個所

平面図

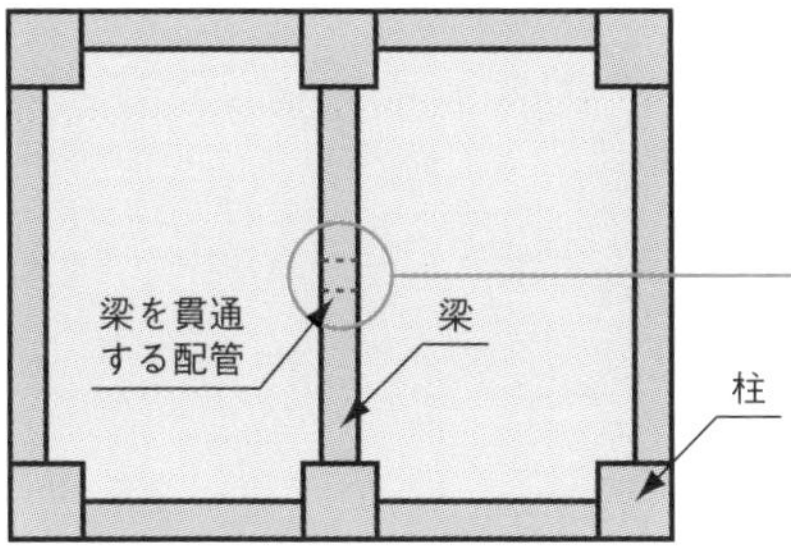

断面図

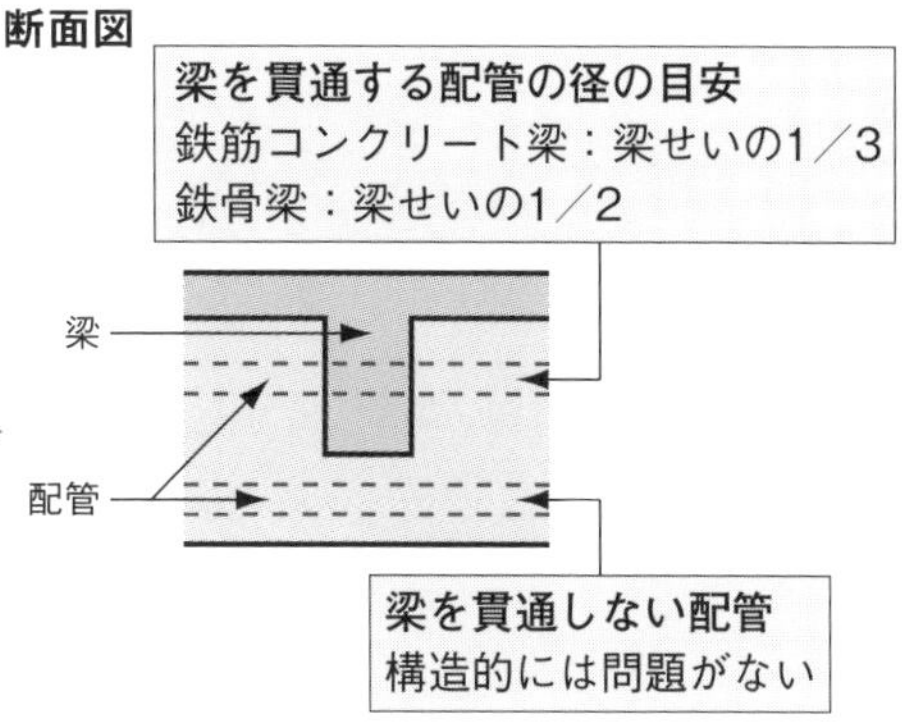

②電気用配管が集中する個所

断面図

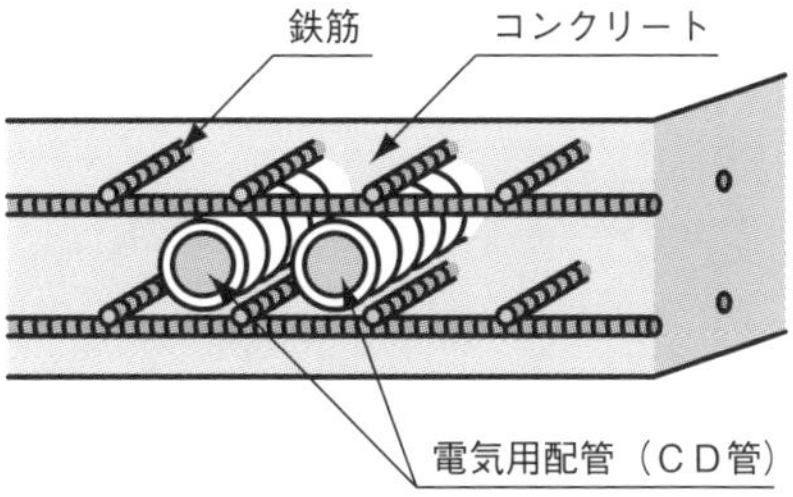

特に規定値はないが、配管の本数が多くなる場合は、配管による欠損が問題にならないかを確認する

③耐震壁に通気口などを設けた個所

断面図

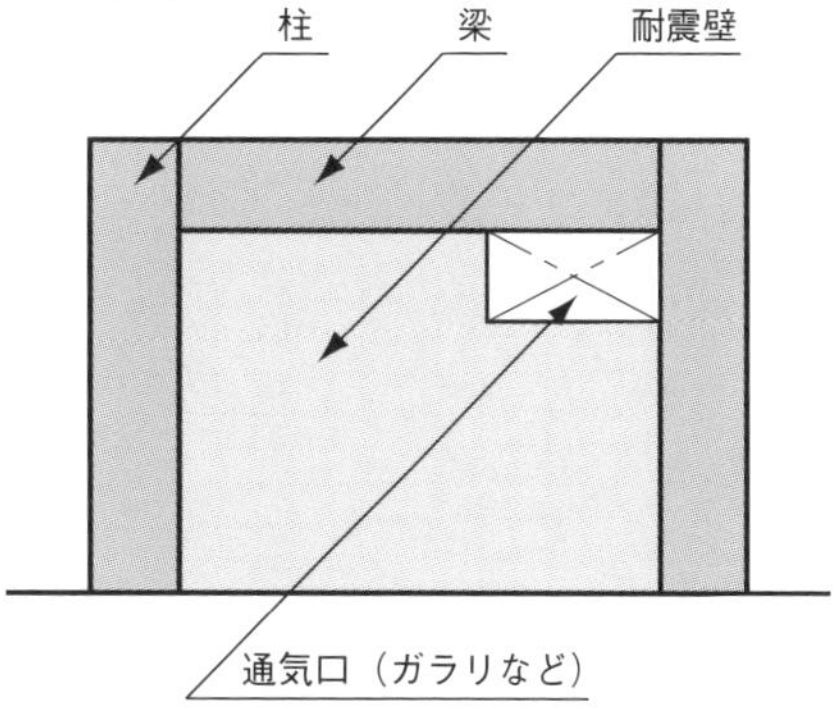

ガラリなどの通気口は開口部となるので、構造計算をする前に位置や大きさを確定する必要がある

クライテリア

078

POINT >>>>>>>>>>>>>>>>>>>>>>>>>>>>>>>>>>>

建築設計の目標値をクライテリアという。クライテリアは設計者が独自に定める。最低限のクライテリアは建築基準法である

建築設計のクライテリアとは

構造設計をする際に、しばしば「クライテリア」という用語が使われる。クライテリアとは、一般に「判定基準」と訳される。

日本における建築構造のクライテリアは、第一に建築基準法に適合しているかどうかである。建築基準法には、想定する耐震性や耐久性をもつ建物となるようさまざまな規定がある。中小地震に対する設計（許容応力度計算）ならば、部材に生じる応力度を許容応力度以下にすることや、鉄筋コンクリート造ならば水平力が作用したときの部材の層間変形角を1／200以下にするなどだが、これが構造計算に対する建築基準法のクライテリアである。

図面で示すクライテリア

建築基準法だけでなく、設計者が設計方針を決め、それを満たすために描く図面も設計・施工のクライテリアとなる。図面で表現されるクライテリアは、建築基準法の仕様規定や構造計算のような明確な基準・数値だけで決められていない場合が多い。

たとえば構造設計者は、構造図で設計クライテリアを表現する。その際、構造設計者は建築基準法や構造計算以外にも、「この梁は本棚などの集中荷重が載荷されそうだ」など、竣工後の使用状況を考慮して、目指す安全性を確保できる断面を描いている。

したがって、構造計算の結果から部材の検定値に余裕があると判断し、断面寸法を勝手に変更すると、構造設計者が設定する設計のクライテリアを実現できないことにもなりかねない。

施工にも同じことが言え、配筋工事の際、鉄筋コンクリート配筋詳細図に描かれた定着方向を間違えて施工した場合なども、構造設計者が想定したクライテリアを満たせないことになる。

クライテリアの設定

クライテリア（判定基準）…計画している建物に対して定める目標値。意匠・構造・設備など、さまざまなクライテリアを設定し、それを満たす設計・施工を行う。構造設計の最低限のクライテリアは建築基準法を満たすこと

梁のクライテリアの設定

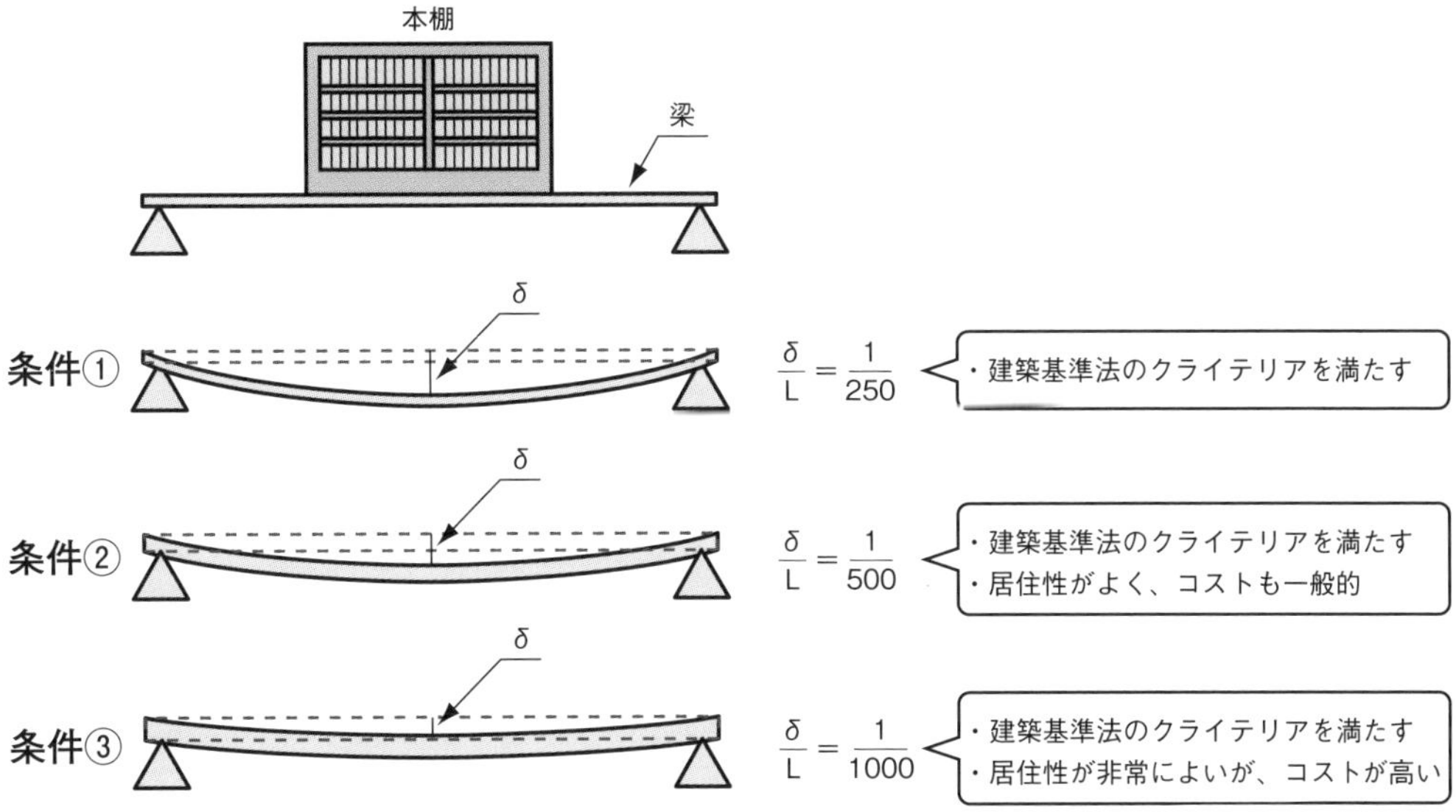

上記のように、いくつかの条件を考慮しながら、設計者や建築主が設計のクライテリア（目標値）を決める。設計者は、設定したクライテリアを満たす図面を描く。

クライテリアの実現

図面での鉄筋の方向の指示　　**施工現場での鉄筋の方向**

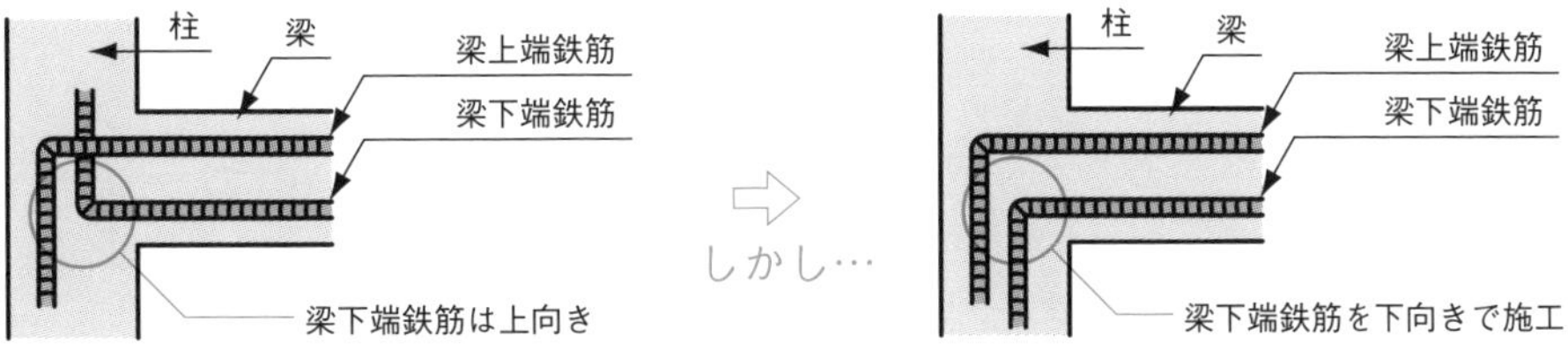

構造設計者は大地震時の安全性を考慮して、鉄筋方向を指示

長期の荷重や中小規模の地震時では安全性に問題はないが、大地震時では構造設計者が想定したクライテリアを満たせないおそれがある

設計のクライテリアを満たすためには、図面どおりの施工が不可欠である

構造設計と安全性

079

POINT >>>>>>>>>>>>>>>>>>>>>>>>>>>>>>>>>>

構造設計業務の根幹は、地震や風などの水平力や火災や特殊な用途に対して建物の安全性を確保すること

構造設計の安全性

構造設計を進めるうえで、常に念頭に置かなければならないのが、建物の①安全性、②居住性、③意匠性、の3つの性能の確保である。なかでも安全性の確保は、構造設計業務の根幹ともいえる重要な任務である。

構造設計で確保する建物の安全性とは、第一に、地震や暴風、積雪など、建物の外部からはたらく力（外力）に負けない構造性能を躯体にもたせることを意味する。たとえば、部材の断面算定などは、これらの外力に対して十分な耐力があることを検討する計算である。しかし、構造の安全性を考えるとき、外力以外にも考慮しなければならない要素がある。

そのほかの構造的配慮

外力の次に考えなければならないのが、火災に対する安全性である。選択する構造形式によって、火災への対策は変わってくる。

たとえば鉄筋コンクリート造の場合、鉄筋部分は熱に弱い反面、コンクリート部分は比較的熱に強い性質をもつ。そのため、鉄筋のかぶり厚を十分とることで、コンクリートが耐火被覆のはたらきをし、火災に対する安全性は確保できる。一方、木造や鉄骨造では、部材だけで火災の影響を防ぐことは難しいので、不燃材料で被うなどして火災に対する構造の安全性を確保しなければならない。

また特殊な用途の建物の場合、使用目的から構造の安全性を検討しなければならない。たとえば、薬品の貯蔵庫を計画する場合、鉄筋コンクリート造では、薬品の影響で鉄筋が錆びて、コンクリートが爆裂することがある。このような場合は、金物の使用を極力抑えた木構造としたほうが構造の安全性が確保できる場合もある。

構造の安全性

構造で確保すべき安全性	検討要因
荷重・外力に対する安全性	長期鉛直荷重（固定荷重、積載荷重）
	積雪荷重
	地震力
	風圧力
	土圧・水圧（面圧、浮力）
	温度応力
	人の活動に伴う荷重
	衝撃荷重
	繰返荷重
	機器類の動作に伴う振動（疲労確認）
	地盤の性状（沈下、液状化陥没）
火災に対する安全性	耐火性
特殊な用途に対する安全性	耐薬品性（薬品庫の場合）
	耐摩耗性（倉庫など軽車両が走行する場合）、など
そのほかの安全性	耐久性
	耐候性（気候の変化が厳しい地域の場合）、など

安全性や居住性などの要因を検討する場合、同じ荷重に対しても考え方が異なる。たとえば居住性では梁がたわんで家具が傾いてしまうのでたわみを抑えることを考えるが、安全性については許容応力度内であるかなど、部材が壊れないことを確認する

火災に対する安全性の確保

鉄筋コンクリート造

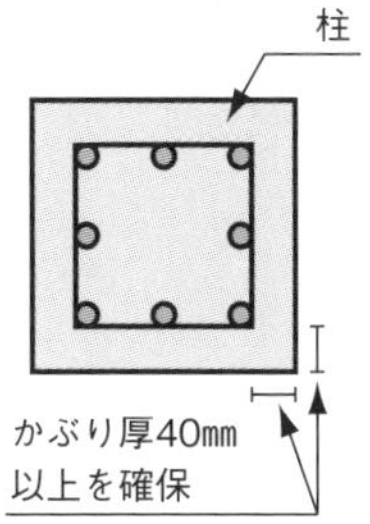

コンクリートのかぶり厚を確保する

鉄骨造

耐火被覆材で部材を包む

木造

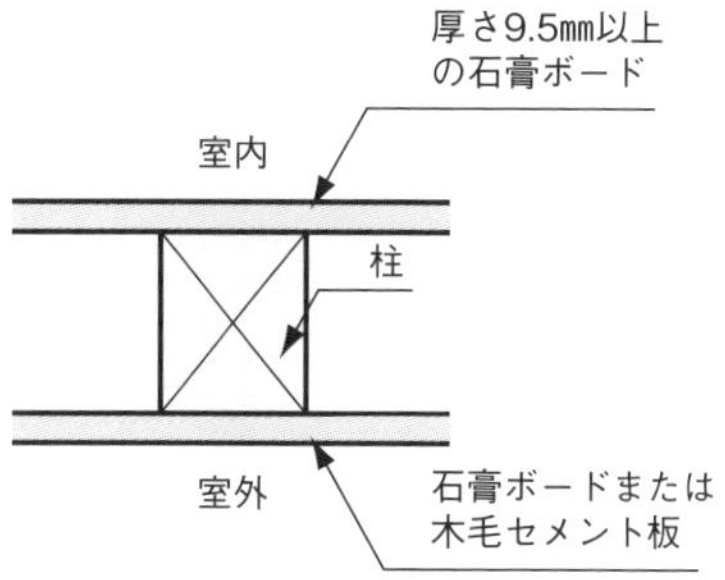

法律で定められた仕様とする

構造設計と居住性

080

POINT >>>>>>>>>>>>>>>>>>>>>>>>>>>>>>>>>>>

構造種別や材料を検討する際には、建物の居住性を左右する音・振動・熱に対する性能を十分に考慮しなければならない

音・振動を構造設計で防ぐ

どんなに構造的に安全な建物を設計しても、その建物で過ごす人が不快な思いをしては建物としての意味がない。居住性を確保するために構造設計で考慮しなければならない点は、不快な音・振動・熱をいかに防ぐかである。

音の問題には、集合住宅などでしばしば問題になる近隣住戸の生活音などがある。かつて上階のピアノの音をめぐって殺人事件が起こったことがあり、音の問題は軽々しくは扱えない。一般に遮音性を高めるには、部材の厚みや重量を大きくする。

振動の問題には、人が歩いたとき梁などが揺れる歩行振動、車や電車の通行などで起こる交通振動がある。

振動を抑えるために、できるだけ部材のたわみを抑える設計とする。ただし、振動は人それぞれで感じ方が異なるため、万全な解決法はない。

断熱性を考慮した構造材選択

熱の問題は、構造材料を通じて室内の熱環境が左右されることをいかに防ぐかが重要になる。

鋼材のように熱伝導率が高い材料を構造材に選ぶと、材が熱橋（ヒートブリッジ）となるため、冬季に室内の熱が奪われたり、結露や錆の原因となりやすい。逆に、蓄熱性能が高いコンクリートを構造材に選んだ場合、夏季には温められたコンクリートの影響で夜になっても室内の温度が下がらないということにもなりかねない。熱の問題は構造材だけでは解決できない場合が多いので、断熱計画と調整しながら材料の選択や納まりを決めていく必要がある。

居住性やバリアフリー、スケルトンインフィルを考えるうえで、床仕上げ面をそろえるための段差を構造体でつくれるか（段差性能）も重要である。

居住性を向上するために求められる構造性能

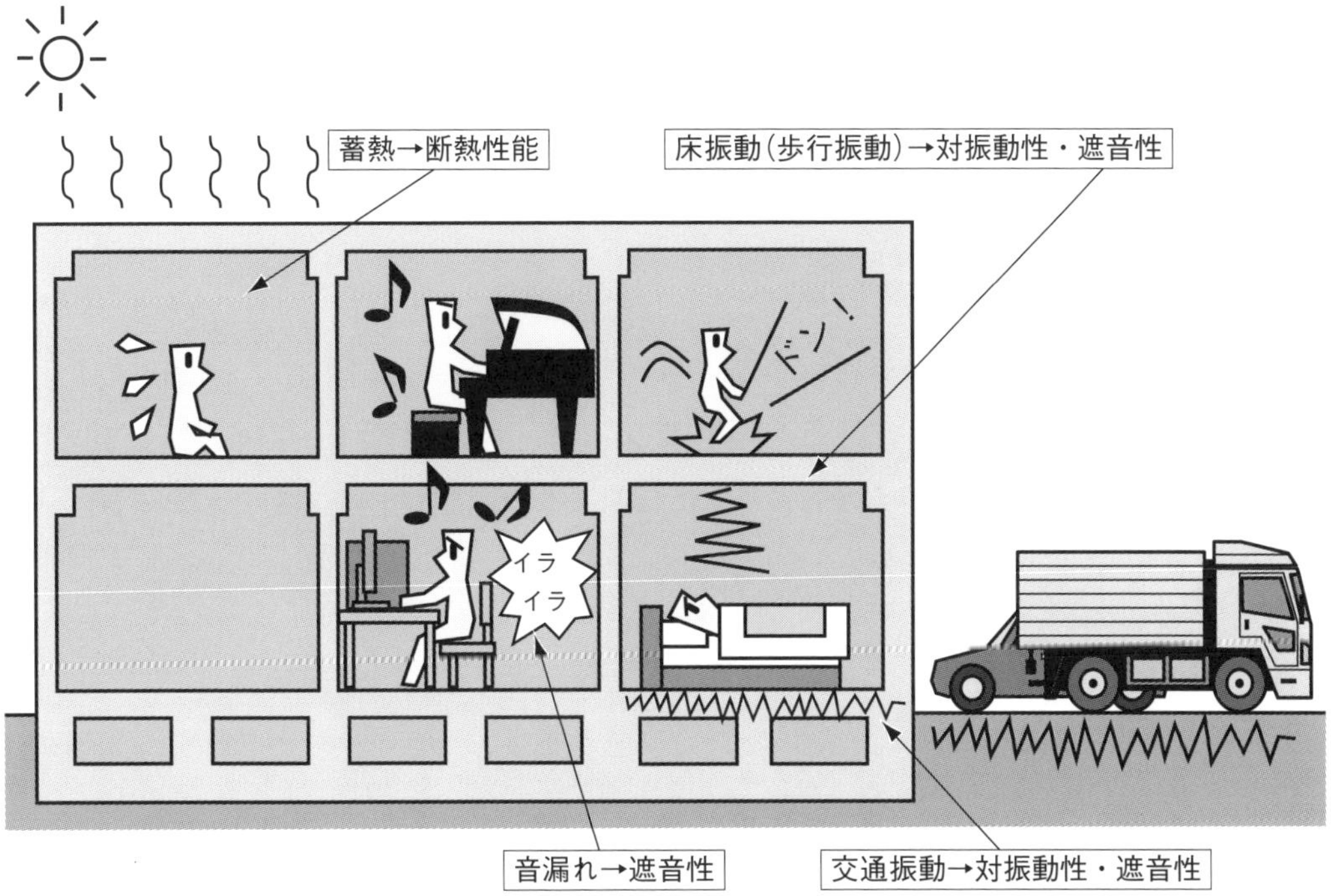

そのほかの居住性とかかわる構造部材の性能

性能	役割
耐荷性	積載物などによる床や梁などの部材の変形を軽減する
耐衝撃性	衝突物などによる振動・変形を軽減する
耐摩耗性	使用による部材の磨耗を軽減する
防水性	雨水などの浸入を防ぐ
防湿性	湿気の浸入を防ぐ
気密性	断熱性を向上させる

段差性能とは

鉄筋コンクリート造

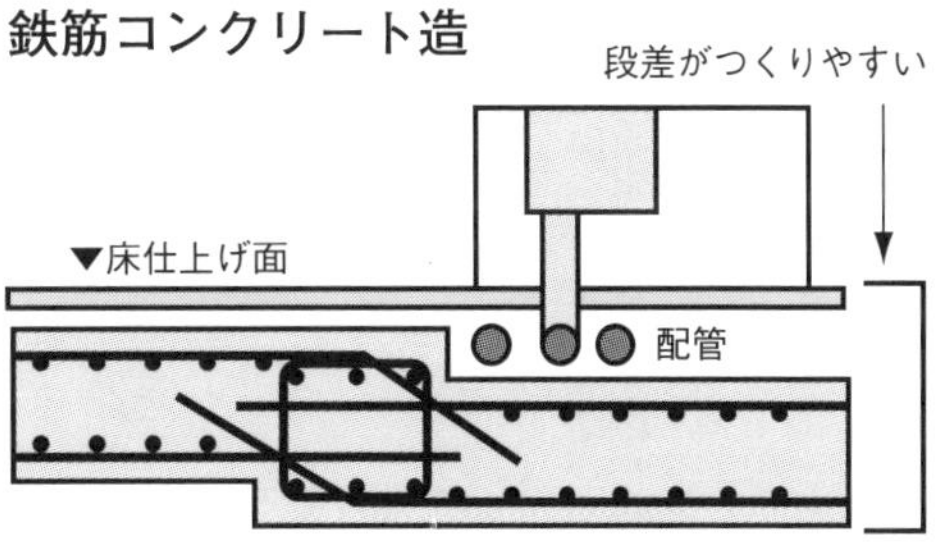

鉄骨造

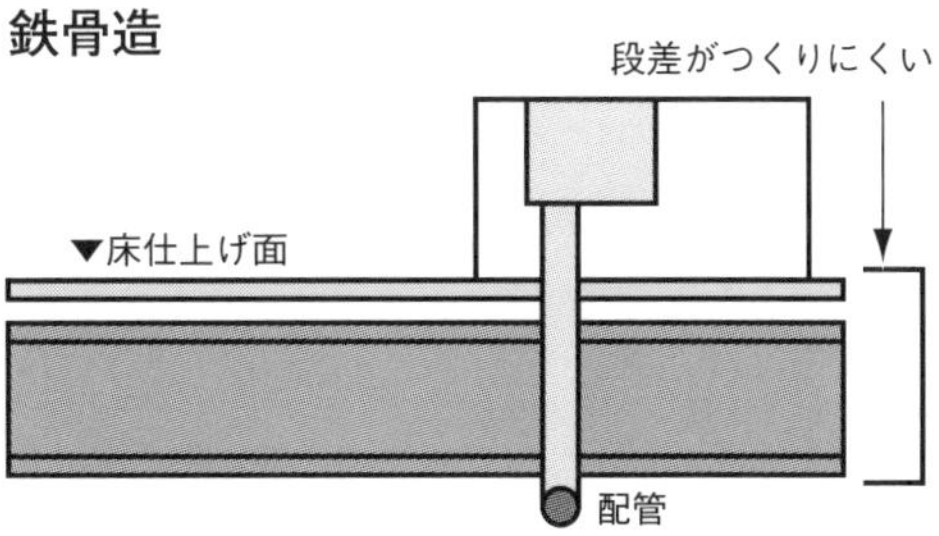

構造床に配管のための段差がつくりやすいかどうかも、間接的に居住性にかかわるといえる。躯体で段差をつくることができれば、段差部分に配管を埋め込めるため、床面はフラットに仕上がる。また集合住宅などでは、下階に配管を回すと配管の取替え作業や漏水、音の問題など、上下階の独立性が損なわれる場合もある

構造設計と意匠性

081

POINT >>>>>>>>>>>>>>>>>>>>>>>>>>>>>>>>>>>>

構造的に無理のない納まりとすれば、柱の断面や梁せいを抑える、大スパンの空間をつくるなど、意匠的な表現の幅が広がる

意匠と構造は別もの？

一般にデザインは意匠設計者の役目、構造は構造設計者の役目と分けて考えられることが多い。しかしたとえば、東京代々木の国立屋内総合競技場本館（設計：丹下健三）の緩やかな曲線を描く美しい屋根は、構造設計者（坪井善勝）との協働がなければ実現できなかった。デザインと構造は、切っても切れない関係にあるのだ。

もちろんこのような独特な形状をもつ大規模な建物だけでなく、戸建住宅程度の小規模な建物でも、意匠と構造が協働することで意匠性をより高めることが可能だ。

RC造で開放的な空間を

一般に鉄骨造は軽快で開放的な、鉄筋コンクリート造は堅牢で閉鎖的なイメージになる。構造計画と意匠計画を調整することで、鉄筋コンクリート造でも開放的な印象を与えられる。

一方、鉄骨は鉄筋コンクリートに比べると強度が高いため、梁せいを抑えながらスパンを飛ばして開放的な空間をつくりやすい。しかし、耐火被覆が必要だったり、スラブの遮音性能を確保するために床を厚くしたりするので、見かけ上の梁せいは鉄筋コンクリートで計画したものと大差がない場合も少なくない。意匠設計上、外周の梁せいが高くなることが許されるならば、鉄筋コンクリート造として、スラブをボイドスラブ（発泡スチロールなどをコンクリートに打ち込んだもの）で計画すると、天井高が確保されて大空間をつくることができる。

また、鉄筋コンクリートは、構造材の配置に対する自由度が比較的高い。そこで建物の中央部の剛性を高めて水平力の大半を負担させると、外周部分の柱・梁は鉛直荷重だけ支えればよくなり、断面を抑えられる場合もある。

構造形式の選択と意匠性

構造形式だけで比較すると

①鉄骨造

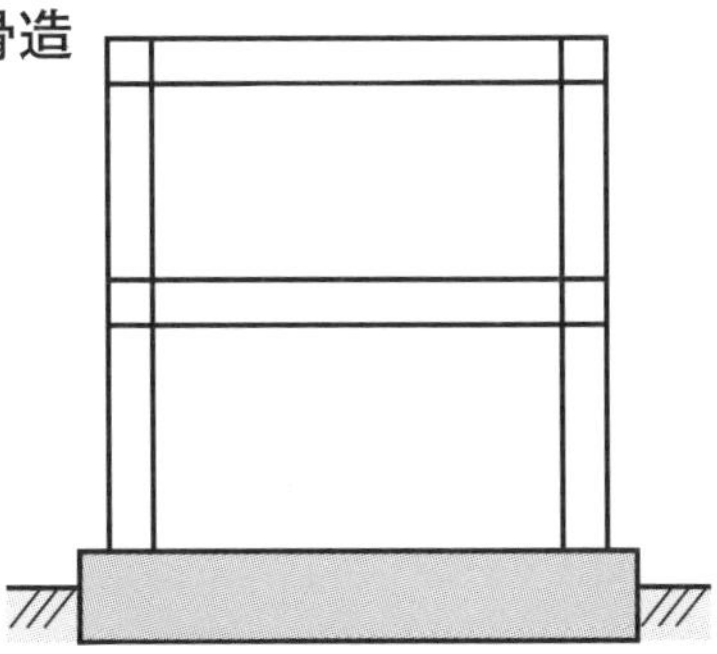

②鉄筋コンクリート造

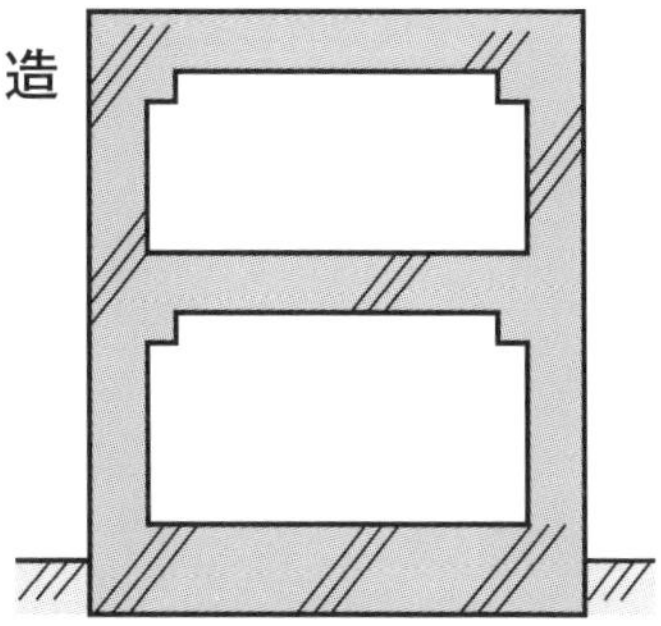

梁などの部材断面を抑えられ、スパンも飛ばせるため、軽快で開放的な印象の建物になる

柱・梁などの部材断面が大きくなるため、堅牢で閉鎖的な印象の建物になる

仕上材を含めた寸法を比較してみると

①鉄骨造の梁と床

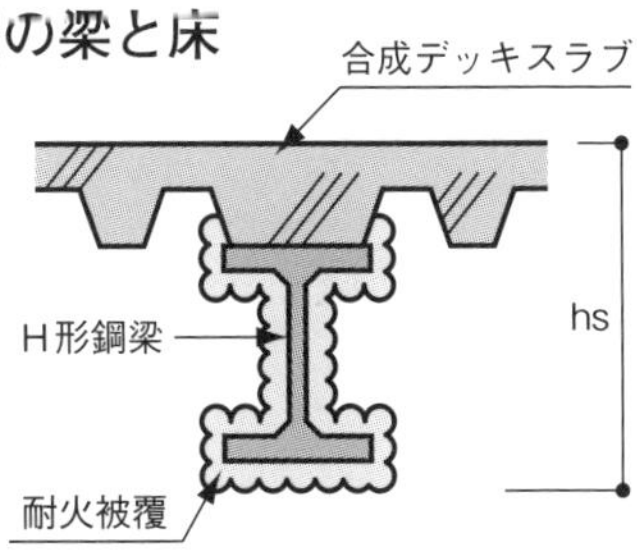

②鉄筋コンクリート造の梁と床

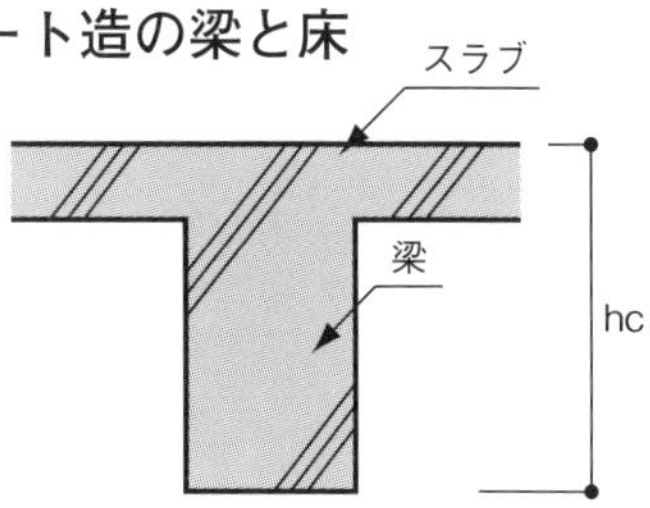

hs≒hc

仕上材の寸法まで考慮すると、床と梁せいを含めた寸法が鉄骨造と鉄筋コンクリート造でほとんど変わらない場合がある

構造計算と意匠性

①ルート３で計算した鉄筋コンクリート造

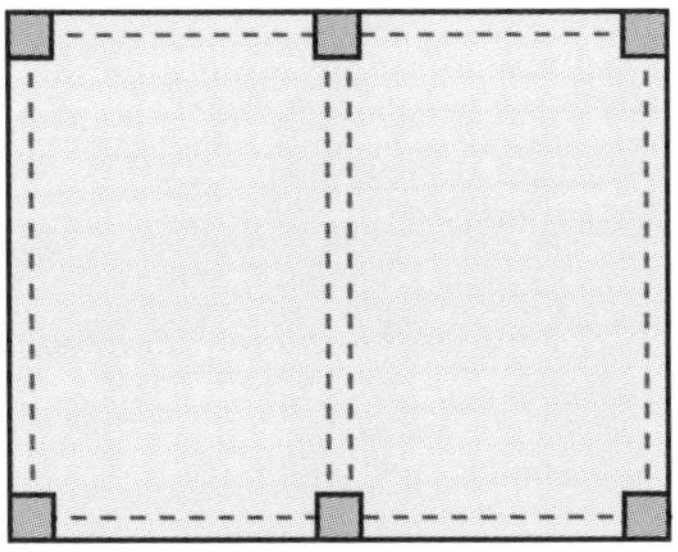

②ルート１で計算した鉄筋コンクリート造

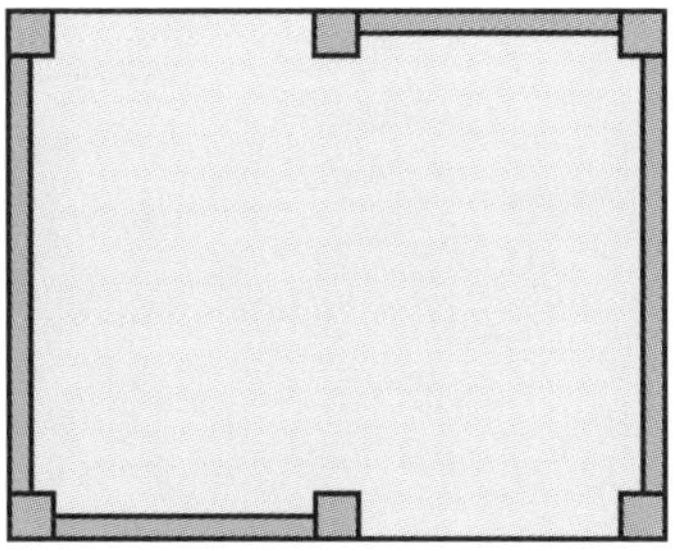

壁が少なく開放的な空間をつくることが可能。ルート３では純ラーメンが計画しやすい

壁が多く閉鎖的な空間になりやすい。ルート１では耐震壁が多く必要

同じ計画の建物でも、構造計算ルートが変わることでつくることが可能な空間に違いが生まれる

構造と仕上材

082

POINT >>>>>>>>>>>>>>>>>>>>>>>>>>>>>>>>>>>

構造部材は、建築後も繰り返し動いているもの。仕上材は、構造材の挙動を考慮して選択しなければならない

構造躯体は動くもの

コンクリート打放しなど躯体自体が仕上げになる建物もあるが、多くの建物は構造躯体の表面が仕上材で覆われている。仕上材の下地となる構造躯体は、ひとたび建築されると動かないと考えられがちだが、実際には躯体は建築後も絶えず変形を繰り返している。

たとえば、構造材に着目すると、木材は含水率の変化で、鉄鋼は温度変化で伸縮している。コンクリートは硬化時の水分の反応や蒸発で収縮するし、温度変化によっても伸び縮みを繰り返している。

外力という点からみると、地震によって躯体は大きく動くし、鉄骨造や木造の建物ならば、台風などの強い風を受けるたびに建物が動いていることが分かるだろう。

したがって仕上材は、追従性のあるものを選択したり、クリアランスを確保するなど、躯体が動いても影響がない納まりを考えなければならない。鉄筋コンクリート造は動きが小さく、鉄骨造は動きが大きい。またブレース構造は動きが小さく、ラーメン構造は動きが大きい。構造種別や形式によっても仕上材に影響が出る。

仕上材と躯体の耐久性

仕上材は躯体の耐久性とも深く関係している。鉄筋コンクリート造の建物では、打放しよりも仕上材を張ったほうがコンクリートが中性化する速度が遅くなり、耐久性が伸びる。

鉄骨造の建物で、仕上材に躯体と異種の金属を用いると耐久性が落ちる場合がある。たとえばアルミと鉄は、イオン化傾向が異なるため、接触させると錆が発生しやすくなる。この場合、仕上材と躯体の縁を切るか、構造材料を木材に変える、仕上材を変更するなどの対応が必要となる。

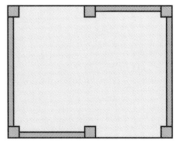

構造躯体の変化

乾燥収縮

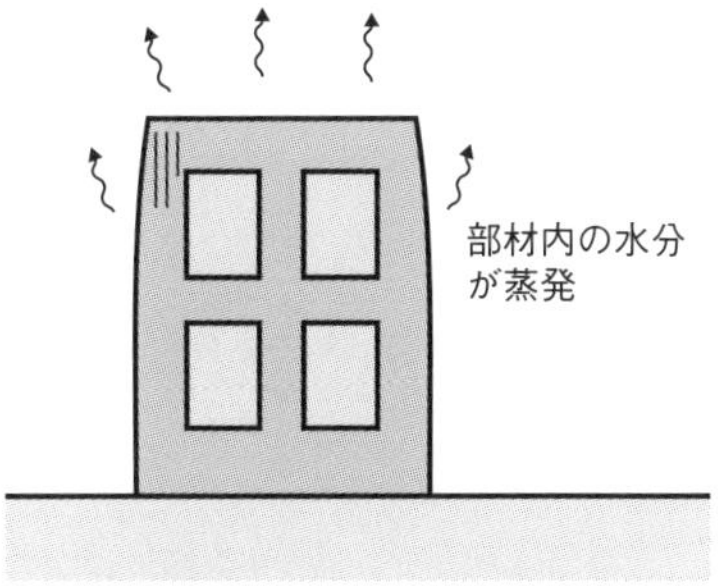

大気中の成分との反応や日射などの熱により、部材内の水分が蒸発し、躯体が縮む

温度による伸縮

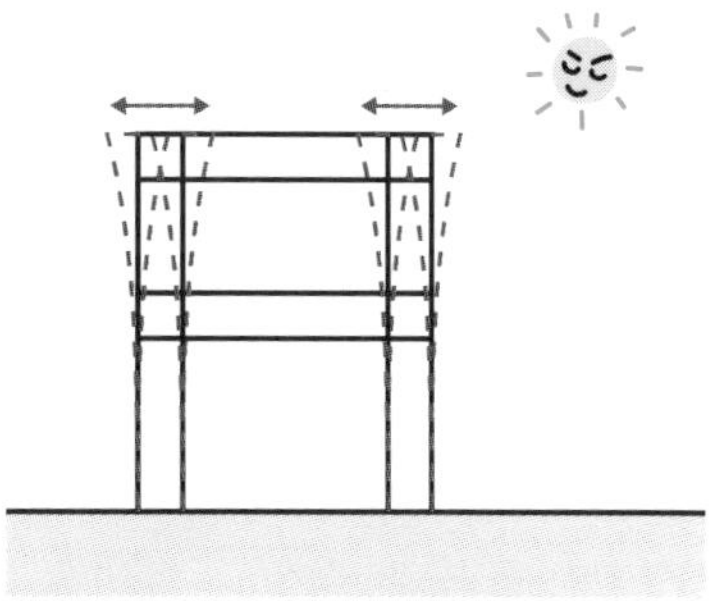

日射などによる温度変化により、1年を通して躯体は伸縮する

地震・風などによる振動

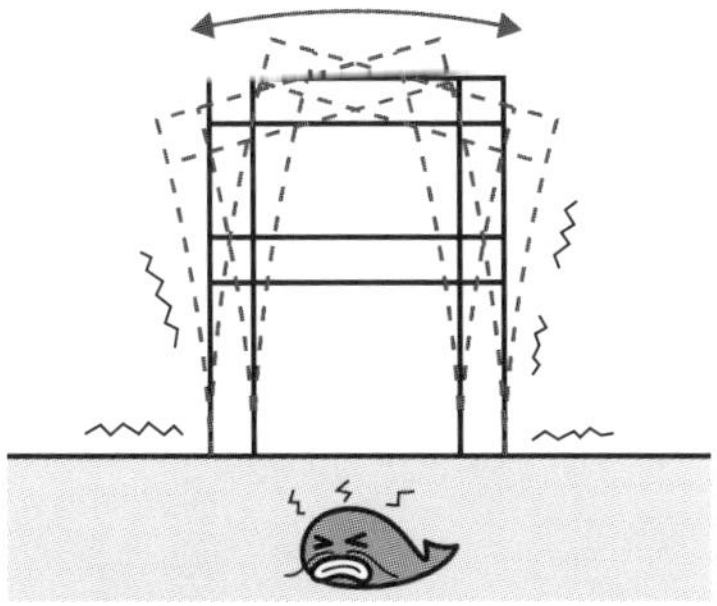

地震や暴風を受けると、躯体は振動する

躯体は建築後もさまざまな要因で変化している。したがって仕上材は、躯体の変化をある程度見越して、挙動に追従できる伸縮性のある素材を選ぶか、クリアランスをとるなどして躯体の変化に影響を受けない納まりとする必要がある

仕上材と構造躯体の耐久性

①コンクリート打放し(塗装なし)

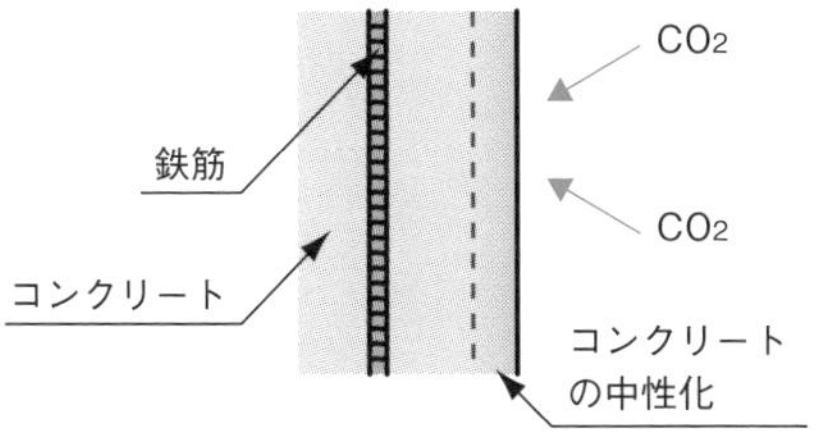

大気中のCO_2に触れることで、0.1㎜／年ほどの速さでコンクリートの中性化が進む。中性化が鉄筋付近のコンクリートまで達すると、鉄筋が錆び、コンクリートが爆裂し、躯体の耐久性が下がるおそれがある

②コンクリート打放し(塗装あり)

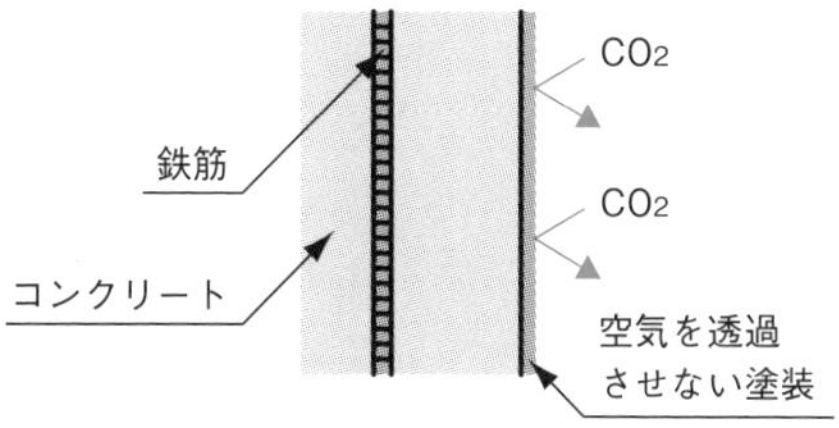

コンクリートの表面に塗装を施すことで、CO_2がコンクリート内部に浸透せず、コンクリートの中性化を抑制することができる

躯体を仕上材で覆ったり、塗装を施すことで躯体の耐久性を向上させることができる

構造図

083

POINT >>>>>>>>>>>>>>>>>>>>>>>>>>>>>>>>>>>

代表的な構造図は、標準図、伏図、軸組図、部材断面リスト、部分詳細図。構造種別で描く図面が異なる

構造図の種類と役割

意匠設計者が意匠設計図（意匠図・建築図）を描くように、構造設計者も構造設計図（構造図）を描く。構造図は、確認申請に必要なだけではなく、意匠設計者や施工業者、積算事務所に設計意図を伝える重要な図書である。

構造図にはさまざまな種類がある。基本的には、標準図（標準仕様書）、伏図、軸組図、部材断面リスト、部分詳細図で構成される。

①標準図（標準仕様図）

標準図は、使用している材料や管理方法、ディテールについて記載する図面である。ただし、鉄骨溶接のディテールなどは、部材断面リストや部分詳細図に添付することもある。

②伏図

構造図のなかで最も重要なのが伏図である。伏図では、スパンと部材の符号、スラブレベル、場合によっては仕上厚などを描き込む。軸組図に断面寸法を記載すればスラブレベルはある程度把握できるが、軸組図だと階全体のスラブレベルを同時に表現することができないので、スラブレベルを伏図に記載した方がよい。

③軸組図

軸組図は、主に部材符号と梁のレベルを示す。特に階段の踊場など、ほかの梁とレベルが異なる位置に梁があるような部分は、軸組図で明確にすると間違いが少ない。

④部材断面リスト

フレーム全体の配筋や鉄骨架構について詳細に描く。

⑤部分詳細図

局部的な段差部分や形状が複雑な立上りなど標準図では表現できない部分を描く。柱や梁の架構を描いたラーメン詳細図は、伏図や軸組図に記載された符号にもとづき、具体的な断面方法や仕様を記載する。

代表的な構造設計図書

	図書名		木造	鉄骨造	鉄筋コンクリート造
必要な図面	構造設計標準仕様書		○	○	○
	木造関係標準図		○	×	×
	鉄骨構造標準図		×	○	×
	鉄筋コンクリート造標準図		○	○	○
	伏図	基礎伏図	○	○	○
		床伏図	○	○	○
		小屋伏図・屋根伏図	○	○	○
	軸組図		○	○	○
	部材断面リスト		○	○	○
	継手・溶接基準図		×	○	×
	部分詳細図		○	○	○
	ラーメン詳細図		△	○	○
工事内容に応じて必要な図面	合成スラブ標準図		×	○	×
	杭地業工事特記仕様［※］		○	○	○
	杭伏図［※］		○	○	○
	壁式鉄筋コンクリート造標準図		—	—	—
	プレストレストコンクリート工事特記仕様書		×	×	○
	ボイドスラブ工事特記仕様書		×	○	○

○：必要　×：不要　△：作成することが望ましい　—：この事例では使用していない
※　杭基礎を採用した場合

意匠図

084

POINT >>>>>>>>>>>>>>>>>>>>>>>>>>>>>>>>>>>>>

意匠図には構造設計に必要な情報が満載。特に平面図・立面図・断面図は、建物の高さや柱・梁のスパンなどの検討に必要

計算で必要な数値を読み取る

平面図、立面図、断面図、詳細図、矩計《かなばかり》図、展開図、仕上表、建具表などの意匠図は、構造設計の際にも欠かせない図面である。構造図を作成したり構造計算するためには、そこで描かれる部材の寸法や位置、高さ、通り芯などの情報を必ず押さえておかなければならない。

構造図作成の最も基本的な情報を把握できるのが、平面図、立面図、断面図である。これらの図面からは計画建物の高さや柱・梁のスパンなどを押さえる。取合い部などの細かい寸法などは、詳細図や矩計図などで把握する。

平面図でよく見落とされるのが、土間スラブについての情報である。土間部の仕上材が構造躯体に入り込む場合、躯体が地震などで揺れたときに仕上材が割れるおそれがある。このような納まりにするときは、躯体と土間スラブの縁を切った設計が必要になる。

立面図では地盤レベルに注意する。地盤からの高さ・深さで、地震力や風荷重、基礎にかかる土圧が変わるからである。

仕上表は、建物の荷重を算出するのに必要となる。また構造形式が仕上材の選択に影響する場合もある。

展開図や建具表から得られる開口部の位置や大きさも構造設計には欠かせない情報である。

建物の概要をつかむ図面

建物の大きさや重さなどの概要を把握するためには、求積図や配置図が必要である。

求積図では、延べ面積や建築面積を確認し、建物の重量を概算する。

配置図では、記載された隣地境界線からの距離や近隣との関係などの情報から施工条件を読み取り、施工方法や構造材料の選択などに役立てる。

意匠図と構造設計との関係

<table>
<tr><th>意匠図</th><th>構造設計との関係</th></tr>
<tr><td>特記仕様書</td><td>使用図書を確認。構造設計特記仕様書と情報が重なる部分は食い違いに注意する</td></tr>
<tr><td>求積図</td><td>延べ床面積や建築面積を確認する。計画建物の概要をつかんだり建物の重量を算出するために必要</td></tr>
<tr><td>仕上表</td><td>構造計算に用いる仮定荷重を算出するために必要。仕上げによって荷重は大きく変わる</td></tr>
<tr><td>配置図</td><td>施工条件を把握し、施工計画を立てるために必要。また、設備配管の経路を推定し、構造躯体と絡まないかどうかについても確認する</td></tr>
<tr><td>平面図</td><td rowspan="3">構造図（伏図、軸組図）作成の基本的な情報を把握する。ここで押さえる階数や高さ、スパンなどの情報は、構造計算ルートを選択する設計初期の段階から構造計算、構造図の作成にも重要な情報となる</td></tr>
<tr><td>立面図</td></tr>
<tr><td>断面図</td></tr>
<tr><td>平面詳細図</td><td rowspan="3">平面図や立面図からでは読み取れない構造の詳細図の作成に必要となる情報を把握するために必要。建物の重量を算出するときには、これらの図面を使って、ふかし寸法や立上り寸法なども確認する</td></tr>
<tr><td>断面詳細図</td></tr>
<tr><td>矩計図</td></tr>
<tr><td>展開図</td><td rowspan="2">壁量を計算する際や構造計算する際に必要となる開口寸法を確認する</td></tr>
<tr><td>建具表</td></tr>
</table>

標準仕様書と標準図

085

POINT >>>>>>>>>>>>>>>>>>>>>>>>>>>>>>

各種構造図に共通する情報が記載される標準仕様書と標準図は、構造設計のクライテリアを決める重要な構造図である

構造設計標準仕様書と標準図

構造設計標準仕様書は、伏図や軸組図など各種の構造図に共通する情報を記載し、建物全体の構造のクライテリアを決める重要な図書である。具体的には、敷地の情報や建物規模など基本的な情報を書き込む。

また、使用する材料の仕様やＪＩＳ番号、ＪＩＳ以外の材料では、大臣認定番号なども記入しておく必要がある。

構造設計ルートも記入する。意匠設計者や施工業者は、構造設計標準仕様書をもとに、計画している建物が強度型の構造か、大地震時に変形能力が必要な靭性型の構造かを認識して、設計・施工を進められることが望ましいからである。

このほか、構造に関係する基準は、意匠図の特記仕様書ではなく、構造設計標準仕様書に記載するほうがよい。

一方、標準図とは部材の納まりや鉄筋の定着長さなど、設計の基本となる情報を図面化したものである。鉄筋コンクリート構造配筋標準図、鉄骨構造標準図、木造関係標準図などがある。

たとえば、鉄筋コンクリート構造配筋標準図では、柱や梁の取合い部分の配筋、鉄筋の継手位置・方法、壁やスラブ鉄筋の定着方法、補強方法、ふかし要領のほか、標準的に記載可能な部分を図面化する。コンクリートのかぶり厚や鉄筋のフックの形状なども鉄筋コンクリート構造配筋図に記載する。

種別・部材ごとに必要な図書

構造種別や部材の種類によっては、独自の標準図や標準仕様書が必要である。たとえば、プレストレストコンクリート造では、プレストレストコンクリート標準仕様書が必要になる。床を合成デッキスラブにする場合は、耐火時間に応じた仕様や、梁との接合部を表現した標準図が必要である。

標準仕様書と標準図の例

構造設計標準仕様書

1. 建築物の構造内容

（1）　工事名称　・・・
　　　工事場所　・・・
（2）　工事種別　■ 新築　□ 増築　□ 増改築　□ 改築
（3）　構造種別
　□ 木造（W）　□ 補強コンクリートブロック造（CB）　■ 鉄骨造（S）　□ 鉄骨鉄筋コンクリート造（SRC）　□ 壁式プレキャスト鉄筋コンクリート造（WPRC）
　□ 鉄筋コンクリート造（RC）　□ 壁式鉄筋コンクリート造（WRC）　□ プレキャスト鉄筋コンクリート造（PRC）
（4）　階数　地下　一階　地上　8 階　塔屋　1 階
（5）　主要用途　事務所
（6）　特別な荷重
　■ エレベータ　11人乗（ロープ式 油圧式）　□ リフト　kN　□ ホイスト　kN　□ 倉庫積載床用　N/m²　□ 受水槽　kN
（7）　増築計画　□ 有（　　）　■ 無
（8）　構造計算ルート　X方向ルート　1　Y方向ルート　1

2. 使用構造材料

（1）コンクリート

適用箇所	種類	設計基準強度 Fc＝N/mm²	品質管理強度 Fq＝N/mm²	スランプ cm	備考
捨てコンクリート	■普通	16		21	
土間コンクリート	■普通	18		18	
基礎，基礎梁	■普通	24	27	15	
柱，梁，床，壁	■普通、□軽量	24	27	15	
	□普通、□軽量				
押えコンクリート	□普通、□軽量				
合成スラブ	□普通、■軽量	21	24	15	比重 16kN/m³
混和剤					

（2）鉄筋

	種類	径	使用箇所	継手工法
異形鉄筋	■ SD295A	D10〜D16	主筋、その他	■重ね継手 D10〜D16
	□ SD295B			
	■ SD345	D19以上	主筋	■ガス圧接継手 D19以上
丸鋼	□ SR235			

標準躯体にかかわる部分はJASS5に準拠して設計基準強度に＋3N／mm²とする

D16
異形鉄筋であることを示す。丸鋼の場合はR

鉄筋コンクリート構造配筋標準図

7. 大梁、小梁、片持梁

（1）　定着

ⓐ大梁

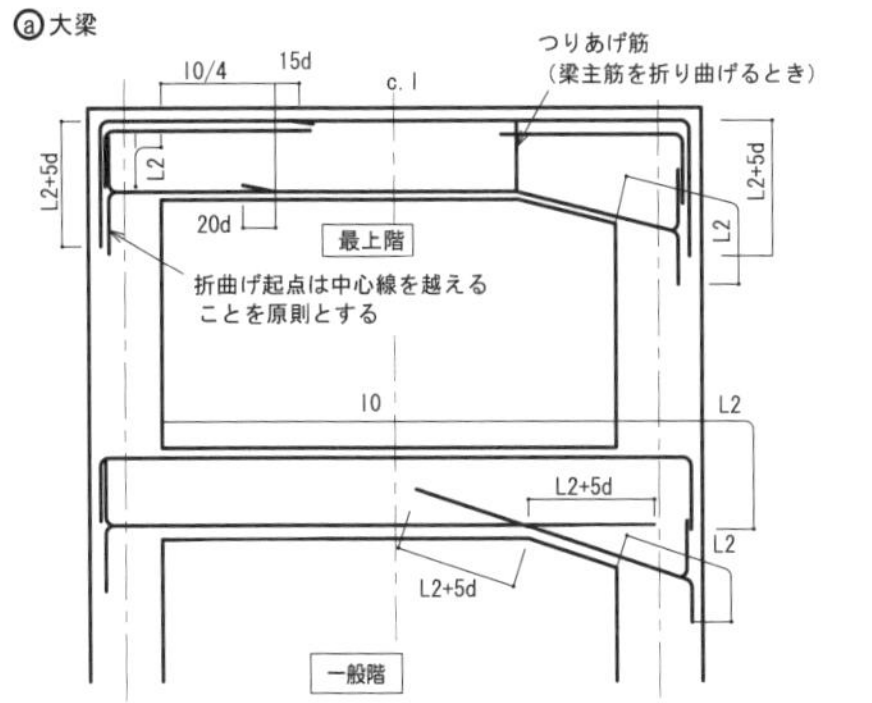

11. 梁貫通孔補強

150＜φ≦250
斜　筋　4－(2－D13)
縦　筋　ST 2－D13－100@
横　筋　2－(2－D13)

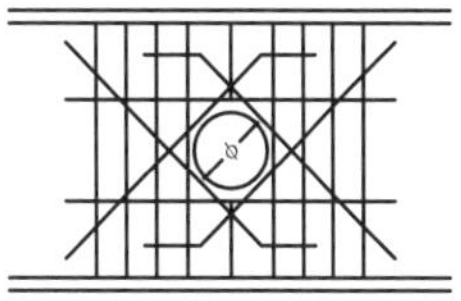

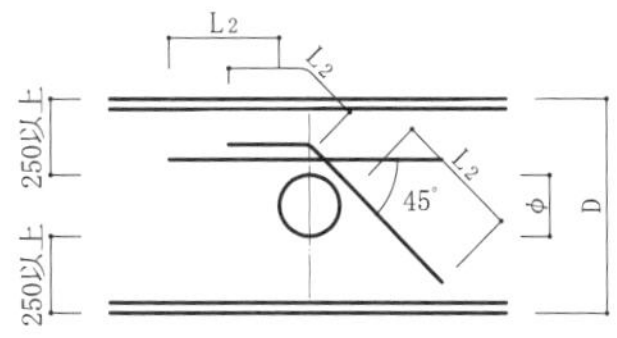

ただしφ≦D/3とする

部材ごとに仕様や配筋を記載すると膨大な図面の量になる。できるだけ標準仕様書や配筋標準図で示すようにする

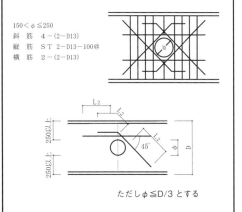

木造の構造図

086

POINT >>>>>>>>>>>>>>>>>>>>>>>>>>>>>>>>

伏図では柱の種類や土台・梁の継手位置、金物の位置などを正確に描く。軸組図では、梁の掛かり方の上下関係などを明確にする

平面的な構造を知る伏図

構造種別にかかわらず、伏図と軸組図の2つの構造図は必ず描くべきだ。ただし構造種別によって使う材料が異なるため、図面の描き方が異なる。

伏図とは、基礎や床（天井）、小屋組、屋根などの構造材の表した平面図のことで、基礎伏図、床伏図、小屋伏図、屋根伏図がある。

伏図に柱を描くときは、通し柱と管柱が分かるように記載する。間柱は描き込むと煩雑になるので、省略することも多い。

梁や土台などの横架材は、材の寸法や材質、継手位置なども併せて記載する。床や耐力壁の仕様も必要なので、寸法や材質をすべて描き込むと図面が見づらくなるので、記号化し、凡例をつける。

金物は、各階床伏図に記入する土台や梁の継手とホールダウンの位置には気をつける。

基礎については、立上りの位置や人通口の位置を明記する。また、1つの建物でも基礎断面が複数になることが多いので、部材リストまたは基礎伏図には基礎リストを付ける。

このように伏図には、さまざまな情報が描き込まれるが、1枚の図面の情報量が多くなると、現場での読み間違いにつながりかねない。そこで特記仕様書に別途整理しておくとよい。

立体的な構造を知る軸組図

軸組図とは、建物の垂直方向の架構（骨組み）を表す図面である。柱の長さや梁の継手位置のほか、伏図では表現しづらい梁の掛かり方の上下関係や、開口部の位置などを表現するのに適している。軸組図には、地盤面、基礎、土台、柱、間柱、筋かい、梁・桁、小屋組、耐力壁の寸法や材質、高さなどを描く。

木造の伏図・軸組図の例

2階床伏図

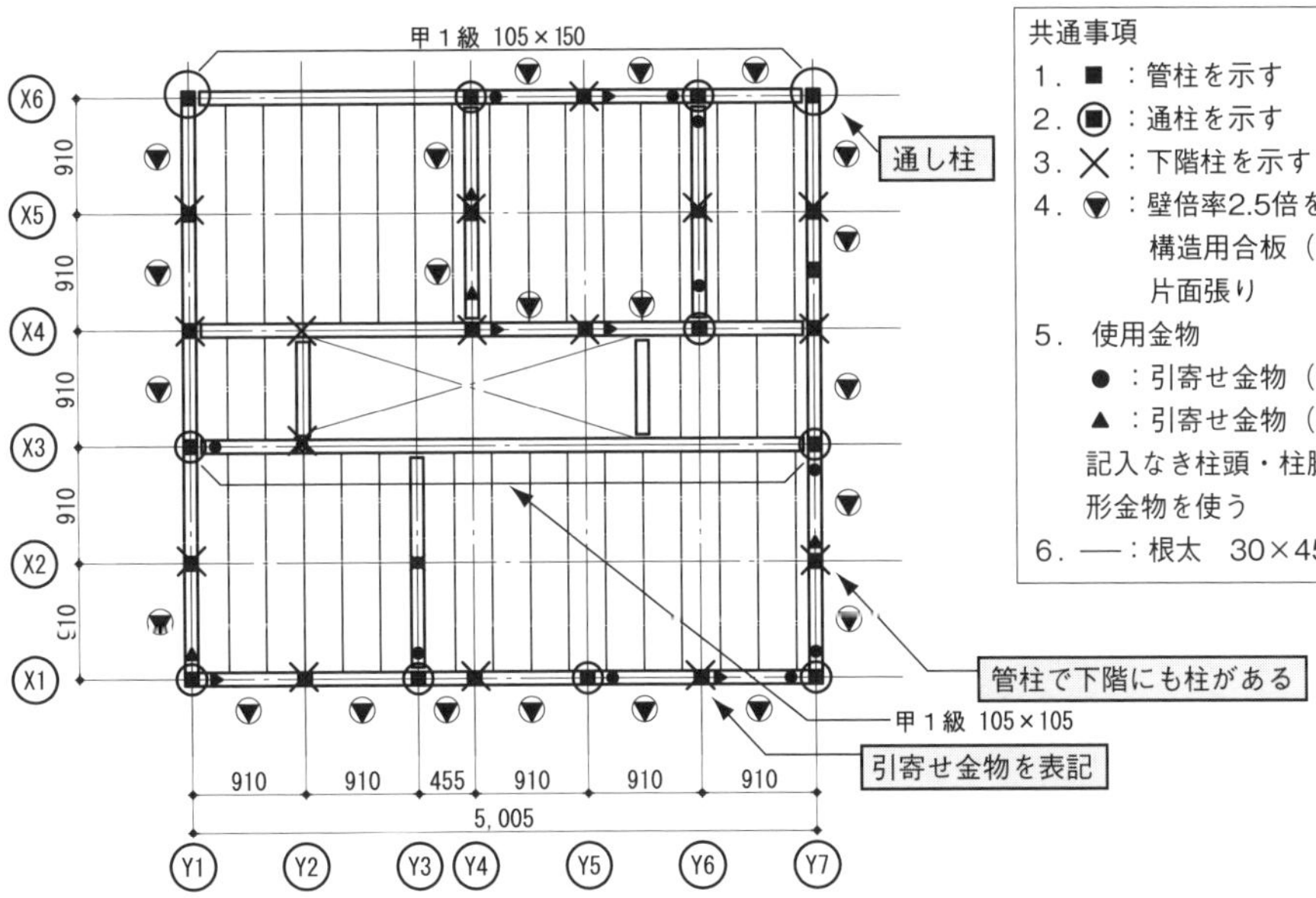

共通事項
1. ■ ：管柱を示す
2. ◙ ：通柱を示す
3. ✕ ：下階柱を示す
4. ▼ ：壁倍率2.5倍を示す
構造用合板（12㎜厚）
片面張り
5. 使用金物
● ：引寄せ金物（HD-25）
▲ ：引寄せ金物（HD-10）
記入なき柱頭・柱脚にはＶ形金物を使う
6. ── ：根太　30×45@303

軸組図

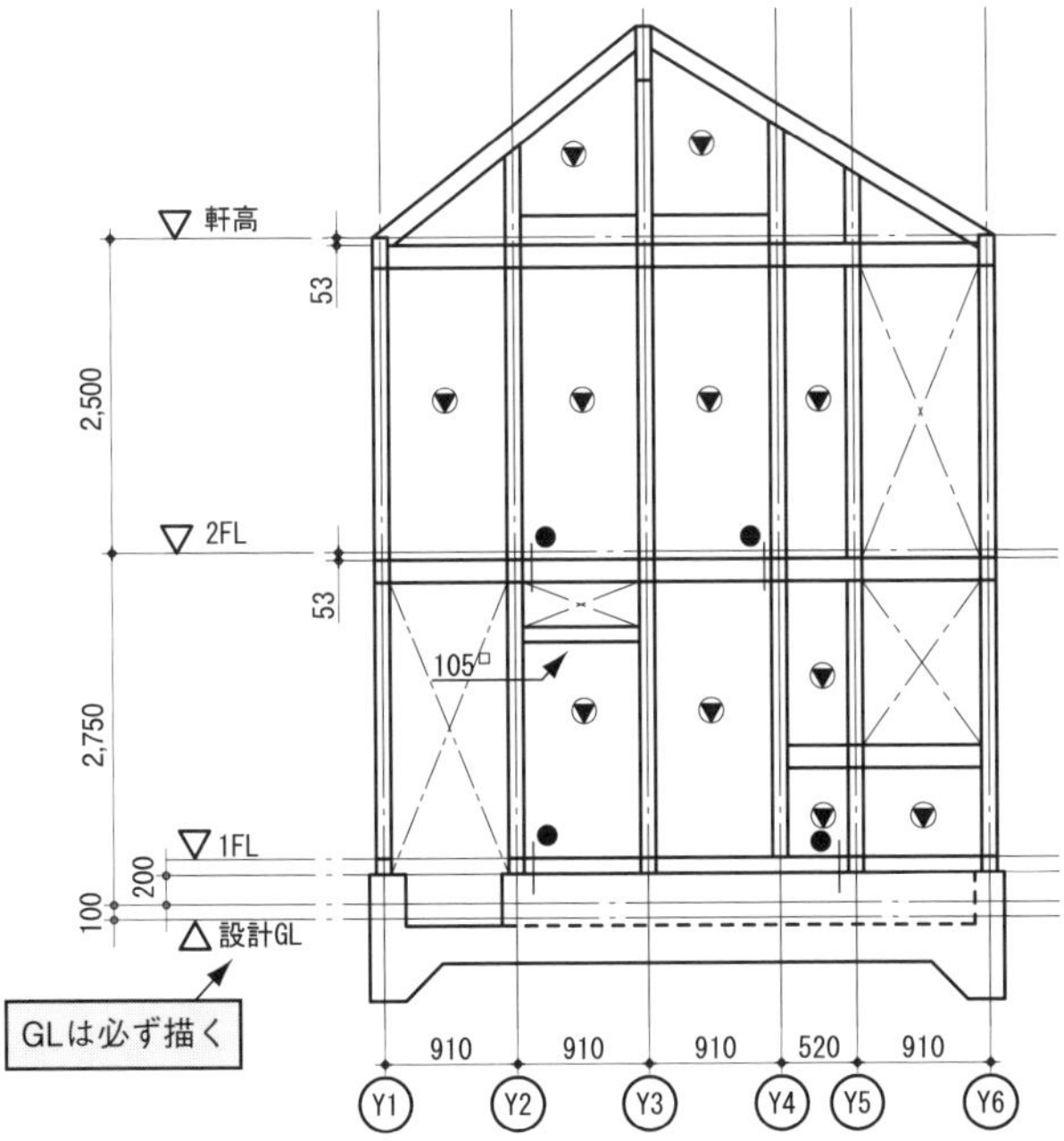

共通事項
1. ▼：壁倍率2.5倍を示す
構造用合板（12㎜厚）
片面張り
2. 使用金物
● ：引寄せ金物（HD-25）
▲ ：引寄せ金物（HD-10）

- 引寄せ金物は、原則、上下階で同じ仕様にする
- 梁と柱の優先順位が分かるように表記する
- １本の柱の長さは５〜６ｍくらい。３階建てで通し柱とするときは施工業者と相談する必要がある

鉄骨造の構造図

087

POINT >>>>>>>>>>>>>>>>>>>>>>>>>>>>>

鉄骨造の構造図は、ほかの構造図以上に施工時の条件を意識して描く。ジョイント位置は、搬送するトランスポーターやクレーン車の大きさで変わる

梁伏図に部材位置と接合を描く

鉄骨造の構造図は、梁伏図と軸組図が基本である。

梁伏図では、柱、大梁、小梁を描く。大梁と小梁は線種を変えるなどして区別しておく（大梁を二重線、小梁を単線とすることが多い）。小梁と大梁はピン接合が基本なので、それが分かるように大梁から小梁を少し離して描くこともある。小梁を連続させた連続梁など、継手を剛接合とする必要がある場合は、剛接合部分に丸印で表現するなどの工夫が必要となる。

合成デッキスラブや折板《せっぱん》の屋根を掛ける場合、材の強度に方向性があるため、小梁の掛け方やピッチが正しく描かれていることが重要になる。

伏図は、基本的に符号図であるため、部材のおおよその位置が示されればさほど問題はない。梁や柱の寄りを明確にする必要がある場合は、柱芯図を描く。柱芯図とは、通り芯から柱芯の寸法が描かれた図面で、スケールはできるだけ大きいほうがよい。また、階ごとに柱の断面が変わるような場合も、柱芯図を描く。

施工を考慮して軸組図を描く

軸組図では、柱・梁のレベル（高さ方向の位置）と現場継手位置、ベースプレートのレベルを押さえながら描くことが重要である。

特に現場継手位置は、コストに大きく影響するのでよく確認する。継手を多く設けると部材が増えるため、部材を運ぶトラックが多く必要となる。逆に継手を減らすと、大きな重機とトランスポーターが必要となる。軸組図を描く際には、計画地の道路状況や周囲の障害物のことを考えながら継手位置を決定する。

形状や材質など、各部材の詳細の情報は、部材リストに別途まとめる。

鉄骨造の伏図・軸組図の例

２階床伏図

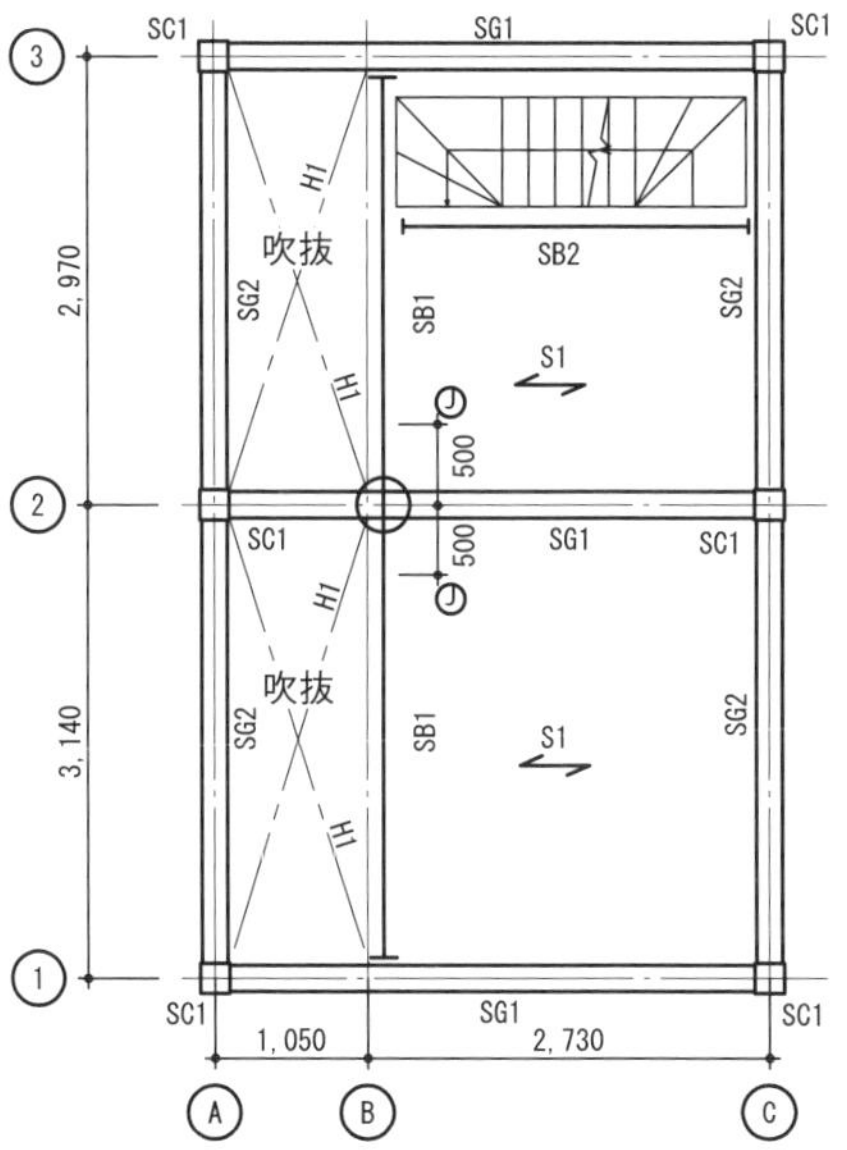

共通事項
1. ：デッキ方向を示す
2. ：現場ジョイント位置を示す
3. ：剛接位置を示す
4. SC：柱
5. SG：大梁
6. SB：小梁
7. S：スラブ

・小梁で現場剛接合部分は伏図での表記が必要
・柱や梁の寄りは、小規模建物では表記可能だが、一般的には構造図で描く

軸組図

ブラケットの長さが長いと運搬できない

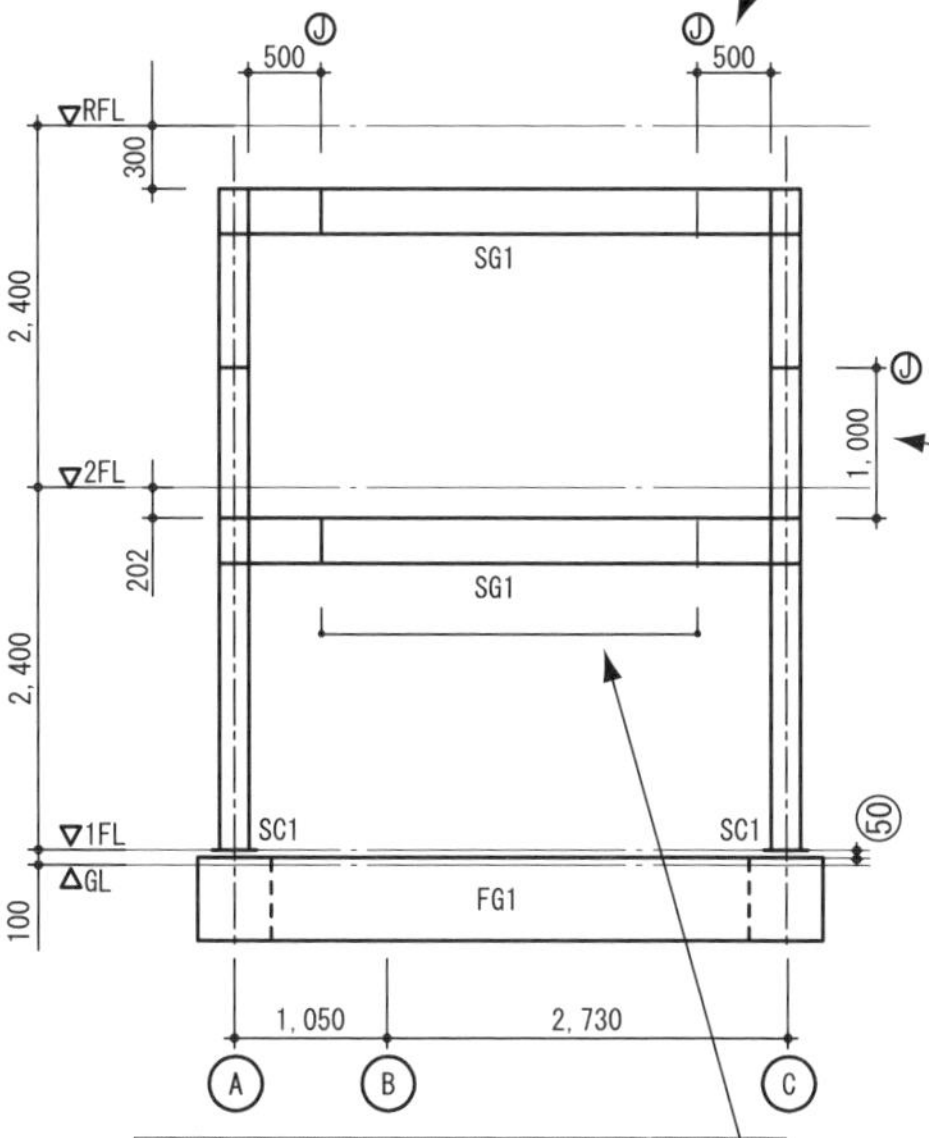

共通事項
1. Ⓙ：現場ジョイント位置を示す
2. ㊿：ベースプレート天端を示す

人が溶接できる高さに設定する必要がある

・軸組図では各パーツの寸法が分かることを心掛けて描く
・工場での組立て部分と現場での組立て部分が分かるように明解に
・伏図と軸組図の符号の付け間違いに注意する

運搬できる長さとする。大地震時を想定した設計の場合は、できるだけ仕口部分から継手が離れているほうがよい

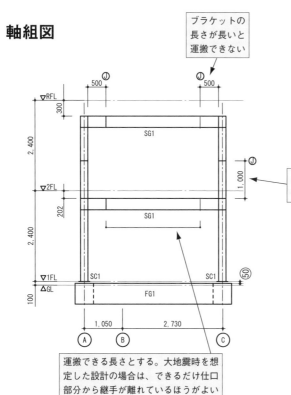

鉄筋コンクリート造の構造図

088

POINT >>>>>>>>>>>>>>>>>>>>>>>>>>>>>>>>>

自由な形状が可能な鉄筋コンクリート造では軸組図だけでなく伏図にも梁や床レベルを明記する

伏図にも部材のレベルを描く

自由な形状が可能な鉄筋コンクリート造の構造図は、比較的簡単に描ける。構造図の基本は、ほかの構造と同じで伏図と軸組図である。

鉄筋コンクリート造の伏図で重要なのは、梁や柱の符号と併せて各部材のレベルを描き込むことである。木造や鉄骨造と異なり、鉄筋コンクリート造では、床レベルを自由に調整できるため、伏図でも梁レベルと床レベルが分かるようにする。

納まりに大きな影響を与えない場合は、柱芯図（通り芯から柱面までの寸法が描かれた図面）を描かないので、伏図で柱と梁の寄りが分かるようにしておく必要がある。

軸組図では開口位置に注意

軸組図では、梁レベルや柱長さ、壁、開口部を描く。

鉄筋コンクリート造では、梁の途中でレベルが変わることもしばしばあるので、床の仕上面の位置（フロアレベル：FL）やコンクリート床の位置（スラブレベル：SL）から梁がどの程度上下しているかが分かるように表現する。フロアレベルが複雑で分かりにくい場合は、軸組図に破線でスラブ断面を表現する場合もある。

２００７年6月の建築基準法改正により、鉄筋コンクリート造の軸組図には、開口部の寸法・位置を描き込むことが義務付けられた。また、鉄筋コンクリート造では、壁のせん断破壊を避けるために柱と壁の間に耐震スリットを設けることも多いため、壁を描く際にはスリット位置も軸組図に描き込む必要がある。

なお、コンクリート内部の鉄筋については、標準的なものは配筋標準図や部材リスト、特殊なものは詳細図を別途用意する。

鉄筋コンクリート造の伏図・軸組図の例

床伏図(S=1:150)

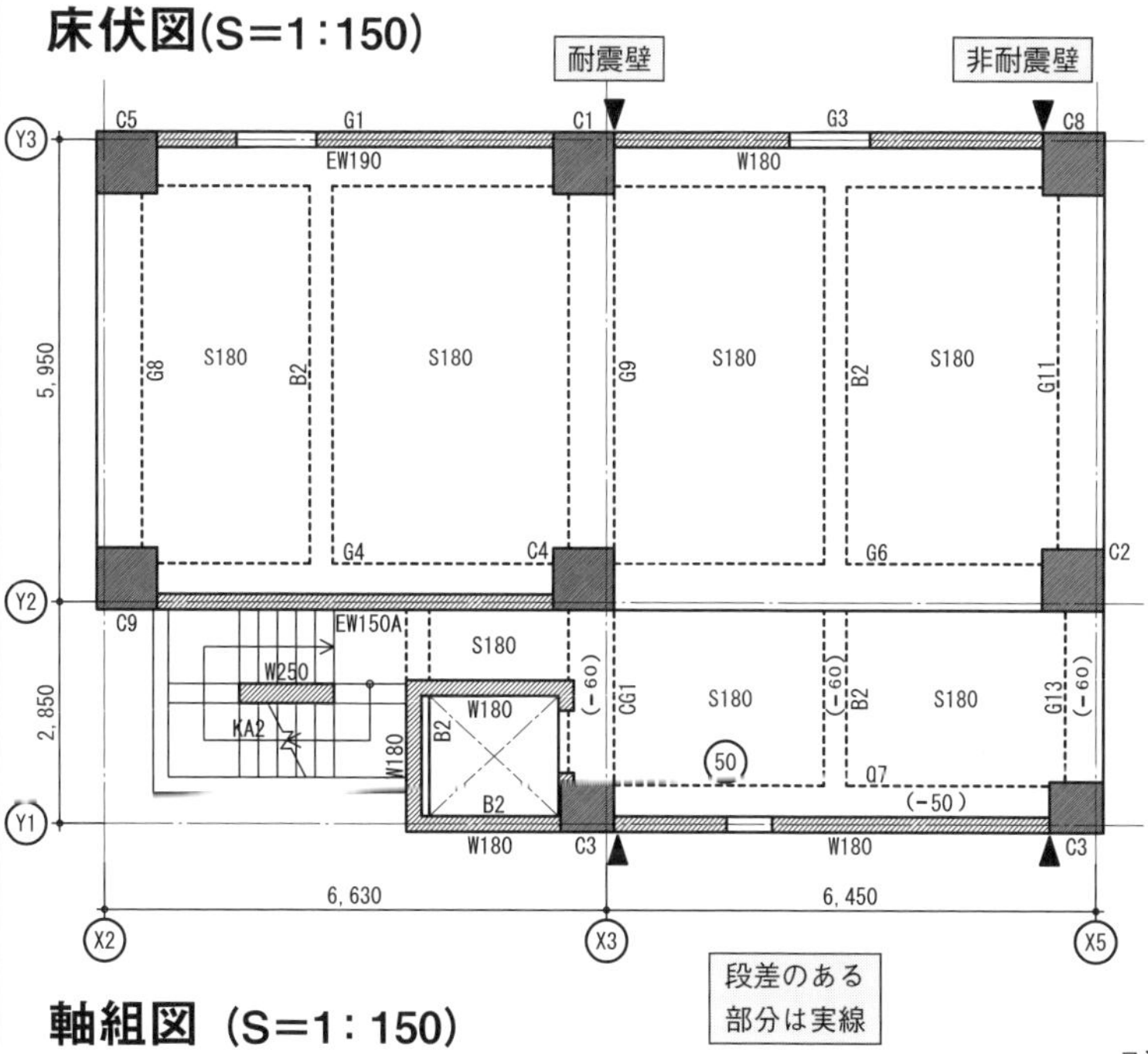

共通事項
1. スラブ天端レベル
3FL—(3FL=GL+7,400)
2. 梁天端レベル
3FL—(3FL=GL+7,400)
3. (−10)印
スラブ天端レベル
3FL−10 を示す
4. (−10) 梁天端
3FL−10 を示す
5. ▲印：構造スリット位置を示す（3方スリット）
6. EW：耐震壁
7. W：非耐震壁
8. G：大梁
9. C：柱
10. B：小梁

軸組図 (S=1：150)

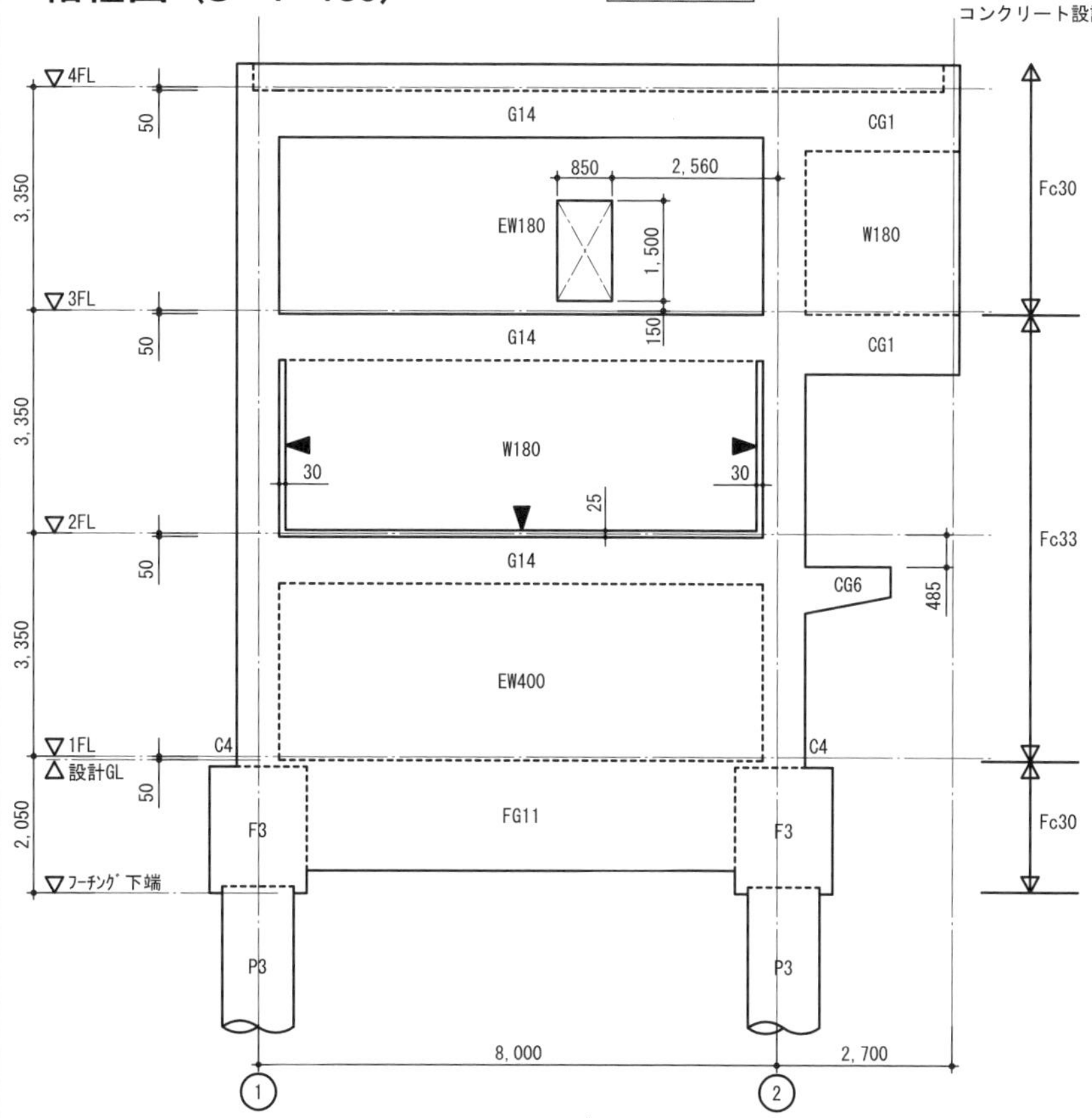

共通事項（軸組図）
1. ▲ 印：
構造スリット位置を示す
（3方スリット）
鉛直30㎜
水平25㎜
2. 特記無き柱符号は下階と同じとする

- 符号では耐震壁と非耐震壁の違いが分かるようにしたほうが親切
- 柱と梁の寄りは、基本的には伏図で表記する。分かりづらいときは柱芯図を描く
- 開口寸法は、窓枠の寸法ではなく躯体の寸法

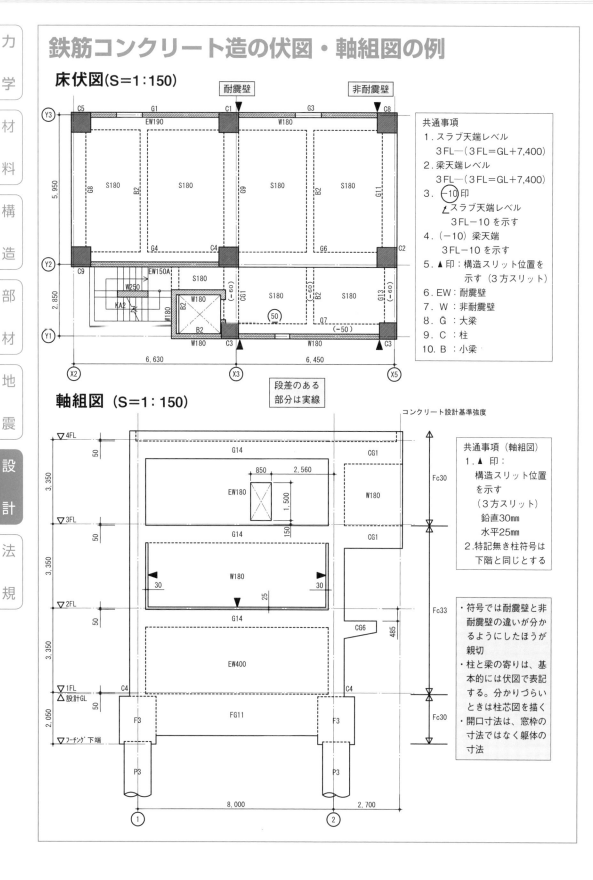

部材断面リスト

089

POINT >>>>>>>>>>>>>>>>>>>>>>>>>>>>>>>>>>>>>>>

部材断面リストでは、階ごとに部位の断面形状と寸法、使用する部材（鉄筋など）の断面を一覧表としてまとめておく

鉄骨造の部材断面リスト

鉄骨部材は、既製品を使用することが多く、部材寸法や材質がある程度決まっているため、部材断面リストの作成にはさほど手間がかからない。ただし部材寸法の書き方にはルールがあるので、覚えておく必要がある。

梁部材によく用いられるH形鋼は、H－梁せい×フランジ幅×ウエッブ厚×フランジ厚の順番に表記する。

既製品ではなく板を組み合わせてH形鋼を製作した場合は、先頭の頭文字にB（Built）を付けてBHなどと標記し、既製品と区別する。

柱部材は、柱形状－一方の幅×もう一方の幅×板厚とする。500㎜角で板厚19㎜の角形鋼管を使った場合、□－500×500×19と表記する。

なお、既製品の柱材は、コーナー部がR形状となっており、R寸法を最後に付け加えることもある。

RC造の部材断面リスト

梁リストは、断面形状、上筋・下筋の本数、スターラップ（あばら筋）の本数・径・ピッチ、腹筋の本数、幅止め筋の径・ピッチ、腹筋の本数などを書き込む。

鉄筋は単純な円で表現する場合も多いが、鉄筋の径ごとに記号を決めて表現する場合もある。最近では、計算書と部材リストの整合性を強く求められる。たとえば、梁の上下筋も2段配筋とするか1段配筋とするかなども明確に表現する必要がある。

柱リストでは、断面形状、主筋本数、フープ（中子）の本数・径・ピッチを描く。通常、柱の向きは伏図に合わせる。ただし、リストだけで柱の方向が分かるように表現する必要がある。

柱断面の中央にあるフープは、梁の幅止め筋と同じような位置にくるので、線種を変えるなどして、幅止め筋と区別できるようにする。

部材リストの例

鉄骨部材リスト			
符　号	断面形状	断　面	材　質
SC1	□	□−200×200×9	BCR295
SC2	□	□−175×175×6	STKR400
SG1	I	H−200×100×5.5×8×8	SN400B
SG2	I	BH−250×100×9×16	SN400C

組立て材はBを付けて

RC造の柱リスト	幅止め筋 ┌⊃ −D10@1000以下	
符　号	C1	C2
9　F	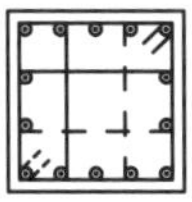	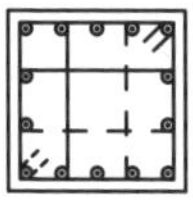
Dx×Dy	600×600	600×600
主　筋	14−D25	14−D25
Hoop [※1]	田−D13@100	田−D13@100

※1　フープ・帯筋

RC造の大梁リスト	幅止め筋 ┌⊃ −D10@1000以下	
符　号	G1	
位　置	端　部	中　央
	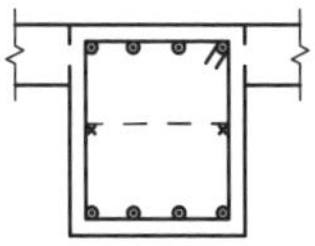	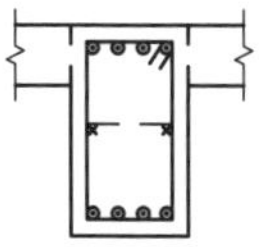
断　面	400×700	400×700
上　筋	4−D25	4−D25
下　筋	4−D25	4−D25
S.T. [※2]	□−D13@100	
腹　筋	2−D13	

※2　スターラップ・あばら

- 鉄骨部材はほとんどの場合、JIS規格寸法材を使用するが、材質によっては入手できない場合もあるので要注意
- 組立て材の場合は、寸法や材厚は自由だが、板厚は使われる寸法で決まっている。規格外の板厚を使う場合は要注意

- 鉄筋コンクリートの部材リストは、できれば鉄筋の種別も図示したほうがよい
- スターラップやフープの形状（フック位置）も分かるように表記。特に、高強度せん断補強筋の場合は、スパイラル形状のスパイラル筋となる

構造詳細図

090

POINT >>>>>>>>>>>>>>>>>>>>>>>>>>>>>>>>

鉄骨造は合成デッキや外壁と躯体との取合い部分に注意する。鉄筋コンクリート造は配筋要領と複雑な取合い部分を描く

鉄骨造の詳細図

構造詳細図は、構造躯体の断面や材料、寸法などを記載する図面である。

鉄骨造の構造詳細図は、各部分での溶接の仕様や向き、現場溶接か工場溶接かの区分けなどが記載されている。また、溶接する個所としない個所を交互に設ける断続溶接の場合は、溶接のピッチを記入し、隅肉《すみにく》溶接の場合は、のど厚なども併せて描き込む。

鉄骨造の場合は、合成デッキや外壁の取付け材との接合部の取合いなど、現場で確認しづらい事項が少なくない。そのため、こうした納まりに不備がないかを図面でも事前に確認できるよう、構造詳細図は細心の注意をもって描く必要がある。

鉄筋コンクリート造の詳細図

鉄筋コンクリート造は、比較的自由に形状を決めることができる。壁の立上り高さなど、自由に形状や寸法を変えることができる部分が少なくなく、それらすべて図面に描くことは不可能である。そこで詳細図では、配筋の原則を示したもの（配筋要領）と、特に複雑な取合いになる個所のみを描いたものの2種類に分けて描く。配筋要領には、鉄筋の径やピッチ、定着長さ、継手長さの情報を描く。

一方、複雑な取合い部は、鉄筋だけでなく、打設後のコンクリート形状も正確に描く必要がある。コンクリート打継ぎ部などは、継手位置も正確に伝わるよう描く。

柱・梁の架構を描いたラーメン詳細図では、取合い部で鉄筋が直交するため、平面的な納まりだけではなく、立体的な納まりも意識しながら図面を描く必要がある。

また、鉄筋は直角に加工できないため、鉄筋を折り曲げたときの曲線まで描くようにする。

構造詳細図の例

鉄骨架構詳細図

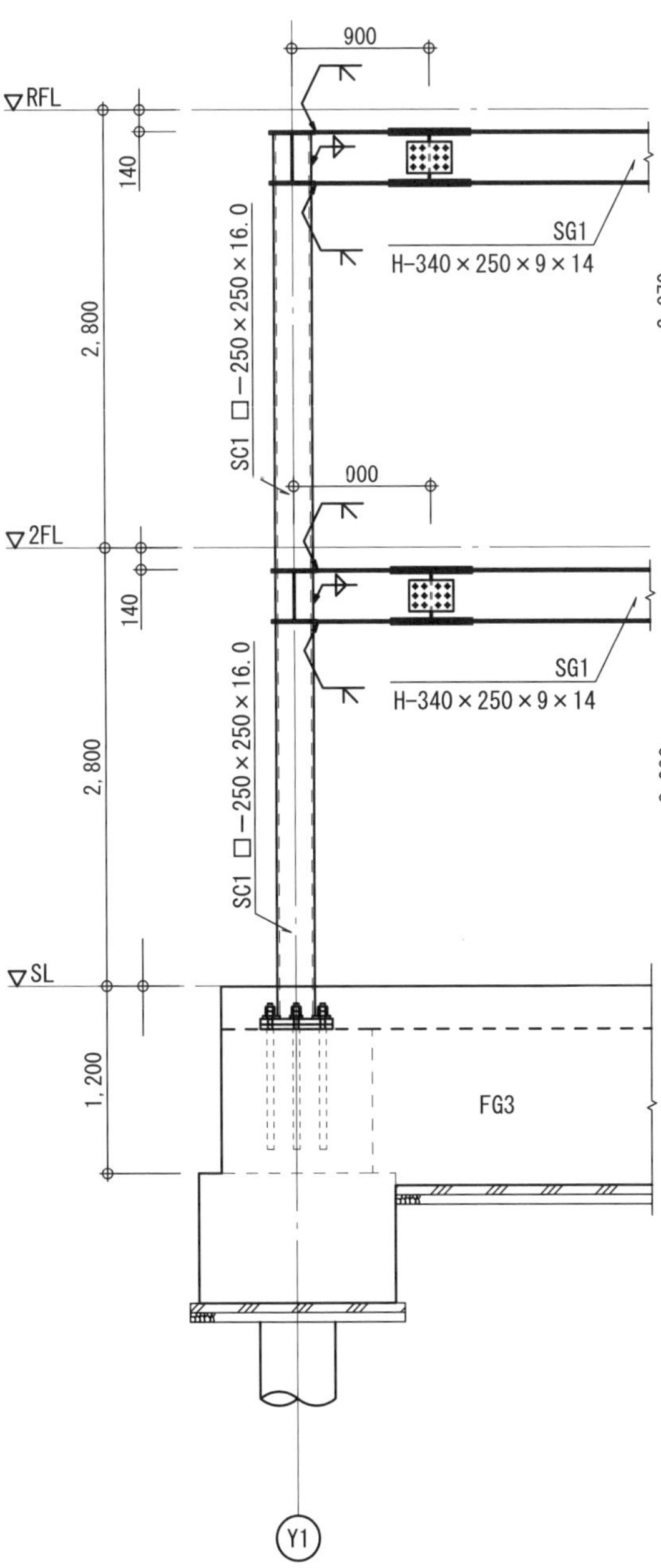

鉄筋コンクリート造架構詳細図

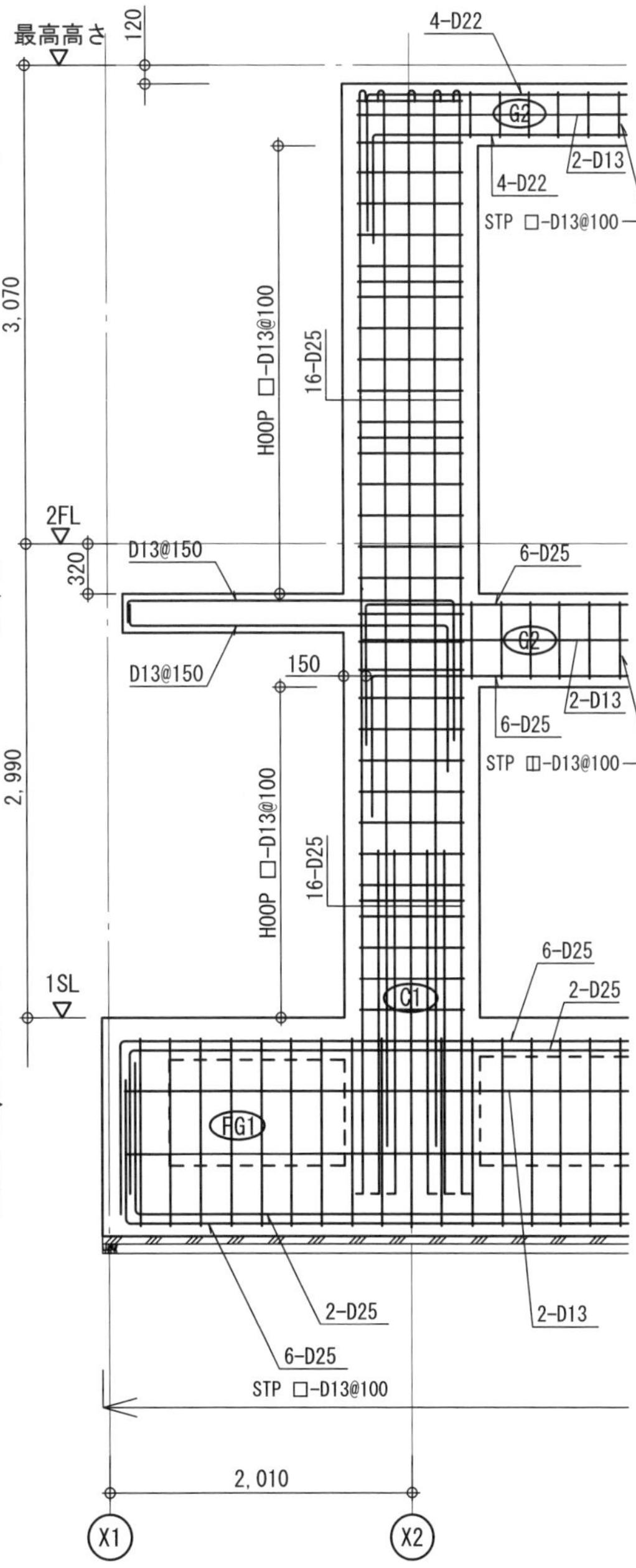

一貫計算プログラムや応力解析プログラムでは部材断面の安全性は確認できるがディテールについては無視されている。全体の納まりを確認するうえで詳細図は重要。また、構造上の納まりだけではなく、意匠設計者にも見てもらい仕上材への影響を考慮する

継手・溶接基準図

091

POINT >>>>>>>>>>>>>>>>>>>>>>>>>>>>>>>

継手・溶接基準図に繰り返し用いる継手や溶接の仕様をまとめることで、作業効率を上げ、施工ミスを軽減することができる

継手基準図

鉄骨造では、継手基準図と溶接基準図を作成する。継手や溶接部分の多い鉄骨造では、施工性を向上させるためにともに欠かせない構造図である。

継手基準図（継手リスト）は、継手の納まりを描いたものである。鉄骨造の継手は同じ仕様となることが多いので、継手基準図としてまとめることで繰り返し同じ図面を描く手間が省け、作図や施工上のミスを軽減することができる。

図面には、継手形式、継手符号、断面形状・寸法、ボルト径・ピッチ、添え板（スプライスプレート）・ガセットプレートの板厚などを記載する。

継手のボルトには、高力ボルトか特殊高力ボルトが用いられることが多い。特殊高力ボルトを使用する場合、認定品となるため、認定番号を図面に記載しておく。

溶接基準図

溶接基準図（溶接リスト）は、使用する溶接の種類と施工要領をまとめたものである。溶接方法も同一の仕様が多いため、リストとしてまとめる。

図面には、溶接の種類や部分、溶接記号、開先角度、裏当て金の材質・形状、エンドタブの種類・形状、スカラップの位置・形状などを描く。

小規模建物では、部材の厚さが25㎜程度になることもあるので、突合せ溶接の場合は、裏当て金を用いる。

H形鋼の場合、ウエッブ部分に裏当て金を通す半円の孔（スカラップ）をあけるスカラップ工法、孔の形状を改良しスカラップに応力が集中することを防ぐ改良型スカラップ工法、孔をあけず溶接するノンスカラップ工法がある。それぞれの工法で裏当て金の形状が異なるので、図面で確認できるようにする。

継手基準図の例

鉄骨梁継手リスト

SG1	H−250×125×6×9	SB1	H−175×90×5×8

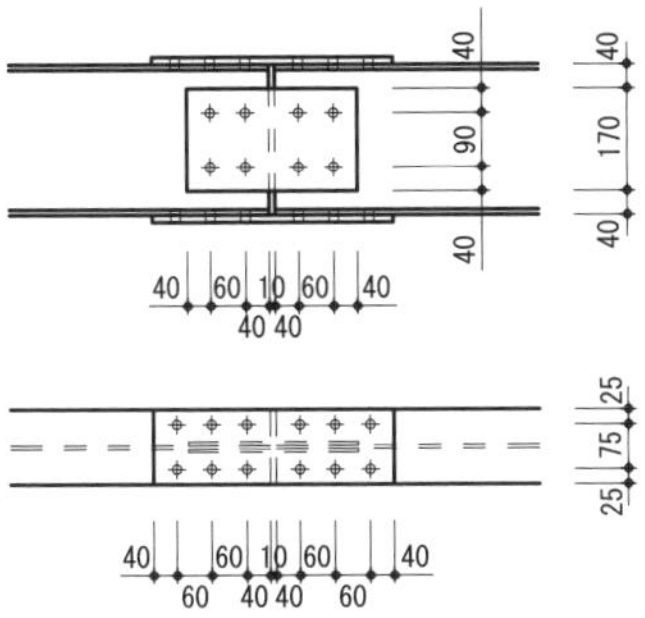

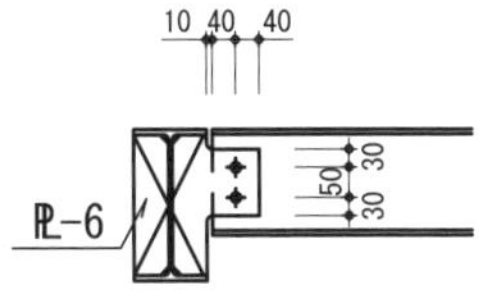

Hight tension bolt.
高力ボルトを示す

フランジ	H.T.B24−M16 2PL−12×125×410		
ウェッブ	H.T.B 8−M16 2PL−6×170×290	ウェッブ	H.T.B 2−M16 GPL−6

・ボルト接合ではピッチやへりあきを押さえる
・各ボルト径によって最小値がある。ただしボルト径にあわせて数値を変えると間違いのもとなので、できるだけ同じ寸法でそろえたほうがよい

溶接基準図の例

溶接基準図　(注) f：余盛り　G：ルート間隔　R：フェース　S：脚長（単位mm）

（1）隅肉溶接

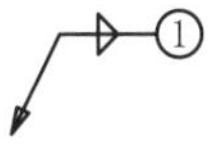

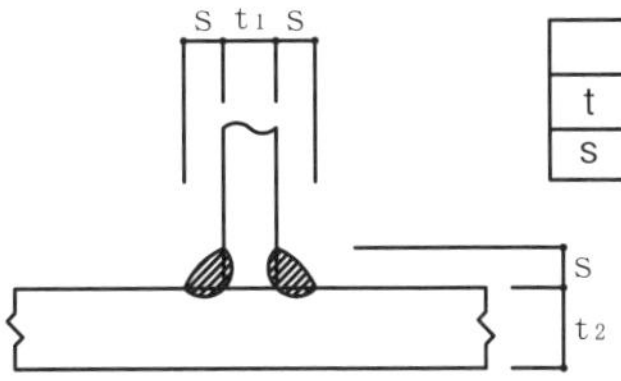

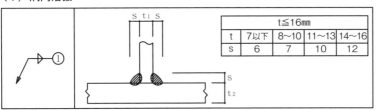

t≦16mm				
t	7以下	8〜10	11〜13	14〜16
s	6	7	10	12

（3）完全溶込み溶接

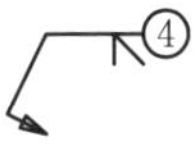

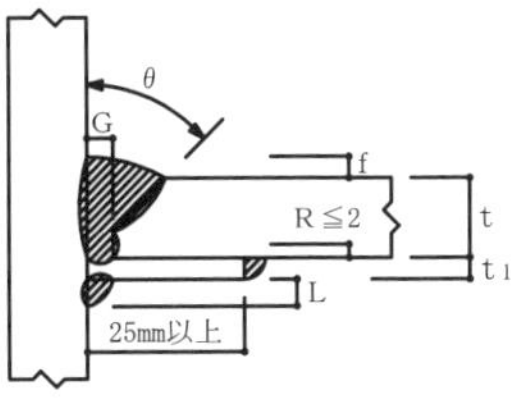

f=t/4

t mm	θ	G	t1	L
6 ≦ t ＜12	45°	6	6	5
12 ≦ t ＜ 6	35°	9	9	8
16 ≦ t	35°	9	9	8

溶接基準図は各工場で仕様が異なるので個別に作成することは難しい。一般的には東京都建築士事務所協会などが発行している標準図を使うことが多い

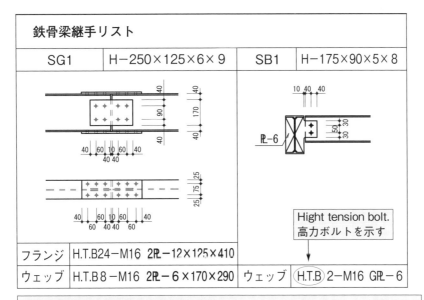

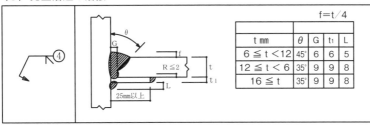

構造計算書

092

POINT >>>>>>>>>>>>>>>>>>>>>>>>>>>>>>>>>>

構造計算書では、構造上の特徴、構造計算方針、荷重の設定、断面の安全性、構造計算ルートなどの内容を必ずチェックする

変わる構造計算書の意味

一昔前まで、構造計算書は、構造図面の補助的な書類であった。しかし、2007年の法改正で、構造計算書が法律上の書類として位置づけられ、以降は構造計算概要書、安全証明書、構造設計一級建築士の免許書を添付し、確認申請図書として提出しなければならなくなった。さらに15年の保存が義務付けられた。

構造計算書の見方

構造計算書ではじめにチェックするのは概要部分である。概要部分は法律的に添付が義務付けられており、建物の規模や構造形式など、構造計算にとっての基本的な情報が記載されている。構造上の特徴や構造設計の方針など、構造計算の概要についても触れられている。

構造計算の基本は荷重である。構造計算書の多くは、仮定荷重という項目があり、そこで、積載荷重や固定荷重を確認することができる。確認の際には、意匠図の仕上表と照合するとよいだろう。

地震力を算出している部分には、各階の重量が算出されているので、単位床面積当たりの荷重を算出して、重量の拾いに問題がないかチェックできる。応力解析の結果から明らかになった支点に生じる反力と比較することも重要である。

断面の安全性については、検定《けんてい》比《ひ》図《ず》を見る。部材に発生している応力を許容応力で割った値で1.0以下になっていることを確認する。

ルート判別表では、層間変形角、剛性率、偏心率などが各設計ルートの制限値を満たしているかをチェックする。

なお、一貫計算プログラムの場合、構造上問題があれば、出力の最後にワーニングが表示される。

構造計算書のチェックリスト

<table>
<tr><th>チェック項目</th><th colspan="2">チェックの内容</th></tr>
<tr><td rowspan="23">□ 建物の概要のチェック</td><td colspan="2">□ 建物の名称</td></tr>
<tr><td rowspan="4">□ 構造設計を行った者についての情報</td><td>□ 資格</td></tr>
<tr><td>□ 氏名</td></tr>
<tr><td>□ 事務所名</td></tr>
<tr><td>□ 事務所の住所と連絡先　など</td></tr>
<tr><td colspan="2">□ 計画地の住所</td></tr>
<tr><td colspan="2">□ 計画建物の主な用途</td></tr>
<tr><td rowspan="7">□ 計画建物の規模</td><td>□ 延べ面積</td></tr>
<tr><td>□ 建築面積</td></tr>
<tr><td>□ 構造</td></tr>
<tr><td>□ 階数</td></tr>
<tr><td>□ 高さ</td></tr>
<tr><td>□ 軒高</td></tr>
<tr><td>□ 基礎の底盤の深さ　など</td></tr>
<tr><td colspan="2">□ 計画建物の構造上の特徴</td></tr>
<tr><td colspan="2">□ 計画建物の構造設計方針</td></tr>
<tr><td rowspan="3">□ 構造計算に用いる計算方法</td><td>□ 許容応力度等計算</td></tr>
<tr><td>□ 保有水平耐力計算</td></tr>
<tr><td>□ 限界耐力計算　など</td></tr>
<tr><td rowspan="3">□ 使用する構造計算プログラムの情報</td><td>□ プログラム名</td></tr>
<tr><td>□ 大臣認定の有無</td></tr>
<tr><td>□ 認定番号　など</td></tr>
<tr><td colspan="2">□ 使用する材料の強度、使用部位、認定の有無</td></tr>
<tr><td rowspan="2">□ 荷重のチェック</td><td colspan="2">□ 床荷重の評価内容</td></tr>
<tr><td colspan="2">□ 地震力の評価内容</td></tr>
<tr><td>□ 計算ルート判別表のチェック</td><td colspan="2">□ 計算ルートの判別内容に間違いがないか</td></tr>
<tr><td rowspan="2">□ プログラムの使用状況のチェック</td><td colspan="2">□ 計算内容で不適合な個所がないか（エラーやワーニングの表示がないか）</td></tr>
<tr><td colspan="2">□ コメントの内容に不備がないか</td></tr>
</table>

構造計算の方法

093

POINT

建築基準法に規定されている構造計算方法は、許容応力度計算、保有水平耐力計算、限界耐力計算、時刻歴応答解析の４つである

法に規定された計算法

①許容応力度計算

部材の許容応力度を長期および短期の2通り設定して、部材に発生する応力が長期・短期ともに許容応力度以内であることを確認する方法である。主に部材が降伏する以前の計算を行うので、中小地震が対象となる。

②保有水平耐力計算

最終的に倒壊する直前の建物の耐力を計算する方法である。部材のもつ塑性能力を考慮して、大地震時の安全性を確認する。

③限界耐力計算

建物の使用限界と安全限界のクライテリア（目標値）を設定し、それを満足しているかを確認する方法である。

④時刻歴応答解析

観測された地震波や建築基準法で定められた波（告示波）を用いて、コンピュータ上で実際に建物の時々刻々と変化する状態を解析する計算方法である。非常に高度な知識とプログラムが必要となる。

応力計算法

建築基準法では、構造計算の方法が規定されている。ただしこれは応力計算の方法ではないので注意しなければならない。

応力を算出するための計算方法には、ほかにもいくつかある。現在は、ほとんど使われていないが、D値法や固定モーメント法は知っておくと略算に用いることができる。また、部材の剛性と荷重のマトリックスを解く剛性マトリックス法は、多くの一貫計算プログラムで使われている構造計算の手法である。

そのほか床版などの面材の解析によく使われるが、部材を要素に分割（有限個）し、解析する有限要素解析などがある。

構造計算の方法

許容応力度計算

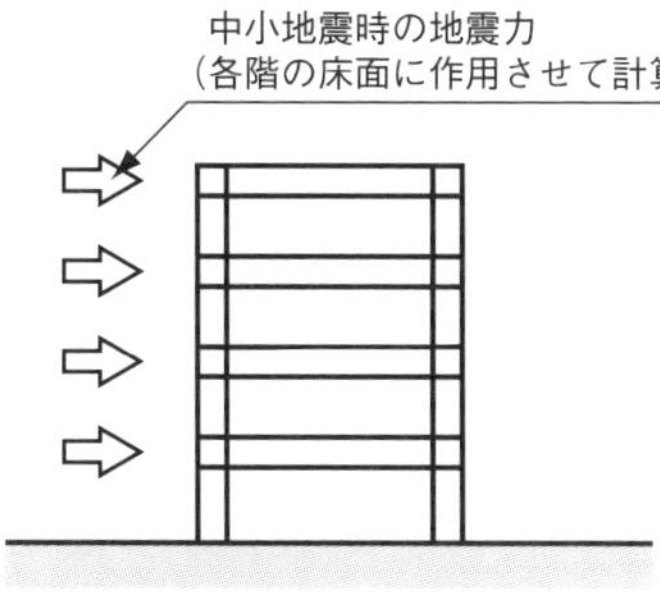

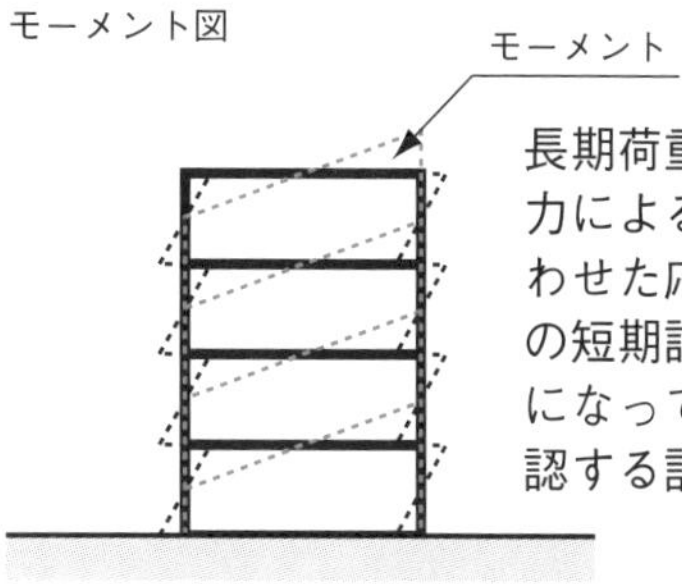

長期荷重の応力と地震力による応力を組み合わせた応力度が、部材の短期許容応力度以下になっていることを確認する計算方法

保有水平耐力計算

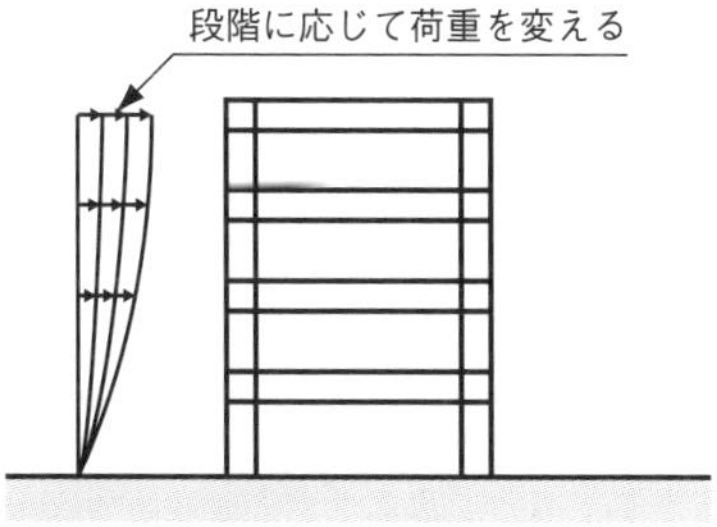

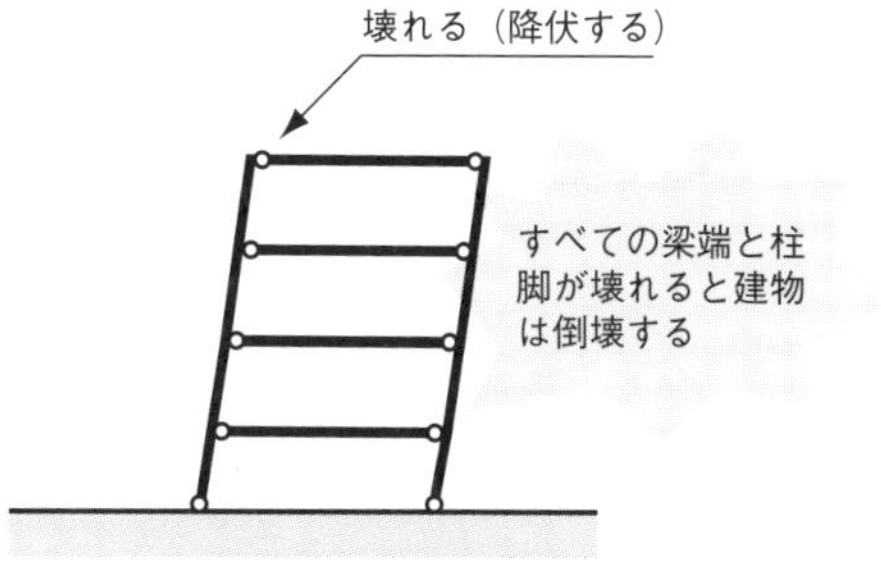

建物が倒壊に至る直前の荷重を算出し、それが大地震時の地震力よりも大きいことを確認する計算方法

限界耐力計算法

損傷限界 …中小地震で建物が損傷しない限界

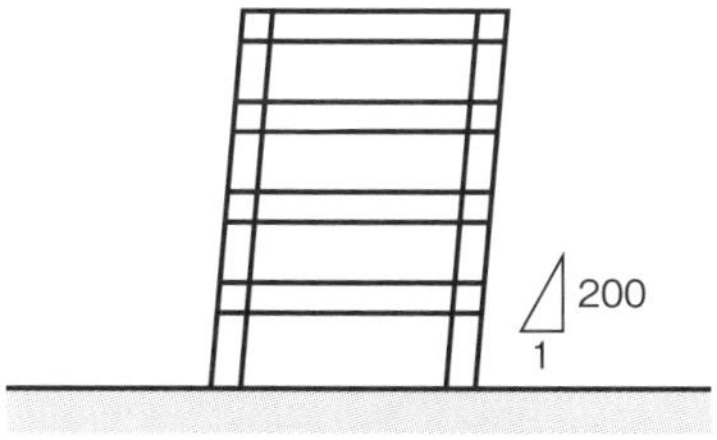

安全限界 …大地震で建物が倒壊しない限界

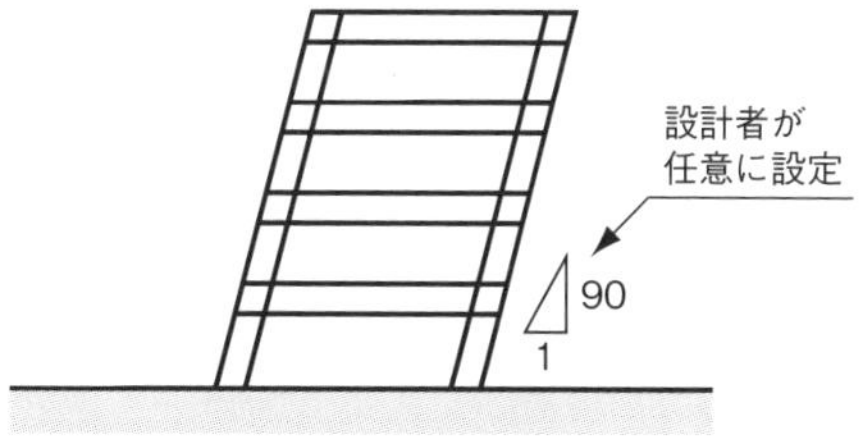

変形の限界値(損傷限界と安全限界)を設定。建物の硬さや地盤の性状から決まる地震力(中小地震と大地震)よりも、建物の耐力があることを確認する方法

時刻歴応答解析

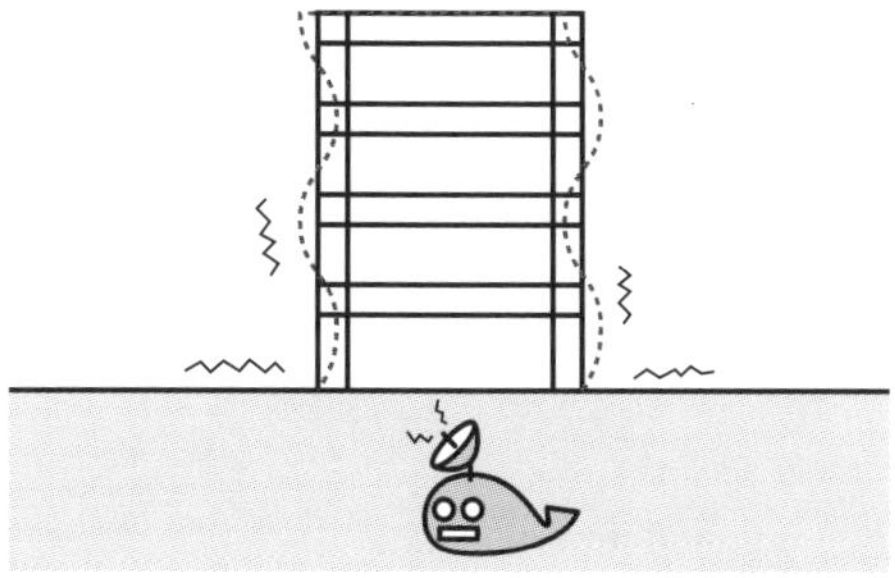

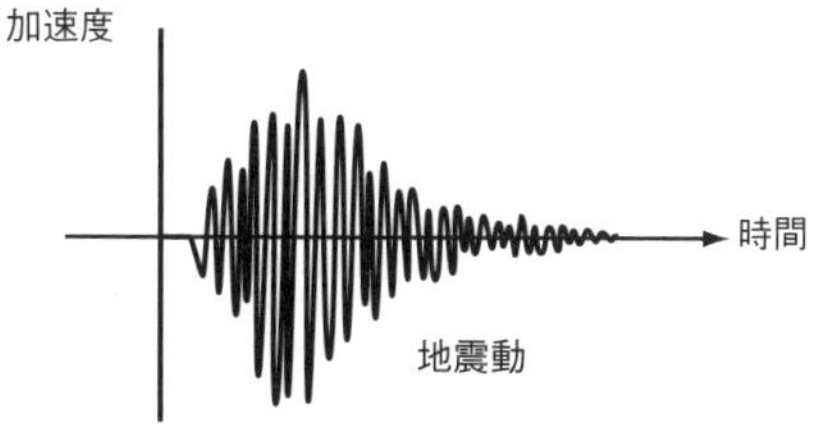

実際の地震波や地盤調査などで得られた情報から人工的につくった地震波を、コンピュータ上で建物に入力し、部材の安全性を確認する方法

一貫計算プログラム

094

POINT >>>>>>>>>>>>>>>>>>>>>>>>>>>>>>>

一貫計算プログラムは、荷重や部材の応力の算出、断面検定までを連続して行う。構造計算の一部だけ行うものは部分計算プログラムという

一貫計算プログラムとは

構造計算には荷重の算出、固定荷重・積載荷重・その他外力による応力の算出、断面検定などがあるが、現在、これらのほとんどはコンピュータで計算されている。構造計算業務を一貫して行うコンピュータ・プログラムのことを一貫計算プログラムという。現在使われているほとんどの一貫計算プログラムは、架構を入力して、積載荷重などの荷重を入力すると、主架構の許容応力度計算から保有水平耐力計算まで行うことができる。

荷重の算出だけ、断面検定だけ、などのように構造計算の一部だけを行うプログラムを部分プログラムという。

プログラムの安全性

一貫計算プログラムは、1990年代から一般に広まった。当初は構造の安全性をコンピュータに任せることなどに対し、多くの技術者が反対をしたが、その後、建築設計業務が増加し、コンピュータが急速に普及した。

2005年末の耐震強度偽装事件を受けて、一貫計算プログラムは、容易に改竄が行えることが発覚、一貫計算プログラムの脆弱性がクローズアップされた。さらに、設計者のプログラムの取扱い方（モデル化の考え方など）が適切でないケースも目立つことや、出力された計算結果が専門家でないと判断しづらいなど、さまざまな問題が指摘された。

そこで、耐震強度偽装事件による法改正にあわせて、07年に、多くのプログラムが一斉に大幅改訂された。書類の差し替え防止のための計算日付の記載、認定条件に従った計算の場合のソフトの大臣認定番号の出力、個々の部材の安全性を確認するための検定比図の出力、などが改良され、ソフト悪用への対策が図られている。

一貫計算プログラムによる計算の流れ

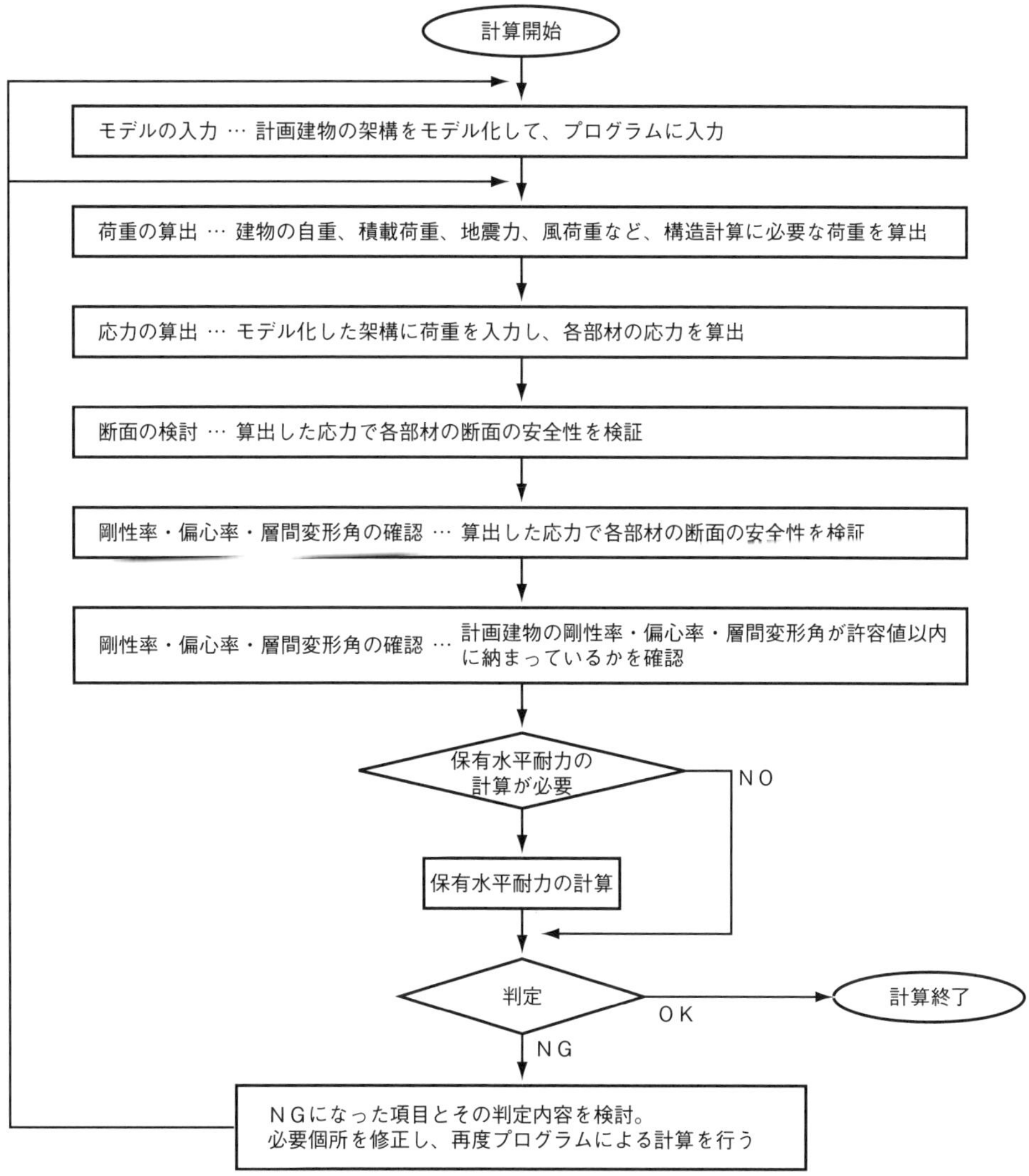
計算開始
モデルの入力 … 計画建物の架構をモデル化して、プログラムに入力
荷重の算出 … 建物の自重、積載荷重、地震力、風荷重など、構造計算に必要な荷重を算出
応力の算出 … モデル化した架構に荷重を入力し、各部材の応力を算出
断面の検討 … 算出した応力で各部材の断面の安全性を検証
剛性率・偏心率・層間変形角の確認 … 算出した応力で各部材の断面の安全性を検証
剛性率・偏心率・層間変形角の確認 … 計画建物の剛性率・偏心率・層間変形角が許容値以内に納まっているかを確認
保有水平耐力の計算が必要
NO
保有水平耐力の計算
判定
OK
計算終了
NG
NGになった項目とその判定内容を検討。
必要個所を修正し、再度プログラムによる計算を行う

一貫計算プログラムの不正防止のためのチェックポイント

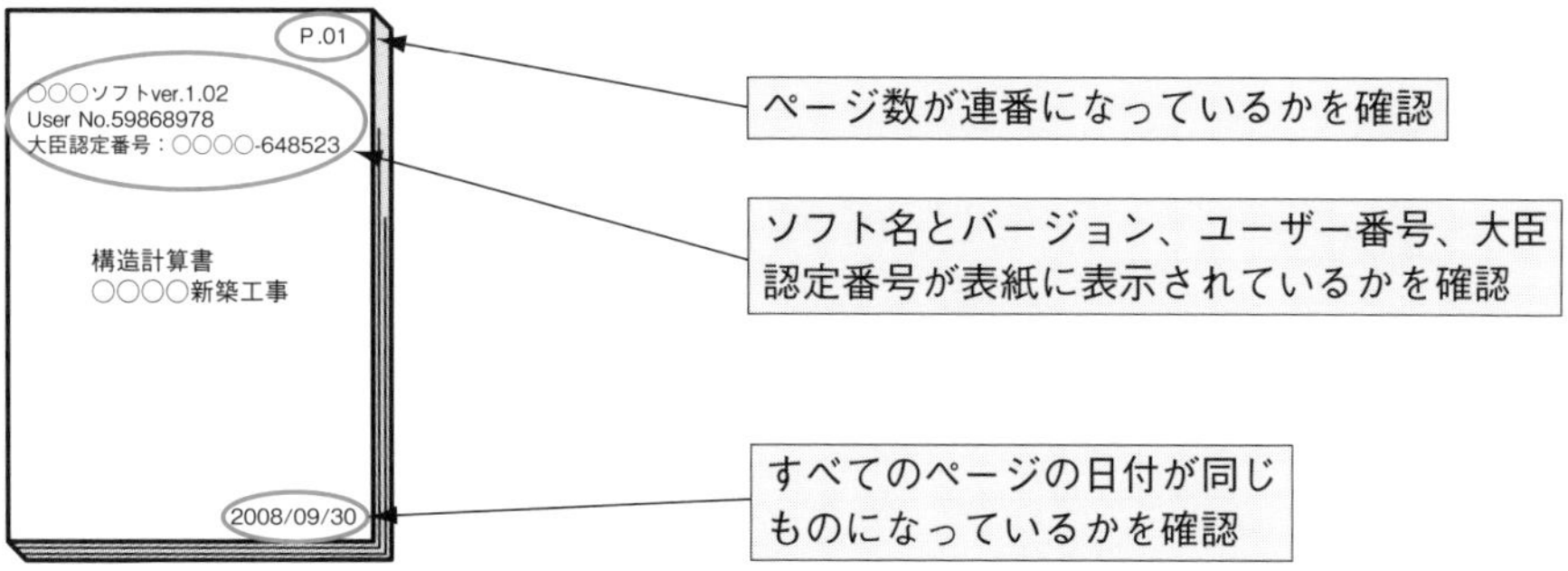
P.01
○○○ソフトver.1.02
User No.59868978
大臣認定番号：○○○○-648523
構造計算書
○○○○新築工事
2008/09/30
ページ数が連番になっているかを確認
ソフト名とバージョン、ユーザー番号、大臣認定番号が表紙に表示されているかを確認
すべてのページの日付が同じものになっているかを確認

許容応力度計算

095

POINT >>>>>>>>>>>>>>>>>>>>>>>>>>>>>>>>>>

外力を受けた際に各部材に生じる応力≦部材のもつ許容応力度を確認。許容応力度には長期と短期の2種類がある

許容応力度計算とは

許容応力度計算とは、各種の外力で部材に発生した応力度が、部材の許容応力度以下に納まっているかを確認する計算法である。

材料には、力を加えていくとある点で性質が変わるポイントがある（弾性限、降伏点強度、最大強度など）。各材料は基準強度が定められているが、基準強度はこのポイントの値で決まる。たとえば鋼材ならば、降伏点時と最大強さ時の強度の70％の値で小さいほうを基準強度として定めている。

基準強度に安全率を掛けると許容応力度が求められる。安全率の値は、応力の種類（圧縮・引張り・曲げ・せん断）や、材料、形状に応じて建築基準法に定められている。

許容応力度は、荷重の継続時間によって、長期許容応力度と短期許容応力度の2つに分かれる。

法規上の許容応力度計算

建築基準法上の許容応力度計算とは、高さ31m以下の建築物で保有水平耐力計算を行わず、高さ方向の剛性のバランス（剛性率）や平面的な剛性のバランス（偏心率）などの計算で代替する一連の構造計算の規定と定義される。

建築基準法では、中小地震と大地震の地震力が規定されている。どの建物でも中小地震では建物機能が維持され、大地震時には壊れても倒壊しないことを目標に基準がつくられている。

許容応力度計算では、中小地震で部材が壊れないことを確認した後に、剛性率や偏心率などの簡易的な方法で大地震時の安全性を確認する。

また、許容応力度計算は、さらに2つのルートに分かれる。ルート1は、壁量を多く確保して強度を上げる設計、ルート2は大地震時に安全な壊れ方をするかを確認する設計である。

許容応力度計算法とは

部材の許容応力度＞中小地震時の各部材の応力度

↓

許容応力度＝部材の材料の基準強度×安全率の係数

↑

安全率の係数には、荷重継続時間の違いから、長期と短期が建築基準法で定められている

許容応力度等計算の流れ

許容応力度計算（令82条の6）

荷重の設定（令82条）
応力度≦許容応力度の確認（令82条）
　応力の算定方法（平成19年国土交通省告示594号）
使用上の支障の計算（令82条）
　確認方法（平成12年建設省告示1459号）

↓

層間変形角の確認（令82条の2）
　確認方法（平成19年国土交通省告示594号）

↓

剛性率・偏心率の計算（令82条の6）
　各階の剛性率が6／10以上
　各階の偏心率が15／100以下（平成19年国土交通省告示594号）
　壁量の計算（平成12年建設省告示1352号）

↓

屋根葺き材などの計算（令82条の4）
　計算の基準（平成12年建設省告示1458号）

保有水平耐力計算

096

POINT >>>>>>>>>>>>>>>>>>>>>>>>>>>>>>>>>>>

建物が水平力を受けた際に倒壊するまでの耐力を計算する方法。一般的に行われる計算方法は荷重増分法である

保有水平耐力計算とは

保有水平耐力とは、建物が水平方向に力を受けたときに倒壊に至る水平力を意味する。

保有水平耐力計算は、各部材の耐力を計算し、その耐力から建物の保有水平耐力を算出する方法である。計算方法には、節点振分け法、仮想仕事法、極限解析法、荷重増分法がある。

必要保有水平耐力を計算するには、部材の構造特性係数（Ds）を算出する必要がある。構造特性係数は、建物のねばり強さ（塑性変形能力）やひび割れなどで消費されるエネルギーを考慮し、振動減衰性状にもとづいて算出される。塑性変形能力が高いほど、構造特性係数は小さくなる。

構造特性係数によって必要保有水平耐力が決まるが、部材が降伏した後の塑性変形を実際に算出し、確認する場合もある。

法上の保有水平耐力計算

建築基準法に規定されている許容応力度等計算は、許容応力度計算（1次設計）と保有水平耐力計算（2次設計）からなる。建築基準法で規定されている保有水平耐力計算という場合、保有水平耐力計算を核にした2次設計の計算ルート（ルート3）のことを指す。

建築基準法上の保有水平耐力計算は、高さ31m超～60m以下の建物や、剛性率・偏心率がルート1・2の規定に満たない建物の計算に用いる。

この計算ルートは、建物が壊れていく段階をシミュレーションしながら構造の安全性を確認する方法であり、その点で合理的な設計が行える。ただし、許容応力度計算ルートに比べて高度な知識や経験を要するため、２００７年の建築基準法改正で、確認申請だけでなく適合性判定を行うことが法的に義務付けられた。

力学 材料 構造 部材 地震 設計 法規

保有水平力の概念

降伏とは

部材に力を加えたとき、変形は加えた力に比例して大きくなるが、やがてわずかな力でも変形が大きくなる。この変形の性状が変わることを降伏という

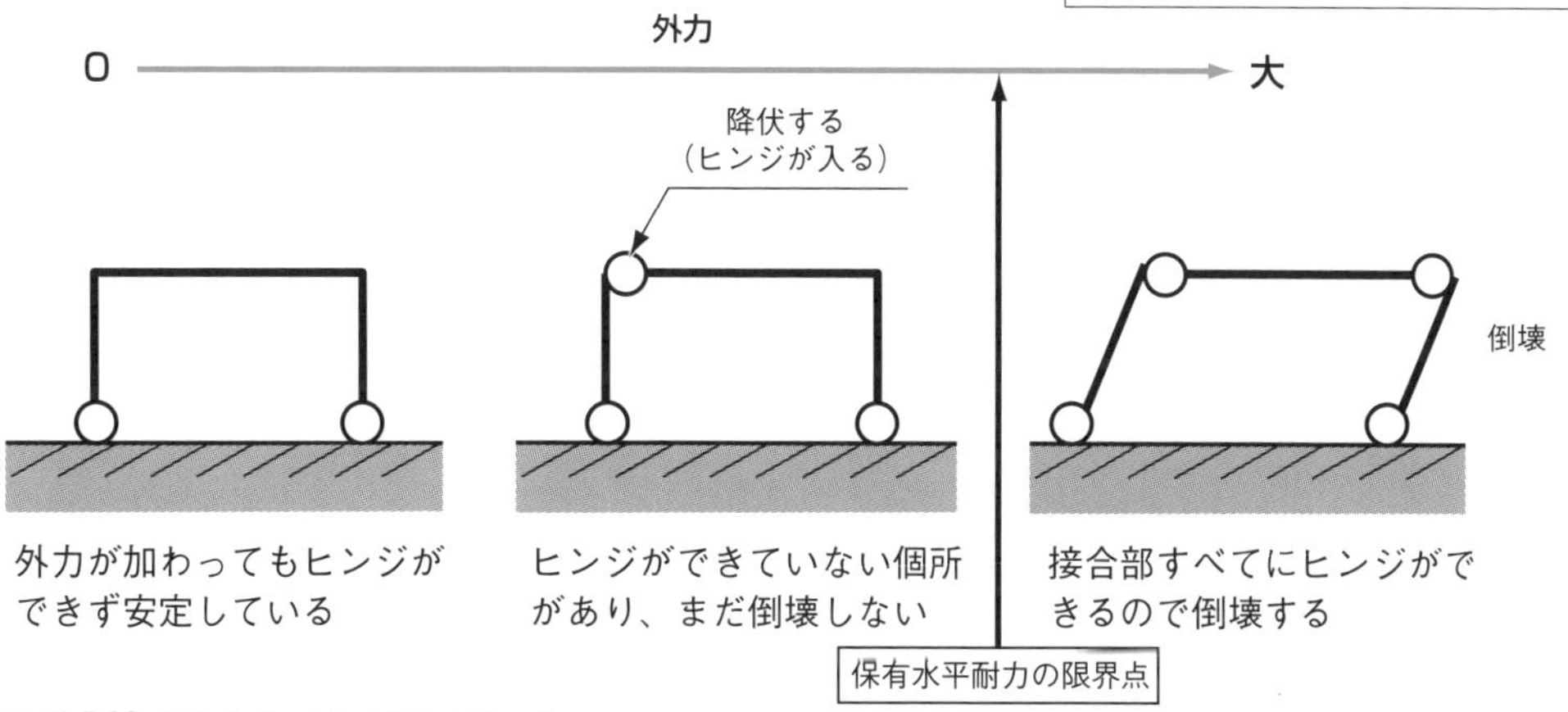

荷重増分法の考え方

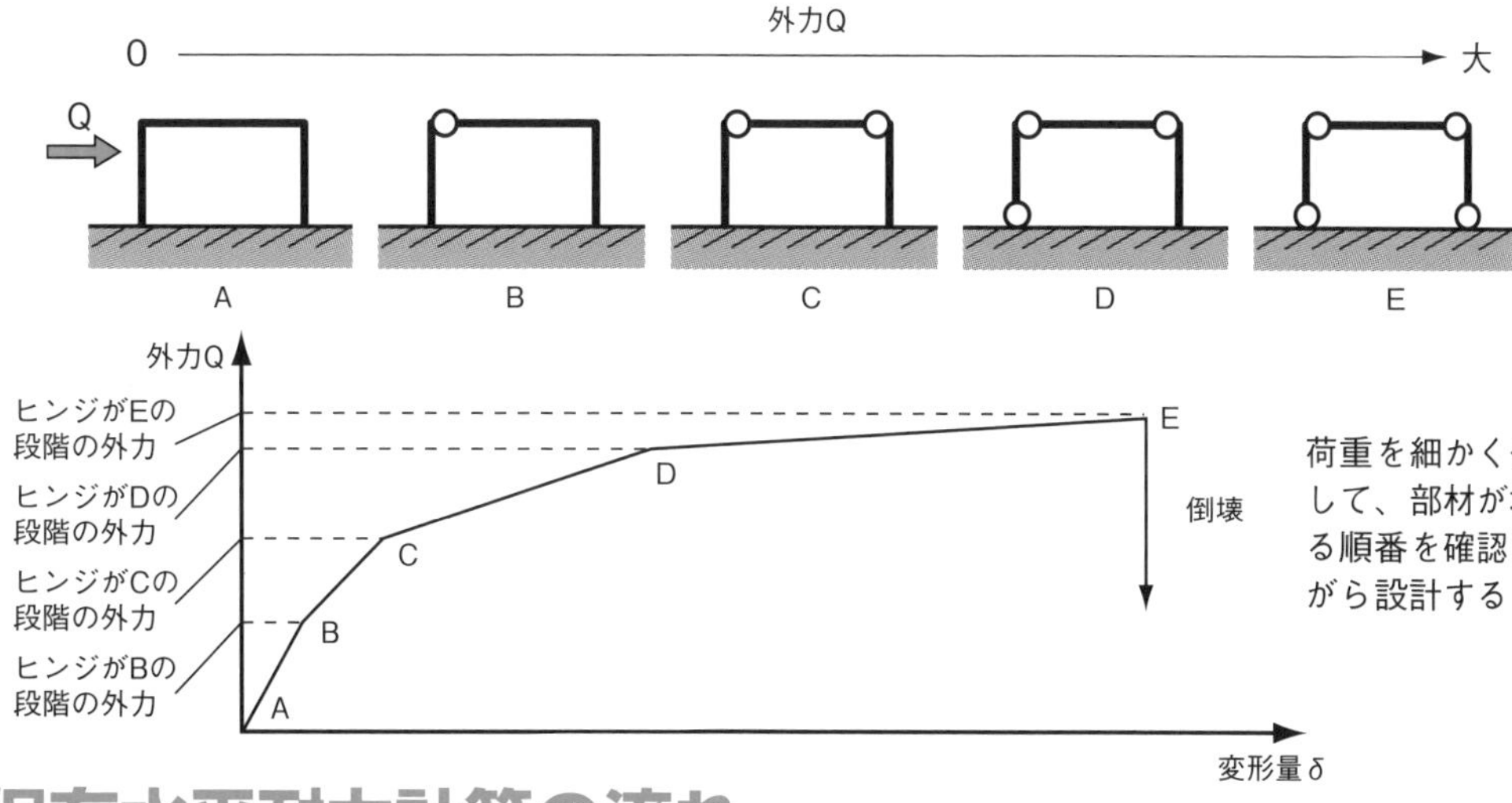

荷重を細かく分割して、部材が壊れる順番を確認しながら設計する

保有水平耐力計算の流れ

許容応力度計算

↓

保有水平耐力計算

- 保有水平耐力計算の定義（令82条）
  計算方法（平19年国土交通省告示594号）
- 層間変形角の検討（令82条の2）
- 保有水平耐力の算出（令82条の3）
  建物の各階の構造特性（Ds）と建物の各階の変形特性（Fes）（昭和55年建設省告示1792号）など

限界耐力計算

097

POINT >>>>>>>>>>>>>>>>>>>>>>>>>>>>>>>>>>>>>>

建物の設計目標値は損傷限界と安全限界の２つ。損傷限界は建物が壊れない限界値、安全限界は建物が壊れても倒壊しない限界値

限界耐力計算とは

限界耐力計算とは２０００年の建築基準法改正時に、従来の構造計算（許容応力計算、保有水平耐力計算）と同等の計算として規定された計算法である。性能設計という概念が取り入れられ、設計の目標値を設定し、部材がそれを満たすだけの性能をもっているかを計算で確認する。

基本的な要求性能（目標値）は２つある。１つ目の性能は、建築物に常時作用する荷重、存在期間中に数回程度遭遇する可能性の高い積雪、暴風、まれに発生する地震動などに対して損傷しない限界以内であることで、この限界値を損傷限界という。損傷限界時に各部材の耐力が短期許容応力度以下で、建物の層間変形角が１／200以下に収まるなどを確認する

２つ目の性能では、積雪や暴風時にごくまれに発生する最大級の荷重・外力、および地震時にごくまれに発生する地震動に対して、建物が倒壊・崩壊しない限界以内であることで、この限界値を安全限界という。

限界耐力計算の注意点

限界耐力計算では、許容応力度等計算とは異なり、地盤の性状と建物の固有周期を適切に評価して、建物に作用する地震力を設定しているため、より合理的な構造計算の手法といえる。また、耐久性に関する仕様規定（材料の品質や部材の耐久性など）を除き、許容応力度計算で要求される規定について適用しなくてもよいとされているため、木造伝統構法のような仕様規定を満足しづらい建物の構造計算に有効な手法である。

ただし、限界耐力計算は整形でバランスのよい建物であることを前提としているため、どのような建物でも適用可能というわけではない。

損傷限界の検討

損傷限界時の建物の変形量を検討

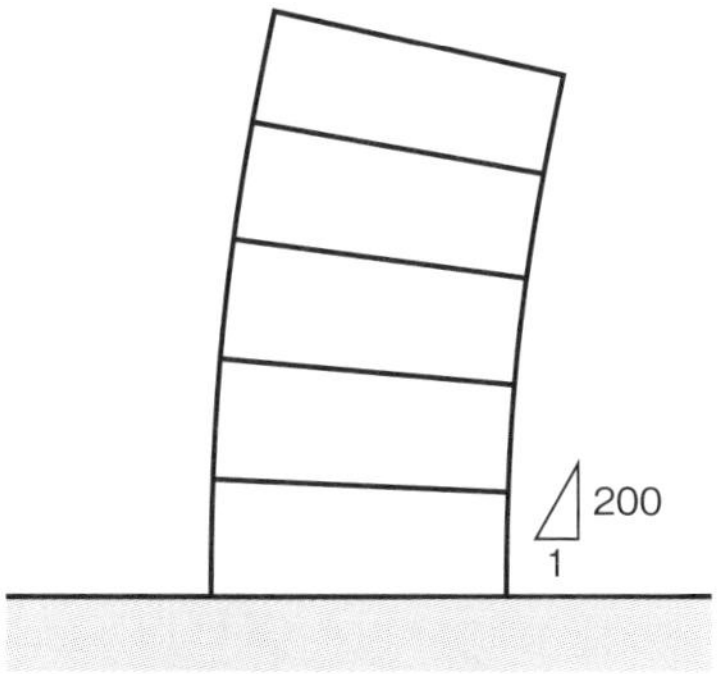

損傷限界時の層間変形角を1／200に設定。計画建物が損傷限界時にそれ以下の変形に納まるかを確認

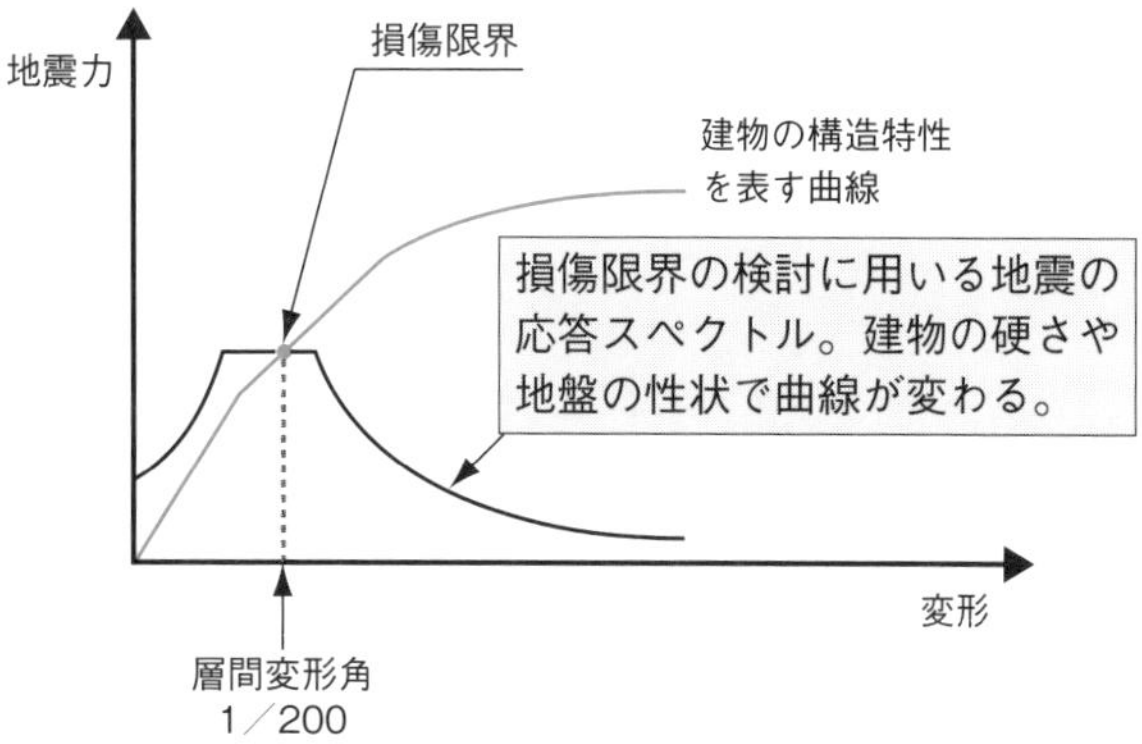

梁のたわみなどの検討

$$\frac{\text{梁の変形量}\delta\text{（mm）}}{\text{梁スパン}L\text{（mm）}} \leqq \frac{1}{250}$$

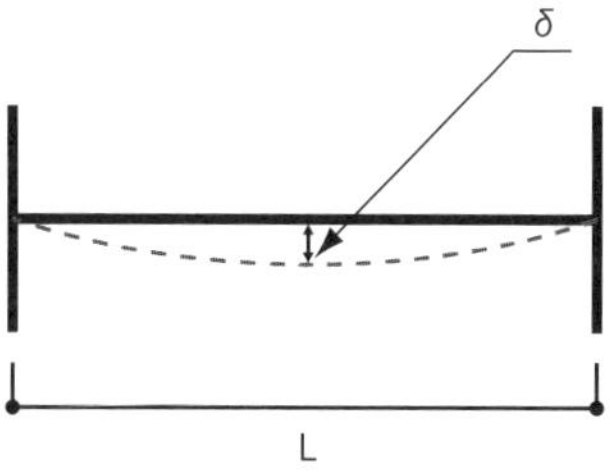

安全限界の検討

設定した変形時の部材の降伏の有無を検討

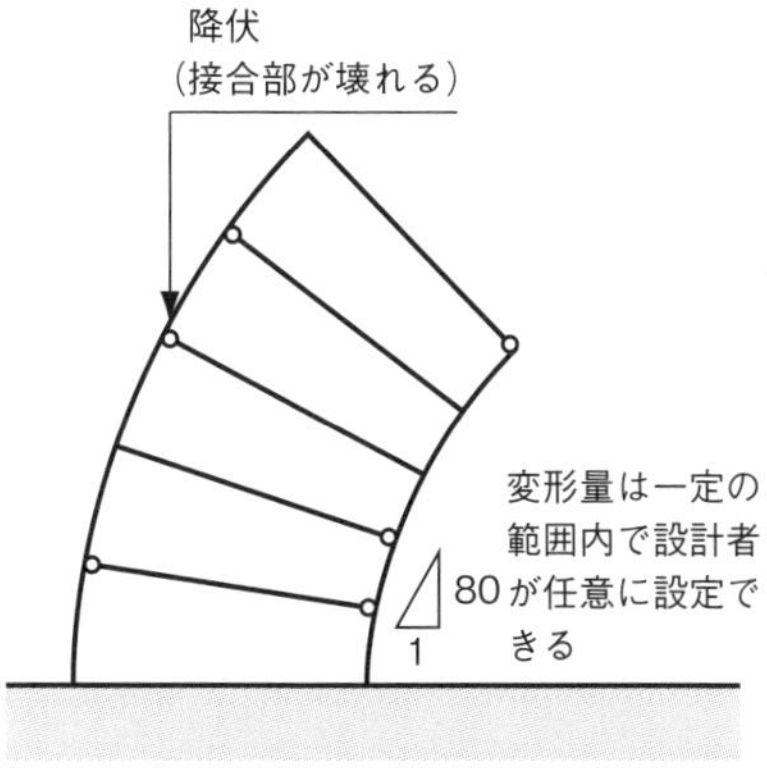

設定した変形時に建物が受ける地震力で、建物の梁などが破断して壊れない（降伏しない）ことを確認

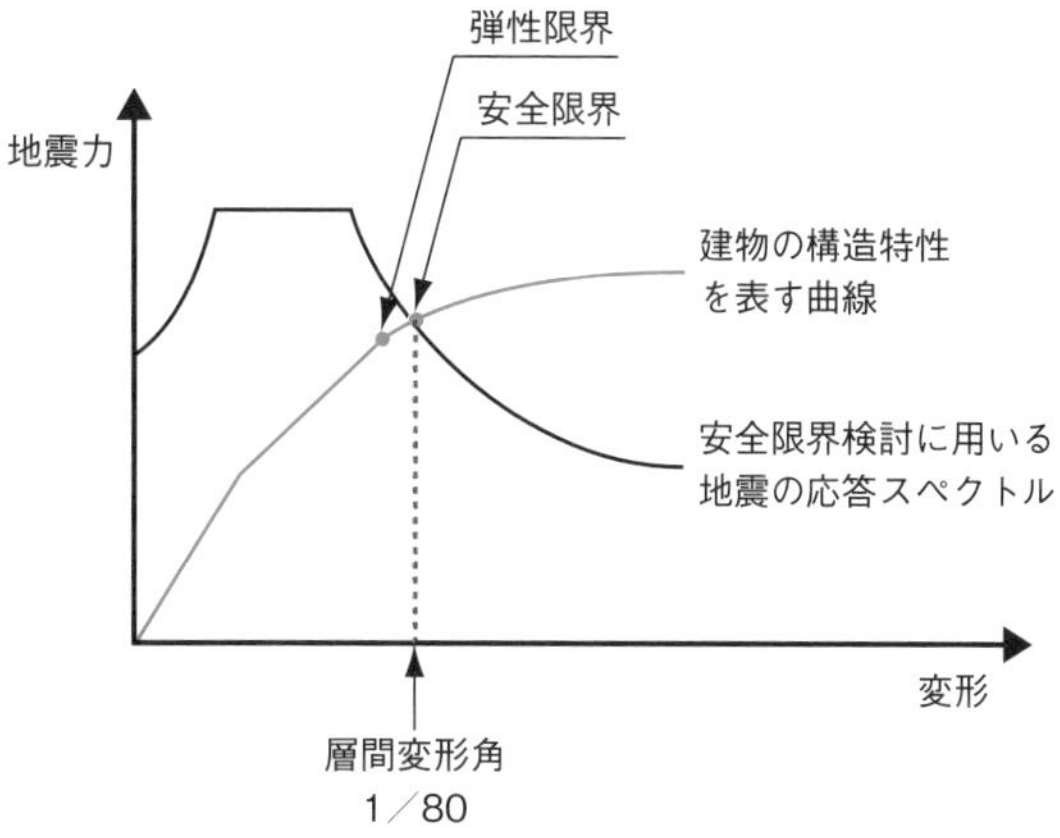

時刻歴応答解析

098

POINT >>>>>>>>>>>>>>>>>>>>>>>>>>>>>>

実際の地震波のデータをもとにコンピュータ上で建物を揺らし安全性を確認。計画地の地盤から地震波（サイト波）をつくる場合もある

時刻歴応答解析とは

時刻歴応答解析は、時々刻々と変化する地震力を用いて、建物が変化するさまを数値（応答値）に変えて構造の安全性を確認する計算方法である。

許容応力度等計算では、地震力を量や方向が変化しない静的な荷重に置き換えて計算するが、本来地震動は、強い周期（卓越した周期）や弱い周期などの複数の周期の波でできている。時刻歴応答解析では、変化する地震波を反映させて構造の安全性を確認する計算法なので、より詳細に建物の挙動や性状を確認できる。

地震波は、場所により変わるが、近年、地震波に対する研究が進み、地盤調査結果からその場所の地震波（サイト波）をつくる手法が確立され、採用されている。また、過去に観測された地震波を使用して構造計算する場合も少なくない。よく使われる波にエルセントロ波やタフト波がある。

なお、地震のエネルギーが建物に伝わると、建物が揺れることで熱エネルギーなどに変換される。この現象を減衰という。時刻歴応答解析では減衰も考慮して解析が行われる。

時刻歴応答解析の運用

時刻歴応答解析も、建築基準法上、構造計算ルートとして認められている。たとえば、現行の建築基準法では、60m超の高層ビルの構造の安全性は、許容応力度等計算や限界耐力計算では確認できない。時刻歴応答解析で構造計算し、大臣認定を取得することではじめて、この規模の建物の建設が可能となる。

高層の建物以外では、建築基準法上の仕様規定を満たすことができない建物なども、時刻歴応答解析で構造の安全性を確認することが建築基準法では認められている。

時刻歴応答解析の概念

観測所で実際の地震の地震動を観測

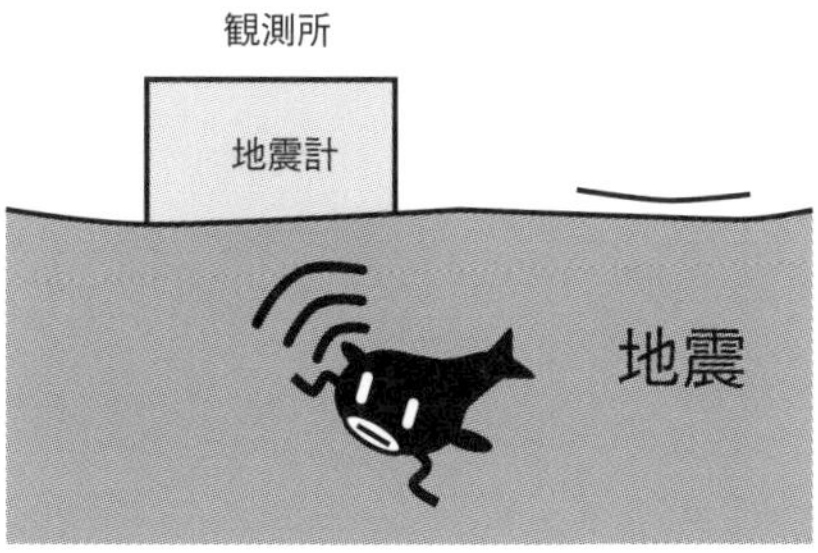

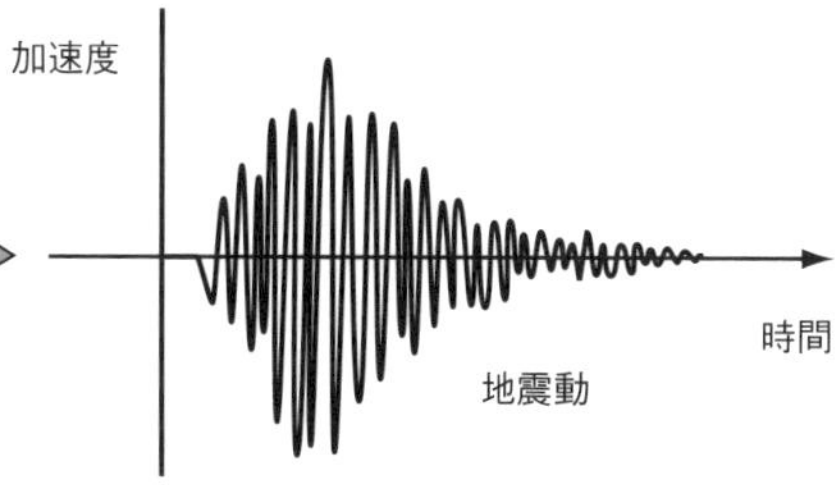

地震動のグラフの数値をデジタルデータに置き換える

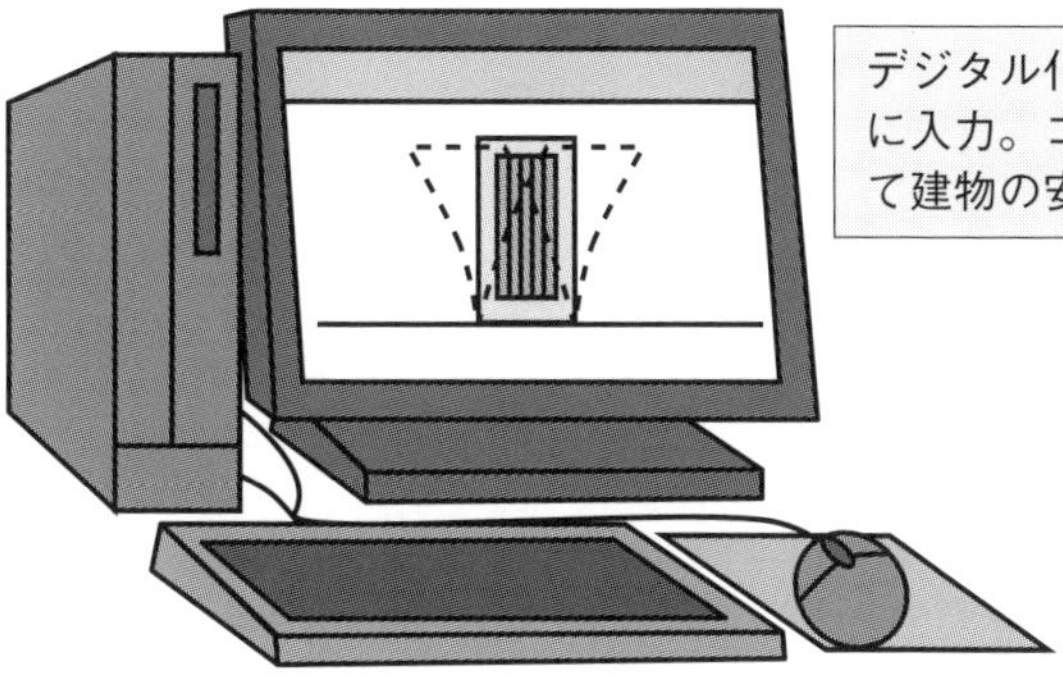

デジタル化された地震動をコンピュータに入力。コンピュータ上で建物を揺らして建物の安全性を確認する

時刻歴応答解析では、エルセントロ波（1940年アメリカ・エルセントロで観測された地震動）など、実際の地震動を利用して建物の解析を行う。ただし最近は、技術が進歩し、建築計画地の地盤調査の結果から模擬的な地震波（サイト波）をつくって解析に用いられるようになった

時刻歴応答解析の流れ

構造計算:

1次設計を行う
↓
荷重増分計算を行う
↓
時刻歴応答解析を行う
計算方法（平成12年建設省告示1461号）
↓

法的手続き:

解析結果の評定を評定機関で受ける
↓
大臣認定を取得、確認申請時に提出

構造監理

099

POINT >>>>>>>>>>>>>>>>>>>>>>>>>>>>>>>>>>>

構造監理の役割は、構造図どおりの施工が行われているかの確認と構造設計の意図を施工者に正しく伝えること

なぜ構造監理が必要か

確認申請が終わり建物の着工に至ると、構造設計者は現場監理を行う。構造設計者が行う構造関係を中心とした工事監理のことを構造監理という。

木造住宅ならば、意匠設計者が構造監理を行うことも少なくないが、鉄骨造や鉄筋コンクリート造では構造設計者が主に構造監理をする。

構造監理業務の目的は、構造図面どおりに正しく施工されているか確認するだけでなく、構造設計の意図を施工者に正しく伝えることである。構造図や構造計算書だけでは伝わりにくい内容や意図を、現場に立ち会いながら施工業者に直接伝えるようにする。

構造監理の流れ

構造監理は、施工の段階によって大きく3つに分けることができる。

施工前の段階では、施工図や施工計画書、製作図などを設計図書と見比べて、問題はないかを確認する。

施工が始まったら、配筋やアンカーボルトの位置などが設計図どおりに施工されているかを確認する。材料搬入時には、搬入された資材に間違いがないかもチェックする。工場で構造部材を加工する際には、工場に出向き、製品の品質や施工状況を確認するのも構造監理業務のひとつである。

最終的に完成した躯体が問題ないか確認することも忘れてはならない。コンクリート工事ではジャンカなどが生じることもあり、適切な処置方法を提案することも重要である。

建築基準法では、施工時の中間検査が義務付けられている。各検査機関（国土交通省指定）によって異なるが、施工のある特定の段階で、担当者が施工状況を確認に来る。意匠設計者や現場監督だけで説明が難しい場合は、構造設計者が立ち会い説明する。

構造監理の流れ

施工図の監理

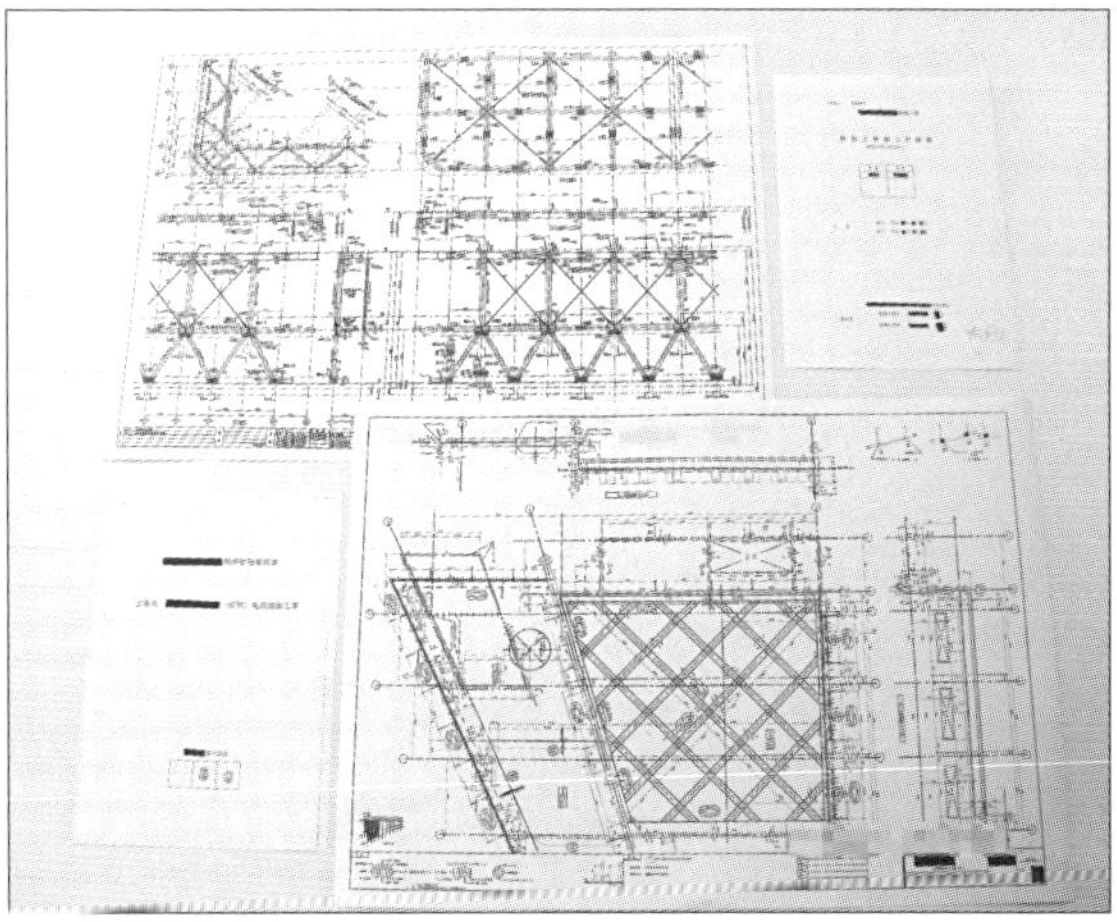

施工関係図書（施工図と施工計画書）

構造監理の基本は、設計図書と現場での施工が一致していることを確認することである。図面の監理では、施工図が構造設計の意図を正しく反映しているかを確認する。施工計画書では所定の品質が確保した躯体が施行可能かを確認する

現場の監理

①製品検査

鉄骨工場での柱部材の現場検査。寸法や溶接状況を確認

現場に持ち込まれる製品や材料が、設計図書や施工計画書の内容と相違がないかを確認する

②受入検査

生コンクリートの受入検査。スランプ値などを確認

③配筋検査

鉄筋の配筋検査。定着位置やかぶり厚を確認

施工図・施工計画書

100

POINT >>>>>>>>>>>>>>>>>>>>>>>>>>>>>>

躯体図は、部材の幅やレベル、コンクリートのふかしなどが、構造図と整合性がとれているかをチェックする

施工図・施工計画書

施工図・施工計画書とは、施工者が設計図書を読み取り、現場の各工事業者に情報を伝達するための図書のことであり、躯体図、製作図、コンクリート配合計画書、コンクリート打設計画書、鉄骨工事製作要領書などがある。

躯体図は、構造設計者が最も確認しなければならない点が多い。躯体図には、部材の符号や幅、レベル、ふかしなど、コンクリート躯体をつくるうえでの情報がすべて描き込まれる。構造設計者は、構造図と見比べて、記載内容に食い違いがないか確認する。

一般に施工図では鉄筋の加工図を描かないため、躯体図を確認する際には配筋上の問題点がないかも確認する。躯体図には、構造図では分からない詳細な躯体形状が描き込まれているので、躯体図のチェック時に、配筋の追加指示が必要かを検討することもある。

構造ごとのチェックポイント

①鉄筋コンクリート造

コンクリートの配合報告書や打設計画書などをチェックする。

配合報告書では設計基準強度、施工現場の温度補正値、コンクリート工場から施工現場までのルートと時間、コンクリート工場や技術者の資格を、打設計画書では、打設時の人数や打設機器の数、性能、順序などを確認する。

②鉄骨造

製作図の一般図（伏図・軸組図）で部材の配置やメンバーを確認するだけでなく、継手位置も確認する。このとき、搬入や建方に問題がないかを鉄骨工場を含めて打ち合わせる。このほか、継手リスト、溶接リスト、詳細図、製作要領書などをチェックする。

③木造

木造では、伏図、軸組図、プレカット図をチェックする。

施工図の例（S＝1：100）

平面図

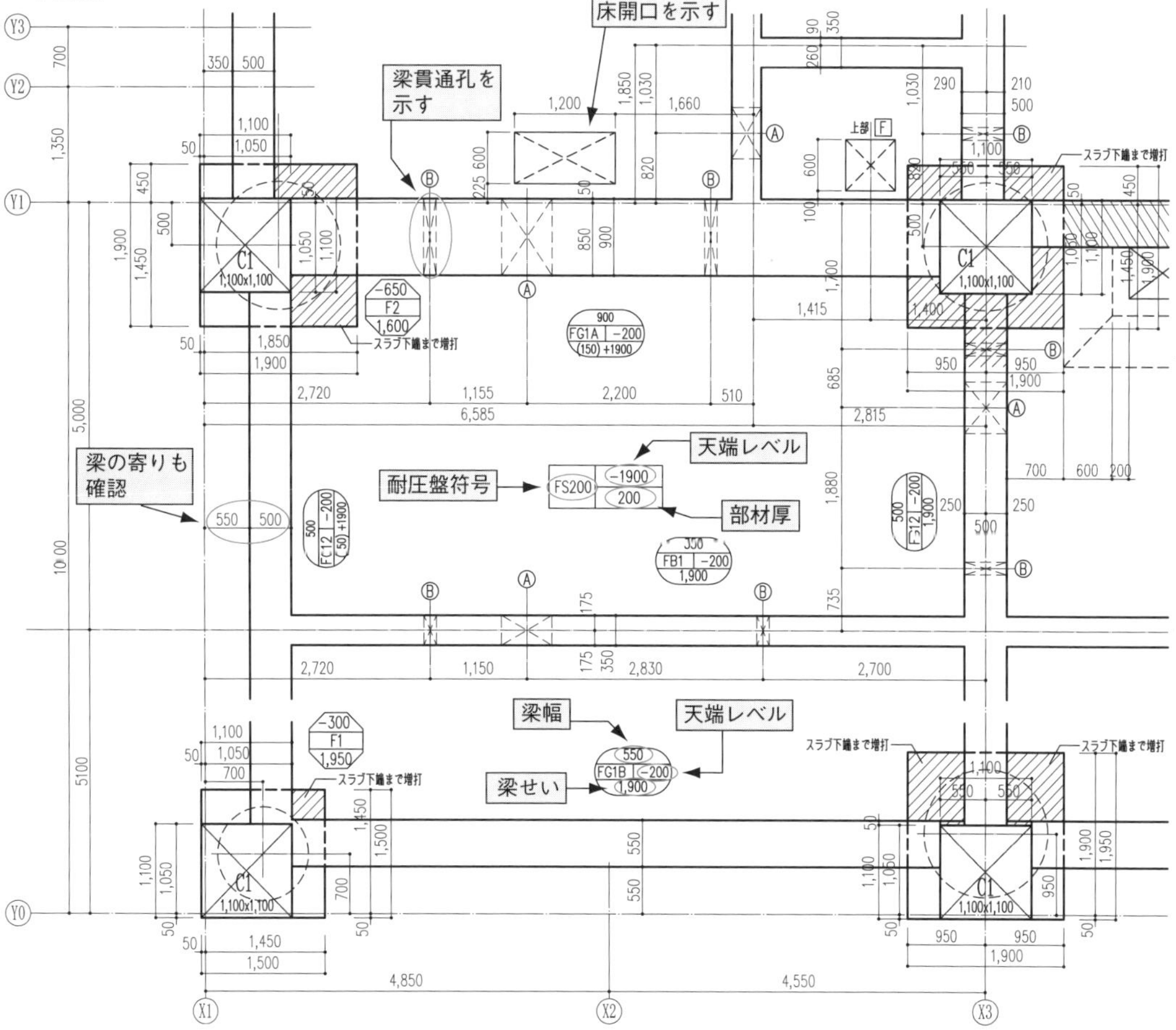

断面図

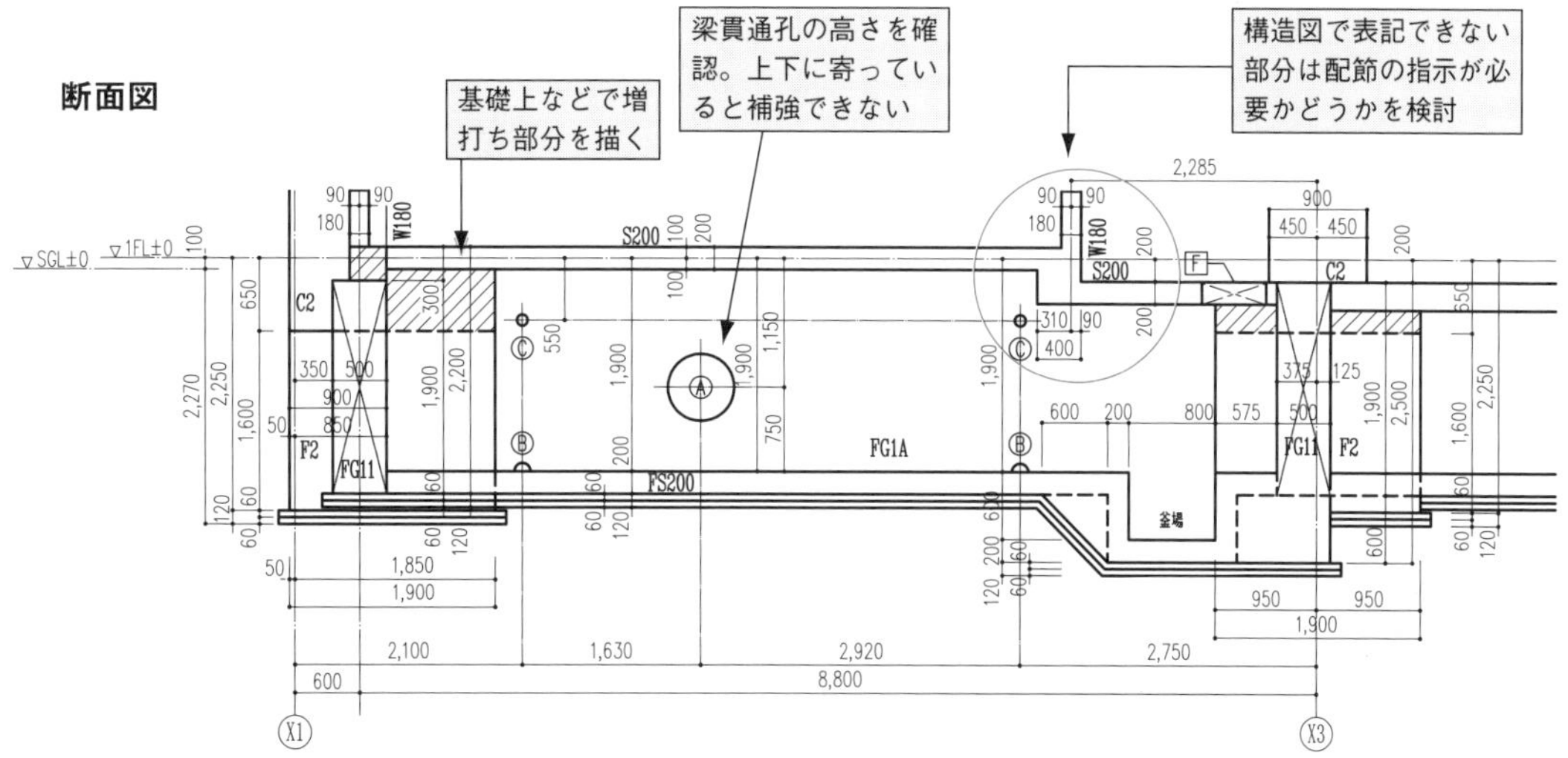

施工図は部材符号や寸法、寄り、スパン、レベルなどが構造図と相違ないかを確認する

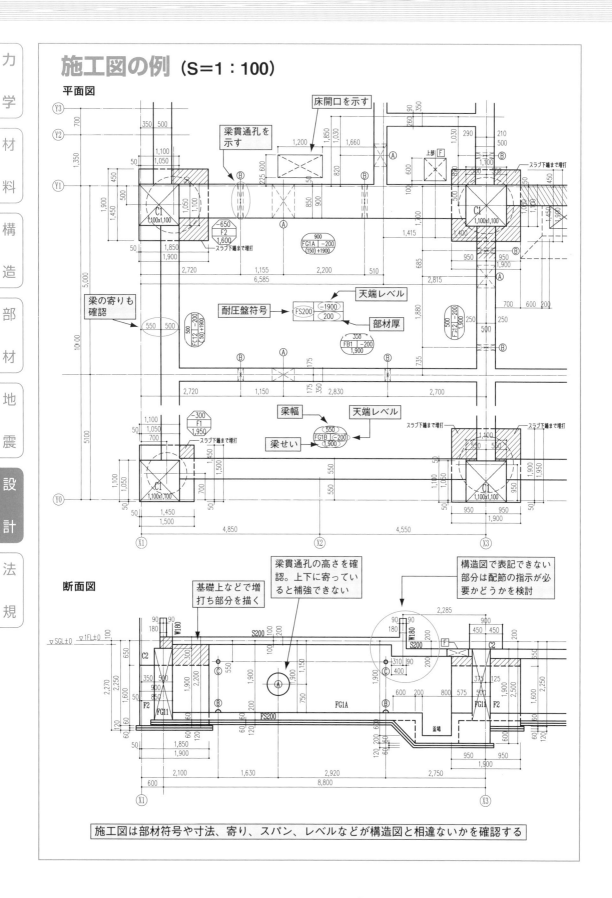

木造の構造監理

101

POINT >>>>>>>>>>>>>>>>>>>>>>>>>>>>>>>

図面では断面の寸法、仕口の形状を、現場では基礎鉄筋の配筋、金物の種類・設置位置、構造用合板の釘ピッチを確認する

図面の監理

木造の構造図は、伏図と軸組図がある。特に伏図は、架構の整合性や金物の位置などの確認には欠かせない図書である。現在は、プレカット工場が作成するプレカット図を伏図の代用として構造監理に用いることが多い。

伏図やプレカット図では、部材の断面寸法や仕口の形状などを確認する。図面に材種や金物が表記されていないことがあるが、構造強度にかかわる事項なので必ず確認する。また、プレカット工場の仕口はほぼ同じ形状のため、スパンの大きい梁がある場合、仕口に十分な耐力があるかを確認する。

軸組図では、間柱や開口部の位置を確認する。

現場の監理

木造住宅でも基礎部分はコンクリート躯体となるため、配筋やコンクリートの監理が必要となる。

基礎工事の監理では、基礎伏図に描かれた部材寸法やスパン、レベルなどを確認する。プレカット図では、アンカーボルトが記載されていないことが多いので、必ず図面上と現場で配置個所などを確認する。

木造住宅の基礎の配筋は、鉄筋コンクリート工事のように専門の鉄筋工が行うことはほとんどない。そのため、配筋工事の注意点を事前に現場監督と打ち合わせることが重要だ。現場では配筋検査を行い、定着長さやかぶり厚が十分に確保されているかをチェックする。

構造図や基礎工事以外には、建方時の精度、金物類の位置と種類の確認などを行う。金物類は、引寄せ金物を中心にチェックする。

構造用合板を張る場合は、釘のピッチや仕様を確認するのも構造監理業務の1つである。

木造の構造監理の主なチェックポイント

施工関係図書の監理

- □ コンクリートの配合報告書
- □ 基礎躯体図
- □ プレカット図
- □ 施工工程表

現場での監理

1、地縄

- □ 建物の位置

2、水盛り・遣方

- □ ＧＬ・建物の位置

3、根切り・地業

- □ 床付け（根切底の状況）
- □ 地業の仕様

4、配筋工事

- □ 鉄筋径
- □ 鉄筋の本数・ピッチ
- □ 基礎立上り部
- □ 補強筋（スリーブ、人通口）

5、型枠工事

- □ 寸法・位置
- □ かぶり厚
- □ ホールダウン金物アンカーボルトの取付け位置

6、コンクリート打設

- □ 生コンクリート受入検査（スランプ値など）
- □ 打設後アンカーボルトの位置・養生

7、建方

- □ 材料
- □ 柱・梁の配置
- □ 階高
- □ 建入れ直し
- □ 金物取付け位置

8、そのほか

- □ 防腐・防蟻処理
- □ 構造用合板などを留める釘ピッチ
- □ 木部の電気配管の貫通孔

鉄骨造の構造監理

102

POINT >>>>>>>>>>>>>>>>>>>>>>>>>>>>>>>>>>>>

図面では工場のグレードや製作図の部材寸法、溶接リストを、工場では部材の原寸、現場では建方やボルト締めを確認する

図面・図書の監理

鉄骨造の監理では、まず鉄骨工場の製作能力を確認する。工場の能力は、製作図に添付されていることが多い製作要領書で確認する。JIS工場かどうか、グレードや施工実績、溶接工の人数と資格の有無、溶接技術者（WES）の人数・能力などがチェックポイントである。

また製作要領書では、管理体制や製作工程ごとの注意点、溶接棒の管理方法、溶接方法なども併せて確認する。

チェックする主な図面は、製作図である。伏図と軸組図で部材符号や断面形、長さ、寸法、継手位置を確認する。溶接リスト（標準図）や継手リスト（標準図）の内容も重要である。ボルトの位置は締められる個所に設けられているか、溶接は可能かなどについて、工場と打ち合わせが必要な場合もある。

詳細図では、意匠的な納まりに構造計画が影響を与えていないかを確認する。

現場の監理

監理する現場は、部材の製作現場と施工現場の2つである。

製作現場で行う監理は、原寸検査である。部材の重要な部分を原寸で図面に起こし、現物と対照する。

原寸検査を終え、製作された部材は、搬入前に製品検査を行う。各部分の寸法をメジャーで計測し、製作図と違いがないかを確認する。このときに、第三者試験機関による溶接部の超音波探傷試験を行うことも多い。

施工現場では建方検査が最も重要である。柱が直立しているか、梁のスパンは間違いないかなどは、現場ですぐに判断できないため、機械で計測した結果で確認する。

部材の位置が確定すると、部材を仮留めしていたボルトを本締めする。本締め後は、ボルトの留め具合に問題がないかを確認する。

鉄骨造の構造監理の主なチェックポイント

施工関係図書の監理

- □ 鉄骨製作要領書
- □ 鉄骨建方要領書または施工計画書
- □ 超音波探傷試験要領書
- □ 原寸検査要領書
- □ 製品検査要領書
- □ 製作図（①アンカープラン、②伏図・軸組図、③継手リスト、④溶接リスト、⑤詳細図）

現場（工場）での監理

1、原寸検査（工場）

- □ 工場の確認（大きさ、設備・作業環境、周辺環境）
- □ 工事内容の確認
- □ テープ合わせ（工場と現場で使用する巻尺の誤差の確認）
- □ フィルム検査
- □ コンピューター上での原寸確認

2、基礎・配筋・アンカーボルト

- □ 建物の位置
- □ ＧＬ・建物の位置
- □ 床付け（根切底の状況）
- □ 地業の仕様
- □ 配筋検査
- □ アンカーフレームボルト位置

3、製品検査

- □ 寸法
- □ ねじれの有無
- □ 溶接部の状況
- □ 梁の取付位置

4、建方検査

- □ 部材配置
- □ 高さ
- □ 倒れ・ねじれ
- □ 建入れ直し

5、ボルト締め

- □ マーキングがなされているか
- □ トルクの確認

6、デッキ工事

- □ デッキの方向
- □ スタッドの配置
- □ 焼抜き栓の溶接ピッチ

鉄筋コンクリート造の構造監理

103

POINT >>>>>>>>>>>>>>>>>>>>>>>>>>>>>>

図面ではコンクリートの配合と躯体図のスパン、寸法、部材符号を、現場では配筋や生コンクリートの状況を確認する

図面・図書の監理

鉄筋コンクリート造では、コンクリートの配合報告書をまず確認する。生コンクリートの配合は、設計図に記入した仕様から工場の実績や打設時の温度補正などを考慮して決められる。工場では計画された仕様が各種基準や設計図書の仕様と相違ないかを確認する。必要ならば、計画した配合でコンクリートを練り、スランプ値や空気量、塩化物量の数値を確認する。

図面では躯体図をチェックする。躯体図は、構造図面よりも詳細な情報が記載されているので、スパン、寸法、部材符号、レベルを構造図と比較するだけでなく、意匠図を参考にしながら躯体図に間違いがないかを確認する。

打設計画書や鉄筋加工要領書、型枠施工要領書などの施工資料は、小規模建築では確認しないことが多い。しかし、設計で想定した品質を満たすかを確認するために必要な資料である。

現場の監理

施工現場での監理は、配筋検査や生コンクリートの受入検査などの立会検査が中心である。

配筋検査では、設計図書と見比べながら、鉄筋の径やピッチ、継手長さ、定着長さ・方向、かぶり厚などを確認する。さらに施工の精度を確保できるよう、スペーサーの個数や結束、型枠にぐらつきがないかなどを確認する。

コンクリート打設時には、生コンクリートの受入検査に立ち会う。生コンクリートのスランプ値、空気量、温度、塩化物量が、現場での標準的な監理項目である。コンクリートの仕様によっては、フロー（コンクリートの硬軟を示す指標）を確認する。また、近年では、単位水量の検査も現場で行うようになってきた。

鉄筋コンクリート造の構造監理の主なチェックポイント

施工関係図書の監理

- □ 鉄筋加工要領書
- □ 圧接施工要領書
- □ 型枠施工要領書
- □ コンクリート配合報告書
- □ コンクリート打設計画書
- □ 躯体図
- □ 杭・打設計画書
- □ 工程表（①月間工程、②週間工程）

現場での監理

1、基礎

- □ 建物の位置
- □ ＧＬ・建物の位置
- □ 床付け（根切底の状況）
- □ 地業の仕様

2、配筋検査

- □ 鉄筋の径
- □ 鉄筋の本数・ピッチ
- □ 鉄筋の材質
- □ 圧接位置・形状
- □ 継手位置・長さ
- □ 定着長さ・方向
- □ かぶり厚
- □ スペーサーのピッチ
- □ 開口補強
- □ 配管補強
- □ 貫通孔補強
- □ 差し筋位置
- □ 立上り位置

3、型枠

- □ 形状
- □ レベル
- □ 種類（普通、打放し）

4、コンクリート打設

- □ コンクリート受入れ検査
- □ スランプ値
- □ 空気量
- □ 塩化物量
- □ 運搬時間
- □ 打継ぎ位置
- □ 単位水量
- □ フロー
- □ 温度

5、強度試験

（強度試験は試験場で行い、設計基準強度以上であることを確認する）

鉄筋工事の監理

104

POINT >>>>>>>>>>>>>>>>>>>>>>>>>>>>>>>>>>>

図面では材質や定着方法、スペーサーの大きさ・方向、圧接の要領を、現場では本数、径、ピッチ定着長さ、継手長さなどを確認する

図面・図書の確認

木造、鉄骨造、鉄筋コンクリート造に共通するのが鉄筋の構造監理である。

鉄筋の加工図や加工（施工）要領書は、比較的大きな現場以外では描かれることがない。ただし、躯体図で配筋が問題になりそうな部分を事前にチェックして、現場監督と協議しておく必要がある。躯体図には、構造図と違い、窓廻りや細かな立上りなどが描かれるため、配筋の調整が必要な個所をより詳細に読み取ることができるからである。

鉄筋加工要領書がある場合は、鉄筋の材質やミルシートの確認方法、折り曲げ方法、保管方法、定着方法、スペーサーの大きさと取り付け方向などを確認する。工務店やゼネコンの自主検査のチェックリストも確認できるとよい。太い鉄筋径を採用している場合は、圧接の施工要領や、施工者の圧接の資格の有無も確認する。

現場の監理

施工現場では、配筋検査を行う。基本的には、詳細図や配筋標準図、部材リストを見ながら、鉄筋の本数、径、ピッチ、定着長さ・方向、継手長さ、立上り壁の差し筋位置（コンクリート打継ぎ部を一体化する鉄筋）を確認する。圧接部の形状や位置も確認する。

このほか型枠の傾きや固定方法、スペーサーの位置・ピッチ・大きさなども確認する。特にスペーサーは、まったく有効でない位置に設置されていることが多いので注意が必要である。

設備配管を基礎や躯体に埋める場合、配管の設置方法や位置の確認も重要である。CD管が主筋に固定されていたり、集中している部分がないかをチェックする。電気の配管などは事前に経路が分からないことが多いので、配筋検査は、できるだけ配管も行われている状態で行うことが望ましい。

鉄筋の監理ポイント

①柱の鉄筋

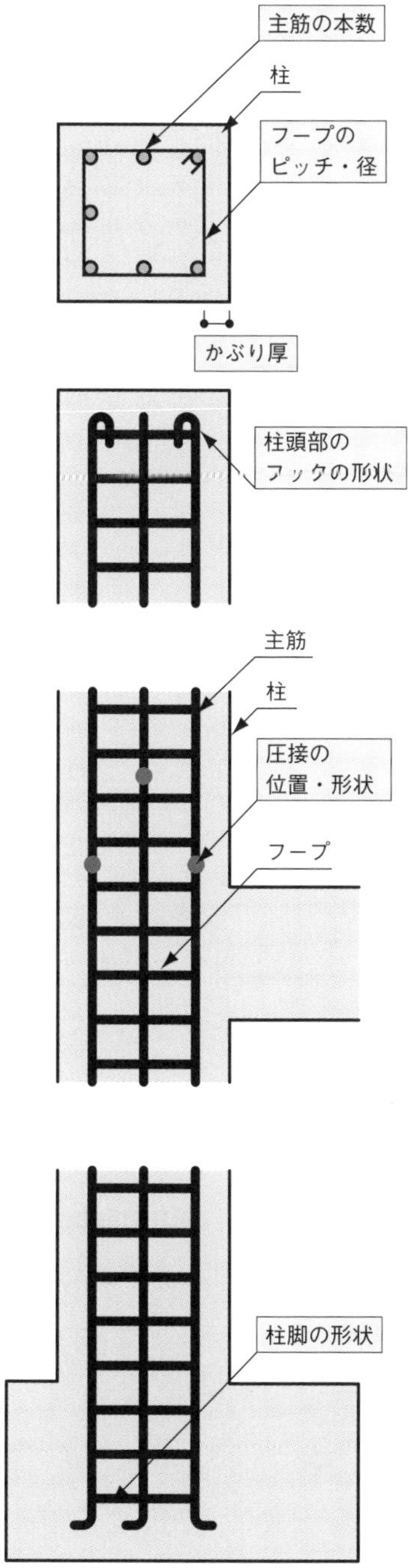

②梁の鉄筋

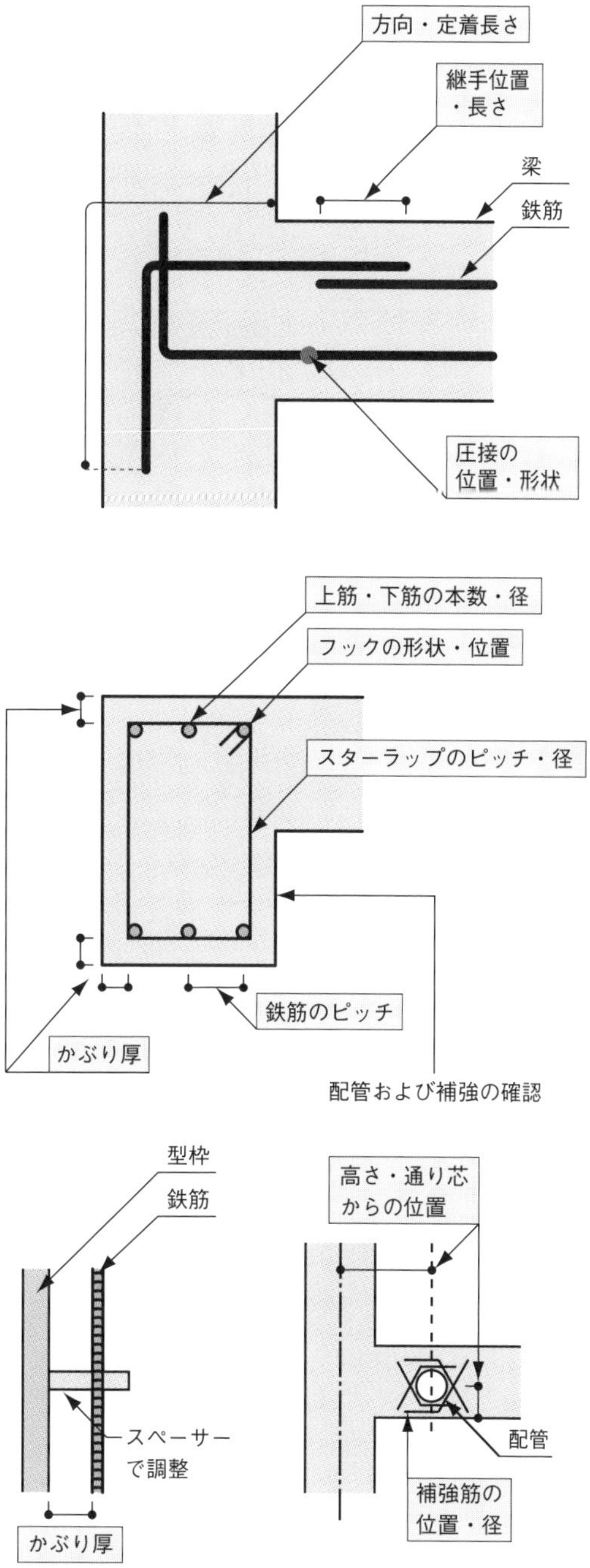

column 06

建築構造法規の変遷

建築基準法の構造規定に関する部分は、地震や自然災害の被害を研究することによって発展してきた。以下の表は、構造法規の変遷と過去の災害との関係性を示すため、年表形式にして整理したものである。

年代	構造既定の変遷	変更内容	主な出来事
1919年	市街地建築物法		
23年			関東大地震
24年	市街地建築物法施行規則の構造規定改正	地震力規定の新設（水平震度 0.1）	
25年～35年			柔剛論争
32年	市街地建築物法施行規則の構造規定改正	コンクリートの許容応力度（水セメント比による強度式） 鉄骨の接合方法（リベット接合以外が認められる）	
34年			室戸台風
37年	市街地建築物法施行規則の構造規定改正	長期・短期許容応力度の導入	
40年			インペリアルバレー地震（エルセントロ地震波の観測）
43年～44年	臨時日本標準規格	地震力　通常地盤 0.15　軟弱地盤 0.20 長期・短期の応力の組み合わせ	
47年	日本建築規格建築三〇〇一	地震力：通常地盤 0.2　軟弱地盤 0.3	
50年	建築基準法制定		
59年	建築基準法改正	補強コンクリートブロック造の規定の新設など	
64年			新潟地震（液状化）
68年			十勝沖地震（脆性破壊）
71年	建築基準法改正	靭性とせん断力の確保	
80年	建築基準法改正	新耐震設計法（保有水平耐力計算の導入）	
87年	建築基準法改正	木造建築物規定の新設	
95年	建築物の耐震改修の促進に関する法律(10月)		兵庫県南部地震（1 月）
2000年	建築基準法改定	限界耐力設計法の導入	
05年			耐震強度偽装事件
07年	建築基準法改正（施行）	適合性判定機関の新設	新潟県中越沖地震
08年	建築士法改正	構造設計 1 級建築士の新設	
10年	公共建築物等における木材の利用促進に関する法律　制定		
11年			東北地方太平洋沖地震（M9.0）
12年			笹子トンネル天井板落下事故
13年	建築基準法改正	特定天井（天井落下防止）	
15年			免震材料・制振部材偽装問題
16年			熊本地震（M7.3）
18年			大阪北部地震（M6.1）
19年	建築基準法改正	CLT パネルの基準強度の拡充	
20年	建築基準法改正	免震材料・制振部材の品質管理強化	

第7章

構造の法規

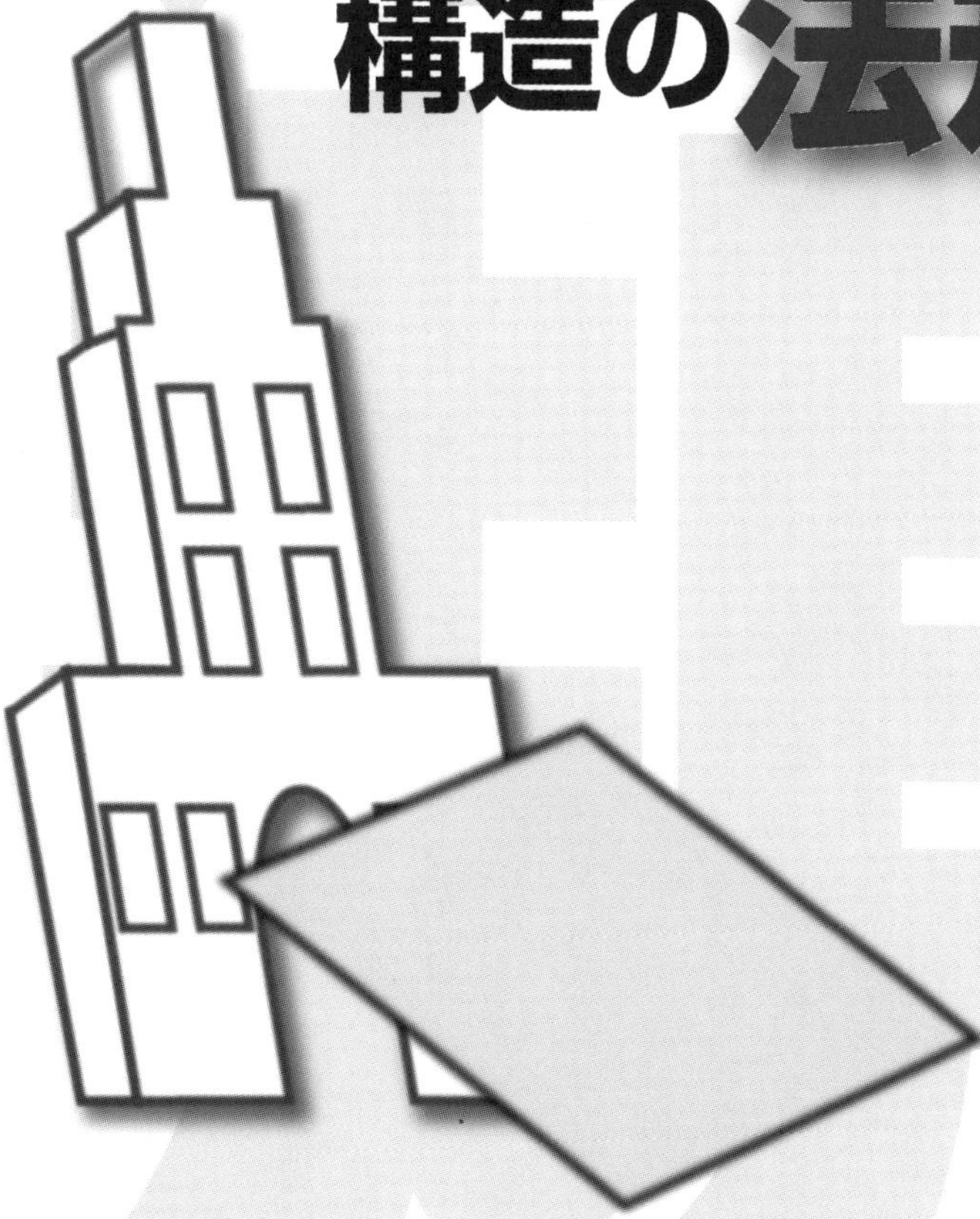

構造基規準類の体系

105

POINT >>>>>>>>>>>>>>>>>>>>>>>>>>>>>>>>>>>

建築基準法、品確法、耐震改修促進法の３法だけでなく、各団体の規準・指針を押さえて構造設計をする

基本となる法令

日本では、建築構造の技術的基準が建築基準法などの法で具体的に定められている。また、地域によっては、行政庁が条例や指導などで建築構造の規定を設けている場合がある。法文や条例などに書かれていない技術的基準や研究・実験の成果は、学会規準や指針、解説書にまとめられている。

構造計算は、通常、法令や条例の規定を順守しながら、各種学会の規準や指針を参考に進められる。

構造関係の規準・指針

構造関係の規準や指針は非常にたくさんある。従うべき明確な優先順位はないが、各構造別に基本書と呼べるものがあるので、最低限それらは押さえておくべきである。

構造関係の基本書として挙げられるのが、『建築物の構造関係技術基準解説書』（監修・国土交通省住宅局建築指導課ほか）である。建築基準法や建築基準法施行令、告示などの難解な条文を分かりやすく説明したものである。

木造ならば『木造軸組工法住宅の許容応力度設計』（監修・国土交通省住宅局建築指導課ほか）、鉄骨造ならば『鋼構造設計指針』（日本建築学会）は読んでおきたい。

『鉄筋コンクリート構造設計規準』（日本建築学会）は、鉄筋コンクリート造の部材の計算方法だけでなく、モデル化の方法や応力計算の方法まで記述されている。構造設計における基本の参考書ともいえる。壁式の鉄筋コンクリート造ならば、『壁式鉄筋コンクリート造設計施工指針』（編集・国土交通省国土技術政策総合研究所ほか）が基本書である。

このほか、基礎について取り扱った『基礎構造設計指針』（日本建築学会）などがある。

建築構造に関する法規

- 日本国憲法
  - 地方自治体の条例
    - 地方自治体の規則
  - 建築基準法（法律）
    - 建築基準法施行令（政令）
    - 建築基準法施行規則（省令）
    - 国土交通省告示（告示）
  - 建築士法（法律）
    - 建築士法施行令（政令）
    - 建築士法施行規則（省令）
    - 国土交通省告示（告示）
  - 品確法［※1］（法律）
    - 品確法施行令（政令）
    - 品確法施行規則（省令）
    - 国土交通省告示（告示）
  - 耐震改修促進法［※2］（法律）
    - 耐震改修促進法施行令（政令）
    - 耐震改修促進法施行規則（省令）
    - 国土交通省告示（告示）

※1　正式名称は「住宅の品質確保の促進等に関する法律」
※2　正式名称は「建築物の耐震改修の促進に関する法律」

主な団体が発行する構造関連の規準書

団体名	主な規準書
日本建築センター	『建築物の構造関係技術基準解説書』『壁式ラーメン鉄筋コンクリート造設計施工指針』『壁式鉄筋コンクリート造設計施工指針』ほか
日本建築学会	『鋼構造設計規準』『基礎構造設計指針』ほか各構造設計指針、『鉄筋コンクリート構造計算規準・同解説』ほか各構造計算の規準・同解説書
公共建築協会	『建築構造設計基準及び同解説』ほか
各都道府県建築士事務所協会	『建築構造設計指針』ほか
日本住宅・木材技術センター	『木造軸組工法住宅の許容応力度設計』
日本建築防災協会	『木造住宅の耐震診断と補強方法』ほか
日本鋼構造協会	『鋼構造物の疲労設計指針・同解説』ほか
新都市ハウジング協会	『CFT構造技術指針・同解説』ほか

法律以外にも、各団体が構造関係の規準を発行しており、構造設計の際には参考にする必要がある。写真は構造設計に必要な規準類を集めたもの。1つにまとめると人の背たけよりも高くなる量だ

建築基準法と施行令

106

POINT >>>>>>>>>>>>>>>>>>>>>>>>>>>>>>>>>>

建築基準法では、法６条、18条、20条に構造規定がある。具体的な内容は建築基準法施行令36条と３章に規定されている

建築基準法の構造規定

建築構造に関する規定は、建築基準法と建築基準法施行令に定められ、告示がその内容を補完している。構造規定は、大地震に対する知見が増えるたびに改正されてきた。また近年では、2005年の耐震強度偽装事件を受けて、07年に法改正がなされている。

建築基準法は、裁量を排除した「建築確認」制度を採用しており、構造規定も具体的・定量的なものとして定められている。

ただし、建築基準法で建物の構造強度に関して触れている条文は、法20条だけである。法20条は、建物が耐えるべき荷重や外力（自重、積載荷重、積雪荷重、風圧力、地震力、土圧、水圧、その他の振動および衝撃荷重）〔6～15頁参照〕の種類を例示し、建築物の区分に応じて必要な技術的基準に適合することを義務付けている。

建築基準法施行令の構造規定

法20条で「適合する」ことを義務付けられた技術的基準を具体的に規定しているのが建築基準法施行令である。

構造関係の規定は令3章構造強度にまとめられている。令3章は、令36条～99条までで構成され、令36条～80条の3までは構造形式や部材の寸法・仕様などが定められている。令81条以降は、構造計算の種類、計算に用いる荷重・外力、許容応力度、材料強度などが定められている。

構造設計は、建築基準法施行令で規定されている数値や計算方法にもとづいて進められる。ただし、構造技術は日進月歩で、建築基準法施行令に新しい技術内容を、その都度すべて、法文に反映することはできない。そこで、新しい技術的基準などについては、大臣が制定した告示で規定されている。

建築基準法の主な構造規定

条	主な内容
6条	適合性判定の義務化
18条	確認や検査に対する手続きや指針に関する内容規定
20条	**構造耐力に関する規定、構造計算対象建築物の区分** ↓ 具体的規定は建築基準法施行令81条で規定

主な建築基準法施行令

条	主な内容
36条	構造方法に関する技術的基準
81条	**法20条各号に応じた構造計算基準の適用範囲** （時刻歴応答解析の規定）
82条	**構造計算の手法** ①許容応力度計算 ②保有水平耐力計算 ③限界耐力計算
83～88条	荷重・外力の算出方法
89～94条	各種材料の許容応力度の算出方法
95～99条	各種材料の材料強度の算出方法

建築士法

107

POINT >>>>>>>>>>>>>>>>>>>>>>>>>>>>>>>>>>>>

設計・監理可能な建物は建築士の資格で異なる。2006年に新たに構造（設備）設計一級建築士の資格が創設された

建築士法とは

建築士法は、建築基準法と同じ1950年に制定された法律で、「建築物の設計、工事監理を行う技術者の資格を定めて、その業務の適正をはかり、もって建築物の質の向上に寄与させること」（士法1条）を目的としている。

建築士法が定義する建築士の資格には、国土交通大臣の免許を受けて業務を行う一級建築士、都道府県知事の免許を受けて業務を行う2級建築士、木造建築士がある。資格によって、建築できる建物の規模や用途が制限される。学校や病院などの公共性の高い建物で500㎡を超える建築や、延べ面積が1千㎡を超える建物などは、一級建築士でなければ設計監理をすることができない。

公共性の高い建物で延べ面積が30㎡を超えるもの、延べ床面積が100㎡を超え、または、階数が3以上の建物は、一級建築士か二級建築士でなければ、設計監理ができない。上記以外の建築物で、延べ面積が100㎡を超える建物の場合は、一級建築士、二級建築士、木造建築士でなければ設計できない。

2006年の士法改正

耐震強度偽装事件を受けて、2007年に建築士法が改正された。

構造計算で建築物の安全性を確かめた旨の証明書を確認申請時に添付することになったが、証明書の書式は、建築士法施行規則17条の14の2に定められている。

資格制度の点では、建築士法上の1級建築士の資格があることを前提に、構造設計一級建築士の資格が新たに創設された。09年5月下旬以降、一定の条件を満たす建物の構造設計に構造設計一級建築士が関与することが義務付けられる。また同時に、設備設計1級建築士も創設された。

建築士法の構造関係規定

一級建築士
[可能な設計・監理業務]
①全構造
・特定用途(学校、病院、映画館等)→延べ面積＞500㎡
・そのほかの用途→階数≧2、かつ延べ面積＞1,000㎡
②木造
・高さ＞13m、軒高＞9m
③その他の構造
・延べ面積＞300㎡、高さ＞13m、軒高＞9m

↑

二級建築士
[可能な設計・監理業務]
①木造
・延べ面積＞300㎡、階数≧3
②その他の構造
・延べ面積＞30㎡、階数≧3

↑

木造建築士
[可能な設計・監理業務]
①木造
・100㎡＜延べ面積≦300㎡
・高さ≦13m、軒高≦9m、かつ階数≦2

注　上位の建築士は下位の建築士の業務を行うことができる

構造設計一級建築士

資格要件
一級建築士として５年以上の構造設計実務に従事し、登録講習機関が行う講習過程を修了したもの
業務内容
法20条１号または２号で規定される建物は構造設計一級建築士が構造計算を行う。構造設計一級建築士以外の一級建築士が構造計算する場合は、構造設計一級建築士が法適合性を確認する

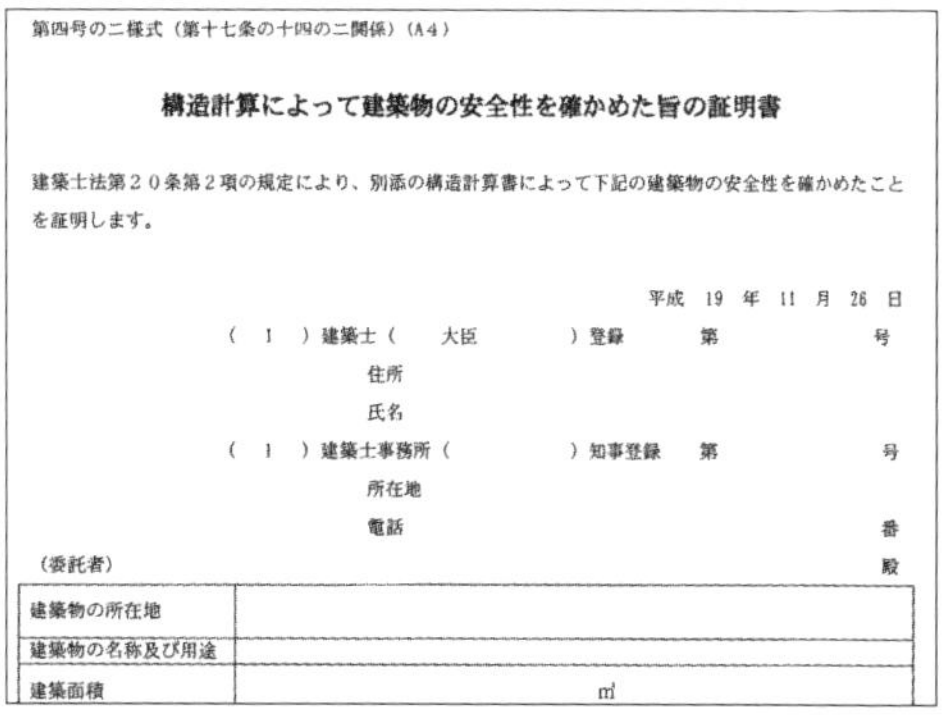
第四号の二様式（第十七条の十四の二関係）（A４）

構造計算によって建築物の安全性を確かめた旨の証明書

建築士法第２０条第２項の規定により、別添の構造計算書によって下記の建築物の安全性を確かめたことを証明します。

平成　19　年　11　月　26　日
（　１　）建築士（　大臣　）登録　第　号
住所
氏名
（　１　）建築士事務所（　）知事登録　第　号
所在地
電話　番
（委託者）　殿

建築物の所在地	
建築物の名称及び用途	
建築面積	㎡

現在、構造計算書には安全証明書を添付している

構造計算ルート

108

POINT >>>>>>>>>>>>>>>>>>>>>>>>>>>>>>>>>

耐震設計ルートは、ルート１とルート２が許容応力度計算、ルート３が許容応力度計算＋保有水平耐力計算である

2つの意味がある計算ルート

「構造計算ルート」という言葉は、法律用語ではないが、構造関連の法令と密接にかかわっている用語なので用語の意味を理解しておくべきである。「計算ルート」という用語には、2通りの使われ方がある。

1つは、建築基準法で認められている計算方法（許容応力度計算、保有水平耐力計算、限界耐力計算、時刻歴応答解析）を指す場合である。「許容応力度計算ルート」「限界耐力計算ルート」などのように使われる。

もう1つは、耐震計算と呼ばれる一連の構造計算の過程を指す際に用いられる。通常は、計算ルートというと耐震計算ルートを指す。

耐震計算ルートとは

耐震計算とは、許容応力度計算（1次設計）と保有水平耐力計算（2次設計）の2段階からなる計算方法である。計算の過程には、令82条の各号に規定された計算方法に加えて、地震に対する安全性を確保するための規定が含まれている。安全性の確認項目の違いによってルートは3つに分かれ、それぞれ「ルート1」「ルート2」「ルート3」と呼ばれる。

構造種別により各ルートで確認する項目が若干違うが、基本的な考え方は同じである。ルート1とルート2は許容応力度計算、ルート3は許容応力度計算＋保有水平耐力計算となる。

申請業務という点から見ると、ルート1を採用すると構造計算適合性判定を必要としないが、ルート2とルート3を採用すると構造計算適合性判定を受けなければならない。

なお、木造の場合、許容応力度計算（ルート1）も行わない「壁量計算ルート」と呼ばれる構造計算のプロセスが認められている。

構造計算ルート

（耐震計算ルート）

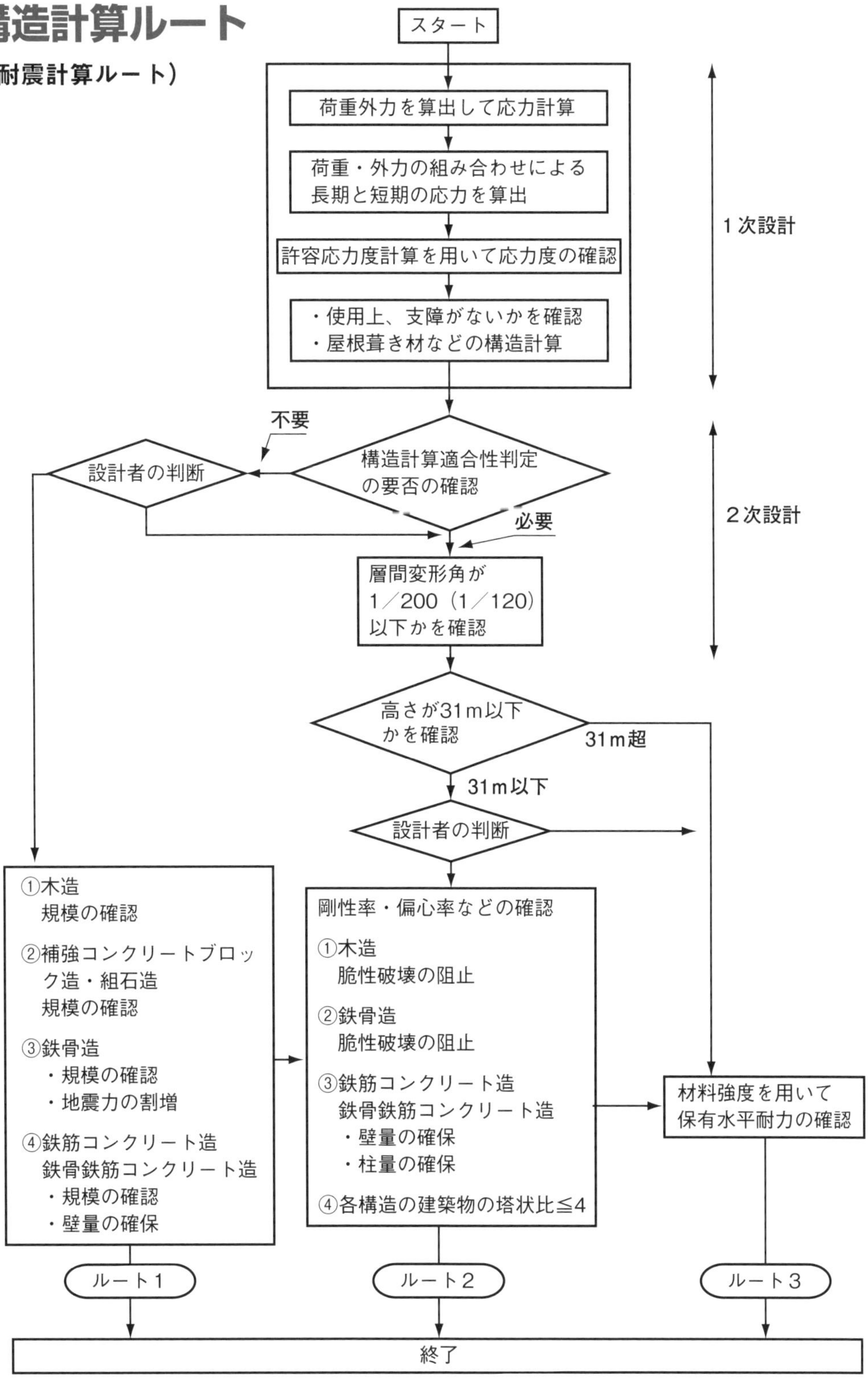

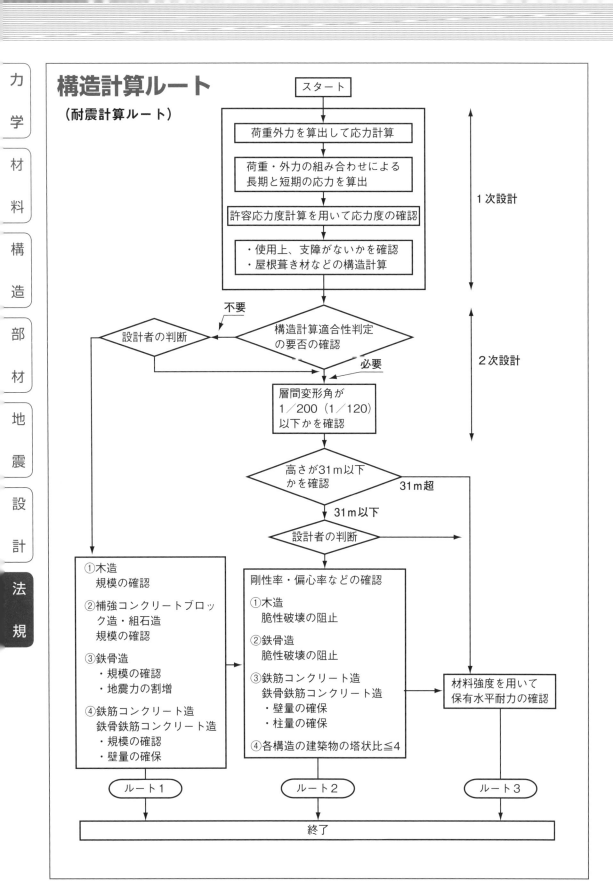

確認申請

109

POINT >>>>>>>>>>>>>>>>>>>>>>>>>>>>>>>

確認申請では、構造計算書、構造設計図書、安全証明などを提出し構造の安全性を証明する必要がある

構造に関する確認申請業務

建物を建築する場合は、工事着手前に確認申請書（設計図書などを含む）を行政や民間確認検査機関に提出し、計画が建築基準法に適合しているかの確認を受けることが、建築基準法で義務付けられている（法6条）。また、2007年の法改正により、ある一定規模の建物または構造計算ルート2・ルート3で安全性を確認した建物は、指定構造計算適合性判定機関による審査を受けなければならなくなった。

したがって、構造設計にかかわる確認申請業務は、構造計算書や構造設計図書の作成、安全証明の添付などの書類を作成し、建物の構造の安全性を証明することだといえる。

書類を特定行政庁や民間確認検査機関に提出した後は、構造計算書や構造図に対する質疑が提出先から送られてくるので、質疑に対して回答資料を作成し、建築主事（実際には構造担当者）へ説明を行う。場合によっては、質疑内容について構造図や検討書を追加で提出する。

確認申請に派生する業務

構造関係の確認申請では、申請図書の作成から派生する業務もある。

確認申請では、担当機関や担当者によって構造設計に対する見解が異なることが少なくない。確認申請をスムーズに進めるためには、「建築行政情報センター」のホームページなどから構造関係の情報を事前に集めたり、必要に応じて行政や民間確認検査機関と事前協議をしなければならない。

建築基準法は、確認申請の延長で中間検査と完了検査を義務付けている。建築主事が行うこれらの検査に立ち会い、申請図書と工事内容に齟齬がないことを説明することも確認申請に派生する構造関係の業務だといえる。

構造関係の確認申請の流れ

①法20条4号建物

意匠設計者・構造設計者：構造設計図書

↓

構造審査なし

②法20条3号建物
（一部、2号建物と同じルートのものもある）

構造設計者：構造設計図書

↓

行政庁または確認検査機関：質疑
↓　↑
構造設計者：質疑内容の検討・回答・修正

↓

確認済書の交付

③法20条2号建物

構造設計者：構造設計図書

↓

行政庁または確認検査機関：質疑
↓　↑
構造設計者：質疑内容の検討・回答・修正

↓（構造設計図書の送付）

適合性判定機関：質疑
↓　↑
行政庁または確認検査機関
：質疑内容の検討・回答・修正
↓　↑
構造設計者：質疑内容の検討・回答・修正

↓（適合性判定証明書を送付）

行政庁または確認検査機関

↓

確認済書の交付

④法20条1号建物

構造設計者
：構造設計概要書（＋構造計算書）の作成

↓

指定性能評価機関
↓
委員会や部会：質疑
↓　↑
構造設計者：質疑内容の検討・回答・修正

↓（性能評価書の交付・送付）

国土交通省：認定書の交付

↓

構造設計者：構造計算書・認定書・評価書をまとめ、提出

↓

以下の流れは、２号建物と同じ

構造計算適合性判定

110

POINT >>>>>>>>>>>>>>>>>>>>>>>>>>>>>>>>>>>>>

一定規模の建物または構造計算（ルート2・3）した建物は構造計算適合性判定機関による審査が義務化された

構造計算適合性判定とは

2005年後半に耐震強度偽装事件が発覚し、従来の確認申請制度だけでは構造計算書の偽装などを見逃さずに建築基準法への適合性の審査を厳格に行うことが困難であることが明らかになった。構造計算適合性判定は、これをきっかけに2008年6月の建築基準法改正で新設された制度である。

確認申請は、法令などに定める技術基準への適合性を審査するが、構造計算適合性判定は、高度な工学的判断を含む構造計算の適合性を判定する。具体的には、①工学的な判断を伴うモデル化の妥当性、②構造計算に適用した解析法・算定式の妥当性、③演算の適正さ（演算結果の信頼性）、の3点を中心に審査・判定する。

確認申請は、特定行政庁の建築主事や指定確認検査機関が行う。一方、構造計算適合性判定は、各都道府県知事が指定した指定構造計算適合性判定機関が行う。指定構造計算適合性判定機関は、適合性を判定し、結果を記載した通知を特定行政庁や指定検査機関に交付する。特定行政庁や指定確認検査機関の審査と同時に審査されるようになった。

構造計算業務の流れ

構造計算適合性判定を行う場合も、はじめに特定行政庁や指定確認機関に確認申請書とともに構造設計図書を提出し、それをもとにした質疑や追加・修正などを行う。指定構造計算適合性判定機関にも書類を送り、判定が行われる。

構造計算適合性判定の際のやりとりの方法は機関によって異なる。ただしいずれの場合も、指定構造計算適合性判定機関が適正であると判定すると、書類は確認検査機関に戻され、最終的に確認を受けることになる。

確認申請と適合性判定の違い

確認申請の確認内容	適合性判定の確認内容
・図書および書類の記載事項が相互に整合しているかを確認 ・設計者および監理者が建築士法により規定される建築士かを確認 ・申請にかかわる建物が建築基準法に適合するかの審査（構造計算の確認審査など）	・建築基準法に規定する基準に従った構造計算によるものに対してそれぞれ「判定すべき事項」について審査 ・認定プログラムでは、使用条件が一致していることを確認 ・認定プログラムの審査計算結果と構造計算書が一致していることを確認

構造適合性判定を要する建物の要件例

規模による区分	木造	高さ＞13m 軒高＞9m
	鉄骨造	①地上階≧4 ②地上階≦3 ・高さ＞13m ・軒高＞9m
	鉄筋コンクリート造	①高さ＞20m ②高さ≦20m ・耐力壁や構造上主要な柱が一定量未満
計算方法による区分	①許容応力度等計算を行ったもの（ルート2） ②保有水平耐力計算を行ったもの（ルート3） ③限界耐力計算を行ったもの ④大臣認定プログラムにより構造計算したもの	

判定のやりとり

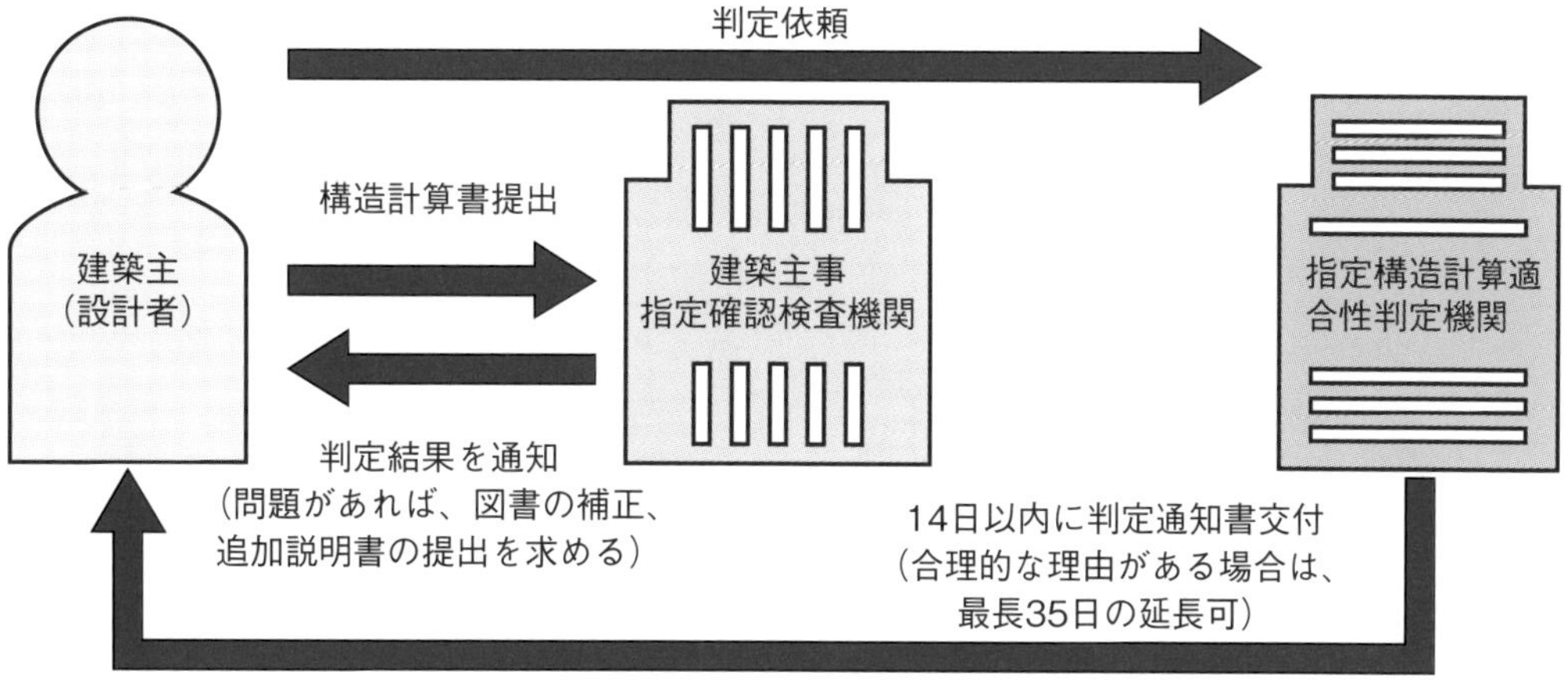

4号特例の縮小

111

POINT >>>>>>>>>>>>>>>>>>>>>>>>>>>>>>>>>>>>>>

木造戸建て住宅も確認申請の際に構造関係規定の図書などが必要となる

２０２５年４月から４号特例が変わる。今までは、構造関係規定の図書を必要としていなかった木造平屋建てや木造２階建ての建物でも、確認申請の時に構造関係規定の図書や省エネ関連の図書が必要となる。

これまでの４号特例

建築基準法第６条第１項第４号に該当する建物は、一般的に４号建物と呼ばれ、仕様規定が満足されていれば、確認申請において構造関係規定の図書は必要無しとされてきた。該当する条件は、条文そのものを読み解くと意外と分かりにくいが、木造の場合、２階建て以下かつ床面積500㎡以下、軒高９m以下、高さ13m以下の建物で、床面積200㎡を超える特殊建築物の用途（共同住宅、店舗、集会場、車庫、物置等）は除外されていた。木造以外の場合は、平屋かつ、床面積が200㎡以下の建物が対象となっていた。

改正に伴う注意点

改正に伴い、４号建築物は廃止、新２号建築物、新３号建築物となる。新２号建物は、木造２階建て以上、延べ面積200㎡を超える木造平屋建て建築物、新３号建築物は、延べ面積200㎡以下の木造平屋建て建築物となる予定。

今までは建築基準法の仕様規定を満たすことで、多くの建物が設計者や施工者の判断で建てることができていた。その解釈が独自である可能性もあったが、今後は第三者の確認が行われることになるため、今一度仕様規定を見直しておくのが良いだろう。

壁量計算でも安全性の確保は可能だが、現代では木造の計算手法が発達し、RC造や鉄骨造と同じように許容応力度計算が可能になったので、４号特例の廃止に伴い、構造計算される木造住宅が増えるだろう。

改正前・改正後の分類

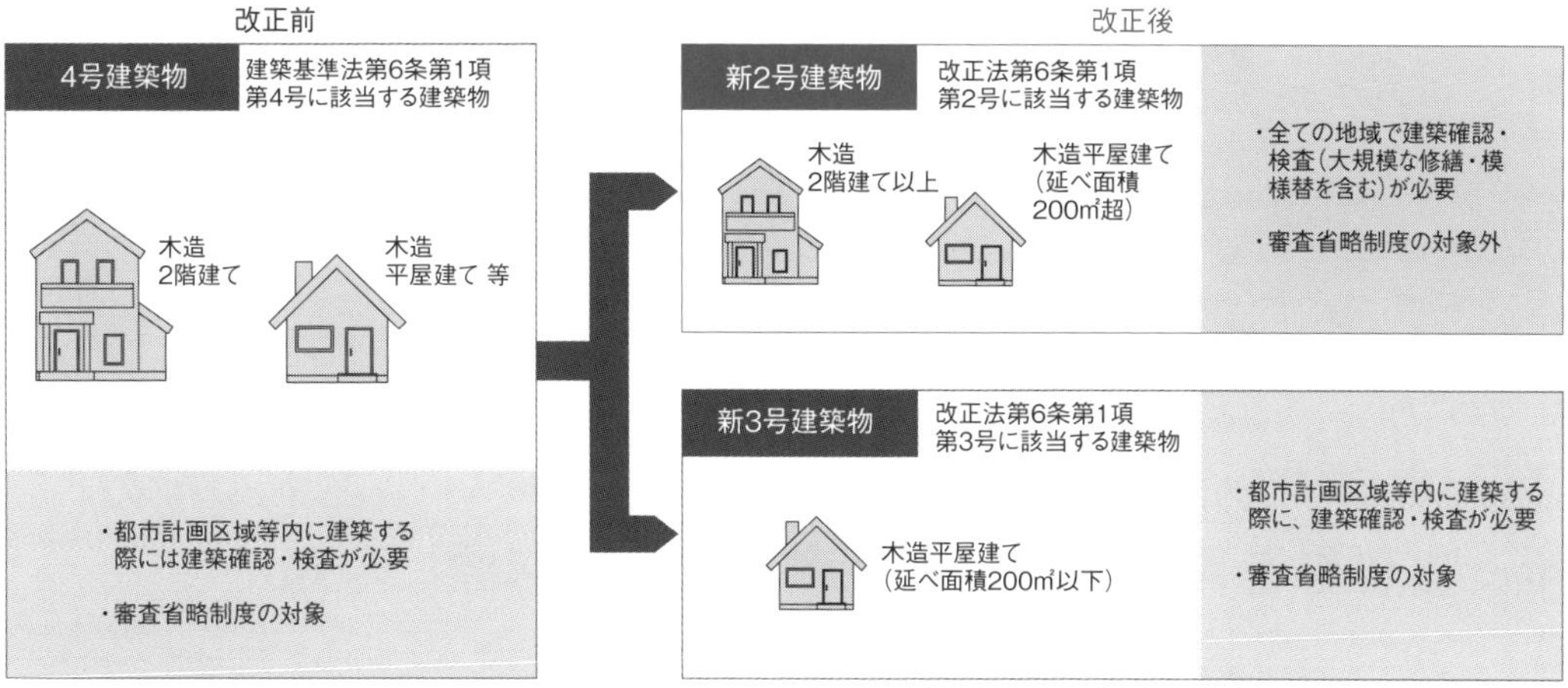

必要な設計図書

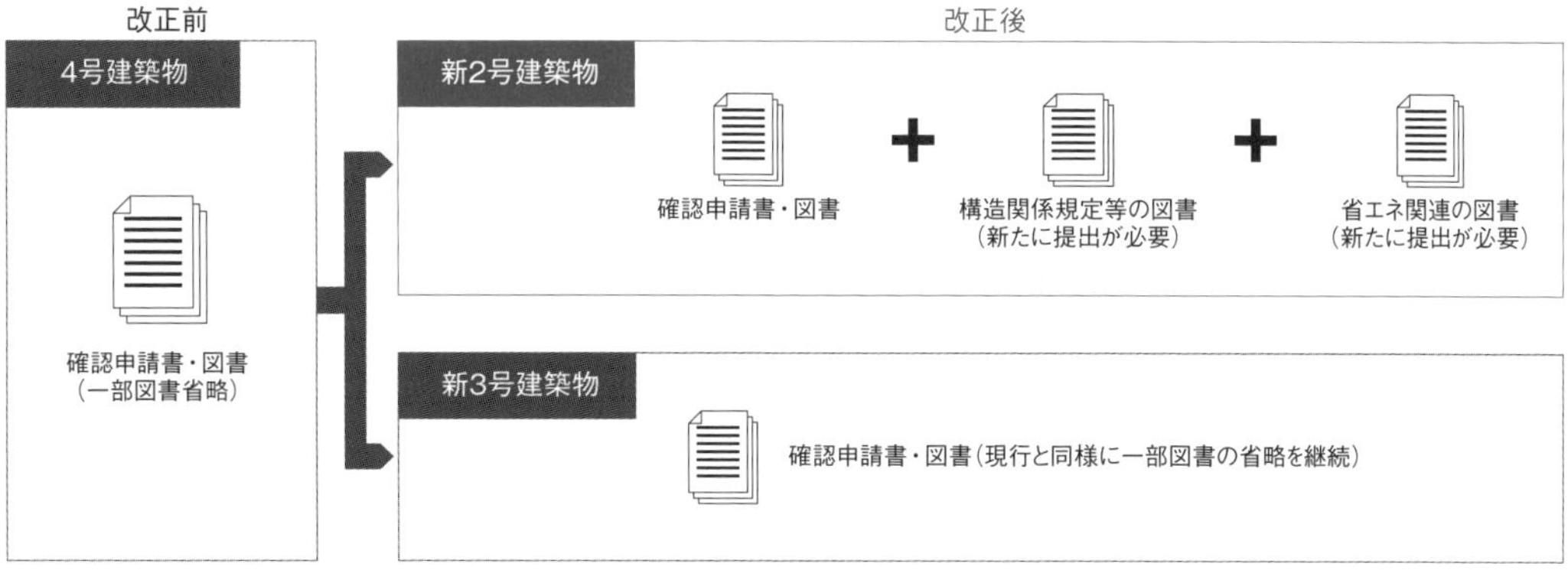

●今後、建築基準法施行規則において、申請に必要な図書の種類と明示すべき事項を規定する予定（2023（令和5）年秋頃）

構造規定の審査対象（改正後）

木造

階数／延べ面積	200㎡以下	200㎡超500㎡未満	500㎡以上
3以上			
2		新2号 ○	
1	新3号 △		

木造以外

階数／延べ面積	200㎡未満	200㎡以上
2以上		新2号 ○
1	新3号 △	

○…審査対象
△…審査対象であるが一部審査省略

ZEH水準建築物の必要壁量

112

POINT >>>>>>>>>>>>>>>>>>>>>>>>>>>>>>>>>>>

ZEH水準建築物は従来どおりの壁量計算では不足するため、新たな係数を用いた計算や精緻な検証が必要になる

ZEH対応の壁量計算が追加

ＺＥＨ水準の戸建て住宅では、太陽光パネル等の設置や断熱性能の向上に伴い、建物の荷重が増加し、従来の壁量計算では不足することが予測される。そこで、「木造建築物における省エネ化等による建築物の重量化に対応するための必要な壁量等の基準（案）の概要」が国土交通省から公表されている。（令和５年６月現在）

必要壁量の確認方法

必要な壁量に関する規定（建築基準法施行令第46条第４項等関連）が変わり、ＺＥＨ水準の建築物の必要壁量を確認する方法として、個々の建築物の実態に応じて現行規定より精緻に検証する方法①、現行規定と同様に簡易に確認する方法②を用いることができる。方法①はＺＥＨ水準等の建築物を対象に、令46条４項の規定に基づく壁量計算に、新たに追加された内容で、実際の荷重を推定して計算を行う方法。現行規定では耐力壁として見込んでいない袖壁や腰壁などの準耐力壁も、形状によっては算入が可能となる。

一方、方法②では、平成13年国土交通省告示１５４０号に定められる壁量の基準に、ＺＥＨ水準建築物を追加したものが示されている。ただし、構造計算により安全性を確認する場合には、壁量計算を省略することができる。（方法③）

多雪区域の壁量

枠組壁工法では多雪区域の壁量について規定があるが、在来軸組工法での規定はない。近年の豪雪の被害を考えると、『木造軸組工法住宅の許容応力度設計』（公益財団法人日本住宅・木材技術センター）に推奨されるように、枠組壁工法の壁量等を参考に余裕をもった設計とすることが望ましい。

力学 材料 構造 部材 地震 設計 法規

方法①個々の建築物の荷重の実態に応じて現行規定より精緻に検証する

(Ai × Co × Z × Rt × Σ wi) ÷ (Qo × Afi)

Ai：層せん断力分布係数
Co：標準せん断力係数(0.2)
Z：地震地域係数(1.0)
Rt：振動特性係数(1.0)
Σ wi：固定荷重＋積載荷重(＋積雪荷重) [kN]
Qo：壁量係数(0.0196) [kN／cm]
Afi：当該階の床面積[m²]

方法②必要な壁量を簡易に確認する

ZEH 水準等の建築物における必要な壁量に関する係数の追加案

[cm／m²]

建築物の条件	平屋	2階建て		3階建て		
		1階	2階	1階	2階	3階
重い屋根	15	33	21	50	39	24
軽い屋根	11	29	15	46	34	18
ZEH水準等の建築物	25	53	31	81	62	36

枠組壁工法を用いた ZEH 水準等の建築物における必要な壁量に関する係数の追加案

[cm／m²]

建築物の条件	平屋	2階建て		3階建て		
		1階	2階	1階	2階	3階
屋根を金属板、石板、木板、その他これらに類する軽い材料で葺いたもの	11	29	15	46	34	18
屋根をその他の材料で葺いたもの	15	33	21	50	39	24
多雪区域（垂直積雪量１m）における建築物	25	43	33	60	51	35
多雪区域（垂直積雪量２m）における建築物	39	57	51	74	68	55
ZEH 水準等の建築物	25	53	31	81	62	36
ZEH 水準等の建築物水準等の建築物：多雪区域（垂直積雪量１m）	39	67	46	95	76	52
ZEH 水準等の建築物水準等の建築物：多雪区域（垂直積雪量２m）	53	81	60	109	91	68

ナ行

ハ行

マ行

ヤ行

ラ行

ワ行

アルファベット&数字

参考文献

建設省大臣官房官庁営繕部建築課（監）『建築鉄骨設計基準及び同解説　平成 10 年版』（公共建築協会、1999）／日本建築学会『鉄骨工事技術指針・工事現場施工編』（日本建築学会、2018）／国土交通省大臣官房官庁営繕部（監）『建築工事監理指針（上巻）　平成 25 年版』（公共建築協会、2013）／日本建築学会『構造用教材』（日本建築学会、1997）／国土交通省住宅局建築指導課（監）『建築物の構造関係技術基準解説書』（2007）／日本建築学会『建築物荷重指針・同解説（2015)』（日本建築学会、2015）／日本住宅・木材技術センター『木造住宅用接合金物の使い方―Z マーク表示金物と同等認定金物・性能認定金物ー』（日本住宅・木材技術センター、2005）／国土交通省大臣官房官庁営繕部整備課（監修）『建築構造設計基準及び同解説　平成 16 年版』（公共建築協会、2005）／耐震改修法研究会（編）日本建築防災協会『改正建築物の耐震改修の促進に関する法律・同施行令等の解説』（ぎょうせい、2013）／本橋真也子「耐震改修促進法の概要」『建築コスト研究 No.85』（建築コスト管理システム研究所、2014）

索　引

ア行

カ行

サ行

タ行

江尻憲泰［えじりのりひろ］
1962年東京都生まれ。'86年千葉大学工学部建築工学科卒業、'88年同大学院工学研究科修士課程修了。同年青木繁研究室入社。'96年江尻建築構造設計事務所設立。2020年、日本女子大学家政学部住居学科教授。長岡造形大学、千葉大学非常勤講師。手がけたプロジェクトに、アオーレ長岡、富岡市新庁舎、清水寺修復工事など

世界で一番やさしい　建築構造
増補改訂版

2023年9月5日　初版第1刷発行

著　者	江尻憲泰
発行者	澤井聖一
発行所	株式会社エクスナレッジ
	〒106-0032
	東京都港区六本木7-2-26
	https://www.xknowledge.co.jp/

問合せ先
●編集部　TEL.03-3403-1381 FAX.03-3403-1345
info@xknowledge.co.jp
●販売部　TEL.03-3403-1321 FAX.03-3403-1829